D1674586

Gesamtes Recht der Unternehmen und Finanzen

Herausgegeben von

Prof. Dr. Roland Broemel
Prof. Dr. Georg Hermes
Prof. Dr. Matthias Jahn
Prof. Dr. Katja Langenbucher

Begründet von Prof. Dr. Brigitte Haar

Band 1–4 erschienen in
„Recht der Unternehmen und Finanzen"

Band 11

Jannes Drechsler

Rechtsökonomik in der Gesetzesanwendung

Mit Illustrationen zur Arbeitsvertragsbefristung im Sport
und zu Hinauskündigungsklauseln im Gesellschaftsrecht

 Nomos

Onlineversion
Nomos eLibrary

Die Deutsche Nationalbibliothek verzeichnet diese Publikation in
der Deutschen Nationalbibliografie; detaillierte bibliografische
Daten sind im Internet über http://dnb.d-nb.de abrufbar.

Zugl.: Frankfurt am Main, Univ., Diss., 2022

ISBN 978-3-7560-0626-7 (Print)
ISBN 978-3-7489-4257-3 (ePDF)

Vorwort

Die vorliegende Arbeit wurde vom Fachbereich Rechtswissenschaft der Goethe-Universität Frankfurt am Main im Sommersemester 2022 als Dissertation angenommen.

Die Arbeit ist zum Großteil während meiner Zeit als Wissenschaftlicher Mitarbeiter am Lehrstuhl meines Doktorvaters und Erstgutachters, Prof. Dr. Tobias Tröger, LL.M. (Harvard), entstanden. Ihm bin ich zu besonderem Dank verpflichtet. Die Zeit an seinem Lehrstuhl war sowohl akademisch als auch persönlich überaus bereichernd und prägend. Akademisch konnte ich mich in diesem Umfeld einerseits frei entfalten, andererseits stets auf den Rat und wertvolle Impulse meines Doktorvaters verlassen. Persönlich hat mir die Zeit an dem Lehrstuhl den Austausch mit vielen inspirierenden Menschen ermöglicht. Ein kleinerer Teil der Arbeit ist in Oxford entstanden. Die ersten Schritte dieser Arbeit durfte ich im Frühjahr 2018 im Rahmen eines Forschungsaufenthalts an der University of Oxford auf Einladung von Prof. Luca Enriques, LL.M. (Harvard) gehen, wofür ich ihm sehr dankbar bin. Der Kreis schloss sich, als ich im Herbst 2020 unmittelbar vor Beginn meines Masterstudiums die Arbeit in Oxford finalisieren konnte.

Weiterhin danke ich dem Vorsitzenden der Prüfungskommission, Prof. Dr. Moritz Bälz, LL.M. (Harvard), für die rasche Terminierung der Verteidigung und Prof. Dr. Dr. Alexander Morell für die Erstellung des Zweitgutachtens und die hilfreichen Anregungen, die noch zur Drucklegung berücksichtigt werden konnten.

Besonderer Dank gilt überdies der Konrad-Adenauer-Stiftung. Sie hat zum einen mein Promotionsvorhaben durch die Gewährung eines Promotionsstipendiums großzügig gefördert. Zum anderen hat sie zuvor durch Förderung meiner Studienzeit wesentlich dazu beigetragen, dass ich überhaupt in die Lage gekommen bin, dieses Promotionsprojekt angehen zu können.

Die Fertigstellung dieser Arbeit hat weiterhin von einigen wertvollen Impulsen guter Freunde profitiert. Das gilt insbesondere für die scharfsinnigen Anmerkungen von Dr. Gerrit Tönningsen bei Durchsicht des Manuskripts, sowie die vielfältigen Hinweise von Markus Hartlapp, Paul Harenberg, Dr. Sebastian Steuer, LL.M. (Harvard) und Julian Funck. Hierfür danke ich ihnen sehr. Ein ganz besonderer Dank gilt Jessica Rudolph für die kritische Durchsicht des Manuskripts, vor allem aber für Ihre uneingeschränkte Unterstützung jenseits dieses konkreten Projekts.

Schließlich möchte ich meinen Eltern Hartmut und Monika Drechsler, meiner Schwester Malin Drechsler, meinen Großeltern Egon und Hannelore Drechsler sowie Horst und Sophie Jobs herzlich dafür danken, dass sie mir meinen Weg ermöglicht haben.

Inhaltsverzeichnis

Abkürzungsverzeichnis

a.A.	andere Ansicht
ABl.	Amtsblatt
Abs.	Absatz
AcP	Archiv für civilistische Praxis
Account. & Bus. Res.	Accounting and Business Research (Zeitschrift)
a.E.	am Ende
AG	Aktiengesellschaft
AGG	Allgemeines Gleichbehandlungsgesetz
AiB	Arbeitsrecht im Betrieb (Zeitschrift)
AllgPersönlR	Allgemeines Persönlichkeitsrecht
Akt.	Aktualisierung
AktG	Aktiengesetz
Am. Econ. Rev.	American Economic Review
Am. L. Rev.	American Law Review
Am. L. & Econ. Rev.	American Law and Economics Review
Am. U. L. Rev.	American University Law Review
AöR	Archiv des öffentlichen Rechts
AP	Arbeitsrechtliche Praxis
ArbR	Arbeitsrecht
ArbG	Arbeitsgericht
ArbRAktuell	Arbeitsrecht Aktuell (Zeitschrift)
ArbRB	Arbeits-Rechtsberater (Zeitschrift)
Art.	Artikel/article
Aufl.	Auflage
BAG	Bundesarbeitsgericht
BB	Betriebs Berater (Zeitschrift)

BeckOK	Beck'scher Online-Kommentar
BeckRS	Beck-Rechtsprechung
Begr.	Begründer
Bell J. Econ.	Bell Journal of Economics
BetrKV	Betriebskostenverordnung
BGB	Bürgerliches Gesetzbuch
BGH	Bundesgerichtshof
BGHZ	Entscheidungen des Bundesgerichtshofs
BT-Drs.	Bundestagsdrucksache
Bus. Horiz.	Business Horizons (Zeitschrift)
BVB	Ballspielverein Borussia
BVerfG	Bundesverfassungsgericht
BVerfGE	Bundesverfassungsgerichtsentscheidung
bzw.	beziehungsweise
CaS	Causa Sport (Zeitschrift)
Cal. L. Rev.	California Law Review
Case W. Res. L. Rev.	Case Western Reserve Law Review
Clev. St. L. Rev.	Cleveland State Law Review
Colum. L. Rev.	Columbia Law Review
Comput. Law Secur. Rev.	Computer Law & Security Review
Cornell Int'l L. J.	Cornell International Law Journal
Cornell L. Rev.	Cornell Law Review
DB	Der Betrieb (Zeitschrift)
ders.	derselbe
DFG	Deutsche Forschungsgemeinschaft
DFL	Deutsche Fußball Liga
dies.	dieselben
Diss.	Dissertation
DNotZ	Deutsche Notar-Zeitschrift

DÖV	Die Öffentliche Verwaltung (Zeitschrift)
DStR	Deutsches Steuerrecht (Zeitschrift)
East. Econ. J.	Eastern Economic Journal
EBOR	European Business Organization Law Review
ECFR	European Company and Financial Law Review
Econ.	Economics
Econ. J.	Economic Journal
Econ. Lett.	Economics Letters
EFZG	Entgeltfortzahlungsgesetz
Einl.	Einleitung
EM	Europameisterschaft
ErfK	Erfurter Kommentar zum Arbeitsrecht
et al.	und andere
EuGH	Gerichtshof der Europäischen Gemeinschaften
Eur. Law J.	European Law Journal
EuZA	Europäische Zeitschrift für Arbeitsrecht
EuZW	Europäische Zeitschrift für Wirtschaftsrecht
EWiR	Entscheidungen zum Wirtschaftsrecht (Zeitschrift)
f.	folgende (Sg.)
ff.	folgende (Pl.)
FIFA	Fédération Internationale de Football Association
FIFA-RSTS	FIFA-Reglement über den Status und Transfer von Spielern
Fn.	Fußnote
Fordham L. Rev.	Fordham Law Review
FS	Festschrift
Ga. L. Rev.	Georgia Law Review
gem.	gemäß
GG	Grundgesetz
GlüStV	Glücksspielstaatsvertrag

GmbH	Gesellschaft mit beschränkter Haftung
GmbHG	Gesetz betreffend die Gesellschaft mit beschränkter Haftung
GmbHR	GmbH-Rundschau
GRUR	Gewerblicher Rechtsschutz und Urheberrecht (Zeitschrift)
GVG	Gerichtsverfassungsgesetz
Harv. Bus. L. Rev.	Harvard Business Law Review
Harv. L. Rev.	Harvard Law Review
h.M.	herrschende Meinung
HeizkostenV	Heizkostenverordnung
HGB	Handelsgesetzbuch
Hist. Soc. Res.	Historical Social Research (Zeitschrift)
HK-ArbR	Handkommentar zum Arbeitsrecht
Hofstra L. Rev.	Hofstra Law Review
Hrsg.	Herausgeber
Hs.	Halbsatz
HSV	Hamburger Sport-Verein
InsO	Insolvenzordnung
Int'l J. Const. L.	International Journal of Constitutional Law
Int'l. J. Leg. Prof.	International Journal of the Legal Profession
Int'l J. Sport Fin.	International Journal of Sport Finance
Int'l J. Sports Mark. Spons.	International Journal of Sports Marketing & Sponsorship
Int'l Sports Law J.	International Sports Law Journal
Int'l Rev. L. & Econ.	International Review of Law and Economics
insb.	insbesondere
IT	Informationstechnik
JA	Juristische Arbeitsblätter (Zeitschrift)
J. Behav. Dec. Making	Journal of Behavioral Decision Making

J. Bus. & Tech. L.	Journal of Business & Technology Law
J. Corp. Law	Journal of Corporate Law
J. Econ. Behav. & Org	Journal of Economic Behavior & Organization
J. Econ. Lit.	Journal of Economic Literature
J. Fin.	Journal of Finance
J. Fin. Econ.	Journal of Financial Economics
J. Fin. Quant. Anal.	Journal of Financial and Quantitative Analysis
J. Juris.	Journal Jurisprudence
J. L. & Econ	Journal of Law and Economics
J. Leg. Anal.	Journal of Legal Analysis
J. Legal Stud.	Journal of Legal Studies
J. Neurosci.	Journal of Neuroscience
J. Pers. Soc. Psychol.	Journal of Personality and Social Psychology
J. Phil.	Journal of Philosophy
J. Polit. Econ.	Journal of Political Economy
J. Sport Manage.	Journal of Sport Management
J. Sports Econ.	Journal of Sports Economics
Jan.	Januar
jM	Die Monatszeitschrift
JR	Juristische Rundschau (Zeitschrift)
Judgm. Decis. Mak.	Judgment and Decision Making (Zeitschrift)
JURA	Juristische Ausbildung (Zeitschrift)
jurisPR-ArbR	juris PraxisReport Arbeitsrecht (Zeitschrift)
JuS	Juristische Schulung (Zeitschrift)
JZ	Juristenzeitung
KG	Kommanditgesellschaft
KGaA	Kommanditgesellschaft auf Aktien
KritV	Kritische Vierteljahresschrift für Gesetzgebung und Rechtswissenschaft
KSchG	Kündigungsschutzgesetz

KSchR	Kündigungsschutzrecht
LAG	Landesarbeitsgericht
Law Hum. Behav.	Law and Human Behavior (Zeitschrift)
LG	Landgericht
MA	Massachusetts
MedR	Medizinrecht (Zeitschrift)
Mich. J. Int'l L.	Michigan Journal of International Law
MiLoG	Mindestlohngesetz
Minn. L. Rev.	Minnesota Law Review
MüKo	Münchener Kommentar
m.w.N.	mit weiteren Nachweisen
NJOZ	Neue Juristische Online Zeitschrift
NJW	Neue Juristische Wochenschrift
NJW-Beil	Beilage zur Neuen Juristischen Wochenschrift
NJW-RR	Neue Juristische Wochenschrift-Rechtsprechungs-Report
No.	Nummer
North-Holland Publ. Co.	North-Holland Publishing Company
npoR	Zeitschrift für das Recht der Non Profit Organisationen
Nr.	Nummer
NVwZ	Neue Zeitschrift für Verwaltungsrecht
Nw. U. L. Rev.	Northwestern University Law Review
NYU Ann. Surv. Am. L.	NYU Annual Survey of American Law
NYU J. L. Bus.	New York University Journal of Law and Business
NYUL Rev.	New York University Law Review
NZA	Neue Zeitschrift für Arbeitsrecht
NZA-RR	Neue Zeitschrift für Arbeitsrecht-Rechtsprechungs-Report Arbeitsrecht

NZG	Neue Zeitschrift für Gesellschaftsrecht
Okt.	Oktober
OLG	Oberlandesgericht
OlympSchG	Gesetz zum Schutz des olympischen Emblems und der olympischen Bezeichnungen
Organ. Behav. Hum. Decis. Process.	Organizational Behavior and Human Decision Processes (Zeitschrift)
Oxf. Econ. Pap.	Oxford Economic Papers
Oxf. Rev. Econ. Policy	Oxford Review of Economic Policy
PartG	Parteiengesetz
PharmR	Pharmarecht – Fachzeitschrift für das gesamte Arzneimittelrecht
Phil. & Pub. Aff.	Philosophy and Public Affairs (Zeitschrift)
Pl.	Plural
ProdHaftH	Produkthaftungsgesetz
ProstG	Prostitutionsgesetz
Q.J. Econ.	Quarterly Journal of Economics
RabelsZ	Rabels Zeitschrift für ausländisches und internationales Privatrecht
RdA	Recht der Arbeit (Zeitschrift)
Rev. Econ. Stud.	Review of Economic Studies
Rev. Ind. Organ.	Review of Industrial Organization
Rn.	Randnummer
RG	Reichsgericht
Rspr.	Rechtsprechung
RStV	Rundfunkstaatsvertrag
RW	Rechtswissenschaft (Zeitschrift)
S.	Satz/Seite/Siehe
S. Cal. L. Rev.	Southern California Law Review
S&P	Standard & Poor's

Scand. J. Econ.	Scandinavian Journal of Economics
SE	Societas Europaea
Sg.	Singular
SpuRt	Zeitschrift für Sport und Recht
Stan. L. Rev.	Stanford Law Review
StVO	Straßenverkehrsordnung
Tulane L. Rev.	Tulane Law Review
TzBfG	Teilzeit- und Befristungsgesetz
u.	und
u.a	unter anderem
U. Chi. L. Rev.	University of Chicago Law Review
UCLA L. Rev.	University of California at Los Angeles Law Review
UEFA	Union of European Football Associations
Urt.	Urteil
v.	von/vom
Va. L. Rev.	Virginia Law Review
VersG	Versammlungsgesetz
VersR	Versicherungsrecht – Zeitschrift für Versicherungsrecht, Haftungs- und Schadensrecht
VerwArch	Verwaltungsarchiv
vgl.	vergleiche
VGR	Vereinigung für Unternehmens- und Gesellschaftsrecht
vs.	versus
VuR	Verbraucher und Recht (Zeitschrift)
VVaG	Versicherungsverein auf Gegenseitigkeit
Wake Forst L. Rev.	Wake Forest Law Review
WärmeLV	Wärmelieferverordnung
Wash. L. Rev.	Washington Law Review
WM	Zeitschrift für Wirtschafts- und Bankrecht

WRP	Wettbewerb in Recht und Praxis (Zeitschrift)
Yale J. on Reg.	Yale Journal on Regulation
Yale. L.J.	Yale Law Journal
z.B.	zum Beispiel
ZEuP	Zeitschrift für Europäisches Privatrecht
ZfA	Zeitschrift für Arbeitsrecht
ZGR	Zeitschrift für Unternehmens- und Gesellschaftsrecht
ZHR	Zeitschrift für das gesamte Handels- und Wirtschaftsrecht
ZIP	Zeitschrift für Wirtschaftsrecht
ZJS	Zeitschrift für das Juristische Studium
ZPO	Zivilprozessordnung
ZStV	Zeitschrift für Stiftungs- und Vereinswesen
ZRP	Zeitschrift für Rechtspolitik

Kapitel 1 Einleitung

Während Law & Economics im Rechtssystem der Vereinigten Staaten von Amerika eine tragende Rolle einnimmt,[1] wird der Einfluss der Ökonomik auf die deutsche Rechtswissenschaft nun schon seit einigen Jahrzehnten kontrovers diskutiert.[2] In einer viel beachteten Dissertationsschrift resümierte der Autor gar, dass die Rechtsökonomik[3] die deutsche Rechtswissenschaft so stark entzweit habe, wie keine andere Thematik.[4] Diese Arbeit soll darauf hinweisen und dazu beitragen, dass die Ökonomik bei differenzierter Nutzung weniger Anlass zu Zwietracht gibt, als vielmehr zur Schaffung von Klarheit in kontroversen juristischen Diskursen beitragen kann. Dabei besteht keine Notwendigkeit mehr für eine generell in das Feld der Rechtsökonomik einführende Arbeit,[5] vielmehr soll direkt an konkreten Fragestellungen angesetzt werden, wozu der Blick auf die Anwendung von Rechtsvorschriften gerichtet wird. Der Gegenstand der Untersuchung setzt sich aus drei Teilen zusammen, erstens einem metho-

---

1 Vgl. entsprechend etwa *Wagner*, FS Canaris, 281; zum entscheidenden Unterschied der Systeme hier aber auch exemplarisch *Somek*, JZ 2016, 481: „in Nordamerika existiert nicht, was wir in der ersten Welt unter Rechtswissenschaft verstehen"; siehe weiterführend auch noch *infra* Kapitel 2 § 2 A.II.2.

2 Vgl. zum Diskussionsstand statt aller nur *Tröger*, Arbeitsteilung und Vertrag, S. 31 ff.; *Lieder*, Die rechtsgeschäftliche Sukzession, S. 54 ff.; *Kirchgässner*, Homo Oeconomicus, S. 206 ff.; zur Kritik siehe insbesondere *Fezer*, JZ 1986, 817; *ders.*, JuS 1991, 889; *ders.*, JZ 1988, 223. In der jüngeren Literatur finden sich Erwägungen in Form vergleichbarer Generalkritik kaum noch, wenngleich dieser Ansatz immer noch als „paradigmatisch und [...] durchaus repräsentativ für Teile der Wissenschaft" bezeichnet wird, *Kuntz*, AcP 219 (2019), 254, 288 Fn. 156. Siehe prominent kritisch zum rechtsökonomischen Ansatz auch *Canaris*, JZ 1993, 377, 384; kritisch, wenngleich differenzierter auch noch *Taupitz*, AcP 196 (1996), 114; ähnlich *Unberath*, Die Vertragsverletzung, S. 144 ff.; jüngst etwa *Gutmann*, in: Hilgendorf/Schulze-Fielitz, Selbstreflexion der Rechtswissenschaft, S. 107.

3 Vgl. zum Begriffsverständnis *Tröger/Scheibenpflug*, Ad Legendum 2017, 273; sowie eingehend noch *infra* Kapitel 2 § 2 A.II.3.

4 *Janson*, Ökonomische Theorie im Recht, S. 15; vgl. zu einer früheren Perspektive auch *Eidenmüller*, Jahrbuch Junger Zivilrechtswissenschaftler 1992, S. 11 f.

5 Vgl. dafür vor allem *Janson*, Ökonomische Theorie im Recht; *Lieth*, Ökonomische Analyse; *Eidenmüller*, Effizienz als Rechtsprinzip; *Kirchner*, Ökonomische Theorie des Rechts; *Mathis*, Effizienz statt Gerechtigkeit?; instruktiv auch die Beiträge in *Towfigh/Petersen*, Ökonomische Methoden im Recht.

dentheoretischen Teil, der sich vor dem Hintergrund verfassungsrechtlicher Vorgaben mit dem Potential der Rechtsökonomik für die Methodenlehre auseinandersetzt, zweitens einem arbeitsrechtlichen Teil, der sich mit der Befristung der Arbeitsverhältnisse von professionellen Sportlern befasst,[6] sowie drittens einem personengesellschaftsrechtlichen Teil, der die Hinaus- kündigungsklauseln als Bestandteil von Gesellschaftsverträgen behandelt (§ 1). Das Untersuchungsziel der Arbeit liegt darin, anhand dieser abstrakt methodentheoretischen sowie konkret materiellrechtlichen Erwägungen das bislang unausgeschöpfte Potential der Rechtsökonomik für die Gese- zesanwendung zu verdeutlichen und so der übergeordneten Debatte um die Rolle der Rechtsökonomik in der deutschen Rechtswissenschaft neue Impulse zu verschaffen (§ 2).

§ 1 Untersuchungsgegenstand

Insbesondere in der jüngeren Vergangenheit wurden vermehrt Arbeiten in der deutschen Rechtswissenschaft veröffentlicht, die rechtsökonomische Elemente enthalten.[7] Obwohl sich die deutsche Rechtswissenschaft durch ihre ausgeprägte Praxisnähe auszeichnet, da sich ein Großteil ihrer For- schungsarbeit mit der Auslegung und Anwendung von geltenden Gesetzen beschäftigt,[8] und folgerichtig auch früh die Relevanz der Rechtsökonomik für

---

6 Zur Erleichterung der Lesbarkeit wird im Rahmen dieser Arbeit zur Bezeichnung von Personen grundsätzlich lediglich die maskuline Form verwendet, gemeint sind damit Personen aller Geschlechter. Im Hinblick auf Sportler ist jedoch aufgrund der nach Geschlechtern unterteilten Branche und des hier gewählten Gegenstands der Untersuchung (*infra* Kapitel 3 § 1) stets allein die maskuline Form gemeint.

7 Siehe hier nur die Auswahl jüngst erschienener Monographien *Sigmund*, Bindung durch Versprechen oder Vertrag; *Kühne*, Bauplanungsrechtliche Einzelhandelssteue- rung im Lichte der Rechtsphilosophie Friedrich August von Hayeks; *Lölfing*, Die Ap- Ökonomie des Schenkens; *Höhne*, Das Widerrufsrecht bei Kaufverträgen im Span- nungsverhältnis von Opportunismus und Effektivität; *Tönningsen*, Grenzüberschrei- tende; *Friedrich*, Die novellierte Debt Governance. Vgl. auch die entsprechende Ein- schätzung bei *Stürner*, AcP 214 (2014), 7, 33; *Wagner*, in: Dreier, Rechtswissenschaft als Beruf, S. 166, der eine ökonomische Analyse als Teil von Habilitationsschriften sogar mittlerweile generell als „üblich" beschreibt.

8 Vgl. exemplarisch *Fleischer*, ZGR 2007, 500, 502 f.; siehe auch *Tröger/Scheibenpflug*, Ad Legendum 2017, 273, 275; anschaulich und mit vielfältigen weiterführenden Nachwei- sen zudem *Dreier*, in: Dreier, Rechtswissenschaft als Beruf, S. 45 ff.; im Grundsatz auch, mit der Betonung darauf, dass Rechtswissenschaft in ihrer Gesamtheit über die dogmatische Analyse hinausgehen soll *Payandeh*, Judikative Rechtserzeugung, S. 5;

die Rechtsanwendung betont wurde,[9] scheinen dennoch rechtsökonomische Arbeiten überproportional häufig vor allem rechtspolitisch geprägt zu sein,[10] und sich seltener mit der Auslegung und Anwendung geltender Rechtsnormen auseinanderzusetzen.[11] In der Rechtsprechung trifft man ebenfalls nur selten auf explizite rechtsökonomische Ansätze.[12] Auch in der Diskussion um die Methodenlehre wurde die Rechtsökonomik über lange Zeit ignoriert.[13] Wenn das Verhältnis der deutschen Rechtswissenschaft zu der Rechtsökonomik grundsätzlich nach wie vor als Zustand „pauschalierter Reserviertheit"[14] charakterisiert werden kann, hat diese Beschreibung erst recht Gültigkeit in Bezug auf den Einfluss der Rechtsökonomik auf die Auslegung und Anwendung von Gesetzen.[15] Eine allgemeine, tiefgreifende Akzentverschiebung von

---

Wissenschaftsrat, Perspektiven der Rechtswissenschaft in Deutschland, S. 34 ff.: „Ein wesentliches Merkmal der deutschen Rechtswissenschaft liegt in der systematischen Durchdringung des positiven Rechts mit hoher terminologischer Präzision."; auch *Eidenmüller*, JZ 1999, 53, wonach die Rechtswissenschaft nach ihrem „gängige(n) Selbstverständnis [...] Rechtsanwendungswissenschaft" sei; teilweise wird Rechtswissenschaft gar mit der Wissenschaft über das geltende Recht, also im Wesentlichen der Gesetzesauslegung gleichgesetzt, vgl. *Kuntz*, AcP 216 (2016), 866, 867 f.; *ders.*, AcP 219 (2019), 254, 285 ff.; *Ernst*, in: Engel/Schön, Proprium der Rechtswissenschaft, S. 27: „Kerngeschäft des Juristen"; nach *Engel*, FS Windbichler, 33, 49 sei die Rechtswissenschaft gar „stolz auf ihre Nähe zur Rechtspraxis".

9 Siehe so *Kirchner/Koch*, Analyse & Kritik 11 (1989), 111, 125.

10 Vgl. jüngst zur Betonung der Bedeutung rechtsökonomischer Arbeiten für die Rechtssetzung auf rechtspolitischer Ebene etwa *Harenberg*, KritV 2019, 393, 446; in der internationalen Literatur statt aller hier nur *Leuz*, Account. & Bus. Res. 48 (2019), 582.

11 Siehe aber jüngst auch mit beachtlicher Stoßrichtung bei rechtstheoretischem Ansatz unter Fokussierung auf Rechtsökonomik als Element der Rechtsdogmatik *Hu*, Rechtsökonomik als Rechtsanwendungsmethode; zu dezidiert rechtsökonomisch ansetzenden Beispielen zudem etwa *Scheibenpflug*, Verhaltensrisiken und aktienrechtliche Vermögensbindung; *Tröger*, FS Baums, 1249 ff.

12 Vgl. *Wagner*, FS Canaris, 281, 290; *Taupitz*, AcP 196 (1996), 114, 127 f.

13 Vgl. zu der frühen aber auch Jahre später noch weitgehend treffenden Einschätzung bereits *Grundmann*, RabelsZ 1997, 423, 444. Erst im Laufe der letzten Jahre wurden vereinzelt Abschnitte in die Standardlehrbücher zur Methodenlehre aufgenommen, siehe etwa *Büllesbach*, in: Hassemer/Neumann/Saliger, Rechtsphilosophie, S. 365 ff.; der 2016 in der 9. Auflage erstmals in dem Werk enthalten war; nur am Rande bei *Rüthers/Fischer/Birk*, Rechtstheorie, Rn. 305 ff., 368 ff., 379 f; vorbildlich differenzierend hingegen jüngst bei *Reimer*, Juristische Methodenlehre, Rn. 496 ff.; knapp auch bei *Bydlinski/Bydlinski*, Juristische Methodenlehre, S. 60 ff.

14 *Grechenig/Gelter*, RabelsZ 2008, 513, 515.

15 Das gilt auch trotz der korrekten Beobachtung, dass die aktive Äußerung ablehnender Haltung gegenüber der Rechtsökonomik in der Literatur deutlich abgenommen habe, da ein wesentlicher Unterschied zwischen dem Unterlassen der Äußerung aktiver Ablehnung einerseits und der aktiven Teilhabe an rechtsökonomischer Arbeit an-

einer eingebetteten zu einer nichteingebetteten Wissenschaft kann zumindest im Hinblick auf den Teil der deutschen Rechtswissenschaft, der sich mit der Anwendung und Auslegung des geltenden Rechts befasst, bislang nicht beobachtet werden.[16] Der externen Beobachtung von *Henry G. Manne*, der schon vor Jahren eine große Bedeutung der Ökonomik für die europäischen Rechtssysteme festgestellt haben will, muss zumindest insoweit die deutsche Rechtswissenschaft entgegengehalten werden.[17]

Die Integration der Rechtsökonomik in die Gesetzesauslegung scheint anders als ihre rechtspolitische Integration eine besonders komplizierte Herausforderung darzustellen.[18] Das ist einleuchtend, denn während auf rechtspolitischer Ebene Sacherwägungen aus der Ökonomik lediglich kontextualisiert benannt und in der Gesetzgebung sodann gestalterisch berücksichtigt werden können, ist zur Nutzbarmachung in der Rechtsanwendung nach herrschender Ansicht eine Integration in die bestehende Dogmatik[19] anhand der Auslegungsmethodik erforderlich.[20] Die Beobachtung legt die Frage nahe, ob die Ökonomik unter grundsätzlicher Anerkennung der vorherrschenden methodischen Strukturen überhaupt etwas, und wenn ja, in welchem Umfang, zur Auslegung und Anwendung von Rechtsnormen

---

dererseits besteht, vgl. zu der entsprechenden Beobachtung *Wagner*, in: Dreier: Rechtswissenschaft als Beruf, S. 166.

16 Vgl. zu einer entsprechenden, jedoch enger auf das Gesellschafts- und Kapitalmarktrecht bezogenen Prognose *Fleischer*, ZGR 2007, 500, 501 f. Zu der erforderlichen Differenzierung nach Rechtsgebieten sowohl in empirisch-historischer als auch konzeptioneller Hinsicht noch *infra* Kapitel 2.

17 Siehe die Einschätzung von *Henry G. Manne* zur vermeintlichen Bedeutung der Rechtsökonomik in Kontinentaleuropa abrufbar unter https://masonlec.org/divisions/henry-g-manne-program-law-economics-studies/, Aussage ab ca. 4:45, zuletzt abgerufen am 15.11.2020.

18 Vgl. die entsprechende Feststellung zu der Integration fremdwissenschaftlicher Erkenntnisse im Allgemeinen *Sliwiok-Born/Steinrötter*, in: Sliwiok-Born/Steinrötter, Intra- und interdisziplinäre Einflüsse, S. 2 f.; vgl. auch *Stürner*, AcP 214 (2014), 7, 31 f., der Einflüsse der Ökonomik auf die Gesetzesauslegung als seltener vorkommend im Vergleich zu Einflüssen auf rechtspolitischer Ebene beschreibt.

19 Vgl. deutlich etwa zu dieser dominierenden Position *Lobinger*, AcP 216 (2016), 23; konzise *Rückert/Seinecke*, in: Rückert/Seinecke, Methodik des Zivilrechts, Rn. 37: „Für die Methodenfrage folgt, dass die Rechtspraxis methodisch gebunden ist. Rechtswissenschaft und Rechtspolitik hingegen sind methodisch frei".

20 Im Rahmen dieser Arbeit erfolgt die Untersuchung ausdrücklich unter Anerkennung dieses Ausgangspunktes der vorherrschenden Methodenlehre, sodass die Möglichkeit der Schaffung einer grundlegend hiervon abweichenden Alternativmethodik an dieser Stelle außer Betracht bleibt, um eine konzentrierte Analyse zu ermöglichen.

beitragen kann.[21] Diese Frage bildet die Leitlinie dieser Arbeit, an der entlang sich ihre drei Teile in Gestalt konkreter Untersuchungsgegenstände aufbauen. So sollen sowohl anhand der methodentheoretischen Diskussion um die verfassungsrechtlichen Anforderungen an die Gesetzesauslegung, die durch einen Widerstreit zwischen einerseits der Forderung nach einer methodenstrengen Auslegung und andererseits Zweifeln an der Möglichkeit der Umsetzung einer solchen Methodik geprägt ist,[22] als auch anhand der materiellrechtlichen Fragen nach der Wirksamkeit von Befristungsvereinbarungen von Arbeitsverträgen mit professionellen Sportlern[23] sowie der Wirksamkeit von die freie Hinauskündigung von Gesellschaftern ermöglichenden Klauseln in Gesellschaftsverträgen,[24] die Möglichkeit zur und der Nutzen der Integration der Rechtsökonomik in die bestehende Rechtsanwendungspraxis erörtert werden.

§ 2 Untersuchungsziel

Ziel der Untersuchung ist, der Diskussion über die übergeordnete Frage nach der Nützlichkeit der Rechtsökonomik für die Gesetzesanwendung neue Impulse zu geben. In Anbetracht der Gegenstandsbereiche lässt sich das Ziel weiter untergliedern. So ist an anderer Stelle schon eruiert worden, dass die Rechtsökonomik nicht per se mit dem „Menschenbild des Grundgesetzes" unvereinbar ist.[25] Weitergehend soll hier gezeigt werden, in welchem Umfang und in welcher Weise positive und normative rechtsökonomische Erwägungen in der Gesetzesanwendung sogar zur Umsetzung verfassungsrechtlicher Vorgaben beizutragen im Stande sind, inwiefern in einem solchen Sinne also eine „Fortentwicklung der geübten Methodenpraxis"[26] durch Elemente der Rechtsökonomik im Sinne der Verfassung erfolgen kann. Dabei soll die Rechtsökonomik nicht als Substitut oder Konkurrenzmodell zur tradierten Methodenlehre verstanden werden. Vielmehr sind explizit die Integrationsmöglichkeiten in die Methodenlehre zu erörtern, um somit dazu beizutragen, den Zustand „pauschalierter Re-

---

21 Vgl. ähnlich *Langenbucher*, Economic Transplants, S. 7.
22 Zur Einleitung in den Gegenstand konkret weiterführend noch *infra* Kapitel 2 § 1 A.
23 Zur Einleitung in den Gegenstand konkret weiterführend noch *infra* Kapitel 3 § 1.
24 Zur Einleitung in den Gegenstand konkret weiterführend noch *infra* Kapitel 4 § 1.
25 Siehe exemplarisch zuletzt nur *Wagner*, FS Canaris, 281, 291.
26 *Tröger*, Arbeitsteilung und Vertrag, S. 35 f.

serviertheit"[27] in einen Zustand angemessen differenzierter Anwendung der Rechtsökonomik zu überführen. Anhand der Anwendungsbeispiele gilt es das zuvor theoretisch herausgearbeitete Potential zu veranschaulichen, wozu sich die hier behandelten Beispiele aufgrund der strukturellen Unterschiede der Verankerung des Effizienzziels hinsichtlich der ihnen zugrundeliegenden Normen sowie der Vielfältigkeit der zur Anwendung kommenden positivökonomischen Analysen besonders eignen.[28] Freilich tritt neben diese allgemeine Zielsetzung die Absicht, die konkreten materiellen Rechtsfragen durch die rechtsökonomischen Elemente anzureichern und so die jeweiligen materiellen Debatten um diese Facetten zu ergänzen.

§ 3 Gang der Untersuchung

Die Arbeit gliedert sich entsprechend den drei Elementen des Untersuchungsziels zur Verdeutlichung des zum Teil unausgeschöpften Potentials der Rechtsökonomik für die Gesetzesanwendung. Zunächst wird in methodentheoretischer Hinsicht das Potential der Rechtsökonomik zur Fortentwicklung der Auslegungsmethodik beleuchtet (Kapitel 2). Dabei wird eine in der rechtsmethodischen Literatur geführte Diskussion um die verfassungsrechtliche Bedeutung der Ausgestaltung der Methodenlehre aufgegriffen (Kapitel 2 § 1), die Konfliktlinien offenbart, auf welche die Rechtsökonomik aufgrund ihres stabilisierenden Potentials vermittelnd einzuwirken vermag (Kapitel 2 § 2). Die stabilisierende Wirkung der Rechtsökonomik für den Rechtsanwendungsprozess soll sodann anhand der beiden gewählten materiellrechtlichen Beispiele veranschaulicht werden. Die Wirksamkeit der Befristung von Arbeitsverträgen mit professionellen Fußballspielern wird durch eine rechtsökonomische Analyse gestützt (Kapitel 3). Die Diskussion um die Anwendung von § 14 Abs. 1 S. 2 Nr. 4 TzBfG auf Arbeitsverträge im Sport (Kapitel 3 § 1) hat in den vergangenen Jahren eine Vielzahl von Stimmen aus Rechtsprechung und Literatur hervorgerufen, die zwar die Befristung im Ergebnis befürworten, denen es allerdings nicht gelingt, Zweifel an deren Begründung auszuräumen (Kapitel 3 § 2). Diesen Zweifeln kann durch eine funktionale Analyse entgegengetreten werden (Kapitel 3 § 3). Zur Beurteilung der Wirksamkeit von Hinauskündigungs-

---

27 *Supra* Fn. 14.
28 Siehe noch *infra* Fn. 455, sowie die weiterführenden einzelfallbezogenen Erwägungen jeweils zu Beginn der Kapitel 3 und Kapitel 4.

klauseln im Einzelfall vermag die rechtsökonomische Analyse allgemeine Leitlinien aufzuzeigen (Kapitel 4). Die seit Jahrzehnten umstrittene Frage nach der die freie Hinauskündigung von Gesellschaftern ermöglichenden Vertragsklauseln (Kapitel 4 § 1), wurde bereits in der jüngeren Vergangenheit aus zwei sehr unterschiedlichen Perspektiven einer rechtsökonomischen Analyse unterzogen (Kapitel 4 § 2). Die bestehenden Analyseansätze verdeutlichen die Notwendigkeit einer breiten Ausschöpfung wirtschaftswissenschaftlicher Forschung zur rechtsökonomischen Anreicherung der Rechtsanwendung (Kapitel 4 § 3).

Kapitel 2 Rechtsökonomik im Spannungsverhältnis zwischen Rechtsstaatsprinzip und tradierter Auslegungsmethodik

Auf eine Wiederholung der in der allgemeinen Diskussion um die Möglichkeiten der Nutzung der Ökonomik in der deutschen Rechtswissenschaft ausgetauschten Erwägungen kann an dieser Stelle verzichtet werden. Stattdessen soll die Debatte um die Rolle der Rechtsökonomik für die Gesetzesauslegung um Erwägungen zur Verfassungsrelevanz der Methodenlehre ergänzt werden, die durch die Einordnung der Rechtsökonomik in eine seit vielen Jahren geführte, und in jüngerer Vergangenheit erneut angefachte Methodendiskussion charakterisiert ist (§ 1). Vor dem Hintergrund dieser methodentheoretischen Debatte können die Möglichkeiten der Anreicherung der tradierten Auslegungsmethodik um rechtsökonomische Elemente weitergehend erörtert und somit die Bedeutung der Rechtsökonomik für das deutsche Rechtssystem aus dem methodentheoretischen Blickwinkel differenzierend analysiert werden (§ 2).

§ 1 Das Spannungsverhältnis zwischen Rechtsstaatsprinzip und tradierter Auslegungsmethodik

Ausgangspunkt der Erwägungen stellt die Prämisse dar, dass die Gesetzesanwendung durch die Nutzung von Auslegungsmethodik erfolgen muss, die der Willkür des Rechtsanwenders Grenzen setzen soll. Aus der grundgesetzlichen Vorgabe, die Gesetzesauslegung anhand einer Methodik vorzunehmen, kann ein idealistisches, regelstrenges Auslegungssystem abgeleitet werden (A), an dessen Verwirklichung die geübte Methodenpraxis jedoch scheitert (B). Aus dieser Kollision von idealisierten Verfassungsanforderungen mit den Problemen der geübten Methodenlehre, lassen sich allgemeine Anforderungen an die Modifizierung der Auslegungsmethodik ableiten (C).

A. Verfassungsrechtliche Bedeutung der Methodenlehre

Wenngleich das Grundgesetz nicht die Auslegung von Gesetzen durch eine Methodenlehre ausdrücklich determiniert, wird die Verfassungsrelevanz der Methodenlehre grundsätzlich anerkannt.[29] Der verfassungsrechtliche Rahmen der Auslegungsmethodik ergibt sich aus mehreren Vorschriften des Grundgesetzes (I), aus denen die Vorgabe eines methodenstrengen Ideals abgeleitet werden kann, die als Ausgangspunkt der hiesigen Untersuchung dienen soll (II).

I. Das Grundgesetz und Auslegungsmethodik

Zur Verwirklichung der Bindung der Rechtsprechung[30] an das Gesetz[31] nach Art. 20 Abs. 3 Hs. 2 GG[32] ist ein Verständnis der Rechtsprechungsorgane von der Bedeutung der Gesetze erforderlich, da nur so ein Verständnis für die Art ihrer Bindung hergestellt werden kann. Die Bedeutung der

---

29 Siehe überblicksartig *Rückert/Seinecke*, in: Rückert/Seinecke, Methodik des Zivilrechts, Rn. 39 f.; ebenso dieses andeutend und die Aktualität dessen unterstreichend *Rückert*, JZ 2017, 965, 970; vgl. zuletzt die iterativen Hinweise auf die Verfassungsrelevanz der Auslegungsmethodik von *Rüthers* infra Fn. 60; vgl. auch *Schenke*, in: Dreier, Macht und Ohnmacht des Grundgesetzes, S. 52 m.w.N. in Fn. 6.

30 Auch wenn unterschiedliche Akteure sich der Methodenlehre zur Auslegung von Rechtsnormen bedienen, betreffen die Vorschriften des Grundgesetzes im Wesentlichen die Rechtsprechung als Teil des staatlich organisierten Entscheidungsbetriebs unmittelbar, andere Akteure dagegen eher derivativ, vgl. *Vesting*, Rechtstheorie, Rn. 191.

31 Vgl. jedoch auch schon zu unterschiedlichen Verständnissen des Gesetzesbegriffs *Schenke*, in: Dreier, Macht und Ohnmacht des Grundgesetzes, S. 71. Vgl. zuletzt auch das Sondervotum der Richter *Voßkuhle, Osterloh* und *Di Fabio* in BVerfGE 122, 248, 282 ff., in dem diese die Bedeutung der gesetzgeberischen Entscheidung durch das Legislativorgan für die Judikative betonen; dazu nachdrücklich zudem *Rüthers*, NJW 2009, 1461; *ders.*, NJW 2011, 1856; *ders.*, Ad Legendum 2020, 217, 222; siehe vor diesem Hintergrund auch zu dem seltenen Fall, in dem das BVerfG in einer Auslegungsvariante des § 1578 Abs. 1 S. 1 GG einen Verstoß gegen Art. 20 Abs. 2 u. 3 GG sieht BVerfGE 128, 193; vgl. zu dem zugrundeliegenden Verfassungsverständnis des BVerfG zusammenfassend auch *Gaier*, in: Lobinger/Piekenbrock/Stoffels, Integrationskraft zivilrechtlicher Dogmatik, S. 94 f.

32 In den einschlägigen Kommentierungen wird hingegen die Methodenrelevanz nicht betont, vgl. zu grundsätzlichen Bedeutung *Grzeszick*, in: Maunz/Dürig, Art. 20 Rn. 60 ff.; *Huster/Rux*, in: BeckOK GG, Art. 20 Rn. 169 ff.; siehe auch mit Nachdruck *Rüthers*, JZ 2006, 51, der die Bindung der Gerichte an Recht und Gesetz als „das zentrale Verfassungsgebot für die Justiz" bezeichnet.

geschriebenen Normen ist durch Auslegung zu ermitteln.[33] Die Mittel für die so erforderliche Auslegung zur Herstellung des Verständnisses stellt die Methodenlehre bereit.[34] Zur Realisierung der Gesetzesbindung ist die Verwendung einer Methodik dabei notwendig, da ohne diese die Auslegung der ungezügelten Willkür des Richters ausgeliefert wäre, mithin also faktisch die angeordnete Bindung gar nicht verwirklicht wäre, wenn der Richter gänzlich ungebunden entscheiden könnte.[35] Auch die durch Art. 20 Abs. 3 Hs. 2 GG geforderte Vorhersehbarkeit der Entscheidung[36] setzt ein methodisches Vorgehen zur Anwendung von Gesetzen in entsprechendem Sinne voraus. An dieser Anordnung der Verwendung einer Auslegungsmethodik ändert im Allgemeinen auch die neben die Bindung an das Gesetz tretende, insoweit in dieser nicht ohnehin bloß eine Tautologie gesehen wird,[37] zu ihr vermeintlich in einem Spannungsverhältnis stehende[38] Bindung an das Recht nichts, da unabhängig von der genauen Bedeutung des Rechtsbegriffs des Art. 20 Abs. 3 Hs. 2 GG[39] nach einer vielfach vertretenen Position eine Bindungswirkung gegenüber der Judikative nicht begründet

---

33 Vgl. so allgemein *Hager*, Rechtsmethoden in Europa, S. 284; *Hassemer*, in: Hassemer/Neumann/Saliger, Rechtsphilosophie, S. 228.

34 Die juristische Methodenlehre stellt sich somit als Rechtsanwendungsmethodik dar, vgl. *Jestaedt*, JZ 2014, 1, 5, Fn. 37.

35 Vgl. *Schulze-Fielitz*, in: Dreier, Art. 20 (Rechtsstaat) Rn. 102, der die Notwendigkeit der Entwicklung „allgemeiner Auslegungsgrundsätze" zur Sicherstellung einer „gleichgerichteten Gesetzespraxis" betont; auch *Sommermann* in: v. Mangoldt/Klein/Starck, Art. 20 Rn. 286; *Strauch*, in: Gabriel/Gröschner, Subsumtion, 335 f.; *Morlok*, in: Gabriel/Gröschner, Subsumtion, 179, 183 f.; siehe allgemein die Verfassungsrelevanz betonend auch *Larenz/Canaris*, Methodenlehre, S. 67 f.

36 Siehe hierzu *Sachs*, in: Sachs, Art. 20 Rn. 130; allgemeiner auch *Papier/Möller*, AöR 122 (1997), 177, 191 ff.

37 Vgl. dagegen auf eine Tautologie abstellend etwa *Jarass*, in: Jarass/Pieroth, Art. 20 Rn. 52 mit dem Verweis auf „grundlegende Gerechtigkeitsvorstellungen", soweit sie im Grundgesetz verankert sind; *Schnapp*, in: von Münch/Kunig, Art. 20 Rn. 61; *Gusy*, JuS 1983, 189, 193; *Hillgruber*, JZ 2008, 745, 747; mit Einschränkungen auch *Wank*, Grenzen richterlicher Rechtsfortbildung, S. 88, der das nur für den Fall einer nicht mehr funktionierenden freiheitlich-demokratischen Gesetzgebung anders sieht.

38 Siehe etwa *Dreier*, JZ 1985, 353, 354 f.

39 So sehen einige darin einen Verweis auf Gewohnheits- und Richterrecht, etwa *Hofmann*, in: Schmidt-Bleibtreu/Hofmann/Henneke, Art. 20 Rn. 90; *Pieroth*, JURA 2013, 248, 254; andere einen auf die verfassungsmäßige Ordnung, so etwa *Grzeszick*, in: Maunz/Dürig, Art. 20 VI. Rn. 70; wieder andere einen auf überpositives Vernunftrecht in Tradition der Radbruchschen Formel, wie exemplarisch *Dreier*, JZ 1985, 353, 355; *Hirsch*, ZRP 2006, 161; *Buchwald*, Rationalen juristische Begründung, S. 38 ff.; allgemeiner wird wiederum teilweise auf ein allgemeines Rechtsverständnis abgestellt, so etwa *Hilbert*, JZ 2013, 130, 132

wird[40] bzw. nach der andererseits vertretenen Position eine solche Bindung lediglich neben die des auszulegenden positiven Rechts tritt, ebendiese also nicht verdrängt, sondern allenfalls ergänzt.[41] Eine entsprechende Stoß-richtung weist auch die Unterwerfung der Richter unter das Gesetz nach Art. 97 Abs. 1 GG auf,[42] da diese gleichermaßen die Nutzung anerkannter Auslegungsmethodik erfordert.[43] Sie verlangt intersubjektive Einsehbarkeit und Verständlichkeit der Auslegung, was zumindest Einvernehmen über die und Transparenz der Methode voraussetzt.[44] Mithin ist keine freie Methodenwahl zulässig.[45]

Die konsequente Anwendung einer transparenten Methodenlehre trägt auch zu der Sicherung des Gleichheitsgrundsatzes des Grundgesetzes nach Art. 3 Abs. 1 GG zur Verwirklichung von Gerechtigkeit[46] und damit zur

---

40 Vgl. etwa *Grzeszick*, in: Maunz/Dürig, Art. 20 VI. Rn. 63–70, der den Verweis auf das „Recht" als einen „moralischen Appell" versteht; von Vertretern der Rechtsprechung zumindest auch nicht entgegenstehend *Wenzel*, NJW 2008, 345, 348 f.

41 So etwa *Hirsch*, ZRP 2006, 161, der in der Rechtsbindung die Notwendigkeit der Ausrichtung an einem von ihm nicht näher spezifizierten überpositiven Recht sieht, wenn Recht und Gesetz konfligieren; zudem *Hirsch*, JZ 2007, 853; sehr kritisch darauf jedoch *Möllers*, JZ 2008, 188; ausführlicher auf die Bedeutung überpositiven Rechts eingehend *Robbers*, in: Bonner Kommentar, 165. Akt. Jan. 2014, Art. 20 Abs. 3 Rn. 3337 ff., insbesondere mit der Feststellung in diesem Sinne in Rn. 3346: „Es ist deshalb faktisch so gut wie ausgeschlossen, dass es zu einem Konflikt zwischen einem gültigen, weil verfassungsgemäßen Gesetz und überpositivem Recht innerhalb der Verfassungsordnung des Grundgesetzes kommen könnte. Es geht Art. 20 Abs. 3 GG danach nicht primär um eine harsche Konfrontation ordnungsgemäß zustande gekommenen positiven Rechts mit überpositivem Recht". Vgl. auch zur Entstehungsgeschichte von Art. 20 Abs. 3 GG *Hillgruber*, JZ 2008, 745, 746 f. m.w.N. Andererseits wird jedoch teilweise für Einzelfälle besonders unsittlicher Gesetze die Verdrängung dieser durch das „Recht" aus Art. 20 Abs. 3 GG abgeleitet, siehe etwa *Neuner*, Rechts-findung contra legem.

42 So wird Art. 97 GG als Ergänzung und Konkretisierung von Art. 20 GG gesehen, eine Divergenz abgelehnt, siehe nur *Schulze-Fielitz*, in: Dreier, Art. 97 Rn. 62; auf die historische Bedeutung der unterschiedlichen Formulierungen verweisend *Classen*, in: v. Mangoldt/Klein/Starck, Art. 97 Rn. 11; *Sommermann*, in: v. Mangoldt/Klein/ Starck, Art. 20 Rn. 285

43 Vgl. *Rückert/Seinecke*, in: Rückert/Seinecke, Methodik des Zivilrechts, Rn. 39; *Schulze-Fielitz*, in: Dreier, Art. 97 Rn. 21.

44 Vgl. *Heusch*, in: Schmidt-Bleibtreu/Hofmann/Henneke, Art. 97 Rn. 38.

45 Vgl. *Heusch*, in: Schmidt-Bleibtreu/Hofmann/Henneke, Art. 97 Rn. 38; *Grzeszick*, in: Maunz/Dürig, Art. 97 VI. Rn. 56; vgl. in größerem Rahmen auch *Säcker*, NJW 2018, 2375, 2377.

46 Vgl. *Canaris*, Systemdenken und Systembegriff in der Jurisprudenz, S. 16 ff.; zur Gerechtigkeit als dem Grundgesetz zugrundeliegenden Prinzip allgemein *Rüfner*, in: Bonner Kommentar, 67. Akt. Okt. 1992, Art. 3 Abs. 1 Rn. 2–4.

Schaffung von Rechtssicherheit[47] bei,[48] da so die Rechtsprechung fördern kann, dass in tatsächlicher Hinsicht gleich gelagerte Fälle unabhängig von der Person des Richters auch gleich entschieden werden.[49] Das Demokratiegebot nach Art. 20 Abs. 2 S. 1 GG fordert wiederum eine demokratische Legitimation des Rechts, die durch eine Rückkopplung an den demokratischen Souverän herzustellen ist.[50] Die Anwendung anerkannter Methodik führt zu einer rationalen und transparenten Anwendung von Gesetzen,[51] welche die Bindung an die Normen des Gesetzgebers sichert,[52] da ohne

---

47 Siehe zur Rechtssicherheit als Element des Rechtsstaatsprinzips BVerfGE 20, 323, 331; weiterführend auch *Müller/Christensen*, Juristische Methodik, Rn. 163; vgl. auch, gleichermaßen die Möglichkeiten zur Verbesserung der Umsetzung der Rechtssicherheit und die Relativität der Bedeutung der Rechtssicherheit im Verhältnis zu anderen Zielvorgaben wie Freiheit oder Gleichheit betonend *Schuhr*, in: Schuhr, Rechtssicherheit (1), S. 1 ff.

48 Vgl. *Rüthers*, JZ 2006, 53; *ders.*, JuS 2011, 865, 866; *ders./Fischer/Birk*, Rechtstheorie, Rn. 650; auch allgemeiner und weniger vehement *Vesting*, Rechtstheorie, Rn. 232; *Müller/Christensen*, Juristische Methodik, Rn. 163 f.

49 Vgl. *Rüthers*, JZ 2006, 53; *ders.*, JuS 2011, 865, 869; *ders./Fischer/Birk*, Rechtstheorie, Rn. 650. Eine Selbstbindung der Rechtsprechung mit dem Ziel einer Entscheidungseinheitlichkeit wird hingegen mehrheitlich abgelehnt, vgl. nur BVerfGE 19, 38, 47 = NJW 1965, 1323, 1324; *Kischel*, in: BeckOK GG, Art. 3 Rn. 116; *Rüfner*, in: Bonner Kommentar, Art. 3 Abs. 1 Rn. 185 jeweils m.w.N. aus Rechtsprechung und Literatur. Beachte aber praktisch auch die hohen Anforderungen des Willkürverbots: „willkürlich ist ein Richterspruch nach der ständigen Rechtsprechung des BVerfG dann, wenn er unter keinem denkbaren Aspekt rechtlich vertretbar ist und sich daher der Schluss aufdrängt, dass er auf sachfremden Erwägungen beruht. Fehlerhafte Rechtsanwendung allein macht eine Gerichtsentscheidung jedoch nicht willkürlich. Willkür liegt vielmehr erst dann vor, wenn eine offensichtlich einschlägige Norm nicht berücksichtigt, der Inhalt einer Norm in krasser Weise missverstanden oder sonst in nicht mehr nachvollziehbarer Weise angewendet wird", BVerfGE 89, 1, 13 f.; siehe hierzu auch *Krieger*, in: Schmidt-Bleibtreu/Hofmann/Henneke, Art. 3 Rn. 20; *Wollenschläger*, in: v. Mangoldt/Klein Starck, Art. 3 Rn. 216 f.; *Jarass*, in: Jarass/Pieroth, Art. 3 Rn. 49 ff. Die Rechtsprechung versteht Art. 3 Abs. 1 GG in erster Linie als Rechtanwendungsgleichheit, vgl. *Nußberger*, in: Sachs, Art. 3 Rn. 124; BVerfGE 66, 331, 335 f.; 71, 354, 362.

50 Siehe in diesem Kontext *Rückert/Seinecke*, in: Rückert/Seinecke, Methodik des Zivilrechts, Rn. 39; zur Legitimation der Rechtsprechung in dieser Hinsicht *Grzeszick*, in: Maunz/Dürig, Art. 20 VI. Rn. 238 ff.; zur materiellen Legitimation allgemeiner *Jarass*, in: Jarass/Pieroth, Art. 20 Rn. 14 f.; *Sommermann*, in: v. Mangoldt/Klein/Starck, Art. 20 Rn. 171; letztlich kritisch aber ebenso andeutend *Kaspers*, Philosophie – Hermeneutik – Jurisprudenz, S. 173.

51 Vgl. *Müller/Christensen*, Juristische Methodik, Rn. 20; *Dreier*, in: Dreier, Art. 20 (Demokratie), Rn. 141 m.w.N. auf Entscheidungen des BVerfG.

52 Vgl. etwa *Müller/Christensen*, Juristische Methodik, Rn. 111; *Rückert/Seinecke*, in: Rückert/Seinecke, Methodik des Zivilrechts, Rn. 39;

Methodik die Rechtsprechung wiederum das von *ihr* statt des von der Gesetzgebung Gewollten in die Gesetzestexte hineinlesen könnte.

Außerdem kommt der Justiz aufgrund der Gewaltenteilung gemäß Art. 20 Abs. 2 S. 2 GG die Funktion der Kontrolle der Legislative und Exekutive zu, die am Maßstab von Gesetz und Recht auszuführen ist.[53] Dieses Maß kann zur konsequenten Durchsetzung der Gewaltenteilung nicht auch von der Judikative selbst, sondern muss von dem demokratischen Souverän festgesetzt werden.[54] Eine klare Auslegungsmethodik hilft, die Informationen über diese Festsetzung durch und die Bindung an den Gesetzgeber der Judikative zu vermitteln.

II. Ein idealisiertes Bild der Auslegungsmethodik

In der Konsequenz stellt sich die Frage nach der Ausgestaltung der Auslegungsmethodik: wie muss Auslegungsmethodik beschaffen sein, damit sie den Verfassungsvorgaben entspricht? Das Bundesverfassungsgericht leitet aus den Grundgesetznormen keine bestimmte Auslegungsmethodik ab.[55] Zweifelsohne ergeben sich bereits bei der Auslegung der einschlägigen Normen des Grundgesetzes Schwierigkeiten in Form einer *petitio prinicpii*,[56] weswegen keine einheitlichen Schlussfolgerungen aus den Verfassungsnormen für die Ausgestaltung der Methodenpraxis gezogen werden,[57] sondern die Frage nach der anzuwendenden Methodik als Machtfrage[58] konsequen-

---

53 Vgl. *Rückert/Seinecke*, in: Rückert/Seinecke, Methodik des Zivilrechts, Rn. 39; *Geier*, in: Lobinger/Piekenbrock/Stoffels, Integrationskraft zivilrechtlicher Dogmatik; S. 94 f.; dieses durch den Verweis auf die Bindung an Gesetz und Recht auch andeutend *Jarass*, in: Jarass/Pieroth, Art. 20 Rn. 34; vgl. jedoch auch zur Unschärfe des Regelungsgehalts der Gewaltenteilung *Frieling*, Gesetzesmaterialien und Wille des Gesetzgebers, S. 153 ff. m.w.N.

54 Vgl. *Rückert/Seinecke*, in: Rückert/Seinecke, Methodik des Zivilrechts, Rn. 39; vgl. auch *Froese*, Rechtstheorie 46 (2015), 481, 490.

55 Vgl. BVerfGE 88, 145, 166 f.; siehe auch *Hassemer*, FS Jung, 231, 234; *ders.*, Rechtstheorie 39 (2008), 1, 4; *Rennert*, NJW 1991, 1216; siehe zu einer umfangreichen Auswertung der Rechtsprechung des Bundesverfassungsgerichts zur Verfassungsmäßigkeit der herkömmlichen Auslegungsmethoden *Gaebel*, Grundrecht auf Methodengleichheit, S. 47 ff.

56 Vgl. *Stern*, NJW 1958, 695, 697 f.; siehe noch *infra* Kapitel 2 § 1 B.I.

57 Vgl. dieses betonend etwa auch *Froese*, Rechtstheorie 46 (2015), 481, 490.

58 Vgl. pointiert jenseits des deutschen Diskurses nur *Hesselink*, Eur. Law J. 15 (2009), 20, 34: „Methodology is not a neutral science. Indeed, methodological choices in

terweise hart umkämpft ist.[59] Einerseits wird aus den Grundgesetznormen die Pflicht zur Auslegung unter strenger Bindung an eindeutige Regeln abgeleitet (1), andererseits schon die Möglichkeit hierzu im Grundsatz verneint und die Bindung an richterlich geprägte Pragmatik proklamiert (2). Ausgehend von einem regelstrengen Verständnis sollen die Zweifel an dessen Umsetzbarkeit Gegenstand der folgenden Untersuchung sein (3).

1. Strenge Regelbindung

Auf der einen Seite wird, allen voran von *Bernd Rüthers*, vertreten, es bestehe die verfassungsrechtliche Notwendigkeit einer am Positivismus orientierten, das Richterrecht kontrollierenden Methodenpraxis.[60] Dabei betont *Rüthers* zwar, dass ein „bedingungsloser Positivismus", aufgrund der unvermeidlichen Rolle der Judikative als Ersatzgesetzgeber, nicht realisierbar oder wünschenswert ist, die Methodenlehre dennoch die „Lust" der Judikative, Richterrecht unter dem Deckmantel der Auslegung zu schaffen, eindämmen müsse, um den verfassungsrechtlichen Prinzipien gerecht zu werden.[61] Er fordert also die Umsetzung einer klaren Regeln folgenden Aus-

---

practice are among the political ones and the most relevant ones: they determine knowledge production by setting the rules of the game".

59 Dabei gilt, dass die Machtfragen der Auslegung nicht nur für die Judikative, sondern auch für die Exekutive von erheblicher praktischer Bedeutung sind, da auch ihre Organe vielfach aufgrund des Umfangs staatlicher Regulierung häufig de facto verbindliche Rechtsanwendungsentscheidungen treffen müssen. Insoweit lassen sich die folgenden Erwägungen vielfach auch auf die entsprechenden Konstellationen der Exekutivorgane übertragen.

60 Vgl. *Rüthers* JZ 2002, 365; *ders.*, JZ 2003, 995; *ders.*, NJW 2005, 2756; *ders.*, JZ 2006, 53; *ders.*, JZ 2006, 958; *ders.*, JZ 2007, 556; *ders.*, JZ 2008, 447; *ders.*, ZRP 2008, 48; *ders.*, JZ 2011, 593; *ders.*, JuS 2011, 865; *ders.*, NJW 2011, 434; *ders.*, Ad Legendum 2020, 217; *ders.*, Heimliche Revolution, S. 73 ff.; *ders./Höpfner*, JZ 2005, 21; *Limperg/Mayen/Rüthers/Safferling/Schröder*, NJW 2016, 3698; *Möllers*, JZ 2008, 188; sympathisierend auch *Nazari-Khanachayi/Höhne*, Rechtstheorie 45 (2014), 79 ff.; vgl. die Chronologie bis 2007 anschaulich zusammenfassend *Hassemer*, ZRP 2007, 213; siehe auch zur entsprechenden Forderung nach einer ausgeprägten Methodenlehre auf Ebene der Europäischen Union *Höpfner/Rüthers*, AcP 209 (2009), 1 ff.; siehe auf den Einwand eingehend, der Positivismus sei maßgeblich für die im Nationalsozialismus begangenen Verbrechen gewesen *Rüthers*, Heimliche Revolution, S. 8 ff.; vgl. auch zur praktischen Problematik der Selbstkontrolle durch Gerichte *Birk*, Rechtstheorie 48 (2017), 43, 53 ff. m.w.N.

61 Siehe so insbesondere *Rüthers*, JZ 2008, 446, 447; ähnlich auch *ders.*, NJW 2011, 434; an anderer Stelle bezeichnet *Rüthers* eine entsprechend ausgestaltete Methodenpraxis auch als nicht hinreichende, sondern notwendige Bedingung zur Sicherung

legung insoweit Rechtsfortbildung nicht notwendig ist,[62] was im Grundsa z eine klare Abgrenzung zwischen der bloßen Auslegung von Gesetzen urd Rechtsfortbildung voraussetzt.[63]

2. Bindung durch Pragmatik

Auf der anderen Seite sieht etwa der ehemalige Vizepräsident des Bundes-verfassungsgerichts, *Winfried Hassemer*, in den Grundgesetznormen weri-ger strenge Anforderungen an die Methodenlehre und spricht der richte-lichen Pragmatik und Dogmatik eine größere Rolle zur Sicherung der ve-fassungsrechtlichen Rechtssprechungsvorgaben zu.[64] Noch entschiedener betont der ehemalige Präsident des Bundesgerichtshofs, *Günther Hirsc-*, eine Methodenlehre nach dem Motto „Der Richter wird's schon richten"[65] nach der richterlicher Pragmatik und Dogmatik in Abgrenzung zu strenger Auslegungsmethodik entscheidende Bedeutung zur Sicherung der rech-sprechungsorientierten Vorgaben des Grundgesetzes zukommen.[66]

---

des Rechtsstaates und der Gewaltenteilung, vgl. *ders.*, Rechtstheorie 40 (2009), 2⊒, 263; *ders.*, Unbegrenzte Auslegung, S. 442 ff.; an anderer Stelle bezeichnet er d-n Richter als „dienenden Partner des Gesetzgebers", siehe *ders./Fischer/Birk*, Rechts-theorie, Rn. 529. Zu beachten ist vor diesem Hintergrund auch, dass *Rüthers* bisw-i-len auch erhebliche Kritik am Positivismus geübt hat und sich so in eine „doppe-te Frontstellung" begeben hat, vgl. zu dieser Beurteilung *Pierson*, in: Rückert/Seinec-e, Methodik des Zivilrechts, Rn. 953; wobei zu beachten ist, dass er vielmehr bestimmte Ausprägungen des Positivismus kritisiert und weniger den Grundgedanken in Frage stellt, so auch direkt *Rüthers*, Unbegrenzte Auslegung, S. 97 ff.; zum „Richterpositiv-s-mus" *ders./Fischer/Birk*, Rechtstheorie, Rn. 490 f.; vgl. auch *Hillgruber*, JZ 2008, 7⊄, 755, der *Rüthers'* mahnende Worte in der Tendenz unterstützt.

62 Siehe so ausdrücklich etwa *Rüthers*, JZ 2017, 457, 460; pointiert auch *ders.*, Ad L-gendum 2020, 217, 223: „Juristische Methodenlehre und Methodenehrlichkeit si-d unerlässliche Prüfsteine und ‚Warnlampen' rechtsstaatlicher und verfassungsgemäßer Rechtsanwendung für alle juristischen Berufe."; weiterführend kritischer dage-g-n auch gegenüber der Rechtsfortbildung grundsätzlich aus verfassungsrechtlicher Pe-spektive *Hillgruber*, JZ 1996, 118; sowie etwas weniger nachdrücklich *Hillgruber*, ⊒Z 2008, 745.

63 Siehe dazu ausführlich *infra* Kapitel 2 § 1 B.

64 Siehe insbesondere *Hassemer*, Rechtstheorie 39 (2008), 1: „Sowohl Verbindlichk-it als auch Leistungskraft der juristischen Methodenlehre gewaltig überschätzt"; au-h *ders.*, ZRP 2007, 213; *ders.*, FS Jung, 231 ff.; *ders.*, Erscheinungsformen des modern-n Rechts, S. 119 ff.; *ders.*, in: Hassemer/Neumann/Saliger, Rechtsphilosophie, S. 227 ff.

65 So der Titel eines Zwischenrufs von *Hirsch*, ZRP 2006, 161.

66 Vgl. *Hirsch*, ZRP 2004, 29; *ders.*, ZRP 2006, 161; *ders.*, JZ 2007, 853; *ders.*, JZ 20⊏3, 189; *ders.*, ZRP 2009, 61; *ders.*, ZRP 2009, 253; *ders.*, ZRP 2012, 205; 213; ebenfalls ei-e

Die sich ergebende Konfrontationslage der gegensätzlichen Verständnisse der Rolle der Methodenlehre lässt sich mit der Frage zusammenfassen, ob das Grundgesetz für die Rechtsprechung die Rolle als „Diener des Gesetzes" oder die als „Baumeister der Rechtsordnung" vorsieht.[67]

3. Regelstrenge als Ausgangspunkt der Untersuchung

Die im Rahmen der Debatte um die Interpretation der Methodenvorgaben des Grundgesetzes insbesondere in den vergangenen Jahren intensiv und bisweilen mit beachtlicher Schärfe ausgetauschten Argumente[68] sollen hier nicht umfänglich wiederholt werden; vielmehr soll die insbesondere von *Rüthers* mit Vehemenz vertretene Schlussfolgerung der Notwendigkeit einer durch strenge und eindeutige Regeln gekennzeichnete Methodenpraxis als Ausgangs- und Referenzpunkt für die folgenden Ausführungen dienen,[69] und davon ausgehend die wiederangefachte Methodendebatte angereichert wer-

---

Gegenposition zu *Rüthers* einnehmend *Arenhövel*, ZRP 2005, 69; vgl. in diesem Sinne auch den Schweizer Bundesrichter *Seiler*, Praktische Rechtsanwendung, S. 2: „Es scheint, dass man als Rechtspraktiker vermeiden sollte, seine knappe Zeit mit der ohnehin unnützen Lektüre von Werken über Rechtstheorie und juristische Methodenlehre zu verschwenden"; ebenfalls letztlich kritisch gegenüber der Leistungsfähigkeit der Methodenlehre *Kaspers*, Philosophie – Hermeneutik – Jurisprudenz, S. 173 ff.; siehe auch dagegen bloß deskriptiv die Diskrepanz zwischen rechtswissenschaftlicher Methodenlehre und Rechtspraxis feststellend, in einen internationalen Rahmen einbettend *Fleischer*, in: Fleischer, Mysterium Gesetzesmaterialien, S. 1 ff. Vgl. für die Schweiz wiederum im Sinne *Hirsch's Biaggini*, in: Peters/Schefer, Grundprobleme der Auslegung aus Sicht des öffentlichen Rechts, S. 42: „Der hohe schöpferische Anteil der richterlichen Rechtsanwendung tritt gerade bei einer verfassungsrechtlichen Betrachtung ganz deutlich hervor".

67 Siehe so *Rüthers*, JZ 2006, 53, 58; danach zitiert *Hirsch*, Vortrag zum 50. Internationalen Anwaltssessen in Berlin 2004; an anderer Stelle zieht *Hirsch* Parallelen zum Verhältnis des Pianisten zum Komponisten, da der Pianist durch die Komposition nicht in jeder Hinsicht festgelegt ist, sondern ihm eigene Spielräume bei der Darstellung des Werkes zustehen, siehe *Hirsch*, ZRP 2006, 161; hierauf wiederum erwidernd *Rüthers*, JZ 2008, 446, 448.

68 Vgl. auch die im Zusammenhang stehende Auseinandersetzung zwischen *Rüthers* und *Canaris* um die Bedeutung der deutschen Historie für die Ausgestaltung der Auslegungsmethodik, insb. *Canaris*, JZ 2011, 879; *Rüthers*, JZ 2007, 556; *ders.*, JZ 2011, 593; *ders.*, JZ 2011, 1149; *ders.*, NJW 2016, 1068, 1073; *Limperg/Mayen/Rüthers/Safferling/Schröder*, NJW 2016, 3698.

69 *Rüthers* wird wesentlich von dem Grundgedanken angetrieben, eine mit dem Nationalsozialismus vergleichbare Rechtsperversion zu verhindern, siehe so zuletzt *Limperg/Mayen/Rüthers/Safferling/Schröder*, NJW 2016, 3698.

den.[70] Nach dem regelstrengen Ideal kommt eine solche Auslegungsmethodik zur Anwendung, nach der die Rechtsprechung im Wesentlichen als *la bouche qui prononce les paroles de la loi*[71] fungiert und die Gesetzgebung vor allem durch den durch Wahlen demokratisch legitimierten Gesetzgeber und eben nicht durch die Judikative erfolgt. Mit Hilfe von klaren und zu eindeutigen Ergebnissen führenden Auslegungsregeln hat die Judikative, mit Ausnahme der notwendigen lückenfüllenden Rechtsfortbildung,[72] demnach Gesetze ohne eigenen rechtssetzenden Akt anzuwenden. Das wesentliche Ziel von *Rüthers* liegt in der Warnung vor einem Missbrauch der Auslegung von Rechtsnormen und der Perversion der gesamten Judikative.[73] Die Anwendung vager oder keiner stringenten Auslegungsregeln impliziert eine Schwächung der Rolle des demokratisch legitimierten Gesetzgebers, was den Verlust von „Rechtsvertrauen, Rechtssicherheit und Rechtsgewissheit" zur Folge haben kann.[74] In der Konsequenz werden im Rahmen der hiesigen Untersuchung weitere materielle Ziele der Jurisprudenz, wie die Schaffung von Gerechtigkeit,[75] außer Betracht gelassen, um eine konzentrierte Untersuchung anhand der benannten Linien zu ermöglichen.

---

70 So wurde etwa jüngst mit Bedauern festgestellt, dass der methodenkritische Diskurs im Anschluss an die vorgenannten Beiträge wieder zum Verstummen gekommen ist, obwohl hier noch Vieles ungeklärt sei und insbesondere dieser in Bezug auf die Rechtswissenschaft insgesamt weiteres Erkenntnispotential besitze, siehe *Lindner*, Rechtswissenschaft als Metaphysik, S. 87; siehe auch konkret in Bezug auf fehlende Beteiligung Studierender und Promovierender an der Debatte *Nazari-Khanachayi/ Höhne*, Rechtstheorie 45 (2014), 79, 80 f.

71 *Montesquieu*, Vom Geist der Gesetze (1748), S. 225.

72 Siehe etwa die Notwendigkeit veranschaulichend *Rüthers*, Das Ungerechte an der Gerechtigkeit, S. 114 ff.

73 *Rüthers* verweist dabei vielfach auf die Entwicklungen im nationalsozialistischen Regime, insbesondere die Nutzung bereits zuvor geschaffener Rechtsnormen zur Legitimierung des nationalsozialistischen Handelns. Die Rolle der Auslegungsmethodik zur Verhinderung von verachtenswerten Handlungen in entsprechenden Extremkonstellationen kann mit guten Recht bezweifelt werden, soll an dieser Stelle jedoch nicht Gegenstand der Erörterung sein. Siehe *Rüthers*, JZ 2002, 365, 368; *ders.*, JZ 2006, 53; *ders.*, ZRP 2008, 48; *ders.*, JZ 2008, 446, 447; *ders.*, Rechtstheorie 40 (2009), 253; *ders.*, Ad Legendum 2020, 217; intensiv auch *ders.*, Entartetes Recht; in zeitgeschichtlichem Kontext der 1980er Jahre zudem *ders.*, Wir denken die Rechtsbegriffe um; siehe zur Darstellung dieser Motivation von Rüthers vor dem Hintergrund seiner eigenen Historie *Pierson*, in: Rückert/Seinecke, Methodik des Zivilrechts, Rn. 922 ff.; sowie jüngst vor dem Hintergrund einer vermeintlichen Renaissance des Naturrechts *Rüthers*, JZ 2017, 457; *ders.*, JZ 2013, 822.

74 *Rückert*, JZ 2017, 965, 972 ff.

75 Vgl. hierzu exemplarisch im Kontext der Auslegungsmethodik *Rückert/Seinecke*, in: Rückert/Seinecke, Methodik des Zivilrechts, Rn. 72 ff.

III. Fazit

Entgegen der Position des Bundesverfassungsgerichts, wonach das Grundgesetz keine bestimmte Auslegungsmethode vorschreibe,[76] soll hier mit *Rüthers* von einem regelstrengen Ideal des Grundgesetzes ausgegangen werden,[77] das dem Rechtsanwender keine Methodenfreiheit und Methodenbeliebigkeit zugesteht,[78] um von dieser Perspektive aus auf die Einwände der pragmatischen Gegenansicht einzugehen.

B. Schwierigkeiten tradierter Auslegungsmethodik

Der Umsetzung dieses Ideals stehen praktische Hürden entgegen. Vor allem *Hassemer* hat durch wiederholte Hinweise auf grundlegende Probleme der Gesetzesauslegung berechtigte Zweifel an der Leistungsfähigkeit der Methodenlehre zur hinreichenden Ausfüllung der von *Rüthers* geforderten Rolle dargelegt.[79] Zwar stimmt *Hassemer* im Grundsatz mit *Rüthers* darin überein, dass der Grad, zu dem Methodik gelingt, wesentlich bestimmt, in welchem Maße die verfassungsrechtlichen Vorgaben[80] verwirklicht werden.[81] Er hält eine optimale Verwirklichung der Verfassungsvorgaben nach dem Verständnis *Rüthers'* jedoch für nicht realisierbar.[82] Dass *Hassemer* mit diesem Einwand im Grundsatz, und jedenfalls in Bezug auf die praktizierte Methoden-

---

76 Vgl. BVerfGE 88, 145, 166 f.

77 *Supra* Kapitel 2 § 1 A.II.1.

78 Siehe so auch *Lindner*, Rechtswissenschaft als Metaphysik, S. 86 f.

79 Siehe ausdrücklich noch die Nachweise zu *Hassemer infra* Fn. 82.

80 *Supra* Kapitel 2 § 1 A.I.

81 Vgl. insbesondere *Hassemer*, FS Jung, 231, 234: „Gesetzesbindung gelingt umso eher, je eher juristische Methode gelingt, und sie bleibt dann ein hohles Versprechen, wenn sich keine Methode finden läßt, welche die Bindung verläßlich ins Werk setzen und sichern kann."; siehe auch *ders.*, Rechtstheorie 39 (2008), 1, 4; *ders.*, ZRP 2007, 213; vergleichbar zumindest in dieser allgemeinen Aussage *Rüthers/Fischer/Birk*, Rechtstheorie, Rn. 649; so auch *Rüthers*, Rechtstheorie 40 (2009), 253, 264 Bezug nehmend auf die Aussage *Hassemers*; siehe auch *Kriele*, ZRP 2008, 51, der in *Hassemers* Aussage ein Entgegenkommen gegenüber der Position *Rüthers'* sieht.

82 Vgl. in Bezug auf die Positionen *Rüthers' Hassemer*, FS Jung, 231, 233: „Ich halte dagegen: Hier werden sowohl Verbindlichkeit als auch Leistungskraft der juristischen Methodenlehre gewaltig überschätzt."; ähnlich *ders.*, Rechtstheorie 39 (2008), 1, 3; implizit auch schon *ders.*, ZRP 2007, 213, 217; sowie *ders.*, Erscheinungsformen des modernen Rechts, S. 119 f., 125 ff.; vgl. kritisch insoweit auch *Birk*, Rechtstheorie 48 (2017), 43, 53.

lehre[83] richtig liegt, soll in der Folge auf Basis der einzelnen Kriterien der praktizierten Methodenlehre[84] in gebotener Kürze erörtert werden. Diese Zweifel begründenden Ansätze ergeben sich anhand der grammatikalischen (I), der teleologischen (II) und der systematischen Auslegung (III), sowie aus dem Verhältnis der Auslegungsansätze zueinander (IV).

I. Der Wortlaut als Mittel und vermeintliche Grenze der Auslegung

Die juristische Hermeneutik hat gezeigt, dass es sich bei den Gesetzen zunächst lediglich um schriftbasierte Textkörper handelt, die aus sich heraus noch keine Bedeutung haben, sondern ihre Bedeutung erst durch einen Akt der Interpretation erhalten.[85] Damit hängt das Verständnis des Normtextes, der nicht mit der Norm gleichzusetzen ist,[86] von der Interpretation ab, welche wiederum durch Individuen durchgeführt wird, die mit unterschiedlichen, auf ihren Vorerfahrungen basierenden Vorverständnissen ausgestattet sind. Tatsächlich bedeutet Auslegung von Rechtstexten wiederum Beschreibung dieser mithilfe anderer Texte.[87] Ein gemeinsames, homogenes Vorverständnis,[88] zur so erforderlichen Bezugnahme von Text durch Text, durch das intersubjektiv klare Wortlauterwägungen möglich wären, existiert nicht.[89] Ein solches liegt auch nicht in gemeinsamen Ausbildungsprozessen, wie dem

---

83 Siehe zu einem historischen Abriss der neueren juristischen Methodenlehre *Kaufmann/von der Pfordten*, in: Hassemer/Neumann/Saliger, Rechtsphilosophie, S. 101 f.

84 An dieser Stelle wird auf die Methodenlehre im Hinblick auf zivilrechtliche Vorschriften Bezug genommen. Ein Großteil der hier angestellten Erwägungen lassen sich ohne weiteres auf die anderen Rechtsgebiete übertragen. Zur Auslegungsmethodik im Strafrecht siehe exemplarisch *Simon*, Gesetzesauslegung im Strafrecht.

85 Vgl. anschaulich *Vesting*, Rechtstheorie, Rn. 210 ff.; sowie grundlegend *Gadamer*, Wahrheit und Methode, S. 270 ff.; zur historischen Entwicklung der Neueren Sprachphilosophie *Vesting*, Rechtstheorie, Rn. 54 ff.; überblicksartig m.w.N. auch *von Arnauld*, Rechtssicherheit, S. 409 ff.; zum Verhältnis der juristischen zur philosophischen Hermeneutik *Neumann*, FS Kaufmann, 49 ff.

86 Vgl. anschaulich etwa *Jestaedt*, Grundrechtsentfaltung im Gesetz, S. 329 ff.

87 Vgl. etwa *Christensen*, in: Krüper/Merten/Morlok, Grenzen der Rechtsdogmatik, S. 127 ff.; knapp dazu aus linguistischer Perspektive *Stein*, in: Krüper/Merten/Morlok, Grenzen der Rechtsdogmatik, S. 139 ff.

88 Erst recht besteht grundsätzlich kein umfassendes Verständnis von einer auszulegenden Rechtsvorschrift zugrundeliegenden Wirkungszusammenhängen und Interessenlagen.

89 Vgl. *Tröger*, Arbeitsteilung und Vertrag, S. 62 m.w.N. auf entsprechende Positionen in Fn. 153 f.; *Lindner*, Rechtswissenschaft als Metaphysik, S. 130 ff.; vgl. anschaulich historisch kontextualisierend auch *Säcker*, NJW 2018, 2375, 2376 f.

Sozialisationsprozess der Juristenausbildung, der zwar in gewissem Maße ein gemeinsames Verständnis schafft, die immense gesellschaftliche Heterogenität, die in den vergangenen Jahren aufgrund von Globalisierung, Digitalisierung und weltweiter Migration noch wesentlich gewachsen ist,[90] jedoch keinesfalls vollends verdrängen kann.[91] Das rasante Wachstum von Digitalisierung und Globalisierung hat zudem zu einer Beschleunigung des Wandels des Sprachgebrauchs geführt, der das Problem wesentlich verschärft.[92] Gesetzestexte haben daher grundsätzlich auch aus der Perspektive einer Gruppe von Menschen mit ähnlichen Vorerfahrungen aus sich heraus keine eindeutige Aussage,[93] Rechtsanwendung und Rechtsetzung lassen sich daher im

---

90 Siehe zu der Bedeutung auch noch *infra* Kapitel 2 § 1 C.II.1.

91 Vgl. zu den Ansätzen der Suche nach einem stabilen Zentrum der Sprache als Bezugspunkt zur Bekämpfung der „Arbitrarität" dieser *Christensen/Lerch*, in: Lerch, Sprache des Rechts, S. 59 ff.

92 Vgl. dazu *Christensen/Lerch*, in: Lerch, Sprache des Rechts, S. 69; ebenfalls mit dem Verweis auf die Globalisierung, konkret in Bezug auf das öffentliche Recht *Jestaedt*, JZ 2012, 1; vgl. auch die Übersicht zu den Veränderungen sowie Erwägungen zu der daraus erwachsenden veränderten Rolle der Rechtsprechung *Rüthers*, Heimliche Revolution, S. 145 ff. Siehe auch *infra* Kapitel 2 § 1 C.II.1.

93 Vgl. etwa *Beck*, in: Schuhr, Rechtssicherheit, S. 18 ff.; anschaulich auch *Rafi*, Gutes Urteil, S. 79 ff; siehe zur Einschätzung der rechtsprechenden Praxis ausdrücklich auch *Seiler*, Entscheidungsbegründungen und Methode, S. 177: „Auf den ersten Blick als eindeutig erscheinende Wortlaute, Wörter ODER Sätze, werden oft ohne Begründung als eindeutig angesehen, wenn die dadurch ausgelösten Folgen dem Senat wünschenswert oder akzeptabel erscheinen, andernfalls als nicht eindeutig."; bezeichnend auch die Einschätzung von *Christensen*, in: Gabriel/Gröschner, Subsumtion, S. 290 f., der eine „Überschätzung der eigenen Sprache" konstatiert. Zu dem Satz, der Wortlaut sei Ausgangspunkt und Grenze der Auslegung ist festzuhalten, dass er ohne weiteres nur in Bezug auf den Ausgangspunkt der Rechtsanwendung gilt, siehe etwa *Morlok*, in: Gabriel/Gröschner, Subsumtion, S. 184. Vgl. aus erkenntnishistorischer Perspektive *Schröder*, Recht als Wissenschaft, S. 374 ff.

94 Vgl. *Röthel*, Normkonkretisierung im Privatrecht, S. 55 f., die im Übrigen trotzdem von einer Unterteilung in Delegationsnormen und bloß auszulegende Normen auszugehen scheint, siehe etwa *dies.*, Normkonkretisierung im Privatrecht, S. 134. Trotzdem gehen einige von der Verschiedenheit der Prozesse der Auslegung und der Rechtsfortbildung aus, vgl. die Unterscheidbarkeit von Auslegung und Rechtsfortbildung betonend *Larenz*, Methodenlehre, S. 206 ff., 323, 366 ff.; *Canaris*, Die Feststellung von Lücken im Gesetz, S. 22 f.; *Langenbucher*, Richterrecht, S. 36 ff.; *Fischer*, Verdeckte Rechtsfortbildung, S. 558; *Rüthers*, JZ 2017, 457, 460; *Möllers*, Methodenlehre, S. 414; siehe grundlegend zur Theorie der einzig richtigen Entscheidung *Dworkin*, Taking rights seriously; *ders.*, Justice in Robes; in jüngerer Vergangenheit zusammenfassend aber im Ergebnis kritisch *Herbst*, JZ 2012, 891.

Grundsatz nicht ohne weiteres voneinander trennen.[94] Die Notwendigkeit zur Unterteilung wird gar teilweise grundsätzlich verneint.[95]

Trotzdem wird vielfach das Bestehen einer unscharfen Grenze zwischen Auslegung und Rechtsfortbildung angenommen und auf die Bedeutung für die Auslegung verwiesen. Zur Verdeutlichung dieser wird auf Extremfälle hingewiesen, in denen der Gesetzeswortlaut bereits für sich unzweifelhaft und eindeutig zu einer bestimmten Auslegung führen soll. Beispielsweise werden die Verwendung von Zahlen[96] oder die Vorschriften der StVO, etwa § 5 Abs. 1 StVO, wonach im Straßenverkehr grundsätzlich, unter Beachtung einiger Ausnahmen, nur links überholt werden darf, angeführt.[97] Nach weitgehend geteilter Ansicht ist das Verbot, rechts zu überholen grundsätzlich verletzt, wenn ein Autofahrer an einem anderen Fahrzeug auf der Fahrbahn rechts von diesem vorbeifährt und sein Auto vor dieses platziert. Die Analyse des Wortlauts führt zu diesem Ergebnis, weil das sprachliche Verständnis der Regel, also das Verständnis der Begriffe *rechts* und *links* sprachlich sehr weitgehend geteilt wird. Weniger eindeutig dürfte wiederum jedoch in Einzelfall schon, um bei dem Beispiel zu bleiben, das Verständnis darüber sein, was der Vorgang des *Überholens* notwendig voraussetzt.

Entscheidend für die vermeintlich eindeutige Einordnung in Extremfällen ist die semantische Praxis. Semantische Regeln sind keine zeitlich invariant determinierten Sätze, sondern sich stetig wandelnde Beschreibungen der Verwendung der praktizierten Sprache.[98] Einige Worte und Wortgruppen haben eine eindeutige Bedeutung gerade weil sie in einer bestimmten Zeit in dieser Eindeutigkeit verwendet werden.[99] Nahezu jeder Mensch ver-

---

95 Siehe dazu etwa Palandt/*Grüneberg*, BGB, 77. Aufl. 2018, Einl. Rn. 57: „Der vor neue Fragen gestellte Richter weiß häufig nicht und braucht auch nicht zu wissen, ob das Problem durch Auslegung oder durch Rechtsfortbildung zu lösen ist."; dazu kritisch auch *Möllers*, Methodenlehre, S. 412; vgl. auch die in diesem Zusammenhang viel zitierte Aussage eines langjährigen Vorsitzenden eines OLG-Senats zitiert nach *Strauch*, Rechtstheorie 32 (2001), 197, 201 Fn. 8: „Ich möchte das Gesetz sehen, das mich an einer vernünftigen Entscheidung hindert." Vgl. auch die vielfältigen Nachweise bei *Kuntz*, AcP 215 (2015), 387, 389 f.
96 Siehe etwa *Neumann*, Rechtstheorie 32 (2001), 239, 254; *Müller/Christensen*, Juristische Methodik, Rn. 276.
97 Vgl. auch das ähnliche Beispiel des § 7 Abs. 1 S. 1 StVO, im Straßenverkehr rechts fahren zu müssen bei *Neumann*, in: Gabriel/Gröschner, Subsumtion, S. 322; siehe kontextualisiert dazu auch *Drechsler*, JR 2020, 47.
98 Vgl. *Müller/Christensen*, Juristische Methodik, Rn. 533.
99 Vgl. zu einer sinnvollen Abstufung von Begriffstypen hinsichtlich der Nutzbarkeit als Einfallstor für metaphysisches Denken *Lindner*, Rechtswissenschaft als Metaphysik, S. 91 ff.

wendet die Bezeichnungen links und rechts im Straßenverkehr mit gleicher Bedeutung, weil die Vorerfahrungen der Individuen in Bezug auf die Konstellationen im Straßenverkehr aufgrund der Erforderlichkeit vorhersehbaren Verhaltens zum Schutz der körperlichen Unversehrtheit sehr homogen sind, sie wurden in dem gleichen Straßenverkehr mit nahezu identischen Verhaltensregeln sozialisiert. Veranschaulichen lässt sich das an einem empirischen Gedankenexperiment. Würde man alle potentiellen Teilnehmer des Straßenverkehrs in der Bundesrepublik Deutschland nach der Bedeutung von links und rechts in einer Überholsituation im Straßenverkehr befragen, würde wohl eine Mehrheit von nahezu 100 % zu einer in der Sache im Wesentlichen gleichen Beschreibung kommen. Semantische Regeln lassen sich als Resultat solcher die Verständnisübereinstimmung testenden Häufigkeitsverteilungen verstehen. Bei solchen als eindeutig angesehenen Konstellationen handelt es sich jedoch um Ausnahmefälle aufgrund dieser einheitlichen Sozialisation,[100] die zu einem bestimmten Zeitpunkt aufgrund der sprachlichen Wirklichkeit bestehen.[101] Umgekehrt lassen sich diese Konstellationen auch so verstehen, dass sämtliche alternative Bedeutungen der fraglichen Begriffe von den kommunizierenden Subjekten abgelehnt werden, wodurch das eindeutige Verständnis als das einzige konsensfähige verbleibt.[102] Andere Lebensbereiche der Gesellschaft sind jedoch weniger standardisiert als der Straßenverkehr, sodass die Vorerfahrungen und somit die Verständnisspektren der in der jeweiligen Umwelt handelnden Individuen variieren. Als gegenteiliges Extrem lässt sich zu einigen Begriffen eine erhebliche, bisweilen unendliche große, Vielzahl möglicher Bedeutungen zuordnen.[103]

---

100 Vgl. *Müller/Christensen*, Juristische Methodik, Rn. 276, 532; *Christensen*, Gesetzesbindung, S. 284.

101 Tatsächlich finden sich in der Rechtsprechung sogar Ausnahmen innerhalb dieser Extremfälle, was anhand des Beispiels zur Auslegung des Erfordernisses, öffentliche Versammlungen unter freiem Himmel 48 Stunden vor Beginn der Versammlung anzumelden (§ 14 Abs. 1 VersG) deutlich wird, BVerfGE 85, 69, 74 f.; 69, 315, 350 ff.; vgl. dazu *Vesting*, Rechtstheorie, Rn. 197.

102 In der Regel verbleibt jedoch mehr als eine mögliche Bedeutung, da nicht sämtliche Bedeutungen als offensichtlich nicht erfasst auszuschließen sind, vgl. anschaulich zu solchen Beispielen *Engisch*, Einführungen in das juristische Denken, S. 143 f.

103 Vgl. veranschaulichend dazu im Kontext des bürgerlich-rechtlichen Erfordernisses verständlicher Behandlungsaufklärung (§ 630e BGB) das Beispiel der zur Beschreibung von Häufigkeiten verwendeten Begriffe wie „gelegentlich", „häufig" und „selten" *Drechsler*, JR 2020, 47.

Die Auslegung nach dem Wortlaut lässt sich also als Aufgabe der Festlegung einer empirischen Häufigkeit an Übereinstimmungen hinsichtlich eines bestimmten Begriffsverständnisses verstehen.[104] Die Suche nach der Wortlautgrenze lässt sich als Prozess zur Identifikation von Extremfällen auf diesem häufigkeitsgewichteten Gesamtspektrum möglicher Wortverständnisse beschreiben, die gerade empirisch nicht vertreten werden. Im Allgemeinen richtet sich die Festlegung auf eine Wortlautgrenze nach dem subjektiven Sprachempfinden aller Auslegenden sowie ihrer Fähigkeit, ein abweichendes Sprachverständnis identifizieren zu können. Die Bindung durch den Wortlaut des Gesetzes stellt sich damit nicht als „vollständige Determination, sondern relative Plausibilität im Rahmen einer vorgegebenen Argumentationskultur" dar.[105] Wenngleich die Wortlautgrenze so einerseits als Fiktion enttarnt ist, da sie nicht objektiv und zeitlich invariant gegeben ist, dient diese Fiktion andererseits als nützliches Hilfsmittel, um zum Zeitpunkt t empirisch nicht vertretene Verständnisvarianten auszuschließen und somit die Menge der möglichen Auslegungsvarianten zur Einordnung auf einem häufigkeitsgewichteten Spektrum einzugrenzen.[106] Nur in Ausnahmefällen ergibt sich so eine vermeintlich eindeutige Auslegung anhand des Wortlauts, wenn nämlich alle bis auf eine mögliche Bedeutung aus der subjektiven Perspektive (mutmaßlich) aller potentiell betroffenen Handlungsträger als unvertretbar angesehen werden. In den meisten Fällen ist jedoch eine Vielzahl von Bedeutungen für ein Wort oder einen Ausdruck zu erwägen, diese Menge liegt dann innerhalb der Wortlautgrenze zum Zeitpunkt t. Der Wortlaut ist für die Auslegung somit zwar grundsätzlich hilfreich, lässt jedoch in der überwältigenden Mehrzahl der Fälle eine erhebliche Anzahl an Auslegungsvarianten zu. Konkret geltendes Recht im Sinne einer konkreten Rechtsnorm kann im Allgemeinen aufgrund der sprachlichen Vagheit also erst durch die Anwendung erzeugt werden.[107]

---

104 Vgl. auch *Christensen*, Gesetzesbindung, S. 285: „Wörter haben nicht schon an sich selbst Schranken, welche bestimmte Weisen ihres Gebrauchs ausschließen könnten. Über Grenzen der Verwendung wird nicht *von* der Sprache entschieden. Über Grenzen wird vielmehr *in* der Sprache entschieden, und zwar von Menschen, die eine Sprachgemeinschaft oder ein Sprachspiel bilden."

105 *Christensen*, Gesetzesbindung, S. 19; vgl. so auch *Christensen/Sokolowski*, Rechtstheorie 32 (2001), 327, 343; sowie anschließend *von Arnauld*, Rechtssicherheit, S. 413 f.; vgl. auch *Barczak*, JuS 2020, 905, 907 f.

106 Vgl. auch *Rafi*, Gutes Urteil, S. 82 ff.

107 Vgl. *Kuntz*, AcP 216 (2016), 866, 876.

II. Der Normzweck als Auslegungsziel und -mittel

Das zentrale Problem zur Schaffung der Gesetzesbindung identifiziert *Rüthers* in der Ermittlung des Ziels der Auslegung. Die Auslegung an einem vermeintlichen objektiven Zweck einer Norm zu orientieren, wie von der herrschenden Meinung beabsichtigt und praktiziert,[108] sei Ein- statt Auslegung, da das Gesetz selber als Textkörper keinen Willen habe, der ermittelt werden könnte.[109] Die objektiv-teleologische Auslegung ist dabei in besonderem Maße durch das Vorverständnis des Auslegenden bestimmt.[110] Folgerichtig sieht *Rüthers* als zulässiges Auslegungsziel den Gesetzeszweck an, den der historische Gesetzgeber festgelegt hat.[111] Entsprechend wäre die teleologische Auslegung als Mittel[112] der Konkretisierung einzelner Tatbestandsmerkmale ebenfalls alleine an dem Willen des historischen Gesetzgebers orientiert.[113]

Während auf den ersten Blick die Beschränkung der teleologischen Auslegung auf den Willen des Gesetzgebers wie eine konsequente Maßnahme zur Herstellung einer strengen Gesetzesbindung erscheint, offenbart sich auf den zweiten Blick jedoch, dass dieser Ansatz die in ihn gesetzten Hoffnungen nicht erfüllen kann.[114] So ist der Wille des Gesetzgebers in

---

108 Vgl. zu einer Darstellung der Argumente nur *Kaspers*, Philosophie – Hermeneutik – Jurisprudenz, S. 138 ff.

109 Vgl. *Rüthers*, JZ 2006, 53, 57; *ders.*, Ad Legendum 2020, 217, 220.

110 Vgl. *Rüthers*, Heimliche Revolution, S. 55 ff.; anschließend daran *Hager*, Rechtsmethoden in Europa, S. 307.

111 Siehe zu *Rüthers supra* Kapitel 2 § 1 A.II.1.; *ders.*, Ad Legendum 2020, 217, 220: „Der zwingende erste Schritt jeder Gesetzesauslegung, ist die Frage nach dem ursprünglichen Normzweck und dem Regelungsziel der anzuwendenden Norm"; siehe so auch *Jestaedt*, Grundrechtsentfaltung im Gesetz, S. 332 ff.; vgl. im Grundsatz mit ähnlicher Tendenz die Bedeutung des subjektiv teleologischen Ansatzes betonend, wenn auch weniger radikal contra legem, *Neuner*, Rechtsfindung contra legem, S. 112 ff.; *Auer*, ZEuP 2008, 516, 528 ff.; *Lindner*, Rechtswissenschaft als Metaphysik, S. 88 ff., m.w.N. auf ähnliche Stimmen in Fn. 158; ebenfalls mit *Rüthers* sympathisierend, im Ergebnis jedoch etwa nach dem Alter des Gesetzes differenzierend und somit weniger radikal *Hager*, Rechtsmethoden in Europa, S. 306 ff.; zum historischen Hintergrund der subjektiv-teleologischen Auslegung siehe *Schröder*, Recht als Wissenschaft, S. 347.

112 Vgl. zur Differenzierung zwischen Auslegungsziel und -mittel sowie der vielfach ungenauen Handhabe dieser *Hager*, Rechtsmethoden in Europa, S. 35 f.; *Fischer*, Verdeckte Rechtsfortbildung, S. 559.

113 Siehe zur Unterscheidung der Teleologie hinsichtlich des Auslegungsziels und -zwecks *Fischer*, Verdeckte Rechtsfortbildung, S. 559.

114 Vgl. zu einer breiten kritischen Auseinandersetzung mit den Gesetzesmaterialien mit Bezug auf *Richter Frank Easterbrook Christensen*, in: Vogel, Recht ist kein Text,

den seltensten Fällen eindeutig bestimmbar. Das muss schon deshalb gelten, da mehrere Akteure das Kollektivorgan des Gesetzgebers bilden und damit am Gesetzgebungsverfahren beteiligt sind.[115] Auch unabhängig von der pluralistischen Gestalt des Gesetzgebers begründet die Ermittlung des Willens des Gesetzgebers praktische Schwierigkeiten. Anhaltspunkte für den Willen des Gesetzesgebers können sich aus den Gesetzesmaterialien und dem historischen Kontext des Gesetzestextes ergeben.[116] In den Gesetzesmaterialien sind jedoch vielfach entweder gar keine parlamentarischen Zweckvorgaben zu finden oder es sind mehrere Zweckbestimmungen vorhanden, eine allgemeingültige Vorgabe zur Bestimmung eines Rangverhältnisses besteht jedoch nicht und auch *in concreto* bleibt das Verhältnis regelmäßig ungeregelt.[117] In den seltenen Fällen, in denen ein gesetzgeberisch verfolgter Zweck explizit und abschließend erkennbar ist, stellt sich das Problem, die Reichweite und den Umfang dieses Zwecks festzustellen. Die gezeigten semantischen Probleme[118] ergeben sich ganz grundsätzlich auch bei der Auslegung des ermittelten Zwecks, nicht nur im Falle von den

---

S. 151 ff.; zuletzt ausführlich und sehr differenzierend *Frieling*, Gesetzesmaterialien und Wille des Gesetzgebers, S. 139 ff.; exemplarisch auch *Scheibenpflug*, Verhaltensrisiken und aktienrechtliche Vermögensbindung, S. 13 ff.

115 Vgl. ausführlich *Frieling*, Gesetzesmaterialien und Wille des Gesetzgebers, S. 139 ff.

116 Vgl. insbesondere zu den konkreten Ausprägungen der Materialien *Frieling*, Gesetzesmaterialien und Wille des Gesetzgebers, S. 25 ff., der dabei betont, dass die entscheidenden Erkenntnisse von den Gesetzesmaterialien ausgehen, die Historie des Gesetzestextes dagegen nicht selbständig, sondern ergänzend als Erkenntnisquelle geeignet sei.

117 Vgl. zusammenfassend und m.w.N. *Janson*, Ökonomische Theorie im Recht, S. 155 f.; sowie *Koch/Rüßmann*, Juristische Begründungslehre, S. 211 f.; siehe auch *Grimm*, in: Kirste, Interdisziplinarität in den Rechtswissenschaften, S. 26, der darauf hinweist, dass im Falle von Kompromisslösungen regelmäßig eine eindeutige Zwecksetzung nicht ersichtlich ist; siehe jedoch auch zur Kritik an dem Aussagegehalt von Gesetzesmaterialien aus methodenhistorischer Perspektive *Thiessen*, in: Fleischer, Mysterium Gesetzesmaterialien, S. 45 ff.; zu den institutionell beschränkten Anforderungen an Gesetzesbegründungen sowie der Notwendigkeit zur Differenzierung zwischen verschiedenen Typen von Gesetzesmaterialien *Waldhoff*, in: Fleischer, Mysterium Gesetzesmaterialien, S. 88 ff.; mit ähnlichen Zweifeln an der Leistungsfähigkeit der Gesetzesmaterialien auch schon *Lücke*, Begründungszwang und Verfassung, S. 33 ff.; vgl. auch die praktische Perspektive zur Erstellung der Gesetzesbegründungen bei *Seibert*, in: Fleischer, Mysterium Gesetzesmaterialien, S. 111; zu Vorschlägen zur praxistauglicheren Gestaltung von Gesetzesbegründungen siehe *Wedemann*, in: Fleischer, Mysterium Gesetzesmaterialien, S. 127.

118 Siehe *supra* Kapitel 2 § 1 B.I.

Gesetzgeber sehr allgemein gehaltener Gesetzeszwecke.[119] Auch die subjektiv-teleologische Auslegung ist somit gezwungenermaßen durch die subjektive Perspektive des Auslegenden und nicht der des Gesetzgebers geprägt.[120] Hinsichtlich der Gesetzesmaterialien[121] sind zudem jedenfalls Zweifel an der demokratischen Legitimation dieser angebracht, da die Abgeordneten über das Gesetz selbst und nicht über die vielfach durch Ministerialbeamte formulierte Begründung abstimmen.[122] Auch wenn Gesetzeszwecke und ihr Verhältnis untereinander sich eindeutig aus der Gesetzgebung ableiten lassen, ergeben sich trotzdem in der Anwendungskonstellation der Entscheidung zwischen unterschiedlichen Auslegungsvarianten Auswahlprobleme, da unterschiedliche Zweckvorgaben nicht zwingend in identischen Einheiten – wie etwa Geldeinheiten – gemessen werden und somit nicht ohne weiteres miteinander vergleichbar sind. Der Punkt, an dem die Grenze zur subjektiv-teleologischen Auslegung überschritten wird, ist folglich ebenfalls keinesfalls eindeutig zu bestimmen. Auch in diesem Sinne stellt sich somit das Problem des Mangels einer klaren Grenzziehung, wodurch Grundlage für den Vorwurf geschaffen wird, Rechtsfortbildung könne als Auslegung kaschiert werden.[123]

---

119 Vgl. *Koch/Rüßmann*, Juristische Begründungslehre, S. 211; *Wenzel*, NJW 2008, 345, 347 verweist auf erhebliche qualitative Unterschiede zwischen den Gesetzesbegründungen und regelmäßig feststellbare „Widersprüche, Irrtümer, Missverständlichkeiten und Unvollständigkeiten".

120 Vgl. *Stürner*, AcP 214 (2014), 7, 29.

121 Vgl. zuletzt umfassend analytisch zu Gesetzesmaterialien *Frieling*, Gesetzesmaterialien und Wille des Gesetzgebers.

122 Vgl. *Wenzel*, NJW 2008, 345, 347; siehe auch *Christensen*, in: Vogel, Recht ist kein Text, S. 152: „der Richter ist an das Gesetz gebunden. Die Materialien führen ihn zunächst davon weg"; umfangreich und differenzierend zu der Streitfrage *Frieling*, Gesetzesmaterialien und Wille des Gesetzgebers, S. 50 ff., 140 f., 147 ff. Vgl. dagegen jedoch *Engisch*, Einführung in das juristische Denken, S. 142, der den Charakter der Gesetzgebungsmaterialien als Hilfsmittel betont, weswegen eine strenge Legitimation nicht erforderlich sei.

123 Vgl. auch *Hager*, Rechtsmethoden in Europa, S. 35; vgl. jedoch auch die Tendenz der letzten Jahre, den Gesetzesmaterialien, und damit der subjektiv teleologischen Auslegung, einen erhöhten Stellenwert beizumessen *Rüthers*, NJW 2009, 1461; *Frieling*, Gesetzesmaterialien und Wille des Gesetzgebers, S. 48 f. m.w.N.

III. Die Gesetzessystematik als Mittel der Auslegung

Auch die systematische Gesetzesauslegung vermag lediglich vage Maßstäbe zum Auslegungsprozess beizutragen. Im Rahmen der systematischen Auslegung ist im Grundsatz die gesamte Rechtsordnung zu berücksichtigen,[124] da sie letztlich in ihrer Gesamtheit das relevante System bildet, in dem die auszulegende Vorschrift eingebettet ist. Die Gesamtheit des Rechtssystems setzt sich jedoch wiederum aus seinen einzelnen Teilen zusammen und kann somit nur durch die Analyse dieser Teile in einer Gesamtschau erfasst werden, weshalb die systematische Auslegung wiederum die Auslegung weiterer, die sie umgebender Vorschriften voraussetzt, das Verhältnis zur grammatikalischen Auslegung ist somit zirkulär.[125]

Die Festlegung, welche Normen des Rechtssystems für die systematische Auslegung einer Vorschrift in welchem Maße maßgeblich sind, kann im Allgemeinen zudem nicht klar benannt werden und bedarf wiederum einer gewichtenden Einteilung durch den Auslegenden, mithin einer subjektiven Wertung. Während das äußere System[126] eines einzigen Gesetzes aufgrund deutlicher Merkmale, wie der Einteilungen in Bücher und Titel dem ersten Eindruck nach objektiv gewichtende Kriterien bereithält,[127] relativiert sich dieser Eindruck wiederum aufgrund des Mangels klarer Vorrangregelungen bei der Betrachtung der Verhältnisse der einzelnen Unterteilungen sowie unterschiedlicher Gesetze zueinander. Noch unklarer ist die systematische Auslegung in Bezug auf das innere System der Gesetze, also die Konsistenz der getroffenen Wertentscheidungen,[128] da die Ermittlung dieser wiederum von der Ermittlung des Gesetzeszwecks abhängt.[129] Die konkreten Auslegungsfiguren, die sich hierzu herausgebildet haben,[130] können daher

---

124 Vgl. *Möllers*, Methodenlehre, S. 126 f.; *Hager*, Rechtsmethoden in Europa, S. 38.
125 Vgl. *Hager*, Rechtsmethoden in Europa, S. 38; auch *Möllers*, Methodenlehre, S. 126, der auf die Notwendigkeit der Ermittlung einer Wertungsparallelität verweist.
126 Siehe zur Differenzierung zwischen äußerer und innerer Systematik exemplarisch *Wank*, Die Auslegung von Gesetzen, S. 57 ff.
127 Vgl. *Möllers*, Methodenlehre, S. 129 f.
128 Vgl. *Möllers*, Methodenlehre, S. 131 f.; zu der begrifflichen Differenzierung zwischen innerem und äußerem System auch *Rüthers/Fischer/Birk*, Rechtstheorie, S. 453 f.; sowie grundlegend zum inneren System *Heck*, Begriffsbildung und Interessenjurisprudenz, S. 139 ff.
129 Siehe *supra* Kapitel 2 § 1 B.II.; vgl. konkret zur Problematik der Abwägung mehrerer kollidierender Prinzipien *Rüthers/Fischer/Birk*, Rechtstheorie, S. 460 ff.
130 Siehe *Möllers*, Methodenlehre, S. 133 ff.

lediglich Anhaltspunkte darstellen, nicht jedoch eindeutige und objektiv determinierte Maßstäbe.

IV. Die Vorrangfrage

Wenn eine Verhältnisbestimmung der Auslegungsmethoden „schlechthin unlösbar" ist, „so gibt es überhaupt keine annähernd Vertrauen erweckende Bewältigung der Rechtsfindungsprobleme".[131] Die Vorrangfrage[132] zwischen den einzelnen Ansätzen der tradierten Auslegungsmethodik stellt sich immer dann, wenn die unterschiedlichen Ansätze zu konfligierenden Ergebnissen führen.[133] Der Versuch, eine Rangfolge zu ermitteln, endet jedoch wiederum in einem Zirkelschluss, da sich eine solche allenfalls aus den auf die Methodenlehre verweisenden grundgesetzlichen Normen[134] ergeben könnte, die jedoch wiederum auszulegen wären.[135] Jegliche Versuche zur Bestimmung einer verbindlichen Rangfolge sind folgerichtig gescheitert.[136]

---

131 *Engisch*, Einführung in das juristische Denken, S. 127.

132 Maßgeblich ist dabei die Rang- und nicht die Reihenfolge, die lediglich praktische Relevanz hat und per se nicht zwingend Auswirkung auf das Auslegungsergebnis hat, vgl. *von Arnim/Brink*, Methodik der Rechtsbildung, S. 263, 271 ff.

133 Siehe *Müller/Christensen*, Juristische Methodik, Rn. 434 ff.

134 Siehe *supra* Kapitel 2 § 1 A.I.

135 Vgl. *Froese*, Rechtstheorie 46 (2015), 481, 492 f.

136 Siehe etwa *Hassemer*, Erscheinungsformen des modernen Rechts, S. 138 m.w.N. zu den Versuchen in Fn. 79; *Morlok*, in: Gabriel/Gröschner, Subsumtion, 181 f.; *Lindner*, Rechtswissenschaft als Metaphysik, S. 85; *Haverkate*, Normtext Begriff Telos, S. 4 f.; *Puppe*, Kleine Schule des juristischen Denkens, S. 162 f.; vgl. auch die Darstellung der Versuche bei *von Arnim/Brink*, Methodik der Rechtsbildung, S. 241 ff., die jedoch letztlich zu einem eigenen Vorschlag zur Rangfolge gelangen, der sich lediglich in heuristischen Leitlinien erschöpft und ebenfalls keine strikten Regeln bereitstellt, S. 271: „Die Meta-Regel ist also kein präfixierendes, mechanistisches Modell, das keine Spielräume mehr ließe". *Kramer*, Juristische Methodenlehre, S. 187 ff. möchte immerhin „Konturen einer Rangfolge" ausfindig gemacht haben, was sich letztlich jedoch in sehr allgemeinen und beugsamen Grundsätzen, wie etwa, dass die Interpretation vom Wortlaut ausgehen müsse, erschöpft. Vgl. dagegen auch *Müller/Christensen*, Juristische Methodik, Rn. 429 ff., die betonen, dass es sich nicht um separate Methoden handelt, sondern „aufeinander angewiesene Teilmomente des Auslegungsgeschäfts". Auch das BVerfG lässt folgerichtig die Rangfolge offen, so etwa BVerfGE 11, 126, 130: „Sie schließen einander nicht aus, sondern ergänzen sich gegenseitig."; sowie BVerfGE 35, 263, 279; 48, 246, 256: „Zur Erfassung des Inhalts einer Norm darf sich der Richter der verschiedenen, insbesondere des systematische und der teleologischen Auslegungsmethoden gleichzeitig und nebeneinander bedienen. Sie stehen zur grammatischen Auslegung im Verhältnis gegenseitiger

V. Fazit

Die dargelegten Probleme verdeutlichen, dass die herrschende Methodenlehre der Praxis keine inter-subjektiv eindeutigen Vorgaben zum methodischen Vorgehen bietet.[137] Die Elemente der herrschenden Methodenlehre
geben vor allem Hinweise und Indizien zur Ermittlung der Auslegung.[138]
Deutlich wird das auch daran, dass vom BVerfG aufgestellte Leitlinien zum
Umgang mit der Auslegungsmethodik keine Stringenz aufweisen.[139] Relativität und Zirkularität der Ansätze der Auslegungsmethodik führen dazu,
dass keine klaren und eindeutigen Auslegungsvorgaben und -grenzen im
Rahmen der praktizierten Methodenlehre bestehen. Der Rechtsanwender
hat im Bewusstsein um Auslegungsalternativen die Entscheidung im Rahmen der Auslegung selbst zu treffen.[140] Ein erheblicher subjektiver Faktor
ist damit inhärenter Bestandteil der tradierten Auslegungsmethodik, der
Umgang mit diesem bedarf vor dem Hintergrund der Methodenvorgaben
der Verfassung einer weitergehenden Erörterung.[141]

Ergänzung."; entsprechend offen auch *Larenz*, Methodenlehre, S. 345; *Esser*, Vorverständnis und Methodenwahl in der Rechtsfindung, S. 124 f. Siehe auch *Canaris*, ?5
Medicus, 25, 60, der die Vorrangregeln als noch nicht hinreichend erforscht ansieht.

137 Vgl. vor diesem Hintergrund weiterführend und grundsätzlich im Sinne der Strukturierenden Rechtslehre zu den methodischen Problemen des Positivismus Stellung
nehmend *Windisch*, Jurisprudenz und Ethik, S. 35 ff.; vgl. jüngst auch *Voßkuhle*,
JuS 2019, 417 f. mit den Verweisen auf in der Konsequenz geschaffene ergänzende
Auslegungselemente.

138 Anschaulich ist in diesem Sinne auch die Beschreibung von *Neumann*, Juristische
Argumentationslehre, S. 7: „Rechtswissenschaftliche Forschung verändert den Gegenstand ihrer wissenschaftlichen Tätigkeit", die sich ohne weiteres auch in dem
Sinne auf die Methodenlehre erstrecken lässt, dass die Art der gewählten Methodik
den Gegenstand der wissenschaftlichen Tätigkeit der Rechtswissenschaft steuert.

139 Vgl. *Gaebel*, Grundrecht auf Methodengleichheit, S. 75; *von Arnim/Brink*, Methodik
der Rechtsbildung, S. 237 ff.; siehe zur Problematik uneinheitlicher Methodenan-
wendung auch schon *Kriele*, Theorie der Rechtsgewinnung, S. 25; auch *Heusch*,
in: Schmidt-Bleibtreu/Hofmann/Henneke, Art. 97 Rn. 38; *Sachs*, in: Sachs, Art. 20
Rn. 127 sieht in den grundgesetzlichen Vorgaben lediglich einen Verweis auf die
praktizierte Methodenlehre.

140 Vgl. *Vesting*, Rechtstheorie, Rn. 224 ff.; siehe auch *Müller/Christensen*, Juristische
Methodik, Rn. 11, 67d, die den den Normtext auslegenden Juristen als „Rechtsarbei-
ter" bezeichnen; vgl. auch insofern anschaulich zur Abgrenzung zum Vorgehen im
US-amerikanische Rechtssystem *Somek*, JZ 2016, 481, 482: „Endlich muss man nicht
mehr die Argumente zwingend aussehen lassen, obwohl sie es nicht sind".

141 Vgl. ähnlich allgemein auch *Dreier*, in: Dreier: Rechtswissenschaft als Beruf, S. 59.

C. Strenge Regelbindung durch Methodenlehre als Utopie und Entwicklungsziel

Die herrschende Rechtsanwendungspraxis auf Grundlage der Methodenlehre scheitert somit an der Umsetzung der verfassungsrechtlichen Idealvorgaben zur strengen Regelbindung des Auslegenden (I), woraus die Notwendigkeit zur verfassungsorientierten Fortentwicklung der Methodenlehre abgeleitet werden kann (II).

I. Diskrepanz zwischen verfassungsrechtlichen Anforderungen, herrschender Methodenlehre und der Anwendungspraxis

Die Schwächen der herrschenden Methodenlehre,[142] insbesondere ihre Zirkularität und Relativität stützen die Zweifel *Hassemers* an der Möglichkeit zur Umsetzung der Anforderungen an die Methodenlehre, die *Rüthers* aus den Verfassungsvorgaben ableitet.[143] Wesentliches Merkmal misslungener Umsetzung regelstrenger Auslegung liegt darin, dass die vorherrschende Methodenlehre kein „rechtes Verhältnis" zur Rechtserzeugung herzustellen vermag.[144] Man kann hieraus schließen, dass die Rechtswissenschaft an dieser Kollisionslage krankt, weswegen auch mit *Gustav Radbruch* die Beschäftigung mit der Methodenlehre an dieser Stelle angezeigt ist.[145] In der Konsequenz wurde der juristischen Methodenlehre nicht bloß ein Krankenschein, sondern gar das Todeszeugnis ausgestellt und als Todesursache „ihre Idealisierung" angegeben.[146] In der gerichtlichen Praxis wird die Auslegungsmethodik vor allem noch einzelfallabhängig zur Rechtfertigung und Begründung der Entscheidung herangezogen, offenbar jedoch weniger zur systematischen Findung der Bedeutung von Rechtsnormen.[147]

---

142 Siehe *supra* Kapitel 2 § 1 B.
143 Siehe *supra* Kapitel 2 § 1 A.II.1.
144 Siehe *Jestaedt*, in: Bumke, Richterrecht, S. 49, 68, der diese Konstellation als „Kardinalproblem" der vorherrschenden Methodenlehre beschreibt.
145 Vgl. den berühmten Satz in *Radbruch*, Einführung in die Rechtswissenschaft S. 253: „Wie Menschen, die sich durch Selbstbeobachtung quälen, meist kranke Menschen sind, so pflegen aber Wissenschaften, die sich mit ihrer eigenen Methodenlehre zu beschäftigen Anlaß haben, kranke Wissenschaften zu sein, der gesunde Mensch und die gesunde Wissenschaft pflegt nicht viel von sich selbst zu wissen."
146 Siehe *Neumann*, Rechtstheorie 32 (2001), 239.
147 Vgl. *Beck*, in: Schuhr, Rechtssicherheit, S. 21; *Weitzel*, in: Cordes, Juristische Argumentation, S. 18 ff.; *Fleischer*, in: Fleischer, Mysterium Gesetzesmaterialien, S. 2;

Interesse an einem offenen und wenig regelstrengen Umgang mit der Auslegung bestehen jedoch nicht nur in der Rechtsprechung sondern auch in der Rechtswissenschaft, da so die Einbringung eigener normativer Vorstellungen erleichtert wird.[148] Die Findung des Rechts scheint daher vielmehr und in erster Linie von einer „praktisch-juristische[n] Klugheit" denn einer bindenden Methodik bestimmt zu sein.[149] Einer rechtstheoretisch fundierten und durch strenge Regeln geprägten Methodenlehre werden somit aus der praktizierten Rechtsprechung und Wissenschaft implizit Modelle pragmatischer Rechtsanwendung in unterschiedlichen Abstufungen entgegengehalten.[150] Der österreichische Rechtswissenschaftler *Helmut Koziol* hat diesen Prozess aus einer externen Perspektive überspitzt und in der konkreten Formulierung hochproblematisch als Wandlung der juristischen Methodenlehre im deutschen Rechtssystem „von einer strengen

---

Kramer, Juristische Methodenlehre, S. 49; *Stürner*, JZ 2012, 10, 17; *Puppe*, Kleine Schule des juristischen Denkens, S. 163; vgl. auch die Analyse höchstrichterlicher Entscheidungsbegründungen bei *Seiler*, Entscheidungsbegründungen und Methode, S. 22 ff., 169 ff., die zu dem Ergebnis kommt, dass nur ausnahmsweise die methodischen Ansätze durch die Gerichte explizit in Ansatz gebracht werden und meist nicht für die Entscheidung maßgeblich sind; vgl. hierauf Bezug nehmend, allgemein im Hinblick auf die Rechtsdogmatik auch *Pöcker*, Rechtsdogmatik, S. 135 ff., der vermutet, dass „Kräfte ‚am Werk' sind – Kräfte, die verhindern, daß rechtstheoretisch orientiertes Schrifttum in der Dogmatik überhaupt wahrgenommen wird."; siehe auch *Kudlich/Christensen*, JuS 2002, 144; *Fischer*, Verdeckte Rechtsfortbildung, S. 130, 404; *Koziol*, AcP 212 (2012), 1, 40 f., 47 ff.; mit explizitem Bezug auf die Vorrangfrage auch *Lindner*, Rechtswissenschaft als Metaphysik, S. 85 f.; so auch schon *Scheuerle*, Rechtsanwendung, S. 167; *Lennartz*, Dogmatik als Methode, S. 131, der letztlich von der „Irrelevanz der klassisch verstandenen Methodenlehre für die juristische Praxis" spricht; von Willkür konkret im Hinblick auf die Frage nach dem Umfang der Verwendung der Gesetzesmaterialien im Rahmen der Auslegung spricht auch *Frieling*, Gesetzesmaterialien und Wille des Gesetzgebers, S. 1 ff.; zu Recht weisen *Lüdemann/Vesting*, in: Lüdemann/Vesting, Deutung, S. 9, 21 darauf hin, dass sich eine pluralistische Methodenlandschaft herausgebildet hat und in der Praxis daher kaum noch von einer einheitlichen Methodenlehre gesprochen werden kann.

148 Vgl. *Lindner*, Rechtswissenschaft als Metaphysik, S. 87 f.; allgemein auch *Rüthers*, Ad Legendum 2020, 217, 220.

149 So im Wesentlichen *Kaspers*, Philosophie – Hermeneutik – Jurisprudenz, S. 173 ff., der diesen Schluss aus einer Diskussion der philosophischen Hermeneutik zieht.

150 Vgl. die pointierte Übersicht von *Jestaedt*, Das mag in der Theorie richtig sein, S. 3 ff. m.w.N.; siehe zudem schon *supra* Kapitel 2 § 1 A.II.2. zu dieser Position.

Sittenwächterin über saubere, regelkonforme Argumentation zu einem lockeren, ungebundenen Callgirl, das alle Wünsche erfüllt" beschrieben.[151]

II. Verfassungsorientierte Entwicklung der Methodenlehre

Aus der Kollisionslage von Verfassungsvorgaben und den Problemen der tradierten Auslegungsmethodik ergibt sich das Erfordernis der Modifizierung der Auslegungsmethodik (1), wozu sich einige Kriterien aus der Kollision ableiten lassen, die als Leitmotiv für die konkrete Ausgestaltung der modifizierten Methodenlehre dienen sollen (2).

1. Notwendigkeit der Modifizierung

Auch wenn das Erreichen des verfassungsrechtlichen Ideals aus prinzipiellen Gründen ausgeschlossen sein mag,[152] was die durch die verbale Darstellungsweise bedingten hermeneutischen Auslegungsschwierigkeiten[153] zumindest dann nahelegen, wenn an einer verbalen Darstellung juristischer Konstellationen festgehalten wird, besteht die Notwendigkeit, hierin nicht

---

151 *Koziol*, AcP 212 (2012), 1, 55. Zu früherer Zeit galt die ausgefeilte Methodenlehre der deutschen Jurisprudenz hingegen gerade als Stärke der deutschen Rechtsdogmatik, die auch wesentlich zu internationaler Achtung und Nachahmung dieser führte, vgl. *Koziol*, AcP 212 (2012), 1, 26; auch *Stürner*, JZ 2012, 10, 16 f.; exemplarisch die Bedeutung der methodengeprägten deutschen Rechtsdogmatik für die Niederlande betonend auch *Hondius*, FS Canaris, 1125 ff. Auch die Bedeutung der deutschen Rechtsdogmatik für die europäische Rechtsentwicklung wird betont, wobei Methodenehrlichkeit erforderlich sei, um die maßgeblichen Facetten nutzbar machen zu können, *Koziol*, AcP 212 (2012), 1, 61 f. In dieses Bild passt auch die – wenngleich in der Sache fragwürdige – Vermutung, dass der Rückgang der Anzahl ausländischer Juristen, die ein Aufbaustudium im deutschen Recht absolvieren, auf den Bedeutungsverlusts der Grundlagenfächer in der deutschen Rechtswissenschaft zurückzuführen sei, vgl. *Stolleis*, JZ 2013, 712, 713.

152 Vgl. *Strauch*, in: Gabriel/Gröschner, Subsumtion, S. 335, 337; siehe auch *Rafi*, Gutes Urteil, S. 11 ff., die die Erforderlichkeit der Entwicklung eines Bewusstseins für die Begrenztheit der Möglichkeit zur Umsetzung einer idealen Methodenlehre betont, weshalb auch ein Grad an gewisser Entscheidungsfreiheit der Richter zwingend sei; in Bezug auf die Unmöglichkeit der Eliminierung metaphysischer Einbruchstellen sowie des hermeneutischen Zirkels *Lindner*, Rechtswissenschaft als Metaphysik, S. 151.

153 *Supra* Kapitel 2 § 1 B.; vgl. auch *Lindner*, Rechtswissenschaft als Metaphysik, S. 83 mit der Feststellung, jede Text- oder Interpretationswissenschaft habe in der „einen oder anderen Weise ein Methodenproblem"; *Kuntz*, AcP 216 (2016), 866, 874.

das dezisionistische Ende strukturierter Analyse zu sehen, sondern das Erfordernis der Weiterentwicklung einer umfangreichen Analyse abzuleiten,[154] um bei dem hier gegenständlichen Verfassungsverständnis der Sicherung der Methodenstrenge der Rechtsanwendung nahe zu kommen.

Einige aktuelle Entwicklungen unterstreichen die Notwendigkeit einer Modifizierung in dem beschriebenen Sinne. Die mutmaßliche Komplexitätssteigerung der Realität der vergangenen Jahrzehnte führt zu erhöhten Anforderungen an die praktizierte Auslegungsmethodik.[155] Sowohl die Komplexität sozialer und technischer Zusammenhänge als auch die Geschwindigkeit der Veränderung gesellschaftlicher Umstände im Allgemeinen haben erheblich zugenommen.[156] Die Globalisierung und damit einhergehende Effekte wie ein erhöhtes Migrationsaufkommen, aber auch etwa die zunehmende Technisierung und Ausdifferenzierung der Wissenschaft, führen zu erheblichen Veränderungen tatsächlicher Lebensumstände,[157] einem Anwachsen des Rechtsstoffes[158] und damit auch zu veränderten Anforderungen an die Rechtsprechung.[159] Die Geschwindigkeit der Veränderung tatsächlicher Umstände hat sich dramatisch erhöht. Der demokra-

---

154 Vgl. *Vesting*, Rechtstheorie, S. 139 f.; *Teubner*, in: Koschorke/Vismann, Widerstände der Systemtheorie, S. 200; siehe in diesem Sinne auch *Fischer-Lescano/Christensen*, Der Staat 2005, 213, 223.

155 Zur Reduzierung der Komplexität als Zweck der Methodik auch *Würdinger*, JuS 2016, 1. In diesem Zusammenhang wird auch das Verschwimmen der Grenzen zwischen den Teilrechtsordnungen genannt, das ebenfalls für die komplizierter werdende Wirklichkeit steht, vgl. *Wagner*, AcP 206 (2006), 355. Vgl. allgemein die zunehmende Komplexität der Realität betonend und hieraus die Notwendigkeit interdisziplinärer Arbeit ableitend auch *Kaiser*, in: Augsberg, Extrajuridisches Wissen, S. 100; *Christensen/Lerch*, in: Lerch, Sprache des Rechts, S. 63 ff. Die Notwendigkeit, auf die gegenwärtigen gesellschaftlichen Veränderungen innerhalb der Jurisprudenz durch strukturelle Anpassungen zu reagieren betont auch der Wissenschaftsrat in *Wissenschaftsrat*, Perspektiven der Rechtswissenschaft in Deutschland, S. 36. Skeptisch gegenüber der Kurzfristigkeit solcher Anpassungen, aber hoffnungsvoll in Bezug auf langfristige Veränderungen *Stolleis*, JZ 2013, 712 ff. Einige Jahre später wurden hingegen schon Veränderungen zumindest auf Ebene wissenschaftlicher Monographien in Form stärkerer Aufnahme interdisziplinärer Ansätze beobachtet, siehe *Croon-Gestefeld*, RW 2016, 303.

156 Vgl. im Kontext etwa auch *Rüthers*, Ad Legendum 2020, 217, 220 f.

157 Siehe trotz Bezugs zum Verwaltungsrecht diesbezüglich in dieser Allgemeinheit *Augsberg*, in: Augsberg, Extrajuridisches Wissen, S. 7 f., 33, der für das Verwaltungsrecht darüber hinaus auch auf den in den letzten Jahren gewachsenen Aufgabenbereich des Staates hinweist, der im Verwaltungsrecht ebenfalls das Erfordernis multidisziplinärer Ansätze bedingt. Siehe auch schon *supra* Kapitel 2 § 1 B.I.

158 Vgl. etwa *Rehbinder*, Rechtssoziologie, Rn. 89 ff.

159 Siehe insoweit treffend auch *Hirsch*, ZRP 2012, 205, 208.

tische Gesetzgebungsprozess wird aufgrund der Geschwindigkeits- und Komplexitätsänderungen häufiger nicht rechtzeitig auf die tatsächlichen Umstände reagieren können, zudem wird es aufgrund der erhöhten Komplexität wahrscheinlicher, dass erlassene Regelungen keine hinreichend konkretisierende Regelungsdichte aufweisen. Durch diese Entwicklung ist der Gesetzgeber aber auch die Rechtsprechung häufiger als früher gefordert, auf die geänderten Umstände zu reagieren, wodurch der Rechtsdogmatik immer häufiger wesentliche Anpassungen abverlangt werden.[160] Zudem erfordern die komplexen Umstände, dass ein wachsender Anteil von solchen Normen erlassen wird, die auf vagen Formulierungen basieren, der Wortlaut dieser den Rechtsanwender somit *prima facie* schwach determiniert.[161] Je unbestimmter und damit generalklauselartiger eine Norm, desto größer ist die Bedeutung klarer Methodik zur Rückkopplung der Normanwendung an die gesetzgeberische Intention und Offenlegung einfließender Wertungen, da bei der Anwendung solch offener Normen die Einflussnahme durch subjektiv geprägte Faktoren der Judikative besonders leicht fällt.[162]

2. Anforderungen an die Modifizierung

Aus dem idealisierten Verfassungsverständnis sind Anforderungen an die Modifizierung abzuleiten, wobei die Grenzen des faktisch Möglichen im Rahmen des Prozesses der Modifikation zu ermitteln und berücksichtigen sind, da die Verfassung nichts Illusionäres fordern kann,[163] sondern sich aus ihr allenfalls die Erforderlichkeit ergibt, die Möglichkeiten des Umfangs der Annäherung an das durch sie ausgegebene Ideal auszuloten und als solche umzusetzen.[164] Wenn also in der Forderung der Umsetzung eines re-

---

160 Vgl. *Wagner*, in: Dreier, Rechtswissenschaft als Beruf, S. 96 ff., 178.

161 Vgl. *Grimm*, in: Teubner, Entscheidungsfolgen als Rechtsgründe, S. 140.

162 Vgl. vor diesem Hintergrund *Rüthers*, Unbegrenzte Auslegung, S. 266 f.; *Gaebel*, Grundrecht auf Methodengleichheit, S. 121; *Lieth*, Ökonomische Analyse, S. 93.

163 Insofern kann und sollte auch nicht „aus verfassungsrechtlichen Gründen" an einer vermeintlich strikt feststehenden Wortlautgrenze festgehalten werden, vgl. dagegen nur die Beobachtung von *Schenke*, in: Dreier, Macht und Ohnmacht des Grundgesetzes, S. 68 f., wonach vielfach aus verfassungsrechtlichen Gründen an einer Wortlautgrenze festgehalten wird.

164 Vgl. *Müller/Christensen*, Juristische Methodik, Rn. 182: „Der Rechtsstaat kann sinnvoll nicht Illusionäres fordern, also nicht die Bestimmtheit (Fixiertheit) von Rechtsbegriffen und ihren Bedeutungen."

gelstrengen Ideals durch die Methodenlehre eine Überschätzung der Möglichkeiten der Methodenlehre liegt,[165] ist zu ermitteln, inwieweit eine Annäherung an dieses normative Idealbild des Grundgesetzes tatsächlich möglich ist.[166] Insoweit die sich aus dem hermeneutischen Zirkel ergebenden Probleme grundsätzlich „der Transparenz zugänglich, kommunizierbar, abschwächbar, entschärfbar [und] rationalisierbar" sind,[167] sollte dieses durch die Auslegung angestrebt werden. Die Entwicklung der Auslegungsmethodik hat somit zum Ziel, die fehlende Möglichkeit zur Durchsetzung einer strengen Regelbindung der Auslegung anzuerkennen, und damit auch die zwingende Entscheidungsfreiheit des Richters,[168] gleichzeitig aber danach zu streben, sich einer idealtypischen Umsetzung der verfassungsrechtlichen Vorgaben durch sorgfältige Auswertung der einschlägigen Erkenntnisquellen in methodisch transparenter Weise[169] bestmöglich anzunähern. Die Feststellung der Utopie strenger Regelbindung bedeutet ganz grundlegend somit auch, dass nach dem verfassungsrechtlichen Ideal nicht im strengen Sinne die *ex ante* Vorhersehbarkeit von Rechtsanwendungsentscheidungen gefordert sein kann,[170] sondern vielmehr eine strukturierte Nachprüfbarkeit von Entscheidungen anhand interpersonal verständlicher methodischer Kriterien zur Vermeidung verdeckt wertender Einflussnahme.

In der Konsequenz lässt sich die Entwicklungsvorgabe zunächst als Erforderlichkeit einer strukturierten Ermittlung des durch den Gesetzgeber vorgesehenen Gesetzeszwecks als Ausgangspunkt der Rechtsanwendung sowie der Identifizierung und Strukturierung der notwendigen normativen Lückenfüllung aufgrund der Unvollständigkeit gesetzgeberischer Vorgaben

---

165 So etwa *Hassemer*, Erscheinungsformen des modernen Rechts, S. 120; siehe ausführlicher und m.w.N. *supra* Kapitel 2 § 1 A.II.2.; ähnlich auch *Dieter Simon*, der die Gesetzesbindung als „unhaltbaren Traum" beschreibt, zitiert nach *Rüthers*, Rechtstheorie 40 (2009), 253, 269.

166 Vgl. etwa *Funke*, in: Schuhr, Rechtssicherheit, S. 61; *Hillgruber*, in: Maunz/Dürig, Art. 97 Rn. 42; *Jestaedt*, Grundrechtsentfaltung im Gesetz, S. 305. Dass das Bemühen um Methodenehrlichkeit nicht grundsätzlich aussichtslos ist, betont allgemein auch *Jestaedt*, in: Bumke, Richterrecht, S. 50. Diese Schlussfolgerung erfolgt unter Anerkennung der generellen Feststellung, dass Richterbindung und Richterfreiheit, als faktischer Grundsatz, „notwendige und untrennbare Elemente des Rechtsfindungsvorgangs sind", dazu *Auer*, Materialisierung, Flexibilisierung, Richterfreiheit, S. 94.

167 Vgl. *Lindner*, Rechtswissenschaft als Metaphysik, S. 132.

168 Diese Notwendigkeit betont auch *Rafi*, Gutes Urteil, S. 11 ff.

169 Vgl. auch das allgemeine Plädoyer für eine Stärkung des strukturwissenschaftlichen Ansatzes der Rechtswissenschaft bei *Steininger*, NJW 2015, 1072.

170 Vgl. *supra* Kapitel 2 § 1 A.II.

unter Kontrolle verdeckt oder offen wertender Einflussnahme durch den Rechtsanwender benennen. Zudem sind Instrumente zur strukturierten Ermittlung derjenigen Auslegungsvariante erforderlich, die den von dem Gesetzgeber vorgesehenen Gesetzeszweck am besten verwirklicht, wobei diese durch transparente Methodik zur Verhinderung verdeckt wertender Einflussnahmen charakterisiert sein müssen. Des Weiteren gilt es, eine Auseinandersetzung mit der semantischen Unschärfe zu suchen, die auf eine Schärfung der grammatikalischen und systematischen Auslegung abzielt, indem die Willkür des Verständnisses auszulegender Begriffe durch ihre Basierung auf evidenzgestützte und überprüfbare Aussagen zu den durch sie beschriebenen Gegenstandsbereichen beschränkt wird.

§ 2 Rechtsökonomik als verfassungsrechtliches Desiderat der Methodenlehre

Es ist zu zeigen, inwiefern die Rechtsökonomik zur Anreicherung der Gesetzesanwendung genutzt werden kann, um die Auslegungsmethodik dem gezeichneten verfassungsrechtlichen Ideal anzunähern. Dazu ist zunächst ein allgemeiner, die Rechtsökonomik einordnender Blick auf die weitreichenden Ansätze, durch nicht-juristische Wissenschaften die Rechtsanwendungspraxis anzureichern, zu werfen (A), ehe auf das besondere Potential der Rechtsökonomik in Gestalt einer normativen Effizienzanalyse einerseits (B), sowie der positiven ökonomischen Analyse zur strukturierten Aufdeckung von Funktionszusammenhängen andererseits, eingegangen wird (C). Es lassen sich in der Konsequenz Leitlinien zur Integration der Rechtsökonomik in den Rechtsanwendungsprozess benennen (D).

A. Potential der Interdisziplinarität in der Gesetzesauslegung

Die Integration interdisziplinärer Ansätze in die Methodenlehre hat im Allgemeinen das Potential, die Methodenlehre an dem dargestellten Verfassungsideal orientiert weiterzuentwickeln (I). In Besonderem Maße gilt das für die Integration von Elementen der Ökonomik (II).

I. Interdisziplinarität in der Gesetzesauslegung

Die allgemeine Forderung nach einer stärkeren Nutzung interdisziplinärer Ansätze[171] in der Rechtswissenschaft ist nicht neu.[172] So werden seit einigen Jahren verstärkt diverse potentielle Einflüsse vielfältiger nicht-juristischer Erkenntnisse auf die Rechtswissenschaft diskutiert.[173] Das Wesen der hier maßgeblichen Interdisziplinarität liegt darin, dass aus anderen Wissenschaften stammende oder deren Methoden gewonnene Kenntnisse in der Rechtswissenschaft nutzbar gemacht werden. Somit können nicht-juristische Kenntnisse im Grundsatz eine aufklärende Funktion in der Rechtswissenschaft wahrnehmen.[174] Denn nicht-juristische Wissenschaften, die zum Ziel haben, in ihren jeweiligen Gegenstandsbereichen neue Erkenntnise

---

171 Vgl. zur Differenzierung gegenüber Intradisziplinarität sowie zur Multi- und Transdisziplinarität übersichtlich *Saliger*, in: Hilgendorf/Schulze-Fielitz, Selbstreflexion der Rechtswissenschaft, S. 120 f.; sowie ähnlich *Hilgendorf*, JZ 2010, 913 f.; weiterhin zur Differenzierung *Kirste*, in: Kirste, Interdisziplinarität in den Rechtswissenschaften, S. 55 ff.; prägnant auch *Sliwiok-Born/Steinrötter*, in: Sliwiok-Born/Steinrötter, Intra- und interdisziplinäre Einflüsse, S. 4; im Folgenden geht es danach vor allem um interdisziplinäre Arbeit, da hier ausdrücklich Methoden der Ökonomik in die Rechtswissenschaft übertragen werden.

172 Vgl. stellvertretend die repetitive Forderung nach verstärkter Interdisziplinarität im Bericht *Wissenschaftsrat*, Perspektiven der Rechtswissenschaft in Deutschland; sowie die Reaktionen hierauf *Grundmann*, JZ 2013, 693; *Gutmann*, JZ 2013, 697; *Hillgruber*, JZ 2013, 700; *Lorenz*, JZ 2013, 704; *Rixen*, JZ 2013, 708; *Stolleis*, JZ 2013, 712; pointiert auch *Gutmann*, in: Hilgendorf/Schulze-Fielitz, Selbstreflexion der Rechtswissenschaft, S. 107 f., der mit Verweis auf den Wissenschaftsrat betont, dass sich das genuine Potential der Jurisprudenz als Wissenschaft erst durch Interdisziplinarität verwirklicht werden könne, siehe dazu *Wissenschaftsrat*, Perspektiven der Rechtswissenschaft in Deutschland, S. 29.

173 Vgl. etwa die Beiträge des Konferenzbandes *Sliwiok-Born/Steinrötter*, Intra- und interdisziplinäre Einflüsse, insbesondere zur Theologie *Dieckmann*, in: Sliwiok-Born/Steinrötter, Intra- und interdisziplinäre Einflüsse, S. 21 ff.; zur Psychologie *Warmuth*, in: Sliwiok-Born/Steinrötter, Intra- und interdisziplinäre Einflüsse, S. 54 ff.; zur Soziologie *Reh*, in: Sliwiok-Born/Steinrötter, Intra- und interdisziplinäre Einflüsse, S. 98 ff.; sowie die Übersicht bei *Sliwiok-Born/Steinrötter*, in: Sliwiok-Born/Steinrötter, Intra- und interdisziplinäre Einflüsse, S. 11 ff.; konkret in Bezug auf das Verwaltungsrecht *Guckelberger*, VerwArch 2017, 143.

174 Vgl. auch das BVerfG zum Sozietätsverbot zwischen Rechtsanwälten und Ärzten in BVerfG, Beschluss vom 12.1.2016 – 1BvL 6/13, juris Rn. 68: „die begrenzte Überschaubarkeit und zunehmende Komplexität moderner Lebens- und Wirtschaftsverhältnisse haben zur Folge, dass Rechtsfragen oft nicht ohne professionellen Sachverstand aus anderen Berufen beantwortet werden können und die Nachfrage nach kombinierten interprofessionelle Dienstleistungen wächst."; entsprechend auch *Guckelberger*, VerwArch 2017, 143; *Boehme-Neßler*, RW 2014, 189, 191 f.

in methodischer Weise zu ermitteln,[175] und damit auf die Ermittlung der Wahrheit abzielen,[176] liefern systematisch erarbeitete Informationen,[177] was im Hinblick auf das geltende Recht vor allem, aber keinesfalls exklusiv für vermeintlich[178] wenige Tatbestandsmerkmale, die aus ihrer Natur heraus offensichtlich überhaupt nur durch Rückgriff auf fremdwissenschaftliche Erkenntnisse verständlich sind, erforderlich ist.[179] Soweit der Rechtsanwender Aussagen über die Lebenswirklichkeit treffen muss, die sich außerhalb seines gesicherten Lebens- und Erkenntnisbereichs befinden, ist er auf den Rückgriff originär nicht-juristischen Wissens angewiesen.[180] Wenn dieser Umstand auch zumindest im Grundsatz anerkannt ist,[181] wird doch seine Reichweite bislang vielfach verkannt. Die Erkenntnis, dass solche Kenntnisse nicht nur für die bloße Ermittlung des Sachverhalts unerlässlich sind,[182] sondern auch unmittelbar für die Auslegung von Gesetzestexten, hat sich noch nicht im gleichen Maße durchgesetzt. Da sich der Zweck einer Norm letztlich auch in der Wirklichkeit realisieren soll, ist Kenntnis von den hierfür maßgeblichen Umständen und Wirkungszusammenhängen erforderlich, um darauf schließen zu können, ob die Realisation tatsächlich durch eine bestimmte Auslegung einer Norm erfolgen kann. Die Umstände der Verwirklichung des Auslegungsziels unterliegen einem ständigen Wandel durch gesellschaftliche Veränderungen, weshalb eine wirksame und stetige Analyse dieses Wandels entscheidend ist, was letztlich nur Wissenschaften

---

175 Vgl. *Kempen*, in: BeckOK GG, Art. 5 Rn. 181; vgl. konkret in Bezug auf die Rechtsökonomik auch *Hu*, Rechtsökonomik als Rechtsanwendungsmethode, S. 15 ff.

176 Vgl. BVerfGE 35, 79.

177 Vgl. *Hilgendorf*, JZ 2010, 913, 920; sowie die Beispiele bei *Gutmann*, in: Hilgendorf/Schulze-Fielitz, Selbstreflexion der Rechtswissenschaft, S. 102 ff.

178 Siehe zur Vielfalt solcher Tatbestandsmerkmale noch exemplarisch ausführlich *infra* Kapitel 2 § 2 C.II.1.b) aber auch Kapitel 3 und Kapitel 4.

179 Vgl. *Sliwiok-Born/Steinrötter*, in: Sliwiok-Born/Steinrötter, Intra- und interdisziplinäre Einflüsse, S. 6 ff.; *Eidenmüller*, JZ 1999, 53, 57.

180 Siehe noch ausdrücklich *infra* Kapitel 2 § 2 C.II.1.b)(2).

181 Vgl. etwa zum Sachverständigenbeweis in der ZPO exemplarisch nur *Zimmermann*, in: MüKoZPO, § 402 Rn. 2, 7; siehe eindrücklich auch zur Erforderlichkeit der Verwendung extrajuridischen Wissens nach der ständigen verwaltungsrechtlichen Rechtsprechung BVerwG, Beschluss v. 13.1.2009, NVwZ 2009, 329, 330: Sein „Ermessen überschreitet das Gericht erst dann, wenn es sich eine ihm nicht zur Verfügung stehende Sachkunde zuschreibt und sich nicht mehr in den Lebens- und Erkenntnisbereichen bewegt, die den ihm angehörenden Richtern allgemein zugänglich ist."; entsprechend auch *Guckelberger*, VerwArch 2017, 143, 144.

182 So allgemein *Guckelberger*, VerwArch 2017, 143: „vielfach auf extrajuridisches Wissen angewiesen".

leisten können, die sich auf die Erkenntnisermittlung in ihrem jeweiligen Bereich spezialisiert und diese systematisiert haben und sie nicht nur bei Gelegenheit unsystematisch vornehmen.[183] Der hohe Grad an Komplexität realer Zusammenhänge erfordert gerade eine wissenschaftliche Auseinandersetzung statt eine durch die Beschränkung auf anekdotisch intuitive Erwägungen charakterisierte „Gefühlsjurisprudenz",[184] um das Hervorrufen von Missverständnissen mit potentiell erheblichem Ausmaß zu vermeiden.[185] Das gilt insbesondere, wenn eine Vielzahl von gesellschaftlichen Realfragen einander beeinflussen.[186] Von besonderer Bedeutung für die Rechtsanwendungsmethodik ist dabei gerade das methodische Vorgehen der Fremdwissenschaften, aufgrund dessen keine bloß blinde Rezeption behaupteter Erkenntnisse vorgenommen werden muss, sondern durch das die Basis für eine kritische und analytische Überprüfung und Würdigung im Rahmen eines wissenschaftlichen Diskurses gelegt wird.[187] Schillerndes und besonders grundlegendes Beispiel für die so bestehende Möglichkeit der Überprüfung der Prämissen positiver Analysen stellt die Erörterung der Eigenschaften des *homo oeconomicus* sowie der Alternativen zu diesem Menschenbild in der Ökonomik dar.[188] Die aktive und bewusste Nutzung von aus systematischer Wahrheitssuche entsprungenen Wissens hat vor diesem Hintergrund grundsätzlich nicht nur das Potential zu einer Ratio-

---

183 Vgl. *Grimm*, in: Kirste, Interdisziplinarität in den Rechtswissenschaften, S. 20 f. Schon die Erkenntnisse zu den Problemen der Methodenlehre stammen aus nichtjuristischen Wissenschaften, da etwa die Sprachwissenschaften die maßgeblichen Möglichkeiten und Grenzen des Sprachverständnisses offenlegen, vgl. auch *Schenke*, in: Dreier, Macht und Ohnmacht des Grundgesetzes, S. 68 f.

184 Vgl. zum Begriff *Rehbinder*, Abhandlungen zur Rechtssoziologie, S. 215, der auf die Notwendigkeit der Nutzung der Umfrageforschung im Recht hinweist, was gleichermaßen wie hier letztlich auf die Nutzbarmachung von systematisch ermittelten Erkenntnissen über Realzusammenhänge abzielt. Zu beachten ist in diesem Zusammenhang auch, dass die Umfrageforschung gerade nicht auf die Nützlichkeit in der Soziologie beschränkt ist, sondern auch in der Ökonomik von entscheidender Bedeutung etwa zur Verifizierung komplexer Modellierung sein kann, wenn hierzu etwa keine Felddaten zur Verfügung stehen.

185 Vgl. zu den Gefahren der Nutzung heuristischer Erwägungen über Realzusammenhänge in der Rechtswissenschaft *Boehme-Neßler*, RW 2014, 189, 204 ff.; grundlegend zum Thema *Tversky/Kahneman*, Science 185, 1124; instruktiv auch *Kahneman*, Thinking Fast and Slow, S. 109 ff.

186 Vgl. *Hilgendorf*, JZ 2010, 913, 916; zum Problem der Komplexität *infra* Kapitel 2 § 2 B.IV. sowie Kapitel 2 § C.IV.

187 Weiterführend und veranschaulichend noch *infra* Kapitel 2 § 2 C.

188 Dazu etwa noch *infra* Kapitel 2 § 2 A.II.3.b) und Kapitel 2 § 2 C.II.1.a).

nalisierung juristischer Entscheidungen beizutragen, sondern erscheint gar für eine fundierte und strukturierte Rechtsanwendung unerlässlich.[189]

Die Anwendung nicht-juristischer Kenntnisse und Arbeitsweisen hat dabei nicht das primäre Ziel der Fortentwicklung der fremden Wissenschaft, sondern der Anreicherung juristischer Fragestellungen um diese Erkenntnisse und Methoden, weshalb die Rezeption nicht-juristischer Arbeiten nicht an dem Standard der jeweiligen Wissenschaft zu messen ist, sondern anhand dem der Rechtswissenschaft.[190] Ein Vorstoß an die Forschungsgrenze der nicht-juristischen Wissenschaft wird damit grundsätzlich zwar nicht angestrebt, ein tiefgehender Überblick über die nicht-juristische Wissenschaft ist jedoch insoweit erforderlich, als die juristische interdisziplinäre Arbeit an die Forschungsgrenze der Rechtswissenschaft vorstoßen sollte, wozu sicherzustellen ist, dass die zu nutzenden nicht-juristischen Kenntnisse nicht durch entgegengesetzte Entwicklungen innerhalb der Fremdwissenschaft überholt oder gar widerlegt wurden.[191] Eine solche Vernetzung mit anderen Wissenschaften würde die Überwindung des „disziplinären Provinzialismus", den die deutsche Rechtswissenschaft immer noch charakterisiert, befördern.[192] Die Forcierung des Blicks auf inter- und intradisziplinäre Ansätze erleichtert, die Erkenntnismöglichkeiten der Interdisziplinarität voll auszuschöpfen, um nicht anderen Wissenschaften gänzlich das Feld des Erkenntnisprozesses zu überlassen.[193] Das erscheint zumindest in-

---

189 Vgl. allgemein *Gutmann*, in: Hilgendorf/Schulze-Fielitz, Selbstreflexion der Rechtswissenschaft, S. 101, der betont, dass dazu keine umfassende Interdisziplinarität erforderlich ist, sondern zunächst lediglich die Kenntnisnahme von Erkenntnissen anderer Wissenschaften; siehe konkret veranschaulichend hier noch *infra* Kapitel 2 § 2 C.II.

190 Vgl. *Auer*, Zum Erkenntnisziel der Rechtstheorie, S. 36; auch *Reimer*, Juristische Methodenlehre, § 504.

191 Vgl. dazu noch die praktischen Implikationen *infra* Kapitel 2 § 2 C.V.

192 Vgl. *Jestaedt*, JZ 2014, 1, 2; insofern lässt sich feststellen, dass der von *Fleischer* prognostizierte Wandel von einer eingebetteten zu einer nichteingebetteten Forschung, in der Gesetze und Gerichtsentscheidungen nur noch den Ausgangspunkt bilden, die treibenden Impulse jedoch aus den Nachbarwissenschaften, wie der Ökonomik übertragen würden, (noch) nicht vollzogen wurde, vgl. *Fleischer*, ZGR 2007, 500, 501 f., siehe dazu schon eingangs *supra* Kapitel 1.

193 So im Ergebnis auch *Auer*, Zum Erkenntnisziel der Rechtstheorie, S. 73. Insofern ist auch festzuhalten, dass die Furcht vor Kompetenzverlusten innerhalb der Rechtswissenschaft, die möglicherweise zu einer Abwehrhaltung gegenüber interdisziplinären Ansätzen führt, unbegründet ist, da das aktive Zugehen auf solche Ansätze aus der Rechtswissenschaft eher gesteuert werden kann als die Betrachtung originär rechtswissenschaftlicher Fragen aus den extrajuridischen Wissenschaften heraus, vgl. zum Streben nach Besitzstandswahrung in der Rechtswissenschaft *Tröger/Schei-*

soweit und solange zwingend geboten, wie andere Wissenschaften nicht im gleichen Maße wie die Rechtswissenschaft ein institutionelles Verständnis aufweisen, das als Grundlage für den Umgang mit dem Rechtssystem und für die Fortentwicklung des geltenden Rechts im Rechtsstaat unerlässlich ist. So ermöglicht die Förderung und das Betreiben der Interdisziplinarität aus der Rechtswissenschaft heraus nicht nur, eine Fremdbestimmung des rechtswissenschaftlichen Erkenntnisprozesses durch eine bewusste und an den rechtswissenschaftlichen Bedürfnissen orientierte Nutzung nicht-juristischer Kenntnisse zu vermeiden. Vielmehr wird so auch ermöglicht, dass umgekehrt eine Beeinflussung der nicht-juristischen Wissenschaften durch die Rechtswissenschaft in dem Sinne erfolgen kann, dass die Bedürfnisse der Rechtswissenschaft den fremden Wissenschaften mitgeteilt werden und sich die Wissenschaften so im Idealfall in ihrer eigenen Arbeit verstärkt an diesen Bedürfnissen orientieren können, um eine aktive und zweckgerichtete Intensivierung der Interdisziplinarität zu forcieren.[94] Missverständnisse können so frühzeitig ausgeräumt und Ungenauigkeiten vermieden werden.[195] In der Konsequenz dürfte eine intensive Kommunikation über Fachbereichsgrenzen hinweg gerade auch die Fortentwicklung der Fremdwissenschaften zur Folge haben, die aufgrund der Charakteristik der Rechtswissenschaft als Rechtsanwendungswissenschaft[196] eine erhöhte praktische Relevanz ihrer Tätigkeit für die Lebensrealität bedeutet. Somit besteht Potential für gegenseitig befruchtende Zusammenarbeit.

Offenkundig sind folglich Implikationen der Interdisziplinarität im Allgemeinen für die grammatikalische Auslegung,[197] da die möglichen Bedeutungen der auszulegenden Begriffe durch Kenntnisse über den Regelungsgegenstand, auf den diese abzielen, ausdifferenziert durch Fakten unterfüttert werden, folglich durch die wahrheitssuchende Eigenschaft der verschiedenen Wissenschaften die grammatikalische Auslegung Konturen gewinnt, wodurch die Willkür des Rechtsanwenders beschränkt wird. Ähnlich ist

---

benpflug, Ad Legendum 2017, 273, 275; *Grechenig/Gelter*, RabelsZ 2008, 513, 520 f.; *Ott/Schäfer*, JZ 1988, 213, 223; vgl. zur in diesem Kontext entscheidenden Bedeutung von Kommunikation im Rahmen der Rechtsökonomik *infra* Kapitel 2 § 2 C.II.

194 Vgl. noch konkret *infra* Kapitel 2 § 2 C.II.1.b)(2).

195 Vgl. auch in diesem Sinne im Hinblick auf demoskopische Erhebungen *Rehbinder*, Abhandlungen zur Rechtssoziologie, S. 215.

196 Vgl. *supra* Kapitel 1 § 1, dort insbesondere die weiterführenden Nachweise in Fn 8, konzise insbesondere *Eidenmüller*, JZ 1999, 53, wonach die Rechtswissenschaft nach ihrem „gängige(n) Selbstverständnis [...] Rechtsanwendungswissenschaft" sei.

197 *Supra* Kapitel 2 § 1 B.I.

konsequenterweise[198] die Auswirkung auf die systematische Auslegung, da sich die Gesetzessystematik nicht von der Systematik der Regelungsgegenstände trennen lässt, mithin durch Aufzeigen fundierter Wirkungszusammenhänge des Regelungsgegenstandes, durch die sich jeweils mit diesem befassende nicht-juristische Wissenschaften, Rückschlüsse auf die Gesetzessystematik ermöglicht werden. Schließlich ermöglichen fremdwissenschaftlich offengelegte Kenntnisse über Wirkungszusammenhänge Aussagen dazu zu treffen, in welchem Maße bestimmte Verständnisvarianten von Rechtsnormen potentielle Gesetzeszwecke zu fördern im Stande sind.

II. Rechtsökonomik

Da die Ökonomik nur eine von vielen Wissenschaften ist, die potentiell zu interdisziplinärer Arbeit mit der Rechtswissenschaft herangezogen werden können, liegt auf der Hand, dass es sich bei ihr nicht um ein „Allheilmittel" handelt, das jegliches juristisches Problem ohne weiteres Zutun zu lösen vermag.[199] Zur Ermöglichung einer feinjustierten Betrachtung soll sich die weitere Untersuchung auf die Ökonomik beschränken. Vor dem Hintergrund der dargelegten verfassungsrechtlichen Anforderungen können die vielfältigen Aspekte der Ökonomik, bei differenzierter Anwendung, von besonderem Wert für die Rechtsanwendung sein, was im Folgenden zu zeigen ist. Es sind daher die Umstände einer solchen differenzierten Rezeption zu eruieren, um zu einer methodischen Anwendung zu gelangen.[200] Wenn einerseits Klarheit über den Gegenstand und die Möglichkeiten der Ökonomik besteht, andererseits Klarheit über ihre methodengerechte Integration in die Rechtswissenschaft, läuft auch der Vorwurf ins Leere, bei der Heranziehung der Erkenntnisse der Ökonomik in der Rechtswissenschaft handele es sich um eine blinde Flucht hin zu einer unbekannten Quelle, die nicht zur Lösung von Problemfragen beitrage, sondern zu deren Umgehung.[201]

---

198 Siehe zum Zusammenhang schon *supra* Kapitel 2 § 1 B.III.

199 Vgl. unter vielen auch *Auer*, Zum Erkenntnisziel der Rechtstheorie, S. 52 mit dem Verweis auf die Soziologie und Kulturwissenschaften als weitere hilfreiche Wissenschaften; vgl. auch die Relativität der Bedeutung Disziplinen übergreifender Wissenschaft betonend *Lüdemann*, in: Augsberg, Extrajuridisches Wissen, S. 148.

200 Vgl. zu dieser Forderung auch *Lüdemann*, in: Augsberg, Extrajuridisches Wissen, S. 144 f.

201 Vgl. entsprechend das Bild bei *Stürner*, AcP 214 (2014), 7, 37, der das Verhalten der Rechtswissenschaft im Verhältnis zu Grundlagenwissenschaften als Flucht in die

Um Aussagen über Ökonomik als Gegenstand interdisziplinärer Arbeit anhand geltenden Rechts innerhalb der deutschen Rechtswissenschaft treffen zu können, muss folglich zunächst Klarheit darüber bestehen, was das Wesen der Ökonomik und die prägenden Charakteristika der Interdisziplinarität mit der Rechtswissenschaft sind. Erst auf dieser Basis kann auch das Potential der Rechtsökonomik als Teil der deutschen Rechtswissenschaft im Allgemeinen und der Auslegungsmethodik im Speziellen beurteilt werden. Es soll daher zunächst der Gegenstandsbereich der Ökonomik benannt werden (1), ehe die Charakteristik der interdisziplinären Arbeit in der US-amerikanischen Rechtswissenschaft in angezeigter Knappheit konturiert wird, da sich die Entwicklung der Rechtsökonomik in anderen Jurisdiktionen wesentlich hieran orientiert (2). Auf dieser Basis lassen sich schließlich die prägenden Merkmale und die (potentielle) Rolle der Ökonomik in der Rechtsanwendung als Aspekt der deutschen Rechtswissenschaft in Gestalt der Rechtsökonomik präzisieren (3).

1. Entwicklung der Ökonomik als Wegbereiter breiter Interdisziplinarität

Das Verständnis des Begriffs der Ökonomik ist weder einheitlich noch zeitlich invariant. Ursprünglich ist Ökonomik als Teil der Moralphilosophie und politischer Ökonomie einzuordnen, wobei im Rahmen dieser Disziplinen wirtschaftliche Zusammenhänge betrachtet wurden.[202] Seit Ende des 16. Jahrhunderts hat sich die Ökonomik als eigene Disziplin unter zunehmender Verwendung quantitativer Methoden entwickelt.[203] Die Ausweitung des Betrachtungsgegenstands der Ökonomik von wirtschaftlichen Zusammenhängen hin zu nahezu jedweder Lebenssituation,[204] die bisweilen

---

fremde Erkenntnis der Grundlagenwissenschaft, die als neuer Geliebter, in deren Arme man sich wirft, herhalte; vgl. auch *Hilgendorf*, JZ 2010, 913, 921, der allgemein vor der Gefahr warnt, durch fremdfachwissenschaftliche Einflüsse im Zuge von Interdisziplinarität „Missverständnisses hervorzurufen" und „leeres Gerede zu provozieren".

202 Vgl. den groben Abriss zur Entwicklung m.w.N. *Langenbucher*, Economic Transplants, S. 13 ff.; ähnlich auch *Lazear*, Q.J. Econ. 115 (2000), 99 ff.

203 Siehe pointiert zur Bedeutung nur *Tröger*, Arbeitsteilung Vertrag, S. V; vgl. zudem die Übersicht von *Langenbucher*, Economic Transplants, S. 14.

204 *Gary Becker* hat entscheidend zur Ausweitung des Betrachtungsgegenstands der Ökonomik beigetragen, siehe so entsprechend *Lazear*, Q.J. Econ. 115 (2000), 105 ff. Siehe wiederum exemplarisch für die Arbeiten *Beckers Becker*, Erklärung menschlichen Verhaltens; *Becker/Becker*, Economics of Life; sowie konkreter zu Fragen des Strafrechts *Becker*, J. Polit. Econ. 76 (1968), 169. Jedenfalls im Grundsatz gilt das

unter dem Stichwort ökonomischer Imperialismus kritisiert wird,[205] hat die Grundlage für eine breite Nutzbarmachung wirtschaftswissenschaftlicher Forschung und Methodik in der Rechtswissenschaft, über wirtschaftsrechtliche Konstellationen hinaus, geschaffen. Als herrschend kann mittlerweile ein weites Verständnis der Ökonomik bezeichnet werden, wonach sie die wissenschaftliche Beschäftigung mit jedem menschlichen Verhalten unter Knappheitsbedingungen erfasst.[206] Aufgrund dieses weiten Rahmens der Ökonomik, der vielfältige Ansätze umfasst[207] und impliziert, dass sich die Ökonomik nunmehr primär über den Grundgedanken ihrer Betrachtungsweise statt über einen konkreten Betrachtungsgegenstand definiert, ist das Heranziehen der Erkenntnisse und Methoden dieser Wissenschaft grundsätzlich in keinem Rechtsgebiet denklogisch ausgeschlossen.[208]

---

auch, wenn zugestanden wird, dass die tatsächliche Leistungsfähigkeit der Ökonomik nicht den von *Becker* propagierten Umfang hat, vgl. *Kuntz*, AcP 219 (2019), 254, 262: „Er gilt selbst unter Ökonomen als Extremist"; vgl. zu der Aussagekraft positiver Ökonomik noch *infra* Kapitel 2 § 2 C. Vgl. auch pointiert die enstprechende Feststellung bei *Coase*, The Firm, the Market and the Law, S. 3: „divorce from the theory of its subjects"; *Towfigh/Petersen*, in: Towfigh/Petersen, Ökonomische Methoden im Recht, S. 2: "Mit der Fortentwicklung dieser Strömung löste sich die Volkswirtschaftslehre zunehmend von ihrem klassischen Gegenstand."

205 Ursprüngliche Verwendung des Begriffs bei *Stigler*, Scand. J. Econ. 86 (1984), 301; siehe jüngst ausführlich dazu *Langenbucher*, Economic Transplants, S. 34–40; *Towfigh/Petersen*, in: Towfigh/Petersen, Ökonomische Methoden im Recht, S. 4; *Homann/Suchanek*, Ökonomik, S. 387; insbesondere zur Feststellung der verschiedenen Verwendung mit positiver und negativer Konnotation *Homann/Suchanek*, Analyse & Kritik 11 (1989), 70, 71; repräsentativ für das Überlegenheitsempfinden der Ökonomik *Lazear*, Q.J. Econ. 115 (2000), 99 ff., zusammenfassend dort auf S. 99: „economics is the premier social science".

206 Siehe so grundlegend *Robbins*, Nature and Significance of Economic Science: "Economics is a science which studies human behaviour as a relationship between ends and scarce means which have alternative uses."; vgl. auch *Hu*, Rechtsökonomik als Rechtsanwendungsmethode, S. 15 ff.; zu einer begrifflichen Auseinandersetzung mit dem Begriff der Ökonomik, in der mehrere mögliche Verständnisse genannt und erörtert werden jedoch auch *Homann/Suchanek*, Ökonomik, S. 2 ff.; zur vergleichbaren Schwierigkeit einer allgemeingültigen Bestimmung des Gegenstands der Rechtswissenschaft anhand der Frage nach dem „Proprium der Rechtswissenschaft" siehe vergleichsweise auch *Kuntz*, AcP 219 (2019), 254 ff., sowie die Verweise auf entsprechende Diskussionen in anderen Wissenschaften dort auf S. 298 Fn. 198; siehe auch allgemeiner anschaulich zum Rechtsbegriff aus historischer Perspektive *Tassi*, Verbindlichkeit des Rechts, S. 57 ff.

207 Vgl. kompakt nur *Reimer*, Juristische Methodenlehre, §§ 498, 504.

208 Vgl. dazu auch *Hu*, Rechtsökonomik als Rechtsanwendungsmethode, S. 15.

2. Law & Economics: Ökonomik in der US-amerikanischen Rechtswissenschaft

Seit den wegweisenden Arbeiten von *Ronald Coase*[209] und *Guido Calabresi*[210] wird die Entwicklung der Interdisziplinarität von Rechts- und Wirtschaftswissenschaft wesentlich durch die US-amerikanische Rechtswissenschaft geprägt,[211] umgekehrt prägt diese selbst die Interdisziplinarität wiederum ganz erheblich.[212] Die interdisziplinären Arbeiten im englischsprachigen Raum werden in der Regel als *„Economic Analysis of Law"* oder

---

209 *Coase*, J. L. & Econ. 1 (1960), 1; vgl. anschaulich zur Bedeutung von *Coase* für die Entwicklung der Rechtsökonomik *Hazlett*, in: Cohen/Wright, Pioneers of Law and Economics, S. 1 ff.

210 *Calabresi*, Yale L. J. 70 (1960/1961), 499; sowie später *Calabresi*, Cost of Accidents; *Calabresi/Meland*, Harv. L. Rev. 85 (1972), 1089; vgl. auch anschaulich zur Bedeutung von *Calabresi* für die Entwicklung der Rechtsökonomik *Hylton*, in: Cohen/Wright, Pioneers of Law and Economics, S. 224 ff.

211 Als die Grundlage für den Bedeutungszuwachs der Ökonomik innerhalb der US-amerikanischen Rechtswissenschaft bildende maßgebliche Denkschulen gelten wiederum der amerikanische Rechtsrealismus sowie der Utilitarismus, siehe dazu den ausführlichen Überblick bei *Grechenig/Gelter*, RabelsZ 2008, 513, 525 ff.; knapp auch *Kunz/Mona*, Rechtsphilosophie, Rechtstheorie, Rechtssoziologie, S. 220; vgl. auch die Beschreibung bei *Hu*, Rechtsökonomik als Rechtsanwendungsmethode, S. 4 f.

212 Vgl. auch die Beobachtung bei *Polinsky*, Introduction to Law and Economics, S. 186: "The literature in law and economics has grown tremendously during the [last] thirty-five years". Siehe für einen Überblick stellvertretend nur die zentralen Lehrbücher aus der US-amerikanischen Rechtswissenschaft *Shavell*, Foundations of Economic Analysis of Law; *Posner*, Economic Analysis of Law; *Cooter/Ulen*, Law & Economics; *Miceli*, The Economic Approach to Law; *Wittman*, Economic Foundations of Law and Organization; *Friedman*, Law's Order; sowie einige bedeutsame Fachzeitschriften, die sich dem Gebiet widmen: Journal of Law and Economics der Universität Chicago, das Journal of Law, Economics and Organizations, das American Law and Economics Review, das European Journal of Law and Economics, das International Review of Law and Economics und das Journal of Competition Law & Economics. Zum Einfluss auf die Rechtsprechung in den USA durch das *Manne Economics Training Program* siehe zudem *Butler*, Case W. Res. L. Rev. 50 (1999), 351; sowie den Einfluss ausdrücklich empirisch testend jüngst *Ash/Chen/Naicu*, Ideas Have Consequences, wobei die Autoren den Einfluss vor allem anhand der Verwendung von Begriffen messen, die Verwendung des einschlägigen Vokabulars aus der Ökonomik gibt jedoch noch keine Auskunft über die Tiefe, der in der Rechtsprechung genutzten wirtschaftswissenschaftlichen Erwägungen. Siehe aber auch schon zu älteren, weniger systematischen Versuchen rechtsökonomischer Forschung vor 1960 *Mackaay*, Law and Economics for Civil Law Systems, S. 17 f.; *Lieh*, Ökonomische Analyse, S. 26 Fn. 44.

„Law and Economics" bezeichnet.[213] Die Begriffe werden jedoch nicht einheitlich verwendet, eine bewusste Abgrenzung bei der Verwendung scheint häufig nicht vorgenommen zu werden. Im Rahmen dieser Untersuchung ist jedoch gerade von Interesse, was die Rechtsökonomik ausmacht, um die Nützlichkeit dieser für die gegenständliche deutsche Auslegungsmethodik herausarbeiten zu können, weshalb eine Differenzierung der englischsprachigen Erwägungen, auf denen die deutschen aufbauen,[214] zu unternehmen ist. *Calabresi* hat jüngst eine treffende Differenzierung der Begriffsvielfalt vorgenommen.[215] Im Rahmen der *„Economic Analysis of Law"* wird nach seiner Beobachtung tendenziell die Welt vor dem Hintergrund einer speziellen ökonomischen Theorie analysiert und im Falle von Divergenzen zwischen der Theorie und der Realität letztere als irrational bewertet.[216] *Calabresi* nennt konkret den weit verbreiteten und viel rezipierten Ansatz *Posners*, das Rechtssystem anhand einer bestimmten ökonomischen Theorie, konkret neoklassischer Ökonomik im Sinne der Chicago-Schule, zu testen.[217] Demgegenüber ist ein Wechselspiel zwischen ökonomischer Theorie und Wirklichkeit für *„Law and Economics"* charakterisierend.[218] Die Realität wird demnach wertneutral akzeptiert und die ökonomischen Modelle vor diesem Hintergrund dahingehend getestet, ob sie diese Realität zu erklären im Stande sind.[219] Ist das nicht der Fall, wird nach Möglichkeiten zur Anpassung der ökonomischen Modelle gesucht.[220] *Calabresi* verweist insoweit exemplarisch auf die Auswirkungen der Erkenntnisse der *Behavioral Economics*,[221] die gezeigt haben, dass auch eine Anpassung ökonomischer Modelle in Folge von Differenzen zwischen realer Beobachtung und ökonomischer Theorie, konkret etwa im Hinblick auf die Rationalitätsannahme,[222] mittlerweile generell in der Ökonomik erfolgt. *Law and Economics* bedeutet somit eine Interdisziplinarität, die sich mit der Ökonomik in ihrer

---

213 Vgl. exemplarisch *Posner*, Economic Analysis of Law; *Cooter/Ulen*, Law & Economics.

214 Siehe zur Differenzierung der deutschen Begrifflichkeiten in der Konsequenz sogleich *infra* Kapitel2 § 2 A.II.3.

215 Siehe *Calabresi*, The Future of Law and Economics, S. 1 ff.

216 Vgl. *Calabresi*, The Future of Law and Economics, S. 1 ff.

217 Vgl. *Calabresi*, The Future of Law and Economics, S. 15; siehe *Posner*, Economic Analysis of Law.

218 Vgl. *Calabresi*, The Future of Law and Economics, S. 1 ff.

219 Vgl. *Calabresi*, The Future of Law and Economics, S. 1 ff.

220 Vgl. *Calabresi*, The Future of Law and Economics, S. 1 ff.

221 Vgl. *Calabresi*, The Future of Law and Economics, S. 4.

222 Siehe dazu noch exemplarisch *infra* Kapitel 4.

ganzen heute vorhandenen Breite und Tiefe auseinandersetzt, ihre Wandelbarkeit berücksichtigt und somit auf eine stetige Weiterentwicklung der Modellierung ausgerichtet ist.[223] Hierzu muss explizit auch die verstärkte Adaption der *Law and Economics* hinsichtlich empirischer Methoden als ein prägendes Charakteristikum zeitgemäßer Ökonomik gezählt werden.[224] Es liegt also als konstituierendes Element treffend lediglich die individualistische Betrachtungsperspektive und die Knappheit von Ressourcen der Analyse zugrunde.[225]

3. Rechtsökonomik: Ökonomik in der deutschen Rechtswissenschaft

Ehe das Potential der Rechtsökonomik für die Gesetzesauslegung eruiert wird, lohnt ein Blick auf den *status quo* der Rechtsökonomik in der deutschen Rechtswissenschaft, um den Ausgangspunkt für eine Justierung der Einflussnahme zu verdeutlichen. Das Bild, das in der deutschen Rechtswissenschaft von der Rechtsökonomik gezeichnet wird, ist nicht einheitlich, sowie bisweilen gar irreführend, wodurch der Blick auf das Potential der Interdisziplinarität zu verdeckt werden droht (a), was sich in der Heterogenität verwendeter Begrifflichkeiten niederschlägt (b).

a) Rezeption in der deutschen Rechtswissenschaft

Rechtsökonomische Elemente sind in der deutschsprachigen Rechtswissenschaft der vergangenen Jahre in vielfältiger Weise zu finden. Die vorhandenen Arbeiten lassen sich grob in zwei Gruppen einteilen. Arbeiten der einen Kategorie behandeln aus einer theoretischen Perspektive die Rolle

---

223 Vgl. in diesem Sinne auch *Thaler*, J. Econ. Behav. Organ. 1 (1980), 39: „[...] in certain well-defined situations many consumers act in a manner that is inconsistent with economic theory. In these situations economic theory will make systematic errors in predicting behavior", wobei er mit "economic theory" gerade eine solche, 1980 noch klassischerweise, ausschließlich von der Rationalitätsannahme ausgehende, verwendete ökonomische Theorie meint, die entsprechende verhaltenswissenschaftliche Erkenntnisse gerade noch nicht reflektierend berücksichtigt.

224 Vgl. rein exemplarisch aus der internationalen Literatur *Spamann*, J. Legal Stud. 49 (2020), 467; *Spamann/Klöhn/Jamin/Khanna/Liu/Mamidi/Morell/Reidel*, J. Leg. Anal. 13 (2021), 110; *Talley*, NYU J. L. Bus. 18 (2021), 147; *Tröger/Walz*, ECFR 16 (2019), 381.

225 Siehe schon *supra* Kapitel 2 § 2 A.II.1. zum entsprechend weiten heute treffenden Begriff der Ökonomik.

der Ökonomik in der Rechtswissenschaft.[226] Anders setzen solche Arbeiten an, die konkrete Rechtsfragen oder Rechtsbereiche zum Gegenstand haben und dabei Rechtsökonomik anwendungsorientiert entweder zur Analyse bestehenden Rechts oder rechtspolitisch zur Fortentwicklung des Rechts nutzen.[227] In der deutschen rechtswissenschaftlichen Literatur nimmt dabei die normative Komponente der Rechtsökonomik eine aus der Perspektive der Ökonomik wohl überraschend bedeutsame Rolle ein.[228] Diese ist wesentlich durch den wegweisenden Aufsatz von *Coase*,[229] der den Beginn rechtsökonomischer Forschung markiert und der sich in erster Linie mit effizienzhemmenden Transaktionskosten[230] auseinandersetzt, und später den Arbeiten *Posners*,[231] die vor dem Hintergrund der Chicago-Schule auf dem Effizienzgedanken fußen, geprägt.[232] Wirtschaftswissenschaftliche Forschung ist dagegen vor allem positiv.[233] Die Bedeutung der Effizienz für die Ökonomik besteht eher implizit als explizit, sie stellt häufig nicht den

---

226 Siehe mit diesem Schwerpunkt insbesondere *van Aaaken*, Rational Choice in der Rechtswissenschaft; *Eidenmüller*, Effizienz als Rechtsprinzip; *Janson*, Ökonomische Theorie im Recht; *Mathis*, Effizienz statt Gerechtigkeit; *Lieth*, Ökonomische Analyse.

227 Siehe exemplarisch mit einem solchen Schwerpunkt oder zumindest ausgeprägten Bezügen aus der jüngeren Vergangenheit *Bechtold*, Grenzen zwingenden Vertragsrechts; *Conow*, Vertragsbindung als Freiheitsvoraussetzung; *Halmer*, Gesellschafterdarlehen und Haftungsdurchgriff; *Höhne*, Das Widerrufsrecht bei Kaufverträgen im Spannungsverhältnis von Opportunismus und Effektivität; *Korch*, Haftung und Verhalten; *Lölfing*, Die App-Ökonomie des Schenkens; *Rehberg*, Das Rechtfertigungsprinzip; *Riehm*, Grundsatz der Naturalerfüllung; *Scheibenpflug*, Aktienrechtliche Vermögensbindung; *Sigmund*, Versprechen oder Vertrag.

228 Vgl. auch, wenngleich wohl zu weitgehend *Hu*, Rechtsökonomik als Rechtsanwendungsmethode, S. 106.

229 *Coase*, J. L. & Econ. 1 (1960), 1 ff.

230 Allgemein zum Begriff der Transaktionskosten als „costs of running an economic system" *Arrow*, Collected Papers, S. 134; vgl. auch *Tröger*, Arbeitsteilung und Vertrag, S. 232 ff.

231 Siehe stellvertretend *Posner*, Economic Analysis of Law.

232 Siehe mit entsprechender Beobachtung auch *van Aaken*, Rational Choice in der Rechtswissenschaft, S. 184; vgl. aus der deutschsprachigen Rechtswissenschaft stellvertretend nur *Lange*, Treu und Glauben und Effizienz, S. 27 ff.; *Eidenmüller*, Effizienz als Rechtsprinzip, S. 58 ff.

233 Vgl. auch *Janson*, Ökonomische Theorie im Recht, S. 87; vgl. stellvertretend aus der Ökonomik *Friedman*, in: Friedman, Positive Economics, S. 3 ff.; repräsentativ zur Mikroökonomik *Pindyck/Rubinfeld*, Microeconomics, S. 28: „Positive analysis is central to microeconomics".

primären Forschungsgegenstand dar, sondern einen die Forschung begleitenden Grundgedanken.[234]

Neben dieser speziellen strukturellen Besonderheit der Interdisziplinarität von Rechts- und Wirtschaftswissenschaften besteht in zeitlicher Hinsicht für Interdisziplinarität wohl im Allgemeinen die Tendenz der Verzögerung der Rezeption wirtschaftswissenschaftlicher Arbeiten und Erkenntnisse in der Rechtswissenschaft. Entscheidend zu differenzieren ist dabei jedoch nach dem Grad der Verzögerung, denn eine besonders dynamische interdisziplinäre Zusammenarbeit und Kommunikation vermag die praktische Bedeutung der Verzögerung zu minimieren, wenn die Sichtung und Vermittlung ökonomischer Arbeiten an der Forschungsgrenze erfolgt und somit neue Erkenntnisse unmittelbar aufgegriffen werden und noch als nicht-publizierte Aufsätze rezipiert und im konkreten juristischen Kontext fortentwickelt werden.[235] Die bloße Betrachtung bestehender rechtsökonomischer Arbeiten offenbart daher häufig nicht das vollständige Potential wirtschaftswissenschaftlicher Forschung[236] für die Rechtswissenschaft, sondern reflektiert lediglich den *status quo* der Interdisziplinarität, der eine Funktion der Dynamik der fachbereichsübergreifenden Kommunikation im konkreten Kontext ist. Die begrenzte Aussagekraft bestehender rechtsökonomischer Arbeit für das Potential der Rechtsökonomik wird somit vor allem auch dadurch verstärkt, dass sich die bisherigen rechtsökonomischen Arbeiten auf einige Rechtsgebiete fokussieren, und andere dagegen nahezu komplett ausgeblendet werden. Während sich beispielsweise in der ökonomischen Literatur vielfältige Ansätze zum Themenfeld Familie finden,[237] wurden in wirtschaftsfernen Bereichen wie diesem entsprechende sozial-

---

234 Siehe nur *Lazear*, Q.J. Econ. 115 (2000), 99, 101 f. mit dem Verweis auf *Smith*'s Konzept der unsichtbaren Hand als Grundlage für anschließende Entwicklungen der Wirtschaftswissenschaften, vgl. wiederum *Smith*, The Wealth of Nations; zum Zusammenhang und den Abhängigkeiten der beiden Aspekte der Rechtsökonomik noch *infra* Kapitel 2 § 2 B. sowie explizit Kapitel 2 § 2 C.I.

235 Siehe exemplarisch so etwa die Rezeption und Würdigung aktueller Arbeiten aus der Corporate Governance im deutschen Gesellschaftsrecht jüngst bei *Fleischer*, DB 2022, 37; *Harenberg*, KritV 2019, 393; im internationalen Kontext *Steuer/Tröger*, Law Working Paper N° 604/2021.

236 Siehe schon zur Dynamik der Wissenschaft *supra* Kapitel 2 § 2 A.II.1.; sowie noch zu den praktischen Implikationen *infra* Kapitel 2 § 2 C.V.

237 Vgl. aus der Literatur rein exemplarisch nur die wegweisenden und sehr vielfältigen Arbeiten aus dem Feld von *Fernández/Rogerson*, Q.J. Econ. 116 (2001), 1305: „Sorting and Long-Run Inequality"; *Lalive/Zweimüller*, Q.J. Econ. 124 (2009), 1363: „How Does Parental Leave Affect Fertility and Return to Work? Evidence from Two Natural Experiments".

wissenschaftliche Arbeiten in der deutschen Rechtswissenschaft bislang kaum herangezogen. Zusätzlich zu diesem Effekt der zeitlich verzögerten und im Umfang reduzierten Berücksichtigung ökonomischer Erkenntnisse in der Interdisziplinarität ergibt sich spezifisch in nicht-englischsprachiger Rechtsökonomik ein weiterer potentieller Verzögerungsfaktor durch die Notwendigkeit, die nahezu ausschließlich englischsprachige ökonomische Fachliteratur in deutsche juristische Literatur zu übertragen, was jedoch aufgrund der weiten Verbreitung der englischen Sprache in den vergangenen Jahrzehnten an Bedeutung verloren hat und zukünftig vermutlich noch weiter an Bedeutung verlieren wird. Für die Erfassung der Reichweite des Potentials rechtsökonomischer Forschung ist daher die Betrachtung bereits vorhandener Interdisziplinarität keinesfalls hinreichend, sondern birgt die Gefahr durch ein verzerrtes und unvollständiges Bild der Möglichkeiten interdisziplinärer Arbeit das tatsächliche Potential dieser zu verdecken.

b) Begriffsvielfalt als Ausdruck eines laufenden Entwicklungsprozesses

Wie in der angloamerikanischen ist auch in der deutschen Rechtswissenschaft eine Begriffsvielfalt festzustellen, die insbesondere durch die Verwendung der Bezeichnungen *Ökonomische Theorie des Rechts*, *Ökonomische Analyse des Rechts* und *Rechtsökonomik* geprägt ist. Wie in der US-amerikanischen Literatur werden auch hier die Begriffe teilweise austauschbar und ohne bewusste Abgrenzung zueinander genutzt. Die bewusste Wahl der Begrifflichkeiten kann jedoch insbesondere aufgrund der geringen Verbreitung der Interdisziplinarität in der deutschen Rechtswissenschaft[238] dazu beitragen, Vorurteilen entgegenzuwirken und so die Ausschöpfung des Potentials der Ökonomik für die deutsche Rechtswissenschat zu erleichtern.[239] *Kirchner* hat für eine Verwendung der Bezeichnung *Ökonomische Theorie des Rechts* in Abgrenzung zu der der *Ökonomischen Analyse des Rechts* plädiert.[240] Dieses Anliegen ist insofern angebracht, als es darauf hinweist, dass es sich bei der Bezeichnung der Ökonomischen Analyse des Rechts

---

238 *Supra* Kapitel 1.
239 Vgl. auch die Erwägungen bei *Armour/Enriques et al.*, Anatomy of Corporate Law, S. 3 f., die explizit aus entsprechenden Gründen in dem Untertitel zu dem Werk statt auf Ökonomik allgemeiner auf einen funktionalen Ansatz verweisen.
240 Vgl. *Kirchner*, Ökonomische Theorie des Rechts, S. 6 f.

um eine wörtliche Übersetzung der „Economic Analysis of Law" handelt[241] und somit im Grundsatz ein Bild der Ökonomik in einem engen, von *Posner* geprägten, neoklassischen Sinn der Chicago-Schule zum Gegenstand hat, folglich nicht die Ökonomik in seiner ganzen Breite erfasst.[242] Da das Werk *Posners*[243] die Entwicklung der Rechtsökonomik in den Vereinigten Staaten aber auch in Deutschland wesentlich geprägt hat, ist nicht verwunderlich, dass die *Economic Analysis of Law* teilweise in der deutschen rechtswissenschaftlichen Literatur explizit oder implizit als für die Rechtsökonomik konstituierend angesehen wird. Die enge Verknüpfung der Ökonomik in der deutschen Rechtswissenschaft mit dem sich aus vier Kriterien zusammensetzenden sogenannten ökonomischen Paradigma,[244] somit mit dem Modell des *homo oeconomicus* als prägendes Element,[245] ist daher wenig verwunderlich, birgt jedoch die Gefahr zu verkennen, dass die dafür maßgeblichen Verhaltensannahmen, auch wenn sie aufgrund der Praktikabilität berechtigterweise ein vielfach genutztes Element rechtsökonomischer Forschung darstellen,[246] für diese nicht konstitutiv sind.[247] So stellen zweifelsohne nach der geläufigen Definition der Ökonomik der methodologische Individualismus[248] genauso wie die Knappheit von Ressour-

---

241 Vgl. *Kirchner*, Ökonomische Theorie des Rechts, S. 6.

242 Vgl. auch die insoweit entsprechenden Erwägungen *Calabresis* zu der englischen Terminologie *supra* Kapitel 2 § 2 A.II.2.

243 *Posner*, Economic Analysis of Law; vgl. zur Bedeutung von *Posner* für die Rechtsökonomik zusammenfassend *Ulen*, in: Cohen/Wright, Pioneers of Law and Economics, S. 175 ff.

244 Vgl. *Towfigh*, in: Towfigh/Petersen, Ökonomische Methoden im Recht, S. 25 ff.; *Janson*, Ökonomische Theorie im Recht, S. 24 ff.; *Kirchner*, Ökonomische Theorie des Rechts, S. 12 ff.; *Scheibenpflug*, Verhaltensrisiken und aktienrechtliche Vermögensbindung, S. 4; vgl. zu dieser Analyse der Literatur auch *van Aaken*, Rational Choice in der Rechtswissenschaft, S. 85 m.w.N. zur englischsprachigen Literatur.

245 Siehe ausführlich dazu *Kirchgässner*, Homo Oeconomicus; zusammenfassend auch *Lange*, Treu und Glauben und Effizienz, S. 23 f.

246 Siehe zur möglichen Notwendigkeit der Differenzierung noch *infra* Kapitel 3 und Kapitel 4.

247 Vgl. ähnlich *Towfigh*, in: Towfigh/Petersen, Ökonomische Methoden im Recht, S. 25 f.; siehe auch *Tröger*, Arbeitsteilung und Vertrag, S. 39 ff.; sowie *Lieder*, Die rechtsgeschäftliche Sukzession, S. 58 f.; vgl. zu den verwendeten Verhaltensmodellen auch *Bechtold*, Grenzen zwingenden Vertragsrechts, S. 20–26.

248 Demnach ist das Individuum „Ausgangspunkt und Träger aller Entscheidungen in einer Gesellschaft", vgl. *Schwintowski*, JZ 1998, 581, 584; entsprechend *Janson*, Ökonomische Theorie im Recht, S. 24 ff.; *Towfigh*, in: Towfigh/Petersen, Ökonomische Methoden im Recht, S. 25 f.

cen[249] die prägenden Charakteristika der Ökonomik dar,[250] wohingegen die Verhaltensannahmen des *homo oeconomicus* etwa durch die Erkenntnisse der *Behavioral Economics* in Abhängigkeit von den konkreten Umständen in Frage gestellt und modifiziert wurden.[251] Die Ökonomik beschränkt sich in ihrer heutigen Form somit keinesfalls auf ein spezielles Verhaltensmodell, sondern zeichnet sich durch einen kritisch-dynamisch selbstreflexiven Prozess der Anpassung an die wandelnden Anforderungen realer Umweltumstände aus.

Die von *Kirchner* vorgeschlagene Verwendung der Bezeichnung der *Ökonomischen Theorie des Rechts* in Abgrenzung zur der *Ökonomischen Analyse des Rechts* ist jedoch irreführend und kann daher ebenfalls nicht

---

249 Gemeint sind Ressourcen jeder Art, also sowohl materielle als auch immaterielle, vgl. *Janson*, Ökonomische Theorie im Recht, S. 26; auch schon *supra* Kapitel 2 § 2 A.II.1.

250 Siehe entscheidend zum Begriff der Ökonomik im Ausgangspunkt schon *supra* Kapitel 2 § 2 A.II.1.

251 Vgl. *Schwintowski*, JZ 1998, S. 581, 584 ff.; eingehend und m.w.N. auch *Fleischer/Schmolke/Zimmer*, in: Fleischer/Zimmer, Verhaltensökonomie, S. 9 ff.; instruktiv und exemplarisch *Altmann/Falk/Marklein*, in: Fleischer/Zimmer, Verhaltensökonomie, S. 63 ff.; einführend und kompakt *Sigmund*, Versprechen oder Vertrag, S. 164 f.; *van Aaken*, Rational Choice in der Rechtswissenschaft, S. 82 ff.; siehe auch die differenzierenden Ansätze bei *Tröger*, Arbeitsteilung und Vertrag, S. 40 ff.; siehe auch noch verdeutlichend anhand konkreter Analyse wiederum *infra* Kapitel 3 und Kapitel 4.
Zu nennen sind unter vielen Beispielen konkret zuvorderst wohl die Erkenntnisse von *Herbert Simon* zu kognitiven Beschränkungen bei der Nutzenmaximierung aufgrund beschränkter kognitiver Kapazitäten der Entscheidungsträger, wonach im Rahmen der Entscheidungsfindung im Widerspruch zu strikten Rationalitätsannahmen nicht alle theoretisch zur Verfügung stehenden Informationen berücksichtigt werden; siehe vor allem *Simon*, Models of Man; *ders.*, Homo Rationalis; sowie *Oliver Williamson* zur Annahme beschränkter Rationalität *Williamson*, The Economic Institutions of Capitalism. Zur Entwicklung des Forschungszweigs *Pesendorfer*, J. Econ. Lit. 44 (2006), 712. Zur Berücksichtigung solcher Erkenntnisse in der rechtswissenschaftlichen Literatur vgl. die Einschätzung aus dem Jahre 2010 von *Bechtold*, Grenzen zwingenden Vertragsrechts, S. 5; sowie die einführende Darstellung mit Schwerpunkt auf Besitzeffekten bei *Lieder*, Die rechtsgeschäftliche Sukzession, S. 72 ff., 115; umfangreich auch *Schmolke*, Grenzen der Selbstbindung, dazu vor allem auch noch *infra* Kapitel 4; sowie jüngst die rechtswissenschaftlichen Dissertationsschriften *Sigmund*, Versprechen oder Vertrag; *Höhne*, Das Widerrufsrecht bei Kaufverträgen im Spannungsverhältnis von Opportunismus und Effektivität jeweils mit weiteren vielfältigen Nachweisen; sowie schon umfangreich anwendungsorientiert *Klöhn*, Kapitalmarkt, Spekulation und Behavioral Finance. Zu den vielfältig thematisieren verhaltensökonomischen Grundlagen siehe jedoch exemplarisch *Sunstein*, Am. L. Econ. Rev. 1 (1999), 115.

überzeugen. Die Ökonomik setzt sich aus mehreren, sich bisweilen sogar widersprechenden Theorien zusammen. So stellt *Kirchner* auch richtigerweise fest, dass es darauf ankommt, „welche ökonomische Theorie man wählt, um rechtliche Fragestellungen zu untersuchen".[252] Die Anwendung der Ökonomik auf die Rechtswissenschaft ist nicht auf einzelne Aspekte der Ökonomik beschränkt, sondern ermöglicht gerade die Heranziehung unterschiedlicher theoretischer Ansätze der Ökonomik. Auch bildet die Interdisziplinarität von Rechts- und Wirtschaftswissenschaften im Grundsatz keine eigenständige Theorie, sondern stellt vielmehr die Anwendung von Aspekten der jeweiligen Wissenschaft auf die andere dar. Diese Anwendung kann in sehr heterogener Weise ausgestaltet werden, nicht nur als Bestandteil der Auslegung, weshalb sie keine einheitliche Theorie darstellt, sondern sich vielmehr aus unterschiedlichen Theorien zusammensetzt. Außerdem umfasst die Ökonomik nicht nur im strengen Sinne theoretische Arbeiten, sondern vielfach und in wachsendem Umfang[253] auch solche empirischer Natur.[254] Die Bezeichnung *Ökonomische Theorie des Rechts* spiegelt somit das tatsächliche Potential der Interdisziplinarität von Wirtschafts- und Rechtswissenschaft nicht vollumfänglich wider und kann potentiell irreführend wirken.

Der Begriff der *Rechtsökonomik* weist diese Schwächen hingegen nicht auf. Rechtsökonomik bezeichnet einen „interdisziplinären Analyseansatz [...], der ökonomische Theorie und ökonomische Methodik auf rechtliche Fragestellungen anwendet."[255] Dieses Begriffsverständnis lehnt sich insofern eher an das der *Law & Economics* im Sinne *Calabresis* an,[256] als es sich nicht auf einzelne Ansätze beschränkt und die Rechtswissenschaft einzelne wirtschaftswissenschaftliche Erkenntnisse nicht in blindem Gehorsam ad-

---

252 *Kirchner*, Ökonomische Theorie des Rechts, S. 6.
253 Zu Recht wird jedoch darauf hingewiesen, dass empirische Arbeiten in der deutschen Rechtwissenschaft immer noch im Vergleich zur theoretischen Ökonomik eher selten vorzufinden sind, vgl. *Coupette/Fleckner*, JZ 2018, 379 („während damit der Master of Economics im juristischen Alltag angekommen ist, fristet der Man of Statistics noch immer ein Schattendasein.").
254 Siehe generell zur Empirie in der Rechtswissenschaft umfangreich *Hamann*, Evidenzbasierte Jurisprudenz; zuletzt auch *Wulf*, J. Juris 29 (2016), 29; *Coupette/Fleckner*, JZ 2018, 379; *Hamann*, JZ 2018, 291; *Hamann/Hoeft*, AcP 218 (2018), 31; *Hamann*, FS Assenmacher, 307; für ein bislang seltenes Anwendungsbeispiel aus dem Gesellschaftsrecht siehe *Tröger/Walz*, ECFR 16 (2019), 381.
255 *Tröger/Scheibenpflug*, Ad Legendum 2017, 273; vgl. implizit auch *Hu*, Rechtsökonomik als Rechtsanwendungsmethode.
256 *Supra* Kapitel 2 § 2 A.II.2.

aptiert, sondern einzelfallbezogen ihre Nützlichkeit kritisch erörtert und hiervon abhängig nutzbar macht. Somit umfasst *Rechtsökonomik* die Berücksichtigung wirtschaftswissenschaftlicher Forschung in ihrer ganzen Breite in der Rechtswissenschaft.[257] Die Konsequenzen dieses weiten Verständnisses der vorzugswürdigen Bezeichnung der Rechtsökonomik sind im Folgenden weiterführend zu verdeutlichen.

B. Effizienz als Ordnungsmaß teleologischer Auslegung

Normative Ansätze aus anderen Wissenschaften/Disziplinen bedürfen einer eigenen Rechtfertigung in der Rechtswissenschaft.[258] Das gilt in besonderem Maß vor dem Hintergrund des hier zugrundeliegenden Verfassungsverständnisses. Es ist folglich darzulegen, inwiefern die normative Komponente der Rechtsökonomik als Ziel der Rechtsanwendung legitimiert werden kann. Vor dem Hintergrund der gegebenen methodentheoretischen Kollisionslage ist auch dem Einwand zu begegnen, die Integration von Effizienzerwägungen in die Auslegungsmethodik habe eine Änderung der Rechtskultur ohne Berücksichtigung des demokratisch legitimierten Gesetzgebers zur Folge.[259] Der Gedanke, die Legitimation des Effizienzkriteriums in der Rechtsanwendung über das Erfordernis der Rechtssicherheit als Ausprägung des Rechtsstaatsprinzips abzuleiten, wurde bereits zu Beginn der deutschen rechtsökonomischen Debatte von *Schäfer* und *Ott* angeführt.[260] Demnach diene Rechtssicherheit der Herstellung von Effizienz, da Rechtsunsicherheit Informationskosten erhöhe.[261] An dieser Stelle wird

---

257 Vgl. exemplarisch die Ansätze zur Nutzung der Verhaltensökonomik in Teilrechtsgebieten bei *Klöhn*, in: Fleischer/Zimmer, Verhaltensökonomie, S. 83 ff.; *Engel*, in: Fleischer/Zimmer, Verhaltensökonomie, S. 100 ff.; *Leistner*, in: Fleischer/Zimmer, Verhaltensökonomie, S. 122 ff.

258 Dieses betont zuletzt *Lindner*, Rechtswissenschaft als Metaphysik, S. 133 ff., der das Phänomen der Adaption außerrechtlicher Normen als „interdisziplinären Zirkel" beschreibt.

259 So etwa *Eidenmüller*, Effizienz als Rechtsprinzip, S. 417; *Eslami*, in: Sliwiok-Born/Steinrötter, Intra- und interdisziplinäre Einflüsse, S. 88 f.

260 Siehe *Schäfer*, in: Schäfer/Ott, Allokationseffizienz in der Rechtsordnung, S. 20; *Ott*, in: Schäfer/Ott, Allokationseffizienz in der Rechtsordnung, S. 28.

261 Vgl. *Ott*, in: Schäfer/Ott, Allokationseffizienz in der Rechtsordnung, S. 28. *Ott* weist in diesem Zusammenhang noch auf andere Rechtsprinzipien hin, die alle auf das Effizienzprinzip zurück zu führen seien; siehe dazu auch noch *infra* Kapitel 2 § 2 D.I.1.

der umgekehrte Ansatz einer genaueren Untersuchung unterzogen, indem differenzierend analysiert wird, unter welchen Umständen Effizienzerwägungen zur Herstellung von Rechtssicherheit im Sinne des benannten verfassungsrechtlichen Ideals[262] beitragen können.[263] Im Rahmen der Anwendung des Effizienzkriteriums auf Auslegungsfragen sind unterschiedliche Auslegungsvarianten anhand des Kriteriums einander gegenüberzustellen, was einerseits im Falle bereits bestehender Gesetze bedeutet, eine bisher in der Rechtsprechung vorgenommene Auslegungsvariante einer oder mehrerer anderer gegenüberzustellen, oder andererseits, im Falle zuvor nicht angewendeter Normen die Konsequenzen mehrerer unterschiedlicher nicht erprobter Auslegungsvarianten im Sinne einer Effizienzbetrachtung einander gegenüberzustellen.

Es zeigt sich, dass es sich bei dem Effizienzkriterium nach *Kaldor-Hicks* um ein klar definiertes normatives Kriterium handelt (I) und die vielfach an dem Effizienzkriterium geäußerte Kritik diesen Befund im Grundsatz nicht zu schmälern vermag (II). Insbesondere die Ermittlung der für die exakte Anwendung des Effizienzkriteriums erforderlichen Werte verursacht jedoch aufgrund des notwendigen Marktbezugs Schwierigkeiten, die Anlass zu Zweifeln an der Möglichkeit einer uneingeschränkten Steigerung der Rechtssicherheit durch das Effizienzkriterium geben (III), wobei die Vehemenz dieser Schwierigkeiten anhand mehrerer Faktoren zu gewichten ist (IV), wodurch sich schließlich ein differenziertes Bild des Potentials der Effizienz zur Stärkung der Rechtssicherheit in der Rechtsanwendung zeichnen lässt (V).

I. Effizienz als klar definiertes normatives Maß der Gesetzesauslegung

Als normativer Bewertungsmaßstab der Rechtsökonomik wird in der Regel das Kriterium allokativer Effizienz der Wohlfahrtsökonomik herangezogen,[264] wobei zumeist auf das *Kaldor-Hicks*-Effizienzkriterium[265] rekur-

---

262 *Supra* Kapitel 2 § 1 A.II.3.
263 Auf das Verhältnis der Effizienzerwägungen zu anderen normativen Vorgaben soll dagegen erst später eingegangen werden, siehe dazu noch *infra* Kapitel 2 § 2 D.I.
264 Siehe etwa *Tröger/Scheibenpflug*, Ad Legendum 2017, 273, 276.
265 Grundlegend dazu *Kaldor*, Econ. J. 49 (1939), 549; *Hicks*, Econ. J. 49 (1939), 696; vgl. prägnant *Lieth*, Ökonomische Analyse, S. 45 ff.

riert wird.[266] Nach diesem ist ein Zustand unter zwei Voraussetzungen einem anderen vorzuziehen. Erstens müssen alle durch den Übergang von dem einen zu dem anderen Zustand benachteiligten Individuen aus den durch den Übergang entstehenden Wohlfahrtsgewinnen entschädigt werden können.[267] Zweitens müsste zumindest ein Individuum in dem zweiten Zustand im Vergleich zum ersten besser gestellt sein.[268] Eine tatsächliche Kompensation etwaiger Wohlfahrtsverluste ist danach nicht erforderlich.[269] Im Rahmen der Auslegung einer konkreten Rechtsnorm bedeutet die Anwendung dieses Kriteriums, unterschiedliche mögliche Auslegungsvarianten anhand dieser Maßgabe zu vergleichen. Bei Ausblendung anderer bei der Auslegung zu berücksichtigender normativer Zielvorgaben lässt sich die Entscheidungsregel des Kaldor-Hicks-Effizienzkriteriums anschaulich formalisieren.

---

266 Vgl. *Schäfer/Ott*, Lehrbuch ökonomische Analyse Zivilrecht, S. 19 ff.; *Tröger/Scheibenpflug*, Ad Legendum 2017, 273, 276; *Kunz/Mona*, Rechtsphilosophie, Rechtstheorie, Rechtssoziologie, S. 216; nach *Posner* meinen Ökonomen in 9 von 10 Fällen Kaldor-Hicks-Effizienz, wenn sie den Effizienzbegriff verwenden, siehe *Posner*, Economic Analysis of Law, S. 15; jeweils entsprechend darauf verweisend *Eidenmüller*, Effizienz als Rechtsprinzip, S. 52 Fn. 92; *Lange*, Treu und Glauben und Effizienz, S. 26, Fn. 34; *Hu*, Rechtsökonomik als Rechtsanwendungsmethode, S. 112 ff. Vgl. zum historischen Hintergrund, insbesondere der Abgrenzung der klassischen Wohlfahrtsökonomik zur neuen Wohlfahrtsökonomik sowie zum philosophischen Hintergrund, überblicksartig *Ludwigs*, Unternehmensbezogene Effizienzanforderungen im Öffentlichen Recht, S. 40 ff. m.w.N.

267 Vgl. zusammenfassend *Janson*, Ökonomische Theorie im Recht, S. 92; *Schäfer/Ott*, Lehrbuch ökonomische Analyse Zivilrecht, S. 32 ff.; *Tröger/Scheibenpflug*, Ad Legendum 2017, 273, 276.

268 Vgl. zusammenfassend *Janson*, Ökonomische Theorie im Recht, S. 92; *Schäfer/Ott*, Lehrbuch ökonomische Analyse Zivilrecht, S. 32 ff.; *Tröger/Scheibenpflug*, Ad Legendum 2017, 273, 276.
Der konkurrierende Effizienzbegriff nach *Vilfredo Pareto* ist dagegen deutlich enger, da nach ihm jegliche Schlechterstellung von Individuen Ineffizienz bedeutet; siehe grundlegend zum Pareto-Kriterium *Pareto*, Manuel d'économie politique; pointiert *Posner*, Economic Analysis of Law, S. 14; zusammenfassend *Janson*, Ökonomische Theorie im Recht, S. 90 f.; *Lieth*, Ökonomische Analyse, S. 45; eingehend auch *Lu*, Rechtsökonomik als Rechtsanwendungsmethode, S. 106. Zur Schwäche des Pareto-Kriteriums siehe *Schäfer*, in: Schäfer/Ott, Allokationseffizienz in der Rechtsordnung, S. 3; *Eidenmüller*, Effizienz als Rechtsprinzip, S. 50 ff., 172; *Janson*, Ökonomische Theorie im Recht, S. 91; *Lieth*, Ökonomische Analyse, S. 45; *Mathis*, Effizienz statt Gerechtigkeit?, S. 52 ff.; *Ludwigs*, Unternehmensbezogene Effizienzanforderungen im Öffentlichen Recht, S. 48 ff.

269 Vgl. die Verweise *supra* Fn. 268.

So sei a^* die effiziente Auslegungsvariante aus der Menge aller denk-baren Auslegungsvarianten $A = \{a_1, ..., a_N\}$ der Größe N. Für jede Ausle-gungsvariante a_i bei $i \in I$ ergibt sich ein Nutzen für jede Person $j \in J$ als $u_j(x_j(a_i))$. Die Ausstattung einer betroffenen Person $j \in J$, also die Ge-samtheit der ihr zur Verfügung stehenden nutzenstiftenden Güter, beträgt $x_j(a_i)$, $i \in I$, sodass die Gesamtausstattung durch eine Auslegungsvariante a_i sich als Vektor der Ausstattungen aller M von der Norm betroffener

Personen beschreiben lässt, $x(a_i) = \begin{pmatrix} x_1(a_i) \\ \vdots \\ x_M(a_i) \end{pmatrix}$. Da die Ausstattung in Gestalt

monetärer Werte messbar ist,[270] lässt sich die Gesamtausstattung als für die Gesamtwohlfahrt relevante Summe der Ausstattungen der einzelnen Akteure als $X(a_i) = \sum_{j=1}^{M} x_j(a_i)$ beschreiben. Da der individuelle Nutzen einer konkreten Person j von der Ausstattung abhängt, ergibt sich dafür $u_j(x_j(a_i))$, wobei $j \in J$, sowie für die Gesamtheit aller M von der Norm be-

troffener Personen $u(a_i) = \begin{pmatrix} u_1(x_1(a_i)) \\ \vdots \\ u_M(x_M(a_i)) \end{pmatrix}$. Die effiziente Auslegungsvariante

a^* kann man formalisieren:

$a^* \in A$ ist die Auslegungsvariante, die folgende Eigenschaften erfüllt

(i) $X(a^*)$ so auf die M Betroffenen verteilt werden kann, wobei $\tilde{x}_j$ die Ausstattung von j nach Vornahme der Umverteilung bezeichne, dass $u_j(\tilde{x}_j(a^*)) \geq u_j(x_j(a_i)) \forall a_i \forall j$, und

(ii) Es gibt für jedes $a_i \neq a^* (i \in I)$ mindestens ein j für das gilt $u_j(x_j(a^*)) > u_j(x_j(a_i))$.

Maßgeblich für die Betrachtung ist folglich die Ermittlung der durch die einzelnen Auslegungsvarianten abhängigen Ausstattungen der betroffenen Akteure, die sich als Folgen der Auslegungsvariante beschreiben lassen und einerseits durch anhand positiver ökonomischer Analyse[271] gewonnener Er-kenntnisse über die zugrundeliegenden Funktionszusammenhänge ermit-telt werden,[272] andererseits auch durch andere, reale Zusammenhänge als

---

270 Zur Bestimmung dieser siehe noch *infra* Kapitel 2 § 2 B.III.
271 Siehe noch *infra* Kapitel 2 § 2 C.
272 Diese Verknüpfung unterstreichend *Lieth*, Ökonomische Analyse, S. 42.

Folge einer Rechtsnorm beschreibender Herangehensweisen, etwa solchen aus anderen Sozialwissenschaften.[273]

Das Effizienzkriterium der Wohlfahrtsökonomik nach Kaldor-Hicks stellt folglich ein klar definiertes Entscheidungskriterium für die Gesetzesauslegung dar. Aufgrund der Komplexität des interpersonalen Nutzenvergleichs durch hypothetische Umverteilung, wird in der Regel auf Geld- statt auf allgemeine Nutzeneinheiten abgestellt,[274] worauf sich auch hier die Untersuchung fokussieren soll.[275] Faktisch werden dadurch monetäre Werte[276] als Beschreibung der Ausstattung als Schätzer für den Nutzen von Individuen verwendet.

Das Kriterium vereinfacht sich somit wegen $u_j(x_j(a_i)) = x_j(a_i)$ für alle (a_i) und für alle j, sodass für die Gesamtwohlfahrt $U(a_i)$ durch eine Auslegungsvariante a_i gilt $U(a_i) = X(a_i) = \sum_{j=1}^{M} x_j(a_i)$ mit der Menge $U = \{U(a_1), ..., U(a_N)\}$ aller Gesamtwohlfahrten für sämtliche Auslegungsvarianten. Die wohlfahrtsmaximierende Auslegungsvariante a^* ergibt sich dann als $a^* \in A$ so, dass $U(a^*) = \max(U)$.

Aufgrund der eindimensionalen und klaren Entscheidungsregel fällt einerseits der Zugang zu dem Kriterium leicht, die Betrachtung ist insoweit transparent, da klar definiert. Andererseits ist das Kriterium aber auch theoretisch durch die Wissenschaft im Vergleich zu anderen Kriterien sehr stark ausgearbeitet.[277] So sind normative Kriterien anderer Disziplinen häufig nicht einmal in den jeweiligen Disziplinen klar umrissen, wie etwa Gesundheit in der Medizin und Freiheit in der Soziologie.[278] Im Ausgangspunkt scheint Effizienz in Form einer Wertmessung als Auslegungsziel dazu geeignet zu sein, ein durch Klarheit gekennzeichnetes Referenzmaß für die Auslegung darzustellen.

---

273 Siehe *Tröger/Scheibenpflug*, Ad Legendum 2017, S. 273, 276 Fn. 54.
274 Vgl. *Eidenmüller*, Effizienz als Rechtsprinzip, S. 51 f.; *Lange*, Treu und Glauben und Effizienz, S. 27; *Ludwigs*, Unternehmensbezogene Effizienzanforderungen im Öffentlichen Recht, S. 54; siehe grundlegend zum Konzept der Reichtumsmaximierung *Posner*, Economic Analysis of Law, S. 13 ff.; *ders.*, J. Legal Stud. 8 (1979), 103, 119 ff.; *ders.*, Hofstra L. Rev. 8 (1979/80), 487 ff.; zusammenfassend auch *Janson*, Ökonomische Theorie im Recht, S. 98 ff.
275 Damit werden hier keine Aussagen über das Verhältnis von Reichtum und Nutzen getroffen, vgl. dazu vielmehr exemplarisch *Posner*, J. Legal Stud. 8 (1979), 103.
276 Zur Bestimmung dieser *infra* Kapitel 2 § 2 B.III.
277 Vgl. *Lieth*, Ökonomische Analyse, S. 123 f.
278 Siehe zu diesen Beispielen *Hellgardt*, Regulierung und Privatrecht, S. 416; vgl. auch *Eidenmüller*, J. Bus. & Tech. L. 15 (2019), 109, 117.

II. Kritik am Kaldor-Hicks-Kriterium vor dem Hintergrund des Ziels normativer Stabilisierung

Der Großteil der an dem Effizienzkriterium in der Literatur geäußerten Kritikpunkte schlägt auf die hier zugrundeliegende Frage nach der Schaffung von Transparenz und Rationalität nur in einem geringen Maße durch, vielmehr umfassen sie vor allem Aspekte, die auf die Gewichtung des Effizienzkriteriums im Verhältnis zu anderen normativen Kriterien abzielen, was im Folgenden in gebotener Kürze dargelegt werden soll.[279] Konkret betrifft das die Frage nach der Kompensation von Vermögensverschiebungen (1), die Problematik der Kollision mit anderen normativen Zielvorgaben (2) sowie die Schwierigkeiten interpersonalen Nutzenvergleichs (3).

1. Kompensationsproblem

Durch die Distributionsgerechtigkeitskritik, die darauf beruht, dass das Kaldor-Hicks-Kriterium keine tatsächliche Entschädigung der schlechter gestellten Akteure verlangt, sondern nur die Möglichkeit zu dieser,[280] wird die Handhabbarkeit des Effizienzkriteriums nicht eingeschränkt. Vielmehr würde es einen erheblichen Aufwand erfordern, die Kompensation der Vielzahl an Betroffenen zu organisieren, was wiederum aufgrund der so entstehenden Transaktionskosten nicht nur zu Effizienzverlusten führen,[281] sondern darüber hinaus die Klarheit und damit Transparenz des Kriteri-

---

279 Von vornherein ausgeblendet werden kann hier der Einwand von *Scitovsky*, wonach der Übergang zwischen zwei Zuständen in beide Richtungen nach dem Kaldor-Hicks-Kriterium als effizient beurteilt werden kann, deswegen, weil diese Fälle in der konkreten Handhabe von dem Kaldor-Hicks-Kriterium, konkret durch definitionsmäßigen Ausschluss in Gestalt einer Anpassung der eingangs benannten Regel, ausgeschlossen werden können, mithin etwaigen das Rationalität steigernde Potential mindernden Faktoren entgegengewirkt werden kann. Vgl. grundlegend zu dem Problem *Scitovsky*, Rev. Econ. Stud. 9 (1941), 77, 83 ff.; hinsichtlich der Praktikabilität hingegen wie hier *Janson*, Ökonomische Theorie im Recht, S. 93; eingehend anschaulich, jedoch in Bezug auf die Handhabe skeptischer *Hu*, Rechtsökonomik als Rechtsanwendungsmethode, S 113 ff.

280 Vgl. nur *Mathis*, Effizienz statt Gerechtigkeit?, S. 63 ff.; *Ludwigs*, Unternehmensbezogene Effizienzanforderungen im Öffentlichen Recht, S. 56; *Eidenmüller*, Effizienz als Rechtsprinzip, S. 155 ff. jeweils m.w.N.; stellvertretend für die Kritik kompakt jüngst *Rehberg*, VuR 2020, 448, 453: „Die in der Wohlfahrtsökonomik gängigen Effizienzkriterien (Pareto, Kaldor/Hicks) blenden Verteilungsanliegen leider aus, setzen nämlich eine Erstausstattung als gegeben voraus."

281 Vgl. *Janson*, Ökonomische Theorie im Recht, S. 93.

ums einschränken würde, da wiederum die Berücksichtigung dieser Ausgleichszahlungen einen erhöhten Aufwand der Analyse bedeuten würde. Die Ausblendung distributiver Effekte provoziert daher berechtigte Kritik an möglichen Ergebnissen des Kriteriums in normativer Hinsicht bei Anerkennung weiterer normativer Zielvorgaben neben der Effizienz,[282] auf die noch einzugehen sein wird;[283] grundsätzlich schränkt diese Charakteristik jedoch die Transparenz und Handhabbarkeit des Kriteriums nicht ein, sondern wirkt sich vielmehr begünstigend aus.

2. Kollisionsproblem

Zweitens richtet sich ein Großteil der Kritik auf die durch die Distributionskritik bereits angedeutete etwaige Kollision des Effizienzprinzips mit anderen normativen Maßstäben.[284] Eine ausschließliche Orientierung der Auslegung am Effizienzkriterium unter Ausblendung weiterer, möglicherweise konkurrierender Kriterien erhöht jedoch das Maß an Rationalität und Transparenz, da so keine, zwingend subjektiv geprägten Gewichtungsentscheidungen getroffen werden müssen. Die Kritik liegt in der radikalen Anwendung normativer Rechtsökonomik begründet, nicht jedoch in den Eigenschaften des Effizienzkriteriums selbst. Wie Effizienz mit anderen Auslegungszielen konkret zu gewichten und in der Anwendungsentscheidung in Einklang zu bringen ist, um einerseits die Vorzüge des Effizienzkriteriums nutzbar zu machen, andererseits andere legitime Auslegungsziele nicht zu vernachlässigen, ist eine von der Charakteristik der Effizienzanalyse separate Frage. Hinsichtlich dieser ist jedoch zu berücksichtigen, dass letztlich das Austarieren des Effizienzziels mit weiteren normativen Zielvorgaben in der konkreten Rechtsanwendungsentscheidung zu einer Abschwächung der rationalisierenden Funktion der Effizienz führen kann, da die

---

282 Zu beachten sind jedoch auch Einschränkungen dieser Kritik, da der Distributionsfragen in einigen Konstellationen allenfalls von untergeordneter Bedeutung sind, wenn nämlich keine Kausalität zwischen der Vermögensausstattung und der Richtung der Vermögensverschiebung besteht, wie etwa häufig im (deliktischen) Schadensersatzrecht, vgl. *Janson*, Ökonomische Theorie im Recht, S. 95; sowie offener *Eidenmüller*, Effizienz als Rechtsprinzip, S. 306 ff.

283 *Infra* Kapitel 2 § 2 D.I.

284 Vgl. grundlegend zu etwaigen Kollisionen mit Fairnesserwägungen *Kaplow/Shavell*, Am. L. & Econ. Rev. 1 (1999), 63 ff.; konkret zu anderweitigen verfassungsrechtlichen Bezügen *Lieth*, Ökonomische Analyse, S. 47; *Janson*, Ökonomische Theorie im Recht, S. 95 f. mit Verweis auf Art. 1 ff. GG jeweils m.w.N.

Relativierung des Effizienzziels *in concreto* nicht ohne weiteres graduell erfolgen kann, sondern die Berücksichtigung etwaiger anderweitiger Zielvorgaben aufgrund der Komplexität der Lebensrealität Effizienzimplikationen in sehr weitgehender Weise bedingt. Diese sind konsequenterweise zur Gewährleistung einer treffenden Analyse wiederum zu berücksichtigen.[285]

3. Problem des interpersonalen Nutzenvergleichs

Im Ausgangspunkt ist nach Kaldor-Hicks kein interpersonaler Nutzenvergleich erforderlich, da die Nutzendifferenz zweier Zustände in Bezug auf einzelne Personen verglichen werden.[286] Die Effizienzerwägungen nach Kaldor-Hicks werden vereinfachend jedoch in einer handhabbaren Form anhand von Geldeinheiten und nicht anhand des tatsächlichen Nutzens getroffen.[287] Die Problematik, dass Güter tatsächlich interpersonal unterschiedlich gewichtet werden, und somit ein Nutzenvergleich zwischen unterschiedlichen Personen nicht ohne weiteres möglich ist, schlägt sich somit im Ausgangspunkt und auch in der vereinfachenden Konkretisierung nicht auf die Transparenz und Rationalität schaffende Funktion des Kaldor-Hicks Kriteriums nieder, sondern bedeutet wegen der mit der Verwendung von Marktpreisen als Wertschätzern einhergehenden Ungenauigkeiten im Hinblick auf das Ziel einer möglichst exakten Abbildung der realen Präferenzen die Notwendigkeit, nach Problemlösungsansätzen innerhalb der Effizienzbetrachtung zu suchen.[288] Erst diese Ansätze bergen das Potential, durch verdeckte Wertungen, die Rationalität und Transparenz der Betrachtung einzuschränken, nicht jedoch die Effizienzbetrachtung ihrem Grunde nach.

---

285 Siehe zur im Rahmen einer funktionalen Analyse grundsätzlich virulenten Abwägungsentscheidung zwischen Umfang und Übersichtlichkeit *infra* Kapitel 2 § 2 C.IV.
286 Siehe etwa *Janson*, Ökonomische Theorie im Recht, S. 92 f.
287 Vgl. *Mathis*, Effizienz statt Gerechtigkeit?, S. 65, der diese Facette der Kritik als „Vorwurf des Kollektivismus" bezeichnet. Siehe damit zusammenhängend auch zu dem Einwand, durch die Beachtung des Kaldor-Hicks-Effizienzprinzips werde eine gesellschaftliche Nutzensteigerung nicht garantiert, was etwa an unterschiedlichen Grenznutzen von Geldeinheiten in Abhängigkeit von dem Reichtum von Personen deutlich wird *Mathis*, Effizienz statt Gerechtigkeit?, S. 66.
288 Siehe dazu sogleich noch *infra* Kapitel 2 § 2 B.III.

III. Wertermittlung anhand von Marktpreisschätzern

Für die Charakteristik der Effizienzbetrachtung ist die Ausgestaltung der Wertermittlung entscheidend. Der Nutzen $u_i(x)$, der ein bestimmtes Gut x einer Person i einer vordefinierten Gruppe der Größe N[289] stiftet, wird – wie gesehen[290] – einheitlich über den Wert dieses Guts $\widehat{W}_x$ bestimmt, der wiederum durch seinen Marktpreis P_x^*, zu dem das Gut aufgrund des Markmechanismus erworben werden kann, geschätzt werden soll. Da Güter keinen Wert aus sich heraus haben, wird regelmäßig der Wert als über den an einem Markt erlösbaren Preis festgelegt.[291]

$$u_i(x) = \widehat{W}_x = P_x^*, \; i \in \left\{1, ..., N\right\}$$

Problematisch kann die tatsächliche Handhabung der erforderlichen Bestimmung des Marktpreises als Schätzer des Werts sein.[292] Da perfekte explizite Marktpreise vielfach nicht bestehen, ist häufig der Rückgriff auf weitere Schätzer zur Bestimmung der monetären Werte erforderlich.[293] Wie vorhersehbar, wertneutral und transparent eine an dem Effizienzprinzip orientierte Auslegung tatsächlich ist, hängt von der Bestimmung der maßgeblichen Wertschätzer ab. Die Wertbestimmung lässt sich danach differenzieren, ob die fraglichen Güter auf expliziten (1), impliziten (2) oder hypothetischen Märkten (3) gehandelt werden,[294] was die Grundlage für

---

289 N entspricht dabei der Größe der gesamten Population, es wird also grundsätzlich nicht nach individuellen Präferenzen differenziert, dazu sogleich *infra* Kapitel 2 § 2 B.IV.4.

290 *Supra* Kapitel 2 § 2 B.I.

291 Siehe zu Gleichgewichtspreisen auf Märkten im Zusammenhang mit der Effizienzmarkthypothese nur *Bodie/Kane/Marcus*, Investments, S. 277 ff.; grundlegend *Fama*, J. Fin. 25 (1970), 383 ff. Für die Orientierung an Marktpreisen als Wertschätzer in juristischen Zusammenhängen exemplarisch nachdrücklich *Luttermann*, ZIP 1999, 45 ff.; *Busse von Colbe*, FS Lutter, 1053, 1057 ff.

292 Vgl. *Ludwigs*, Unternehmensbezogene Effizienzanforderungen im Öffentlichen Recht, S. 54; *Mathis*, Effizienz statt Gerechtigkeit?, S. 62 f., 166 ff.

293 Vgl. zum offensichtlichen Beispiel der Bewertung von Menschenleben und von Gesundheit im Allgemeinen *Dolan*, in: Culyer/Newhouse, Handbook of Health Economics, S. 1723 ff.; siehe dazu etwa konkret auch den öffentlichkeitswirksamen Fall um *DuPont* bei *Shapira/Zingales*, NBER Working Paper No 23866, S. 12 f.

294 Die grundlegende Einteilung in explizite, implizite und hypothetische Märkte erfolgt hier nach *Posner*, J. Legal Stud. 8 (1979), 103, 119 f.; *Mathis*, Effizienz statt Gerechtigkeit?, S. 170 ff.

eine differenzierende Beurteilung des Rationalitätspotentials der Effizienz-analyse für die Gesetzesanwendung darstellt.[295]

1. Explizite Märkte

Den Idealfall der Ausgestaltung von Märkten für eine transparente Wertermittlung stellen zweifelsohne explizite Märkte dar, auf denen Güter tatsächlich qua Einigung der Marktakteure gehandelt werden. Die Wertschätzer $\widehat{W}_x^E$ ergeben sich dabei im Ausgangsfall unmittelbar aus der Beobachtung des auf dem expliziten Markt gehandelten Preises P_x^E.

$$u_i(x) = \widehat{W}_x^E = P_x^* = P_x^E, \; i \in \left\{1, ..., N\right\}$$

Schon die Wertbestimmung anhand expliziter Märkte ist jedoch nicht zwingend unproblematisch in dieser idealtypischen Weise möglich, weshalb ein vorbehaltloser Rückgriff auf die Wertschätzer nicht immer sinnvoll oder zielführend ist. Ursächlich dafür ist, dass explizite Märkte einerseits kein einheitliches Maß an Transparenz aufweisen (a), andererseits die Preisbildung Einflussfaktoren unterliegen kann, welche die Korrekturbedürftigkeit der Preise für die Nutzung dieser als Wertschätzer begründen (b).

a) Heterogenität der Transparenz von Märkten

Auch wenn Güter explizit gehandelt werden, sind die Informationen über diese Transaktionen nicht grundsätzlich vollumfänglich für Dritte frei einsehbar. Auch aufgrund der Digitalisierung sind zwar etwa Preise alltäglicher Konsumgüter ohne größeren Aufwand zu beobachten. Nicht alle Märkte für sämtliche Güter weisen jedoch dieses Maß an Transparenz auf. Die Beobachtung von Preisen von auf Schwarzmärkten oder Grauen Märkten gehandelten Gütern kann etwa aufgrund des systematisch Informationen verdeckenden Charakters dieser Märkte erhebliche Schwierigkeiten verursachen. Die Inhomogenität der Transparenz expliziter Märkte wird schon bei Betrachtung von im Vergleich zu Märkten für andere Güter

---

295 So in der Konsequenz *infra* Kapitel 2 § 2 B.V.

grundsätzlich relativ transparenten Finanzmärkten deutlich.[296] Die Preise zu an zentralisierten Börsen abgeschlossenen Transaktionen sind öffentlich einsehbar und die dort gehandelten Güter regelmäßig homogen oder zumindest anhand klarer Kriterien miteinander vergleichbar. Der außerbörsliche Handel[297] führt hingegen nicht nur dazu, dass die Homogenität der gehandelten Finanzprodukte aufgrund der Möglichkeit individueller Vereinbarungen und Anpassungen sinkt. Auch die Markttransparenz ist im Vergleich zum Handel an zentralisierten Börsen tendenziell geringer, da keine Möglichkeit zur Einsicht in ein Orderbuch besteht, wodurch die Beobachtung der tatsächlich gehandelten Preise erschwert ist.[298] Auch wenn dieser Umstand regelmäßig von geringer Relevanz für die Preisbildung auf den Finanzmärkten ist, verdeutlicht es die Transparenzunterschiede in Abhängigkeit von der Struktur des jeweiligen expliziten Marktes auch auf den Märkten für andere Güter. Das Niveau der Preistransparenz auf expliziten Märkten ist somit keinesfalls einheitlich, sodass die Offenlegung von expliziten Preisen, selbst wenn sie existieren, schon mit die Transparenz und Rationalität der Betrachtung hemmenden Schwierigkeiten verbunden sein kann.

b) Korrekturbedürftigkeit von Marktpreisen

Nicht sämtliche explizite Märkte funktionieren in dem Sinne perfekt, als die auf diesen tätigen Akteure sämtliche bewertungsrelevanten Informationen im Rahmen der Transaktionen berücksichtigen.[299] Dieser Umstand

---

296 Vgl. einführend zu Finanzmärkten *Cecchetti/Schoenholtz*, Money, Banking, and Financial Markets, S. 54 ff.; *Mishkin/Eakins*, Financial Markets and Institutions, S. 58 ff.

297 Vgl. allgemein zum *over-the-counter* (OTC)-Handel *Cecchetti/Schoenholtz*, Money, Banking, and Financial Markets, S. 59; *Mishkin/Eakins*, Financial Markets and Institutions, S. 59.

298 Vgl. etwa zur Heterogenität der Informationspflichten beim Handel im Freiverkehr *Zwirner/Zimny*, BB 2018, 1387, 1389 f.; *Veil/Preisser*, in: Spindler/Stilz, AktG § 305 Rn. 60; ebenfalls die Erforderlichkeit der Prüfung, ob alle preisrelevanten Informationen in die Preisbildung einbezogen wurden, betonend OLG München, 17.7.2014 – 31 Wx 407/13, NZG 2014, 1230.

299 Vgl. vor diesem Hintergrund auch BVerfG, Beschluss vom 27.4.1999 – 1 BvR 1613–94, NJW 1999, 3769 ff. Das Bundesverfassungsgericht sieht in dem Marktpreis, in dem konkreten Fall der Börsenpreis von Aktien, die Untergrenze zur Bemessung des Wertes an, berücksichtigt damit einerseits nach dem sogenannten Meistbegünstigungsprinzip mögliche Unterbewertungen und blendet andererseits die Möglichkeit

beeinflusst die Preisbildung trotz der Möglichkeit von Arbitrage[300] dann, wenn die Informationen entweder gar nicht zugänglich sind oder Informationen haltende Akteure diese nicht nutzen können oder wollen,[301] sie somit dem Marktmechanismus zumindest zeitweise vollständig vorenthalten werden. Ob eine Korrektur der Preise zur Schätzung von Werten in diesen Konstellationen angezeigt ist, richtet sich danach, ob überhaupt und in welchem zeitlichen Rahmen anzunehmen ist, dass sich eine Korrektur auf dem expliziten Markt realisieren wird. Wenn eine Realisierung nämlich in einem für maßgeblich erachteten Zeitraum tatsächlich nicht zu erwarten ist, bleibt diese hypothetisch und kann durch Markttransaktionen nicht herbeigeführt werden. Schon die Beurteilung, ob eine Preisanpassung geboten ist, hängt somit von einer Prognose auf Grundlage einer Marktanalyse ab, die schon im Grundsatz Unsicherheiten unterliegt und somit den rationalisierenden Charakter der Effizienzbetrachtung hemmt. Grund für die fehlende Berücksichtigung grundsätzlich verfügbarer Informationen können etwa die mangelnde Liquidität eines Marktes,[302] die Manipulation[303] von diesem oder systematische Abweichungen von der Rationalitätsannahme der maßgeblichen Marktakteure, etwa in Gestalt zeitlich konsistenter Fehleinschätzungen sein.

Der beobachtbare Preis ist in diesen Fällen potentiell um einen Korrekturterm zu ergänzen.

$$u_i(x) = \widehat{W}_x^E = P_x^* = P_x^E + K_x, \ i \in \left\{1, \ldots, N\right\}$$

Die Methoden zur Korrektur von über Marktpreisen ermittelten Werten sind mannigfaltig.[304] Die in einer konkreten Auslegungsfrage angezeigte

---

einer Überbewertung durch den Markt aus. Siehe zur historischen Erkenntnisentwicklung zur Wertbestimmung anhand dieses Marktes *Veil/Preisser*, in: Spindler/ Stilz, AktG § 305 Rn. 52 ff.

300 Vgl. einführend und exemplarisch zur Arbitrage auf Finanzmärkten durch Derivate *Hull*, Derivatives, S. 16 f.

301 Vgl. exemplarisch zum Handel von Anteilen an mittelständischen Unternehmen *Zwirner/Zimny*, BB 2018, 1387, 1389.

302 Vgl. zum Markt von Wertpapieren auch *Brandi/Wilhelm*, NZG 2009, 1408; *Zwirner/Zimny*, BB 2018, 1387, 1390; *Veil/Preisser*, in: Spindler/Stilz, AktG § 305 Rn. 48; *Emmerich*, in: Emmerich/Habersack, AktG § 305 Rn. 48 ff.

303 Siehe zum Markt von Wertpapieren *Paschos*, in: Henssler/Strohn, AktG § 305 Rn. 23; *Veil/Preisser*, in: Spindler/Stilz, AktG § 305 Rn. 62.

304 Siehe anknüpfend an die obigen Beispiele zur Unternehmensbewertung anhand des Ertragswertverfahrens und des *Discounted-Cashflow*-Verfahrens exemplarisch

Korrekturmethode zu bestimmen, stellt eine aufwendige Aufgabe dar, da neben der Erkennung der Korrekturbedürftigkeit eine Schätzung der Preisentwicklung, etwa anhand der bislang nicht eingepreisten Informationen erforderlich ist. Wirtschaftswissenschaftliche Methoden, die dazu herangezogen werden, basieren wiederum zwangsläufig auf Prognosen und Annahmen und weisen daher grundsätzliche Unsicherheiten auf.[305] Darüber hinaus sind die zur Korrektur von Marktpreisen genutzten Methoden bisweilen durch ein erhebliches Maß an Komplexität gekennzeichnet, was der Transparenz des Vorgehens entgegenwirkt,[306] weswegen der Vorwurf, diese Berechnungsmethoden zur Bestimmung von Werten würden eine Scheingenauigkeit schaffen, eine gewisse Berechtigung hat,[307] insoweit der Prognosecharakter nicht hinreichend deutlich gemacht wird. Das konkrete Maß an Genauigkeit und Transparenz, das mit solchen Korrekturen einhergeht, hängt letztlich von der Ausgestaltung der dazu genutzten finanzwissenschaftlichen und mikroökonomischen Methoden ab, mithin von der einschlägigen positiven Ökonomik.

2. Implizite Märkte

Viele Güter werden nicht auf expliziten Märkten gehandelt. Das gilt insbesondere für Handlungen im privaten Bereich.[308] In den fraglichen Konstellationen wird das jeweilige Gut nicht ausdrücklich gehandelt, was regelmäßig bedeutet, dass die Einigung nicht auf einen Austausch mit einer monetären Gegenleistungen abzielt.[309] Die Gegenleistungen für solche Gü-

---

Hommel/Dehmel, Unternehmensbewertung; *Kuhner/Maltry*, Unternehmensbewertung. Weiterführend zur Rolle der positiven ökonomischen Forschung in diesem Zusammenhang siehe *supra* Kapitel 2 § 2 C.I.

305 Im Rahmen der Unternehmensbewertung nach der Ertragswertmethode sind etwa die zukünftigen Unternehmenserträge sowie der anzusetzende Zinssatz spekulativ, vgl. zu dem Beispiel *Paulsen*, in: MüKo AktG, § 305 Rn. 83a; *Hüttemann*, FS Hoffmann-Becking, 603, 611 ff.

306 Vgl. ebenfalls anhand des Beispiels der Unternehmensbewertung *Emmerich*, FS Stilz, 135 ff.; *ders.*, FS U.H. Schneider, 323 ff.

307 Siehe unter vielen aus der rechtswissenschaftlichen Literatur nur *Paulsen*, in: MüKoAktG, § 305 Rn. 83a; *Gärtner/Handke*, NZG 2012, 247 ff.

308 Vgl. *Mathis*, Effizienz statt Gerechtigkeit?, S. 170.

309 Entsprechende Fragen stellen sich im Falle von Gütern, die zwar hypothetisch auf expliziten Märkten gehandelt werden würden, aber aufgrund der Tatsache der fehlenden Standardisierung dieser Güter kein passender Marktpreis unmittelbar beobachtet werden kann, vgl. *Polinsky*, Introduction to Law and Economics, S. 172.

ter stellen vielmehr nicht-pekuniäre Größen wie etwa aufgewendete Zeit oder Kraft dar. Die Entscheidungen für solche Güter können jedoch als implizite Transaktionen auf Märkten beschrieben werden,[310] da sie ebenfalls freiwillig und mit einer Form der Gegenleistung erfolgen. Zur Bestimmung der Werte solcher Güter, wie das bloße Verbringen von Zeit mit einer anderen Person, wird darauf abgestellt, was der jeweilige Handlungsträger hypothetisch bereit wäre, im Austausch für das Gut aufzugeben. Die Schätzung dieser Werte erfolgt im Idealfall anhand einer hypothetischen monetären Zahlungsbereitschaft für das jeweilige Gut.[311] Die Ermittlung solcher pekuniärer Zahlungsbereitschaften ist wiederum nicht trivial und kann mit erheblichem Aufwand verbunden sein, der potentiell wertende Einflussnahmen des Rechtsanwender ermöglicht, da häufig keine offenkundigen Anhaltpunkte für die konkrete Ausgestaltung der Zahlungsbereitschaften gegeben sind. Das grundlegende Beispiel stellt die Ermittlung des Wertes einer Einheit Freizeit durch den Vergleich mit der für die Bereitschaft zur Übernahme einer weiteren Einheit Arbeit mindestens zu zahlenden Geldeinheit dar.[312] Der zuverlässigen Ermittlung der Zahlungsbereitschaften durch bloßes Erfragen stehen praktisch Anreize der Befragten entgegen, den Wert höher oder niedriger anzusetzen, als sich die Preise auf einem expliziten Markt ergeben würden.[313]

Der so erforderliche Rückbezug auf die Preise von einem oder mehreren Gütern ($y, z, \ldots$), die auf einem expliziten Markt gehandelt werden, anhand deren Zusammenhänge mit dem Gut x ($C_{x,y}, \ldots$), um den Preis des auf dem impliziten Markt gehandelten Gutes schätzungsweise beziffern zu können,

---

310 Vgl. *Posner*, J. Legal Stud. 8 (1979), 103, 119 f.; entsprechend auch *Mathis*, Effizienz statt Gerechtigkeit?, S. 170.

311 Vgl. *Posner*, Economic Analysis of Law, S. 16.

312 Siehe zu einer Beispielskonstellation der Berechnung des Wertes von Freizeit *Mathis*, Effizienz statt Gerechtigkeit?, S. 170 f.

313 Vgl. anschaulich etwa *Polinsky*, Introduction to Law and Economics, S. 171 ff., der auf solche verhaltensökonomisch beschreibbaren Besonderheiten hinweist. Exemplarisch können Konsequenzen des *wealth effects*, also systematische Änderungen von Zahlungsbereitschaften in Abhängigkeit von den Kosten relativ zum Gesamtvermögen angeführt werden, vgl. dazu etwa im rechtsökonomischen Kontext *Mishan*, Oxf. Econ. Pap. 19 (1967), 255; *Kennedy*, Stan. L. Rev. 333 (1981), 387.
Vgl. weiterführend exemplarischen zu methodischen Ansätzen zur Bildung solcher Referenzketten *van Aaken*, Rational Choice in der Rechtswissenschaft, S. 198 ff., die methodisch auf die Erfassung von Zahlungsbereitschaften durch die Analyse des individuellen Anpassungsverhaltens bei gegebenen Preisen, die Analyse von Marktpreisdifferenzen, Befragungen und Simulationen verweist.

kann sich in anderen Fällen als komplizierterer Prozess darstellen, wie im Fall der Freizeitbeschäftigung mit Freunden, da dem Gut nicht zwingend ein offensichtliches Referenzgut entgegengehalten werden kann. Es kann sich auch die Relation zu anderen auf impliziten Märkten gehandelten Gütern (a) anbieten, wenn zu diesen ein deutlicher komparativer Zusammenhang erkennbar ist und dieses andere auf einem impliziten Markt gehandelte Gut einen klareren Bezug zu einem auf einem expliziten Markt gehandelten Gut (b) aufweist. Die Ermittlung von Wertschätzern über implizite Märkte ist somit nur in eingeschränktem Maße von Klarheit und Transparenz geprägt, da sie nicht nur im Ausnahmefall eines erheblichen Aufwands bedarf, sondern auch trotz dieses Aufwandes die Belastbarkeit etwaiger Analysen erheblichen Unsicherheiten unterliegen kann. Die Schätzung stellt sich wie folgt dar:[314]

$$u_i(x) = \widehat{W}_x^I = P_x^* = P_x^I\big[P_y^E, C_{x,y}, P_z^E, C_{x,z}, ..., P_a^I\big(P_b^E, ...C_{a,b}\big), C_{a,x}...\big],$$
$$i \in \{1, ..., N\}$$

3. Hypothetische Märkte

Ähnlich komplex wie die Bestimmung der Werte auf impliziten Märkten, die wie auch die expliziten Märkte durch freiwillige Transaktionen charakterisiert sind, mithin von bewussten Entscheidungen der Handlungsträger ausgehen, kann sich die Wertschätzung auf sogenannten hypothetischen Märkten darstellen, auf denen Transaktionen unfreiwillig zustande kommen.[315] Auch hier sind Referenzen zu expliziten Marktpreisen erforderlich.

$$u_i(x) = \widehat{W}_{x'}^H = P_{x'}^* = P_{x'}^H\big[P_y^E, C_{x',y}, P_z^E, C_{x',z}, ..., P_a^I\big(P_b^E, ...C_{a,b}\big), ...\big],$$
$$i \in \{1, ..., N\}$$

Exemplarisch zu nennen sind deliktische Handlungen, an denen zumindest der Geschädigte unfreiwillig beteiligt ist, wobei der Wert der schädigenden

---

314 y und z stehen exemplarisch für auf expliziten Märkten gehandelte Referenzgüter, deren Preisverhältnis zu Gut x durch $C_{x,y}$ bzw. $C_{x,z}$ beschrieben wird. Entsprechendes gilt für ein etwa auf einem impliziten Markt gehandeltes Gut a, dessen Preis ein bezifferbares Verhältnis zu dem auf dem expliziten Markt gehandelten Gut b aufweist, $C_{a,b}$, und selbst wiederum zum Preis von Gut x in einem Zusammenhang steht, $C_{a,x}$.

315 Vgl. *Mathis*, Effizienz statt Gerechtigkeit?, S. 171 f.

Handlung zu bestimmen ist.[316] Ein Marktpreisäquivalent $P_{x'}^*$ ist hier anhand der Perspektive des Geschädigten in Höhe der durch die schädigende Handlung bedingten Gesamteinbuße zu ermitteln. Während diese Aufgabe isoliert für Sachschäden vielfach eine enge Bindung zu Transaktionen auf expliziten Märkten aufweist, müsste eine umfangreiche Wertbestimmung zudem immaterielle Schäden wie Schockschäden anhand von Referenzketten quantifizieren. Darüber hinaus wären bei umfangreicher Analyse auch Folgeeffekte, wie an die Handlung anknüpfende oder anderweitig durch diese explizit oder implizit motivierte weitere Taten einzupreisen,[317] was vor allem die potentielle Komplexität der Wertbestimmung in diesen Konstellationen andeutet.[318]

IV. Grundsätzliche Schwierigkeiten der Nutzung von Marktpreisschätzern

Die Bewertung von Vor- und Nachteilen auf Basis von Marktpreisen ist in mehrfacher Hinsicht von Wertungsfragen abhängig, welche die Wertneutralität und Transparenz des Mechanismus der Effizienzbetrachtung einschränken.[319] Eine vollumfängliche Effizienzbetrachtung ist regelmäßig aufgrund ihrer Komplexität nicht zu bewältigen, weshalb sie zur Schaffung praktischer Handhabbarkeit zu reduzieren, mithin der Betrachtungsumfang zu begrenzen ist, konkret im Hinblick auf die Auswirkungen der konkurrierenden Auslegungsvarianten auf andere Rechtsnormen, einschließlich der damit einhergehenden Effizienzeffekte (1), sowie die Reichweite der Effizienzeffekte in personaler (2) sowie zeitlicher (3) Hinsicht. Daneben erfolgt eine Vereinfachung des methodischen Ansatzes, einerseits, wie gesehen,[320] durch die Nutzung von aggregierten Wertschätzern anstelle individueller Bewertungen (4), andererseits vielfach durch eine vereinfachende qualitative Analyse anstelle ausdifferenzierter idealtypischer quantitativer Bewertung (5).

---

316 Siehe grundlegend mit anschaulichem Beispiel *Posner*, J. Legal Stud. 8 (1979), 103, 120; dazu auch *Mathis*, Effizienz statt Gerechtigkeit?, S. 171.

317 Vgl. auch noch *infra* Kapitel 2 § 2 C.IV.

318 Die Gesamtwohlfahrt ergibt sich hier schließlich aus der Summe der Wertveränderungen aller Beteiligten.

319 Vgl. so nachdrücklich *Eidenmüller*, Effizienz als Rechtsprinzip, S. 115, der von „politischen Wertungen" in diesem Zusammenhang spricht.

320 *Supra* Kapitel 2 § 2 B.III.

1. Interdependenzen und Reichweite der Betrachtung

Die zu berücksichtigenden unterschiedlichen Auslegungsvarianten haben nicht nur unmittelbare Auswirkungen auf den Wohlstand der Betroffenen, sondern wiederum Verhaltensanpassungen dieser zur Konsequenz, die gegebenenfalls die Effizienzbetrachtung anderer Auslegungsfragen beeinflussen. Aufgrund der Vernetzung von Lebensumständen und Rechtsvorschriften wären im Rahmen einer jeden Auslegungsfrage auch die durch diese mittelbar betroffenen Auslegungsfragen zu berücksichtigen. Eine umfassende und ausschließliche Effizienzbetrachtung würde sämtliche denkbare Wechselwirkungen zwischen Auslegungsfragen umfassen. Die Kalkulierung der Effizienzbetrachtung unter Hinzunahme sämtlicher für diese maßgeblicher Konsequenzen ist daher im Grundsatz illusorisch,[321] zumindest insoweit, als keine umfangreiche Hinzuziehung von komplexitätsbeherrschender Informationstechnologie ermöglicht und beabsichtigt wird. Für die Sicherstellung der Handhabbarkeit der Effizienzbetrachtung sind Vereinfachungen somit grundsätzlich erforderlich, wobei entscheidend ist, diejenigen mittelbaren Auswirkungen auf weitere Auslegungsfragen zu berücksichtigen, deren Beeinflussung durch die auszulegende Norm besonders stark ausfällt, sodass die tatsächlich durchgeführte Effizienzanalyse zumindest eine gute Annäherung an die tatsächlichen Effekte darstellt.

Aber auch unabhängig von den Folgeeffekten durch Auswirkungen auf die Effizienzbetrachtung anderer Rechtsnormen besteht die Erforderlichkeit der Grenzziehung der Effizienzanalyse, denn je nach Umfang der Verhaltensbeeinflussung durch eine Rechtsvorschrift kann diese weitreichende Veränderungen der Lebensumstände betroffener Personen bedeuten, die zunächst eher fernliegende Effizienzeffekte implizieren können. Die Auswahl des Betrachtungsumfangs ist durch die notwendige Bestimmung einer Grenze zwingend willkürlich. Zurecht weist *Mitchell Polinsky* auf die Gefahr hin, die Effizienzenzbetrachtung in der Rechtswissenschaft im Zuge der unumgänglichen Vereinfachungsprozesse auf solche Wirkungsfaktoren zu beschränken, die eine unkomplizierte Wertbestimmung ermöglichen, zulasten von auf impliziten und hypothetischen Märkten gehandelten Gütern, obwohl diese von hoher Relevanz für die Effizienzeffekte sind, aber aufgrund der technischen Komplexität ausgeblendet werden.[322] Insbeson-

---

321 Siehe pointiert *Rizzo*, Hofstra L. Rev. 8 (1980), 641, 642.
322 Vgl. *Polinsky*, Introduction to Law and Economics, S. 174; *Rizzo*, Hofstra L. Rev. 8 (1980), 641 f.: "these indirect effects must be considered. Any attempt, however, to

dere wenn eine explizite oder unterschwellige Präferenz für ein bestimm-tes Rechtsverständnis bereits vor Durchführung der rechtsökonomischen Analyse in der Person des Rechtsanwenders besteht, ist die Gefahr einer verdeckten intendierten oder unbewussten Ergebnisbeeinflussung durch selektive Effizienzbetrachtung aus tatsächlichen oder vermeintlichen Prak-tikabilitätsgründen besonders virulent.[323]

2. Umfang betroffener Personen

Die Wertermittlung über unterschiedliche Arten von Märkten wurde bis-lang immer auf den Wert des Gutes für die an der Transaktion beteiligten Akteure beschränkt. Im Falle hypothetischer Märkte ist wie gesehen glei-chermaßen die Wertveränderung von unfreiwillig involvierten Personen zu betrachten. Nicht nur in Fällen hypothetischer Märkte ergeben sich jedoch wertungsbasierte Abgrenzungsfragen hinsichtlich mittelbarer Aus-wirkungen auf regelmäßig unfreiwillig betroffene Dritte. Zu Recht weist *Horst Eidenmüller*[324] darauf hin, dass der Kreis der Personen, die im Rahmen der Effizienzerwägung aufgrund der Folgen der Transaktion zu berücksichtigen sind, nicht ohne weiteres bestimmbar ist, sondern viele Situationen aufgrund ihrer Komplexität eine enorme, und gegebenenfalls nicht zu überblickende Anzahl an Personen mittelbar betreffen,[325] deren monetäre Ausstattungen im Idealfall im Rahmen der Effizienzbetrachtung vollständig zu berücksichtigen wären. In öffentlich-rechtlichen Konstella-tionen ist die personelle Vielfalt der Wirkungen von Auslegungsfragen be-sonders offenkundig,[326] grundsätzlich stellen sich entsprechende Fragen in unterschiedlichem Ausmaß jedoch bei Rechtsfragen aller Rechtsgebiete, ja auch (vertragliche) Konstellationen zwischen Privaten aufgrund der vielfäl-

---

incorporate such factors into the analysis raises the information requirements of the system to such an extent as to make the whole enterprise unmanageable." Strukturell vergleichbar besteht diese Gefahr in Bezug auf die Erstreckung der Effizienzbetrachtung in personaler und zeitlicher Hinsicht, siehe *infra* Kapitel 2 § 2 B.IV.2. und 3.

323 Vgl. *Polinsky*, Introduction to Law and Economics, S. 174 f.; eingehend und mit weiterer Perspektive dazu auch *Tribe*, Phil. & Pub. Aff. 2 (1972), 66; *Michelman*, Minn. L. Rev. 62 (1978), 1015; *Rizzo*, Hofstra L. Rev. 8 (1980), 641.

324 Vgl. *Eidenmüller*, Effizienz als Rechtsprinzip, S. 115, 150.

325 Zur Berücksichtigung Dritter in der Effizienzanalyse auch *Eidenmüller*, Effizienz als Rechtsprinzip, S. 144 ff.

326 Vgl. *van Aaken*, Rational Choice in der Rechtswissenschaft, S. 220 f., die auf die besondere Relevanz dieser Problematik in Fragen des öffentlichen Rechts verweist.

tigen gesellschaftlichen Interdependenzen Auswirkungen auf Dritte haben. Das Ausmaß ist folglich insbesondere auch bei bürgerlich-rechtlichen Leitentscheidungen besonders weitgehend. Zur Reduzierung der resultierenden Komplexität muss in der Regel auch insoweit auf eine Partialanalyse zurückgegriffen werden, die jedoch je nach Umfang der Fernwirkungen einer Maßnahme dazu führen kann, dass erhebliche für die Effizienzbetrachtung relevante Auswirkungen unberücksichtigt bleiben,[327] weshalb durch den Zuschnitt der Betrachtung in personaler Hinsicht ebenfalls die Gefahr verdeckt wertender Einflussnahme besteht.

3. Umfang des zeitlichen Rahmens

Entsprechende Überlegungen ergeben sich auch auf zeitlicher Ebene. Für eine umfassende Effizienzbetrachtung müssten auch die durch eine bestimmte Auslegung bedingte erwartete zukünftige Wertentwicklungen, somit etwa auch für alle zukünftigen Generationen, berücksichtigt werden, wodurch intertemporale Bewertungen angestellt werden müssten, soweit diese nicht schon in den Marktpreisen berücksichtigt sind, die wiederum wertende Betrachtungen in Gestalt der Prognose zukünftiger Entwicklungen erforderlich machen.[328] Eine vollständige Effizienzbetrachtung würde somit sämtliche zukünftige Generationen berücksichtigen. Dass das spekulative Moment in dieser Hinsicht erheblich ist und gleichzeitig die Berechnung unabhängig von der konkreten Prognose durch Komplexität charakterisiert ist, leuchtet ohne Weiteres ein. Möchte man zusätzlich eine Gewichtung zwischen unterschiedlichen Zeiten integrieren, fließen auch durch die Bestimmung der Diskontfaktoren Wertungen in die Analyse ein.[329]

4. Aggregate als Schätzer für Bewertungen

Um die tatsächlichen Nutzenveränderungen bemessen zu können, müssten idealiter Werte für jedes betroffene Individuum separat bestimmt werden. Ein solches Vorgehen würde einen unüberschaubaren Aufwand bedeuten, weswegen durch die Verwendung von Marktpreisen praktisch vom Einzel-

---

327 Vgl. *Janson*, Ökonomische Theorie im Recht, S. 98 m.w.N.
328 Vgl. dazu im Grundsatz wiederum *Eidenmüller*, Effizienz als Rechtsprinzip, S. 150 ff.
329 Vgl. *Eidenmüller*, Effizienz als Rechtsprinzip, S. 153 f. m.w.N.

fall abstrahiert wird.[330] Güter werden jedoch interpersonal nicht einheitlich bewertet. Besonders deutlich wird diese Tatsache anhand der Betrachtung von empirisch feststellbarem abnehmendem Grenznutzen alltäglicher Güter. Der tatsächliche Nutzen zusätzlicher Einheiten von Grundnahrungsmitteln unterscheidet sich somit erheblich in Abhängigkeit von der Ausstattung.[331] Bei der Verwendung von Geldeinheiten als Schätzer für Werte handelt es sich somit nur um eine Annäherung an den tatsächlichen Nutzen von Personen, die jedoch notwendige Voraussetzung für die Handhabbarkeit und Transparenz schaffende Wirkung des Effizienzkriteriums ist. Im Falle expliziter Märkte ist dieses Maß an Abstraktion vom Einzelfall offensichtlich, da der Wert anhand des tatsächlich gehandelten Marktpreises bestimmt wird, der wiederum über der Zahlungsbereitschaft und damit möglicherweise über dem subjektiven Wertempfinden derjenigen Individuen liegt,[332] die gerade nicht auf dem entsprechenden Markt handeln, aber aufgrund der Funktionalität einer Rechtsvorschrift von dem Gut betroffen sind. Die Entscheidung, nicht auf einem Markt aktiv zu sein, muss jedoch nicht zwingend bedeuten, dass der Nutzen des jeweiligen Guts durch das Individuum unter dem Angebotspreis bewertet wird, sondern kann auch darauf zurückzuführen sein, dass etwa Budgetrestriktionen die Transaktion verhindern,[333] tatsächlich aber eine Bewertung sogar über dem Marktpreis erfolgt. Für potentiell eine Vielzahl von Personen stellen die über explizite, implizite oder hypothetische Märkte ermittelten Preise, von denen die Werte abgeleitet werden, somit Unter- bzw. Überschätzungen der tatsächlichen, individuellen Werte dar.[334] Auch verhaltensökonomische Erkenntnisse, et-

---

330 Vgl. nur instruktiv zur Entstehung von Marktpreisen *Pindyck/Rubinfeld*, Microeconomics, S. 43 ff., an der deutlich wird, dass einige Marktakteure ein gehandeltes Gut höher und andere niedriger bewerten als der Preis, zu dem es letztlich gehandelt wird.

331 Siehe instruktiv zum abnehmenden (aber positiven) Grenznutzen *Pindyck/Rubinfeld*, Microeconomics, S. 89 ff.; anschaulich auch *Mankiw/Taylor*, Volkswirtschaftslehre, S. 127 ff.

332 Diese Beziehung ist nicht zwingend, da andererseits die niedrige Zahlungsbereitschaft auch auf beschränkte Möglichkeit zurückgeführt werden kann.

333 Vgl. exemplarisch aus der rechtswissenschaftlichen Debatte *Eidenmüller*, Effizienz als Rechtsprinzip, S. 118 ff.; *Janson*, Ökonomische Theorie im Recht, S. 94.

334 Siehe darauf in seinem Fazit hinweisend *Polinsky*, Introduction to Law and Economics, S. 173.

wa zu Besitzeffekten, machen deutlich, dass die konkrete Bewertung im Einzelfall bisweilen systematisch von Marktpreisen abweicht.[335]

Durch die Beschränkung auf tatsächlich gehandelte Preise im Fall expliziter Märkte, sowie auf eine aggregierte Betrachtung, die von Einzelfällen abstrahieren im Fall impliziter und hypothetischer Märkte fällt die Effizienzanalyse somit zwar weniger realitätsnah aus, ist jedoch deutlich übersichtlicher und damit handhabbarer als eine Analyse mit maximaler Einzelfallberücksichtigung. Zur Steigerung der Realitätsnähe der Bewertungen ist denkbar, statt einer generellen Abstraktion vom Einzelfall einerseits fallabhängig zu prüfen, ob die relevante Bezugsgruppe mit vertretbarem Aufwand sinnvoll eingegrenzt werden kann, um so den konkret beigemessenen Wert stärker berücksichtigen zu können. Andererseits wäre eine künstliche Korrektur der ermittelten Preise anhand der Einkommens- und Besitzeffekte möglich, indem diese bereits im Rahmen der Herstellung von Referenzketten berücksichtigt werden. Auf diese Umstände lässt sich etwa dadurch eingehen, Besitzeffekte in den Fällen zu berücksichtigen, in denen sie systematisch und signifikant auftreten oder, im Falle von Einkommenseffekten, den Zuschnitt von betrachteten Märkten so zu wählen, dass eine möglichst homogene Einkommensgruppe Gegenstand der Analyse ist. Da der Zuschnitt der Märkte von nicht auf expliziten Märkten gehandelter Güter ohnehin zu bestimmen ist, bietet sich dabei eine Orientierung an gruppenspezifischen Charakteristika der konkret betroffenen Akteure an, um eine Annäherung an die tatsächliche Bewertung dieser zu erreichen.

5. Qualitative Plausibilitätserwägungen als praktikables Substitut quantitativer Wertbestimmung

Um die durch die Komplexität der quantitativen Wertbestimmung der Effizienzanalyse bedingten Hürden zu reduzieren und gegebenenfalls zu umgehen, ergibt sich praktisch vielfach die Notwendigkeit, die Effizienzbetrachtung nicht nur hinsichtlich ihres Umfangs zu begrenzen,[336] sondern diese auch in der Herangehensweise teilweise auf qualitativ geprägte Plausibilitätserwägungen zu beschränken. Der dadurch bedingte deutlich geringere Aufwand der Analyse wird jedoch in der Tendenz durch den Verlust

---

335 Siehe exemplarisch noch *infra* Kapitel 4 § 3; vgl. dazu wiederum ebenfalls exemplarisch auch aus der rechtswissenschaftlichen Debatte *Eidenmüller*, Effizienz als Rechtsprinzip, S. 125 ff.; *Janson*, Ökonomische Theorie im Recht, S. 94.

336 Dazu nämlich *supra* Kapitel 2 § 2 B.IV.1. bis 3.

an Exaktheit sowie Transparenz der Analyse erkauft. So bleibt zwar die im Ausgangspunkt klar definierte normative Regel des Effizienzkriteriums erhalten, die Beschreibung der realen Konsequenzen, die an der Regel gemessen werden, werden jedoch zwangsläufig verwässert, wenn sie nicht anhand quantitativer Größen konkret erfolgt. Entscheidend ist, dass die qualitativen Erwägungen auf Basis umfangreicher quantitativer Analyse in Gestalt gesicherter Erkenntnisse erfolgt. Je deutlicher die qualitativ benennbaren Erkenntnisse auf quantitative Arbeiten zurückgeführt werden können, desto eher kann die rationalisierende Wirkung der Effizienzanalyse trotz Absehens von einer konkret quantitativen Einzelfallbetrachtung realisiert werden.

V. Fazit

Es hat sich gezeigt, dass die sich mit der quantitativen Wertbestimmung ergebenden Schwierigkeiten für die Beantwortung der Frage nach dem Maß an Transparenz und Stringenz der Effizienzbetrachtung entscheidend sind. Für die Wertbestimmung im Rahmen der Effizienzbetrachtung sind „politische Wertungen"[337] soweit erforderlich, als zum einen keine expliziten Marktpreise beobachtbar sind bzw. sich die beobachtbaren Marktpreise nicht als Wertschätzer eignen und zum anderen in erhöhtem Maße die Werte von Gütern, die nicht auf expliziten Märkten gehandelt werden, mithilfe positiver Ökonomik geschätzt werden müssen. Bei der Wertbestimmung muss sich der Rechtsökonom daher mit der Abwägung zwischen einer möglichst umfassenden Beachtung der Realität einerseits und andererseits der Einfachheit und damit klaren Nachvollziehbarkeit der Wertbestimmung auseinandersetzen. Wann ein hinreichendes Maß an Realitätsnähe gegeben ist, ist eine Wertungsfrage, weswegen der Vorwurf der Scheinexaktheit wirtschaftswissenschaftlicher Methodik in der Rechtswissenschaft insofern nachvollziehbar ist, denn subjektiv gezogene Grenzen sind für die Handhabe quantitativer wie qualitativer Effizienzbetrachtung im Rahmen der Gesetzesanwendung in einer praktikablen Form erforderlich.[338] Sie bedürfen eines sensiblen, erforderliche Wertungen offenlegenden Umgangs als (vorbereitender) Teil der Effizienzanalyse.

---

337 Vgl. *Eidenmüller*, Effizienz als Rechtsprinzip, S. 115.
338 Vgl. so auch *Janson*, Ökonomische Theorie im Recht, S. 97; *van Aaken*, Rational Choice in der Rechtswissenschaft, S. 202; *Kirchner*, in: Hoffmann-Riem/Schmidt-Aßmann, Wechselseitige Auffangordnungen, S. 73.

Die Bestimmung von Werten erfordert sowohl im Fall expliziter als auch im Fall impliziter und hypothetischer Märkte neben wertenden Entscheidungen auch einen mit Schwierigkeiten verbundenen erheblichen Aufwand.[339] Für das Ausmaß des von der Perspektive des Anwenders abhängigen Wertungsanteils an der rechtsökonomischen Methodik ist entscheidend, wie leistungsstark die jeweilige positive Rechtsökonomik ist, die zur Bestimmung der Wertschätzer herangezogen werden kann. Inwiefern Rechtsökonomik direkt durch Gerichte angewendet werden kann,[340] und dadurch ein Transparenzgewinn der Entscheidung folgt, hängt von der Auflösung der Kollisionslage zwischen Realitätsnähe und Handhabbarkeit anhand der zur Bestimmung von Wertschätzern erforderlichen positiven Ökonomik ab.[341]

Auch wenn das Transparenz schaffende Potential der Effizienzbetrachtung im Einzelfall somit durch die Umstände der konkreten Auslegungsfrage bestimmt wird, lassen sich einige Aussagen zu der Handhabbarkeit der Effizienzbetrachtung aus den vorherigen Erwägungen ableiten, die zumindest einige Tendenzen erkennen lassen:

- Die Wertbestimmung weist tendenziell im Fall expliziter Märkte das höchste Maß an Transparenz auf. Im Fall impliziter Märkte sind die erforderlichen Referenzketten tendenziell unkomplizierter zu bestimmen und erfordern in geringerem Umfang wertende Annahme als bei hypothetischen Märkten. Je größer also der Anteil von den durch eine Auslegungsfrage betroffenen Gütern, die auf expliziten Märkten gehandelt werden, desto transparenter und realitätsnäher fällt die Betrachtung aus.
- Je unwahrscheinlicher reale Preisanpassungen aufgrund von nur temporär vorhandenen Informationsasymmetrien erscheinen, also je geringer die Korrekturbedürftigkeit der vorhandenen Marktpreise ist, desto treffender gelingt die Wertbestimmung im Falle vorhandener expliziter Märkte.

---

339 Vgl. prägnant im Ergebnis auch *Polinsky*, Introduction to Law and Economics, S. 174: "Despite what has been said, there undoubtedly will be instances in which it will be very difficult or impossible to arrive at reasonable values for certain costs or benefits."; siehe zu unterschiedlichen Ansätzen mit kritischer Würdigung dieser etwa *Jones-Lee*, The Value of Life, S. 20 ff.

340 Mit optimistischer Sichtweise auf die potentielle Anwendbarkeit der Rechtsökonomik durch Gerichte siehe *Posner*, J. Legal Stud. 8 (1979), 103, 120; vgl. auch *Mathis*, Effizienz statt Gerechtigkeit?, S. 171 f.; *Tröger/Scheibenpflug*, Ad Legendum 2017, 273, 277 f.

341 Vgl. dazu noch *infra* Kapitel 2 § 2 C.IV.

- Wenn Anhaltspunkte für die Korrekturbedürftigkeit eines expliziten Marktpreises bestehen, hängt der dafür erforderliche Aufwand von den konkreten Umständen des Betrachtungsgegenstands ab und kann erheblich variieren. Entscheidende Faktoren für die Umsetzung der Korrektur sind die Wahrscheinlichkeit und der zeitliche Rahmen der realen Preisanpassung sowie die Informationslage zu der Höhe der erwarteten Anpassung.
- Je transparenter die Märkte sind, auf denen das fragliche Gut im Falle expliziter Märkte gehandelt wird, desto treffender und transparenter gelingt die Wertbestimmung.
- Je länger und komplexer die erforderliche Referenzenkette bei der Korrektur von Markpreisen im Falle expliziter Märkte oder der Bestimmung von Werten auf impliziten oder hypothetischen Märkten ist, desto komplexer und intransparenter fällt die Wertbestimmung aus. Güter, zu deren Wertschätzung lange Referenzketten erforderlich sind, von der Betrachtung auszuschließen, birgt jedoch die Gefahr, die realen Effizienzeffekte unter starken Verzerrungen zu erfassen, und verschafft somit dem Vorwurf scheinexakter Betrachtung Raum.
- Je klarer der Wirkungszusammenhang einer fraglichen Rechtsnorm innerhalb der Gesellschaft in zeitlicher und personaler Hinsicht abgrenzbar ist, desto übersichtlicher und transparenter fällt die Wertschätzung aus, desto geringer ist somit der Umfang von wertenden Entscheidungen, die innerhalb der Effizienzbetrachtung erforderlich sind.
- Eine die Handhabbarkeit erheblich erleichternde qualitative Effizienzbetrachtung kann umso eher ohne Gefahr des Einflusses verdeckter Wertungen genutzt werden, je umfangreicher die quantitative, auf modelltheoretischen Analysen und Empirie basierende Effizienzbetrachtung innerhalb der Ökonomik ausgearbeitet ist, und diese zusammenfassende, qualitativ deutliche Erkenntnisse hervorgebracht hat.

C. Positive Rechtsökonomik

Positive Ökonomik bezeichnet die Analyse von Wirkungszusammenhängen anhand der Entscheidungen von Handlungsträgern in Bezug auf knappe Ressourcen in deskriptiv-analytisch, wertneutraler Weise.[342] Der breite Be-

---

342 Vgl. etwa *Tröger/Scheibenpflug*, Ad Legendum 2017, 273, 276; allgemein zum positiven Charakter der Ökonomik schon *supra* Fn. 233.

trachtungsgegenstand sowie der heterogene Ansatz als Charakteristika der Ökonomik betreffen gerade den positiv-analytischen Charakter der Wissenschaft. Die positive ökonomische Forschung nimmt eine Doppelfunktion für die Rechtsökonomik ein (I), in deren Rahmen vielfältige Informationen dem Auslegungsprozess zugeführt werden können (II), die durch klare und transparente Methodik gewonnen werden (III), wobei jedoch der Grad an Transparenz erheblich variieren kann (IV). Die Ausschöpfung des Potentials positiver Rechtsökonomik im Rahmen der Gesetzesauslegung hängt letztlich von rein tatsächlichen Umständen innerhalb der Rechtswissenschaft und -praxis ab (V).

I. Funktion positiver Ökonomik in der Rechtsökonomik

Positive Ökonomik ist auf normativer Ebene in vielfältiger Weise bereits im Ausgangspunkt erforderliches Element der Effizienzbetrachtung zur Rechtsanwendung (1), daneben zudem auf positiver Ebene Mittel der Wortlautauslegung und zur Rechtsfolgenanalyse, unabhängig vom normativen Gesetzeszweck (2).

1. Positive Ökonomik als Element der Effizienzanalyse

Wie gesehen zeigt sich der gesamte Umfang des im Rahmen der Effizienzanalyse zu bewältigende Messproblems erst bei Betrachtung positiver Ökonomik, da diese erforderlich ist, um Wertschätzer bei Fehlen expliziter Märkte durch Herstellung von Referenzketten zu auf expliziten Märkten gehandelten Gütern zu bestimmen.[343] Die Relevanz positiver rechtsökonomischer Analyse für die normative Effizienzbetrachtung der Rechtsökonomik erschöpft sich jedoch – wie noch zu sehen sein wird[344] – nicht nur darin, Wertschätzer zu ermitteln, sondern kann auch auf einer vorgelagerten Ebene für die Ermittlung des Gesetzeszwecks – und somit des Umfangs der Bedeutung der Effizienz für die Auslegung – bedeutsam sein. Da die Effizienzzielvorgabe aber auch weitere Zielvorgaben eines Gesetzes im Allgemeinen nur selten ausdifferenziert durch den Gesetzgeber explizit benannt werden, der Gesetzgeber jedoch in aller Regel die Gesetze nicht

---

343 *Supra* Kapitel 2 § 2 B.III.
344 Konkret dazu insbesondere noch *infra* Kapitel 4.

ohne Intentionen erlassen hat, mithin durch den Gesetzgeber vorgegebene Zielvorgaben bestehen, ohne explizit benannt worden zu sein, können die für die Auslegung einer Vorschrift maßgeblichen Zielvorgaben aus der von ihm geschaffenen, die Vorschrift einbettenden Regelungssystematik durch Offenlegung der durch diese bedingten Funktionszusammenhänge abgeleitet werden.[345] Aus dem mithilfe positiver Analyse offengelegten Regelungsrahmen, in den eine auszulegende Norm eingebettet ist, kann sich entweder implizit das Effizienzziel als vom Gesetzgeber für die auszulegende Vorschrift vorgesehene Zielvorgabe ergeben,[346] oder derivativ, also als zwingend mit dieser anderen, explizit oder implizit verknüpften, wenn Effizienzförderung mit dieser anderen vom Gesetzgeber vorgesehenen Zielvorgabe einhergeht.[347] Aufgrund der Eigenschaft der Effizienz *per definitionem* als gesamtwohlfahrtsmaximierendes Kriterium liegt eine starke positive Korrelation mit anderen denkbaren wohlstandsbezogenen Gesetzeszwecken auf der Hand.[348]

2. Positive Ökonomik als Informationen generierendes Instrument

Positive Rechtsökonomik ist dagegen nicht abhängig von der normativen Effizienzbetrachtung.[349] Resultate positiver Funktionalitätsanalyse sind zwar einer normativen auf dem Effizienzkriterium basierenden Beurteilung zugänglich – worin nach dem Vorstehenden die dritte Funktionalität positiver Ökonomik für die Effizienzbetrachtung als Aspekt der Rechtsökonomik liegt – gleichermaßen jedoch auch einer solchen, die auf andere normative Kriterien zurückgeht.[350] Unabhängig von der normativen Zielsetzung, ermöglicht eine positiv ökonomische Funktionsanalyse Verständnis von Begriffen zu vermitteln und Rechtsfolgenerwägungen anzustellen.

---

345 Statt auf eine vermeintlich bestehende objektive Teleologie durch das Aufzeigen dieser Wirkungszusammenhänge abzustellen, soll aus der hier eingenommenen Perspektive das funktionale, um eine auszulegende Vorschrift geschaffene Regelungssystem als Ausdruck gesetzgeberischer Wertung verstanden werden, siehe veranschaulichend *infra* Kapitel 2 § 2 D. sowie konkret exemplarisch noch Kapitel 3 und Kapitel 4.
346 So konkret *infra* Kapitel 4.
347 So konkret *infra* Kapitel 3.
348 Vgl. *Thüsing*, Wertende Schadensberechnung, S. 345 f.
349 Vgl. deutlich etwa *Wagner*, AcP 206 (2006), 352, 424; zuletzt auch *Hu*, Rechtsökonomik als Rechtsanwendungsmethode, S. 119 und *passim*.
350 Vgl. *Friedman*, in: Friedman, Positive Economics, S. 4; *Wagner*, FS Canaris, 281, 309; *Tröger*, Arbeitsteilung und Vertrag, S. 34.

Die Rechtsfolgenbetrachtung ermöglicht die tatsächliche Beurteilung der Verwirklichung eines Auslegungsziels, weshalb an dieser Stelle von ihrer Erforderlichkeit im Auslegungs- und Rechtsanwendungsprozess ausgegangen wird.[351] Diese Arbeit schließt sich daher insofern im Ausgangspunkt denjenigen Positionen an, die eine Rechtsfolgenbetrachtung zur Durchführung teleologischer Auslegung[352] in der Gesetzesanwendung als notwendig anerkennen[353] und plädiert im Hinblick auf die umstrittene Frage nach der

---

351 Vgl. *Hager*, Rechtsmethoden in Europa, S. 46; *Tröger*, in: Hopt/Tzouganatos, Europäisches Wirtschaftsrecht, S. 302. Zu Beispielen von expliziten Folgenerwägungen der Rechtsprechung etwa zur Frage der Formfreiheit oder Formbedürftigkeit von Grundstücksgeschäften des *falsus procurator* BGHZ 125, 218, wobei rechtliche Folgen einbezogen werden. Zu verhaltensbezogenen Folgen siehe jedoch etwa BGHZ 140, 391, in dem der BGH die verhaltensbedingte Gefahr im Falle einer Alternativauslegung in die Erwägungen einbezog, dass Gläubiger zunächst auf die Sicherheiten des Dritten zugreifen würden, ehe sie gegen den Schuldner vorgehen würden, siehe zu beiden Beispielen *Hager*, Rechtsmethoden in Europa, S. 46 f. m.w.N.; siehe dazu auch *Teubner*, in: Teubner, Entscheidungsfolgen als Rechtsgründe, S. 9, der insofern von einem routinemäßigen Vorgehen von der Rechtsprechung spricht. Die Rechtsfolgenbetrachtung ermöglicht somit, das Recht näher an die tatsächlichen sozialen Konfliktfragen heranzuführen, vgl. allgemeiner auch *Pöcker*, Rechtsdogmatik, S. 153 ff., der „das zunehmende Vergessen der rechtsexternen (philosophischen-historischen-gesellschaftstheoretischen) Bedingtheit der Sinnreferenzen der zentralen dogmatischen Begriffe" konstatiert; vgl. zur Verbesserung der Deutung durch Folgenberücksichtigung auch *Grimm*, in: Teubner, Entscheidungsfolgen als Rechtsgründe, S. 145; anschaulich in Bezug auf das Verwaltungsrecht *Lüdemann*, in: Extrajuridisches Wissen, S. 146, 148, der die Notwendigkeit der Gegenstandsadäquanz der Methodenlehre am Beispiel des öffentlichen Wirtschaftsrechts betont; siehe auch zur Relevanz in der wissenschaftlichen Debatte in dieser allgemeinen Form wohl treffend *Rafi*, Gutes Urteil, S. 91: „Dass Folgenerwägungen in der juristischen Argumentation eine Rolle spielen, wird nirgends bestritten." Die konkrete Ausgestaltung der Folgenerwägung ist dagegen höchst umstritten. Vgl. auch zur Möglichkeit der Regulierung durch Privatrecht, für deren Umsetzung die Rechtsfolgenbetrachtung unerlässlich ist *Hellgardt*, Regulierung und Privatrecht, S. 403 ff.; *Tröger*, in: Hopt/Tzouganatos, Europäisches Wirtschaftsrecht, S. 297.

352 Siehe *Röthel*, Normkonkretisierung im Privatrecht, S. 153 f., die die „Gesetzgebungsbezogenheit der Folgenorientierung" betont, was freilich nicht die Notwendigkeit der Rechtsfolgenbetrachtung durch die Judikative verneint, sondern die Notwendigkeit dieser an den legislativen Zielvorgaben unterstreicht; vgl. vehement auch *Grimm*, in: Teubner, Entscheidungsfolgen als Rechtsgründe, S. 145.

353 Vgl. zur Diskussion um die Bedeutung der Folgenberücksichtigung *Koch/Rüßmann*, Juristische Begründungslehre, S. 231 ff.; *Deckert*, Folgenorientierung in der Rechtsanwendung; *Wagner*, FS Canaris, 281, 310 f.; *Tröger*, Arbeitsteilung und Vertrag, S. 34 ff.; *Mathis*, in: Kirste, Interdisziplinarität in den Rechtswissenschaften, S. 271 ff.; *Kriele*, Theorie der Rechtsgewinnung, S. 334 ff.; *Rhinow*, Rechtsetzung und Methodik, S. 256 f.; den Einfluss der Rechtsdogmatik auf die Rechtspolitik durch

genauen Ausgestaltung der Rechtsfolgenbetrachtung[354] für eine umfangreiche Nutzung positiver Ökonomik in der Gesetzesauslegung. Folgenanalyse im Rahmen der Gesetzesauslegung ist notwendig, da der Zweck eines Gesetzes nur erreicht werden kann, wenn sich dieser auch in der Realität verwirklicht. Auch wenn die Debatte um die Folgenberücksichtigung zuletzt abgeflacht zu sein scheint,[355] besteht nach wie vor die grundlegende Notwendigkeit, die Ausgestaltung der Rechtsfolgenbetrachtung zu erörtern[356] und wird ganz unmittelbar durch das hier zugrunde gelegte Verständnis von Art. 20 Abs. 3 GG betont, das die Aufgabe zweckgerichteter Gesetzgebung dem Legislativorgan zuspricht, da die Folgenbetrachtung die Überprüfung des tatsächlichen Erreichens der gesetzgeberischen Ziele ermöglicht.[357] Unter Anerkennung der Notwendigkeit der Folgenbetrachtung zur zweckgerichteten Auslegung ergibt sich folglich die Wahl zwischen einer methodisch transparenten und überprüfbaren Folgenberücksichtigung und einer „auf ungeprüften Alltagstheorien beruhende[n] Stegreifprognose in Bezug auf diese Folgen".[358] Vor dem Hintergrund des dargelegten Verfassungsverständnisses und der sich entsprechend ergebenden Konfliktlage, welche die Forderung nach Rationalität der Jurisprudenz[359] untermauert, muss die Wahlentscheidung eindeutig zugunsten der methodisch transpa-

---

Rechtsfolgenbetrachtung betont *Stoffels*, in: Lobinger/Piekenbrock/Stoffels, Integrationskraft zivilrechtlicher Dogmatik, S. 2 f.; siehe kritisch dagegen nur *Larenz*, Methodenlehre, S. 365.

354 Vgl. pointiert nur *von Arnim/Brink*, Methodik der Rechtsbildung, S. 218: „Die Frage der Einbeziehung von Folgenerwägungen in die Rechtsfindung entzweit seit langem die Rechtsgelehrten".

355 So etwa der Eindruck von *Pajunk*, in: Sliwiok-Born/Steinrötter, Intra- und interdisziplinäre Einflüsse, S. 157, der aus der jüngeren Vergangenheit auf die Aufsätze von *Petersen*, Der Staat 49 (2010), 435 und *Augsberg*, Der Staat 51 (2012), 117 verweist.

356 Siehe zu einem knappen historischen Abriss zur Bedeutung der und Diskussion um die Folgenbetrachtung im Rahmen der Auslegung *Wälde*, Juristische Folgenorientierung, S. 9 ff.; konkret zur Rolle der Rechtsfolgenbetrachtung im Rahmen der teleologischen Auslegung im 18. Jahrhundert *Edelmann*, Die Entwicklung der Interessenjurisprudenz, S. 15 ff.; vgl. auch die entsprechende Einschätzung von *Grimm*, in: Teubner, Entscheidungsfolgen als Rechtsgründe, S. 147.

357 Schon zur Zulässigkeit der Folgenbetrachtung vor dem Hintergrund des Art. 20 Abs. 3 GG *Wälde*, Juristische Folgenorientierung, S. 96 ff., 143; vgl. auch *Wagner*, AcP 206 (2006), 352, 431 f.; implizit zudem *Wagner*, in: Dreier, Rechtswissenschaft als Beruf, S. 170 ff.

358 *Wagner*, FS Canaris, 281, 312; vgl. entsprechend exemplarisch auch *Tröger*, in: Hopt/ Tzouganatos, Europäisches Wirtschaftsrecht, S. 303 f.; *Ott/Schäfer*, JZ 1988, 213, 219.

359 Vgl. *Wagner*, FS Canaris, 281, 312.

renten Folgenermittlung ausfallen. Dass diese durch positive Ökonomik[360] erfolgen sollte, ist im Folgenden zu verdeutlichen.[361]

II. Informationsgenerierung und -zufuhr durch Vielfalt positiver Ökonomik

Positive Rechtsökonomik führt sowohl aufgrund der von der Ökonomik behandelten Gegenstandsbereiche unmittelbar zu einem im Rahmen der Gesetzesauslegung nutzbar zu machenden Erkenntnisgewinn (1), als auch mittelbar durch ihre meta-sprachliche Funktion zur Erleichterung der fruchtbaren Nutzung rechtsvergleichender Erwägungen (2).

1. Unmittelbarer Erkenntnisgewinn aus der Ökonomik

Die Ökonomik stellt aufgrund ihrer vielfältigen Betrachtungsgegenstände eine Quelle heterogener positiver Informationen dar (a), deren Nutzung einen Informationstransfer zwischen den Wirtschaftswissenschaften und Rechtsanwendern erfordert (b).

a) Ökonomik als Erkenntnisquelle

Durch Beachtung sämtlicher wissenschaftlicher Erkenntnisse aller Diszipli-nen ließen sich die Realfolgen und Wirkungszusammenhänge von Rechts-normen vollumfänglich in dem gegenwärtigen Erkenntnisstand entspre-chenden Weise darstellen,[362] allerdings ist eine solch umfassende Analyse zur Informationsgewinnung dermaßen komplex und unübersichtlich, dass

---

360 Die Ökonomik stellt selbstredend nicht den einzigen Ansatz zur Rechtsfolgenana-lyse dar, siehe dazu umfangreich weiterführend nur *Deckert*, Folgenorientierung in der Rechtsanwendung; vgl. auch *Hellgardt*, Regulierung und Privatrecht, S. 403 insbesondere die Verweise auf die Rechtssoziologie in Fn. 394.
361 Zu einem Verstoß gegen die Gesetzesbindung kommt es dadurch entgegen dieser vereinzelt geäußerten Befürchtung gerade nicht, vgl. so etwa *Pawlowski*, Methoden-lehre, S. 303 f.; *ders.*, Einführung Methodenlehre, S. 59 f.
362 Vgl. schon allgemein zur Interdisziplinarität *supra* Kapitel 2 § 2 A.I.

ihre Umsetzung utopisch ist.[363] Aufgrund des umfangreichen Betrachtungsgegenstandes der Ökonomik,[364] der nahezu sämtliche Lebenssituationen
erfasst und diese fortschreitend erforscht, generiert sie umfassende Kenntnisse über die Wirkungszusammenhänge in vielfältigen Konstellationen
unter Zugrundelegung ihres individualistischen Ansatzes.[365] Der Analyseansatz zeichnet sich jedoch nicht nur durch die Vielfältigkeit der Betrachtungsgegenstände aus, auch die methodische Konzeption ist unter dem
hier vertretenen Grundbild der Ökonomik mannigfaltig und beschränkt
sich so nicht auf einzelne Ansätze wie den *homo oeconomicus*,[366] sondern
hat sich in den vergangenen Jahren stetig weiterentwickelt, indem vielfach
Ansätze und Erkenntnisse aus den Nachbardisziplinen berücksichtigt wurden, sodass auch die Art der generierten Informationen vielfältig und
passgenau für eine Vielzahl von Gesellschaftskonstellationen ist,[367] und

---

363 Vgl. *Hillgruber*, JZ 2013, 700, 703; *Sliwiok-Born/Steinrötter*, in: Sliwiok-Born/Stein-
  rötter, Intra- und interdisziplinäre Einflüsse, S. 18; siehe zu der entsprechend erforderlichen Abwägung positiver Analyse noch *infra* Kapitel 2 § 2 C.IV.
364 Vgl. *Lazear*, Q.J. Econ. 115 (2000), 99: "the success of economics derives from its
  rigor and relevance as well as from its generality. The economic toolbox can be used
  to address a large variety of problems drawn from a wide range of topics". Siehe exemplarisch auch zu der Vielzahl für Forschung in den Bereichen Gesellschafts- und
  Kapitalmarktrecht relevanten Aspekten der Ökonomik *Langenbucher*, Economic
  Transplants, S. 23 ff.; vgl. in Bezug auf die Erkenntnisse durch Sozialwissenschaften allgemeiner *Tröger*, Arbeitsteilung und Vertrag, S. 34: „ein ganzes Universum
  potentieller Erkenntnisquellen", wobei schon die Ökonomik als Teildisziplin der
  Sozialwissenschaften eine Vielzahl eigener Galaxien sowie eine mindestens eben so
  große Zahl weiterer, die sie mit anderen Sozialwissenschaften teilt, innerhalb dieses
  Universums bildet, um die Größenverhältnisse der Erkenntnismengen anhand dieses Bildes aus der Astronomie widerzuspiegeln.
365 Vgl. insoweit das Potential zur Offenlegung von Interessenkonflikten betonend *Tröger*, FS Westermann, 1533, 1540.
366 Siehe grundlegend *supra* Kapitel 2 § 2 A.II.
367 Siehe zu dieser Einschätzung etwa aus dem deutschen Schrifttum *Röhl/Röhl*, Allgemeine Rechtslehre, S. 648; siehe exemplarisch die Rezeption der verhaltensökonomischen Erkenntnisse um das Nudging in der deutschen rechtswissenschaftlichen
  Literatur allgemein *Wolff*, RW 2015, 194; sowie exemplarisch konkret in Bezug auf
  das Potential im Gesundheitsrecht *Beul*, KritV 2019, 39. Vgl. dagegen noch aus
  1979 die wesentlich pessimistischere Einstellung bei *Wälde*, Juristische Folgenorientierung, S. 33: „eine mikro-ökonomische Prognose und Feinsteuerung der Folgen
  einzelner wichtiger Wirtschaftsentscheidungen steht noch vor großen Schwierigkeiten." Noch immer besteht jedoch die Gefahr, die Erkenntnisse der modernen Ökonomik mit bloßen, „geradezu stammtischreifen", von Missverständnissen geprägten
  Argumenten abzulehnen, vgl. anschaulich und womöglich bewusst überspitzt *Liede-
  mann*, in: Augsberg, Extrajuridisches Wissen, S. 144.

entsprechend eine Auswahl zwischen verschiedenen Herangehensweisen anhand der Validität in Bezug auf eine gesellschaftliche Konstellation und die sich konkret stellende Rechtsfrage möglich ist.[368] So ist entscheidend bezogen auf die konkrete Rechtsfrage zu prüfen, inwiefern Erkenntnisse aus der Ökonomik, also die Annahmen einer Theorie sowie die einer empirischen Untersuchung zugrundeliegenden Umstände[369] mit der juristischen Frage kompatibel sind.[370] Auch Kritiker erkennen den Wert der Rechtsökonomik zumindest insoweit an, als sie „den notwendigen besseren Überblick" über die Realzusammenhänge behält.[371] Aufgabe der positiven Ökonomik in der Rechtswissenschaft muss es sein, zu zeigen, dass sie eine wesentliche Erkenntnisquelle für mannigfaltige Rechtsfragen darstellen kann,[372] und dieses in einer erheblichen Vielzahl von Fällen möglich ist.[373] Entsprechend vielfältig sind auch die Rechtsgebiete, die schon in englischsprachigen[374] und deutschsprachigen[375] rechtsökonomischen Lehrbüchern behandelt werden.[376]

---

368 Vgl. die Notwendigkeit der Berücksichtigung dieser Informationen betonend *Unberath/Cziupka*, AcP 209 (2009), 37, 74 f.; siehe konkret auch noch *infra* Kapitel 3 und Kapitel 4.

369 Vgl. zu der (potentiellen) Rolle von Experimenten zur Erhebung von Daten zu ganz vielfältigen Gesellschaftskonstellationen die anschauliche Einführung und m.w.N. *Chatziathanasiou/Leszczyńska*, RW 2017, 314 ff. Vgl. auch das Beispiel zur Nutzung durch Experiment gewonnener Daten zur Auslegung des Begriffs „Glücksspiel" der Rechtsnorm § 3 Abs. 1 GlüStV bei *Glöckner/Towfigh*, JZ 2010, 1027 ff.; siehe dazu in weiterem Kontext auch *Towfigh*, Int'l J. Const. L. 12 (2014), 670 ff.

370 Siehe dieses betonend etwa *Langenbucher*, FS Canaris, 219, 238 f.

371 Vgl. *Stürner*, JZ 2012, 10, 23.

372 Vgl. *Hofmann*, JZ 2018, 746, der daneben auch die Möglichkeit der Schaffung von Reflexionsdistanz für die Rechtswissenschaft gegenüber dem positiven Recht durch Rechtsökonomik betont, was jedoch weniger die Rechtsauslegung als vielmehr rechtspolitische Aspekte betrifft.

373 Dieses gilt potentiell auch für andere Sozialwissenschaften, die hier jedoch nicht Gegenstand weiterführender Untersuchungen sind, vgl. *supra* Kapitel 2 § 2 A.

374 *Cooter/Ulen*, Law & Economics; *Posner*, Economic Analysis of Law; *Miceli*, The Economic Approach to Law; *Shavell*, Foundations of Economic Analysis of Law; *Miceli*, Economic of the Law; *Polinsky*, Introduction to Law and Economics.

375 *Schäfer/Ott*, Lehrbuch der ökonomischen Analyse des Zivilrechts; *Adams*, Ökonomische Theorie des Rechts; *Weigel*, Rechtsökonomik.

376 Eine Übersicht der behandelten Rechtsgebiete in den einschlägigen Lehrbüchern findet sich bei *Baumann*, DICE Ordnungspolitischer Perspektiven No. 74, S. 16.

b) Informationstransfer

Für die Vornahme des Informationstransfers muss zunächst dessen Notwendigkeit identifiziert werden. Für die Bewältigung dieses Prozesses ist eine wechselseitige Zusammenarbeit von Juristen und Ökonomen erforderlich.[377] Die Identifizierung des Bedarfs positiven nicht-juristischen Wissens kann von der wirtschaftswissenschaftlichen Forschung ausgehen (1), regelmäßig wird sie jedoch aus der Rechtswissenschaft und -praxis heraus erfolgen und die Schlussfolgerungen in differenzierter Weise umgesetzt werden müssen (2).

(1) Initiative der Ökonomik

Die Initiative zur Informationsanreicherung der Rechtsanwendung kann von der Ökonomik ausgehen, was sich je nach der Offensichtlichkeit der Nähe der ökonomischen Forschung zum Rechtssystem in unterschiedlich starkem Maße aufdrängen kann. So legt exemplarisch eine Studie zur demografischen Struktur von Gerichten einen Bezug zum Rechtssystem auch für Nichtjuristen nahe, wodurch es für den Sozialwissenschaftler nahe liegen kann, die Forschungsergebnisse aus der Ökonomik an die Rechtswissenschaft heranzutragen, die wiederum so schließlich von dieser etwa zur Umsetzung des Grundsatzes der Gleichheit der Zusammensetzung deutscher Gerichte genutzt werden kann.[378] Wenn hingegen die Nähe zu Rechtsfragen für Sozialwissenschaftler nicht ohne weiteres erkennbar ist,[379] kann nicht erwartet werden, dass die Forschungserkenntnisse von außen an die Rechtswissenschaft und -praxis herangetragen werden.

---

377 Vgl. so deutlich von einem *sctrictly legal point of view* ausgehend, jedoch insoweit generell treffend *Ernst*, in: Engel/Schön, Proprium der Rechtswissenschaft, S. 19; zu tatsächlichen Bedingungen des Austausches auch noch *infra* Kapitel 2 § 2 C.V.

378 Vgl. *Flanagan*, J. L. & Econ. 61 (2018), 189. Relevanz könnten solche Erkenntnisse etwa ganz konkret bei der Auslegung von Besetzungsvorschriften erhalten, wie etwa § 42 Abs. 2 GVG, der die Diversität der Berücksichtigung von Bevölkerungsgruppen bei der Schöffenwahl festlegt.

379 Siehe allgemein zu den breiten Gegenstandsbereichen und dem Beispiel konkret schon *supra* Fn. 237.

(2) Initiative der Rechtswissenschaft

Wirtschaftswissenschaftler haben jedoch regelmäßig keinen hinreichenden Überblick über das Rechtssystem, um für den Rechtsanwender nützliche Studien passgenau identifizieren zu können, wenn ihre Relevanz für das Rechtssystem weniger offenkundig ist. Der Regelfall des Informationstransfers zugunsten der Rechtsanwendung muss folglich aufgrund des notwendig besseren Überblicks über die sich stellenden Rechtsfragen durch die Identifizierung des Bedarfs an positiver Analyse von Wirkungszusammenhängen im Rechtsanwendungs- und -auslegungsprozess von der Rechtswissenschaft aus erfolgen, an der es zumindest liegt, die für sie entscheidenden sozialwissenschaftlich analysierbaren Zusammenhänge zu benennen.[380] Der Rückgriff auf positive Ökonomik durch die Jurisprudenz und Rechtspraxis lässt sich als komplementäres Aufgabenduo beschreiben (a), das in Abhängigkeit von der konkreten Charakteristik der betrachteten Rechtsfrage durch heterogene Anforderungen charakterisiert wird (b).

(a) Komplementäres Aufgabenduo positiver Ökonomik

Konkret ergibt sich ein Auftrag an die positive Ökonomik dann, wenn im Rahmen der Rechtsanwendung einzelnen Akteuren oder typisierend einer Gruppe von Akteuren explizit oder implizit bestimmte Eigenschaften oder Verhaltensweisen zugesprochen werden müssen, um eine abstrakte Rechtsnorm auf einen konkreten Sachverhalt anzuwenden.[381] Insoweit auf die fragliche Konstellation konkret passende empirische Aussagen nicht vorhanden sind, ist ein Näherungsvorgang erforderlich, für den positive Rechtsökonomik das Werkzeug bereitstellt. Was sich an einer Vielzahl von Beispielen zeigen ließe, soll hier zunächst anhand einer auf den ersten Blick exotisch anmutenden, aber aufgrund ihrer besonders augenscheinlichen Bezugnahme auf Verhaltenserwägungen von Personen für diesen

---

380 Vgl. insoweit auch *Tröger/Scheibenpflug*, Ad Legendum 2017, 273, 277 f.; von einer „genuin rechtswissenschaftlichen Aufgabe" sprechen entsprechend *Hamann/Hoeft*, AcP 217 (2017), 311, 317; vgl. in Bezug auf Empirie auch *Langenbucher*, ZGR 2012, 314, 315.

381 Vgl. dazu auch die tatsachengestützte Kritik von *Morell*, AcP 214 (2014), 387 zu OLG Schleswig, Urt. v. 5.6.2013 – 7 U 11/12, BeckRS 2013, 10226 zu Obliegenheiten im Sinne von § 254 BGB im Straßenverkehr; instruktiv anhand des Falles zur Notwendigkeit faktenbasierter Rechtsanwendung auch *Hamann*, JURA 2017, 759, 765.

Zweck besonders geeigneten Norm des Olympiamarkenschutzgesetzes verdeutlicht werden. So ist es nach § 3 Abs. 2 OlympSchG unter anderen Dritten untersagt, die olympische Bezeichnung in der Werbung für Waren zu verwenden, insoweit hierdurch die Gefahr von Verwechslung, einschließlich der Gefahr, dass die Bezeichnung mit den Olympischen Spielen oder der Olympischen Bewegung gedanklich in Verbindung gebracht wird, verursacht wird. Für die Anwendung dieser Vorschrift auf den konkreten Fall ist entscheidend, unter welchen Umständen bei welchem Anteil der Gesamtheit der relevanten Handlungsträger die Gefahr einer Verwechslung tatsächlich besteht. Auf dieser positiven Basis kann erst entschieden werden, ob eine Verwechslungsgefahr im Sinne der Vorschrift zu bejahen ist, ohne jegliche Kenntnisse über die Wahrnehmung der Werbung durch Personen wäre das entsprechende Urteil zufällig.[382] Positive Rechtsökonomik setzt somit an der intersubjektiv transparenten Erläuterung des Wortes „Verwechslungsgefahr" an. Sie schafft ein Wortlauterwägungen stabilisierendes, dem Mangel eines homogenen Vorverständnisses begegnendes Bezugssystem.[383] Das komplementäre Aufgabenduo positiver Rechtsökonomik liegt darin, einerseits bestehende ökonomische Forschung auf ihre Passgenauigkeit im Hinblick auf die sich in der Rechtsanwendung stellenden Fragen zu überprüfen und zu nutzen, andererseits aber auch den Bedarf an weitergehender Forschung zu erkennen und an die Ökonomik zu kommunizieren. Insoweit also etwa im vorgenannten Beispiel die maßgeblichen Ansichten der Handlungsträger offenlegende passgenaue empirisch untermauerte Studien nicht vorhanden sind,[384] kann daraus freilich nicht geschlussfolgert werden, die empirische Wirklichkeit könne anhand der persönlichen Perspektive der durch relativ homogene Vorerfahrungen charakterisierten, und somit die Perspektive der Gesamtheit relevanter Handlungsträger in keiner Weise abbildenden, Mitglieder einer dreiköpfi-

---

382 Vgl. zur willkürlichen Komponente der Rechtsanwendung in diesem Sinne zum Verbraucherrecht im Allgemeinen *Engel/Stark*, ZEuP 2015, 32, 34 ff.

383 Siehe deutlich *Tröger*, Arbeitsteilung und Vertrag, S. 62.

384 Siehe mit dieser Feststellung BGH, Urt. v. 15.5.2014 – I ZR 131/13, GRUR 2014, 1215, 1219 (Rn. 45); zuvor explizit mit treffender Kritik, die darauf abstellt, dass die Studien auf Erinnerungswerte *ex post* und nicht den kognitiven Prozess im Zeitpunkt der Kaufentscheidung abstellen und darüber hinaus auch in ihrem materiellen Aussagegehalt nicht eindeutig sind schon *Heermann*, GRUR 2014, 233, 236. Aufgrund der Konkretheit und bisweilen besonderen Spezialität der im Rahmen der Rechtsanwendung zutage tretenden sozialwissenschaftlichen Fragen, dürfte diese Konstellation sogar den Regelfall darstellen, vgl. dazu *Hamann*, Evidenzbasierte Jurisprudenz, S. 26 f. m.w.N.

gen Landgerichtskammer geschätzt[385] oder gar durch den Rechtsanwender schlicht willkürlich bestimmt werden.[386] Auch der Verweis auf die Figur des „normal informierten Verbrauchers" vermag dem Begriff der Verwechslungsgefahr keine Konturen zu verschaffen, denn dieser verlagert die Frage nach der Verteilung von Fähigkeiten zur differenzierenden Wahrnehmung von Werbung lediglich von der Gesamtheit relevanter Handlungsträger auf diesen konstruierten, nicht näher durch Rückkopplung zu tatsächlich beobachtbaren Charakteristika konkretisierten Verbraucher.[387] Vielmehr ergibt sich in solchen Konstellationen anhand der Gesetzeskonzeption für die positive Rechtsökonomik zur faktenbasierten Rechtsanwendung das komplementäre Aufgabenduo, das einerseits in einer mittel- bis langfristigen Perspektive in der Kommunikation mit den Sozialwissenschaften zur künftigen Generierung von Erkenntnissen durch die Durchführung empiri-

---

385 Siehe diesen Eindruck erweckend jedoch LG Nürnberg-Fürth, Urt. vom 12.12.2012 – 3 O 10482/11, SpuRt 2013, 165; *Röhl*, SpuRt 2013, 134, 136; *Heermann*, GRUR 2014, 233, 235; vgl. auch die insoweit treffende Kritik bei *Stöhr*, AcP 217 (2017), 144 f.; *Ernst*, in: Engel/Schön, Proprium der Rechtswissenschaft, S. 19.

386 Darauf läuft jedoch die höchstinstanzliche Rechtsprechung bei bloß feststellender Behauptung von kognitiven Prozessen und Fähigkeiten hinaus, die einem „normal informierten Verbraucher" oder auch dem „Durchschnittsverbraucher" zugesprochen werden, siehe BGH, Urt. v. 15.5.2014 – I ZR 131/13, GRUR 2014, 1215; jüngst erneut auch BGH, Urt. v. 7.3.2019 – I ZR 225/17, GRUR 2019, 648. Vgl. mit entsprechender Stoßrichtung auch *Fleischer*, Informationsasymmetrien im Vertragsrecht, S. 229: „Hier wie anderwärts im Privatrecht gilt indessen, daß sich ein einmal aufgedecktes Problem nicht unter Hinweis auf noch unbewältigte Folgeprobleme wieder zudecken läßt."

387 So wird dem „normal informierten Verbraucher" durch die Rechtsprechung die Fähigkeit zur Differenzierung zwischen Werbung offizieller Sponsoren und sonstiger werblicher Bezugnahme sowie die Kenntnis von dem vermeintlichen Fakt unterstellt, offizielle Sponsoren würden ihre Eigenschaft als Sponsor regelmäßig im Rahmen der Werbung betonen, ohne einen tatsächlichen Bezug zu Kenntnissen und Fertigkeiten von potentiellen Konsumenten herzustellen, siehe BGH, Urt. v. 7.3.2019 – I ZR 225/17, SpuRt 2019, 227, 228 (Rn. 12); BGH, Urt. v. 15.5.2014 – I ZR 131/13, GRUR 2014, 1215, 1219 (Rn. 43); vgl. auch die Kritik an der Verwendung des Leitbilds des Durchschnittsverbrauchers bei *Weber*, VuR 2020, 9; *Rott*, VuR 2015, 163.

scher[388] und Fortentwicklung modell-theoretischer Studien besteht,[389] oder alternativ diese Generierung soweit möglich eigenständig durch die Rechtswissenschaft zukünftig erfolgt,[390] andererseits kurzfristig – unmittelbar für den Rechtsanwender mangels hinreichender Wartezeit häufig relevanter – in der kritischen Sichtung und differenzierten Berücksichtigung von bereits verfügbaren Erkenntnissen und theoretischen Modellierungen der Ökonomik, die zur näherungsweisen Schätzung der konkret fraglichen Wirkungszusammenhänge des Regelungsgegenstandes der fraglichen Rechtsnorm dienen.[391] Anhaltspunkte für diesen Schätzvorgang gewähren im Beispiel der Verwechslungsgefahr im Sinne des Olympiamarkenschutzgesetzes etwa konkrete empirische Erkenntnisse zu den allgemeinen Kenntnissen der

---

388 Vgl. den insoweit begrüßenswerten Ansatz zur Durchführung eigener empirischer Erhebungen durch Juristen von *Stöhr*, AcP 216 (2016), 558; siehe unmittelbar daran anknüpfend die differenzierende Würdigung bei *Hamann/Hoeft*, AcP 217 (2017), 558; siehe mit entsprechender Stoßrichtung exemplarisch eingebettet in die US-amerikanische Diskussion zur Vertragsauslegung und unter Aufzeigen differenzierender Anforderungen an die praktische Vorgehensweise *Ben-Shahar/Stahilevitz*, NYUL Rev. 92 (2017), 1753; in Bezug auf rechtspolitische Arbeit, jedoch entsprechend weitgehend auf Rechtsanwendungskonstellationen übertragbar *Leuz*, Account. & Bus. Res. 48 (2019), 582, 600 ff. und *passim*: „Creating an infrastructure for evidence-informed policymaking".

389 Vgl. zu der Rolle von Juristen „als Helfer rechtsökonomischer Arbeiten" *Tröger/Scheibenpflug*, Ad Legendum 2017, 273, 277.

390 Vgl. das „unausgeschöpfte Potential" dieser Perspektive in einem gesellschaftsrechtlichen Kontext unter Verweis auf jüngste Literatur, aber auf andere Rechtsgebiete übertragbar, betonend *Engel*, FS Windbichler, 33, 39 ff.; siehe grundsätzlich zu dieser Perspektive auch schon *Tröger/Scheibenpflug*, Ad Legendum 2017, 273, 277; zu tatsächlichen Hürden und darauf begründeten Zweifeln an dem Ansatz hier noch *infra* Kapitel 2 § 2 C.V.

391 Ohne Berücksichtigung der tatsächlichen Wirkungszusammenhänge und Interessenlagen besteht die kaum abzuwendende Gefahr, „der Ästhetik eines begrifflichen Glasperlenspiels zu erliegen", so treffend *Tröger*, FS Westermann, 1533, 1540. Dabei darf freilich keineswegs unterschlagen werden, dass den dabei maßgeblichen empirischen Studien zwingend wertende Vorentscheidungen, etwa in der Durchführungskonzeption und dem Untersuchungsgegenstand (zu der erforderlichen Grenzziehung auch schon *supra* Kapitel 2 § 1 B.I.), zugrunde liegen und sie nur in diesem Bewusstsein dazu geeignet sind, die je gegenständliche normative Zielfrage evidenzbasiert zu untermauern, vgl. insoweit deutlich *Hamann*, Evidenzbasierte Jurisprudenz, S. 107 ff.; anschaulich auch *Hamann/Hoeft*, AcP 217 (2017), 311, 315, 323 ff., zur Erforderlichkeit der Berücksichtigung verwandter Studien wieder am dort auf S. 322; siehe treffend *Blinder*, Hard Heads Soft Hearts, S. 10: the „fact that economists do not know everything does not mean that they do not know anything"; vgl. in diesem Sinne deutlich auch *Leuz*, Account. & Bus Res. 48 (2018), 582, 601.

Konsumenten über Darstellungsformen von werbenden Unternehmen im Zusammenhang mit den olympischen Spielen.[392] Aber auch auf allgemeineren Studien basierende Modellierungen aus dem Marketing als Subdisziplin der Ökonomik zu den kognitiven Vorgängen, die im Rahmen von Kaufentscheidungen angestoßen werden, können Hinweise dazu geben, ob grundsätzlich vorhandene Kenntnisse in den maßgeblichen Momenten der Entscheidungsfindung durch einen zu benennenden Anteil der Verbraucher aktiviert werden und diese somit eine Verwechslungsgefahr zum maßgeblichen Zeitpunkt der Kaufentscheidung vermeiden.[393]

Die Notwendigkeit der Durchführung entsprechender positiver Analysen zur Fundierung des Begriffsverständnisses von Rechtsnormen ergibt sich in einer Vielzahl weiter Fälle. Ob dem Erfordernis der verständlichen Aufklärung des Patienten gem. § 630e Abs. 2 S. 1 Nr. 3 BGB genüge getan wird, lässt sich etwa wiederum nur anhand der positiven Analyse des durch die individuelle Vorerfahrung der einzelnen Patienten geprägten tatsächlichen Verständnisses dieser beurteilen,[394] das ebenfalls im Idealfall

---

392 So etwa bei *Mangold/Nufer*, Sciamus – Sport und Management 2013, 1, 6; zur (notwendigen) kritischen Auseinandersetzung *Heermann*, GRUR 2014, 233, 236; *Röhl*, SpuRt 2013, 134, 138. Vgl. aber auch die Informationen aufdeckenden Studien in dem Themenkreis, aus denen sich entsprechende ökonomische Modellierungen zum Verhalten ableiten lassen *Séguin/Lyberger/O'Reilly/McCarthy*, Int'l J. Sports Mark. Spons. 6 (2005), 216, 223; *Portlock/Rose*, Int'l J. Sports Mark. Spons. 10 (2009), 271; *Pitt/Parent/Berthon/Steyn*, Bus. Horiz. 53 (2010), 281; *Wolfsteiner/Grohs/Wagner*, J. Sport Manage. 29 (2015), 137.

393 Siehe etwa die typisierende Einteilung zur Aktivierung kognitiver Prozesse im Rahmen von Kaufentscheidungen anhand unterschiedlicher Arten von Gütern bei *Fritz/von der Oelsnitz/Seegebarth*, Marketing, 5. Aufl. 2019, S. 46 ff.; instruktiv auch *Runia/Wahl/Geyer/Thewißen*, Marketing, 5. Aufl. 2019, S. 45 f.; *Hoffmann/Akbar*, Konsumentenverhalten, 2. Aufl. 2019, S. 109 f.; ebenfalls hilfreich sind in den geregelten Konstellationen Erkenntnisse aus der Verhaltensökonomik, insbesondere zu der Verfügbarkeitsheuristik, die nahelegen, dass in der Kaufentscheidung nur ausgewählte Informationen in entscheidungserheblicher Weise tatsächlich aktiviert werden, dazu *Tversky/Kahneman*, Cognitive Science 5 (1973), 207; instruktiv *Kahneman*, Thinking, Fast and Slow, 2011, S. 129 ff.

394 So geht die Rechtsprechung im Hinblick auf die Aufklärung über Eintrittswahrscheinlichkeiten von Behandlungsrisiken etwa ohne Weiteres davon aus, dass Beschreibungen wie „häufig", „gelegentlich" und „selten" trotz der erheblich subjektiven Komponente ihrer Bedeutung bei Verwendung durch einen Arzt für den Patienten verständlich sind, ohne das empirische Verständnis von Patienten einerseits und Behandelnden andererseits näher zu beleuchten, vgl. ausführlich zu der Kritik *Drechsler*, JR 2020, 47; sowie insoweit gegensätzlich BGH, Urt. v. 29. 1. 2019 – VI ZR 117/18, JR 2020, 52; sowie *Ziegler/Ziegler*, NJW 2019, 398. Als weiteres Beispiel ist einer in der Literatur vorgeschlagenen Lösung des Problems der Aufklärung

individuell empirisch zu ermitteln oder hilfsweise modell-theoretisch zu schätzen ist, wozu wiederum einerseits bestehende Forschungsergebnisse herangezogen und der Bedarf an weiterführender Forschung zielgerichtet kommuniziert werden muss.

Während sich in vorgenannten Beispielen die Notwendigkeit positiver Analyse explizit und unmittelbar aus den Gesetzesnormen durch die entsprechenden direkten begrifflichen Bezüge („Verständnis", „Verwechslung") ergibt, wird sie in Fällen offenerer Tatbestände erst im Rahmen weitergehender Erwägungen deutlich. Beispielsweise ist zur Feststellung eines Rechts zur außerordentlichen Kündigung gem. § 626 Abs. 1 BGB die „Abwägung der Interessen beider Vertragsteile" erforderlich, wobei zur Konkretisierung dieser Parteiinteressen an der Kündigung oder dem Fortbestehen des Beschäftigungsverhältnisses die Konsequenzen, also die alternativen positiven Wirkungszusammenhänge, für beide Vertragsteile durch die gegeneinander abzuwägenden Optionen der Auslegung – Wirksamkeit oder Unwirksamkeit der Kündigung – bei Anwendung des § 626 Abs. 1 BGB zu berücksichtigen sind.[395]

(b) Heterogenität der Anforderungen an positive Ökonomik

Anhand dieser exemplarisch angeführten Auslegungsfragen lässt sich nicht nur die Notwendigkeit strukturierter positiver Analyse zur die Auslegung

---

im Rahmen der Placebobehandlung auf Basis einer positiv ökonomische Analyse entgegenzutreten, denn diese Analyse verdeutlicht, insbesondere basierend auf verhaltensökonomischen Erwägungen wie der Verfügbarkeitsheuristik, dass die durch die vorgeschlagene Art der Aufklärung hervorgerufenen Fehlvorstellungen über Leistungsfähigkeit alternativer Behandlungsmethoden hervorrufen oder verstärken kann, worin die Gefahren bei der von den Autoren vorgeschlagenen (eingeschränkten) Form der Behandlungsaufklärung zu sehen ist; zu der ausführlichen Kritik siehe *Drechsler*, MedR 2020, 271; ausführlich zu den diskutierten Aufklärungsvorschlägen *Gaßner/Strömer*, VersR 2014, 299; *Gaßner/Strömer*, PharmR 2017, 49.

395 Vgl. aus der Kommentarliteratur zur Erheblichkeit der Folgen exemplarisch nur *Niemann*, in: ErfK, § 626 Rn. 41, 44; *Henssler*, in: MüKoBGB, § 626 Rn. 90 f. Siehe zudem das konkrete Beispiel der Diskussion um das Recht zur fristlosen Kündigung von professionellen Fußballspielern im Falle des Ausschlusses seines Arbeitgebers von den internationalen Klubwettbewerben der UEFA wegen Verstoßes gegen Lizenzierungsbedingungen (Financial Fairplay), im Rahmen die Konsequenzen eines solchen Kündigungsrechts für die Arbeitgeber zu berücksichtigen sind, die durch Massenkündigungen mit den von ihnen beschäftigten Sportlern ihre wesentliche Wertposition verlören, *Drechsler*, NZA 2020, 841, 844 f.

stützenden Informationszufuhr in Gestalt des komplementären Aufgabenduos verdeutlichen, sondern es lassen sich weiterführend auch die Unterschiede in den Anforderungen an die Beschaffenheit der erforderlichen
positiven wissenschaftlichen Erkenntnisse herausstellen.[396] Die Frage nach
der Verständlichkeit der Aufklärung nach § 630e Abs. 2 S. 1 Nr. 3 BGB richtet sich auf das konkrete Verständnis des Aufzuklärenden in einem spezifischen zugrundeliegenden Fall. Es ist somit aufgrund der grundsätzlichen
Heterogenität des menschlichen Verständnisses jedes konkret betroffene
Individuum zu betrachten. Im Hinblick auf den Rückgriff auf positive sozialwissenschaftliche Erkenntnisse handhabbar wird diese Aufgabe jedoch
durch die Schätzung des individuellen Verständnisses auf Basis allgemei-
nerer, über mehrere Personen aggregierter Untersuchungen, etwa anhand
aufgrund ähnlicher Vorkenntnisse typisierend vergleichbarer Individuen.[397]

Strukturell anders ist der Ansatz positiver Analyse jedoch, wenn zur
Beurteilung nicht die individuelle Perspektive, sondern ein Anteil an der
Gesamtheit, der von dem Regelungstatbestand einer Vorschrift betroffenen
Handlungsträger für die Rechtsanwendung entscheidend ist. So stellt es
sich etwa in der Konstellation der Verwechslungsgefahr im Sinne des § 3
Abs. 2 OlympSchG dar. Demnach ist es untersagt, die olympische Bezeichnung in der Werbung zu verwenden, wenn hierdurch die Gefahr der Verwechslung mit offiziellen Sponsoren besteht,[398] denn ob eine bestimmte
Werbung eine Rechtsverletzung im Sinne der Vorschrift darstellt, kann
nicht anhand der individuell-konkreten Perspektive zwischen unterschiedlichen Verbrauchern separat entschieden werden, sondern muss einheitlich
in Bezug auf die Gesamtheit aller potentiellen Verbraucher festzustellen
sein. Anhand einer kritischen Grenze im Hinblick auf das Verständnis in
Gestalt eines Anteils an der Gesamtheit aller potentiellen Verbraucher, die
festzulegen ist, ist zu beurteilen, ob eine konkrete Werbung diese Grenze
überschreitet und somit aufgrund der Verwechslungsgefahr bei einem hinreichend großen Anteil an der Gesamtheit der Handlungsträger eine Ver-

---

396 Vgl. allgemein auch *Reimer*, Juristische Methodenlehre, § 498: „Für die konkrete
Durchführung einer ökonomischen Analyse ist daher festzuhalten, dass ihre Über-
zeugungskraft von der Offenlegung und Begründung der Auswahl des jeweiligen
Ansatzes, der jeweiligen Kriterien und Methode(n) abhängt."

397 So ließen sich etwa Gruppen von Individuen anhand des Bildungsniveaus oder der
Nähe des ausgeübten Berufs zu medizinischen Tätigkeiten, die ein gewisses Niveau
an Fachkenntnis indizieren, einteilen.

398 Vgl. zur insoweit zwingend erforderlichen Konkretisierung des Tatbestands ausgehend von dem Wortlaut grundlegend BT-Drs. 15/1669.

wechslungsgefahr – und eben deswegen eine Rechtsverletzung – im Sinne der Vorschrift darstellt. Da die Perspektive des Einzelnen als Teil der (relativ großen) Gesamtmenge potentieller Konsumenten somit nicht entscheidend ist, lassen sich insoweit auf Basis repräsentativer Stichproben und aus diesen deduzierter Modellierung faktenbasierte Aussagen zur Stützung der Rechtsanwendung treffen, ohne dass eine separate Individualbetrachtung von Verbrauchern in einem konkreten Fall durch den Rechtsanwender erforderlich ist.

Die Notwendigkeit vereinfachender typisierender Betrachtung im Rahmen des Rückgriffs auf ökonomische Forschung ergibt sich in solchen Konstellationen jedoch auf anderer Ebene, schließlich kann nicht für jede denkbare Art der Darstellung aus der unerschöpflichen Gesamtmenge möglicher Werbedarstellungen eine repräsentative Untersuchung des Verbraucherverständnisses durchgeführt werden. Vielmehr muss bei pragmatischer Betrachtung die Durchführung entsprechender empirischer bzw. modell-theoretischer Studien typisierend im Hinblick auf Merkmale differenzierend untersucht werden, die zu Unterschieden der Verbraucherwahrnehmung zwischen unterschiedlichen Darstellungen der Werbungen führen. Mit sinkender Heterogenität der maßgeblichen von den Regelungsgegenständen von Rechtsnormen betroffenen Akteuren sinkt selbstredend die durch die erforderliche kritisch-differenzierte Anpassung positiv-ökonomischer Erkenntnisse verursachte Unsicherheit der Analyse und somit steigt die durch diese geschaffene Präzision der Aussagen über die Verhaltenszusammenhänge. Die Herausforderungen, die mit der Heterogenität potentieller von Rechtsnormen betroffener Handlungsträger sowie der konkreten Regelungsgegenstände einhergehen, verdeutlichen auch die Komplementarität des benannten Aufgabenduos positiver Ökonomik, dessen Facetten nicht als diskrete und unabhängige Teile positiver Rechtsökonomik angesehen werden können, sondern Kombinationen und Mischformen bestehend aus dem Rückgriff auf bereits vorhandene Kenntnisse einerseits und der Identifizierung und Kommunikation der Erforderlichkeit weiterführender positiver Forschung andererseits in der konkreten Anwendungskonstellation nutzbar gemacht werden müssen, um das sozialwissenschaftliche Potential zur Informationsgewinnung für den Rechtsanwendungsprozess maximal umfangreich und passgenau ausschöpfen zu können. Insoweit zusammenfassend ist jedoch zu betonen, dass aufgrund des großen Umfangs und der Diversität wirtschaftswissenschaftlicher Forschung vielfach auf Basis bestehender Forschungserkenntnisse schon sehr weitgehende Betrachtungen zur Funktionsanalyse möglich sind, mithin die Individualisierung weitergehender ökonomischer Erkenntnisse zwar vielfach Mehrwert versprechen mag, dieses jedoch keineswegs die schon bestehende Aussagekraft überlagern und zur Unterschätzung ihrer Leistungsfähigkeit führen darf.

Der allzu pauschalisierende Vorwurf, bei den vermeintlichen Erkenntnisgewinnen durch die positive Ökonomik handele es sich um „moderne Astrologie",[399] der vor allem durch Verweis auf im Rahmen der Finanzkrise offen zutage getretene Fehlprognosen gestützt wird, kann im Hinblick auf das komplementäre Aufgabenduo zur Informationsgewinnung einerseits auf der kurzfristigen Ebene als Hinweis auf die vielfach fehlende Passgenauigkeit vorhandener wirtschaftswissenschaftlicher Erwägungen auf die sich konkret stellende Rechtsfrage verstanden werden, andererseits auf der mittel- bis langfristigen Ebene grundlegender schon als Zweifel an den Möglichkeiten zur passgenauen Beschreibung komplexer Wirkungszusammenhänge. Dem ist zweierlei entgegenzuhalten. Zum einen handelt es sich bei der Kritik am Beispiel der Finanzkrise[400] um einen, wenn auch weitreichenden Einzelfall, der keine Aussagen zur generellen Funktionsfähigkeit einer Wissenschaft, sondern eben zu dieser konkreten Konstellation zulässt. Hiervon auf die Allgemeinheit aller positiven Analysen der Ökonomik zu schließen, würde einen Induktionsschluss bedeuten. So liegt es zum anderen gerade in der Natur prognostizierender Modellierung, dass Aussagen unter Unsicherheiten getroffen werden, wobei diese Unsicherheiten von dem Abstraktionsgrad der Modellierung abhängen. Der entscheidende strukturelle Unterschied zur Astrologie liegt jedoch darin, dass die Ökonomik auf überprüfbaren Modellen unter Anerkennung ihres in begrenztem Maße belastbaren Prognosecharakters sowie der Möglichkeit weiterführender kritischer Überprüfung bestehender Erkenntnisse basiert. Wenn das Bewusstsein der fehlenden Absolutheit wirtschaftswissenschaftlicher Forschung besteht, bietet sie gerade auch die Möglichkeit, zumindest grobe Aussagen zu Wirkungszusammenhängen in methodisch klarer und somit begründeter Weise zu machen,[401] die ansonsten etwa bedingt durch ihre Komplexität oder dem bislang fehlenden Fokus der Ökonomik gänzlich verschlossen blieben und somit aufgrund der Konzeption von Rechtsvorschriften die Notwendigkeit für den Rechtsanwender begründen würden, die Entscheidung auf bloße Anekdoten zu stützen.

---

399 *Stürner*, JZ 2012, 10, 22.
400 Vgl. *Stürner*, JZ 2012, 10, 22.
401 Zur Methodik sogleich *infra* Kapitel 2 § 2 C.III.

2. Mittelbarer Erkenntnisgewinn mithilfe der Ökonomik

Auch die Erleichterung der Rechtsvergleichung und damit der Import von Kenntnissen fremder Rechtssysteme kann durch Ökonomik als Meta-Sprache erfolgen.[402] In anderen Rechtssystemen offengelegte Wirkungsweisen von Rechtsnormen sowie die entsprechenden realen Wirkungszusammenhänge können Hinweise für Auslegungsfragen des eigenen Systems geben, indem die durch positive Ökonomik offengelegten Wirkungszusammenhänge einer Rechtslage in einem fremden Rechtssystem auf mögliche Wirkungszusammenhänge hierzu ähnlicher Auslegungsvarianten einer Rechtsnorm im eigenen Rechtssystem hindeuten. Die positive Ökonomik vermittelt somit ein Analyseinventar, das der Rechtsvergleichung strukturierende Werkzeuge zur Verfügung stellt,[403] und so mittelbar positive Erkenntnisse aus fremden Rechtsordnungen in den Auslegungsprozess einzuführen vermag.

III. Methodik positiver Ökonomik

Die Erkenntnis, dass die bewusste Handhabe der Rechtsfolgenbetrachtung eine Steigerung der Rationalität der Rechtsanwendung durch Verbesserung von Struktur und Methode mit sich bringt, wurde bereits vor Erörterung der Bedeutung der Ökonomik für die deutsche Rechtswissenschaft erkannt.[404] Die Rechtsökonomik ist zur Verwirklichung dieser Zielvorgabe aufgrund ihrer prägenden methodischen Merkmale auch abgesehen von der reinen Informationsgenerierung in besonderem Maße geeignet.[405] Zwar ist die Ökonomik nicht die einzige Wissenschaft, die Mittel zur Folgenbe-

---

402 Zur Meta-Sprache als Versprechen von *economic transplants* siehe *Langenbucher*, Economic Transplants, S. 64 ff.; vgl. die Notwendigkeit der Modifikation der deutschen Rechtsdogmatik im Sinne einer Pluralisierung zur Partizipation im europäischen Rechtsraum betonend *von Bogdandy*, JZ 2011, 1, 3 ff. Siehe weiterführend zu den Schnittstellen von Rechtsökonomik und Rechtsvergleichung *Tröger*, Arbeitsteilung und Vertrag, S. 67 ff. m.w.N. *Karsten Schmidt* hat die Rechtsökonomik in diesem Sinne als „unbestreitbar die Weltsprache des Rechts" charakterisiert, siehe dazu *Schirmer*, AcP 216 (2016), 320, 321.

403 Vgl. *Tröger*, Arbeitsteilung und Vertrag, S. 68 f.

404 Siehe ausführlich etwa *Wälde*, Juristische Folgenorientierung, S. 38 ff., 89 ff., 129 f., 142; vgl. zu Rationalitätsgewinnen durch Folgenerwägungen allgemein auch *Lübbe-Wolff*, Rechtsfolgen und Realfolgen, S. 11 ff. m.w.N.; *supra* Kapitel 2 § 2 C.I.

405 Vgl. *Lüdemann*, in: Ausgberg, Extrajuridisches Wissen, S. 121 f., 144 ff.

trachtung bereitstellt, sie stellt jedoch ein umfangreich ausdifferenziertes Repertoire von vielfältigen Ansätzen dar.[406] Die Ökonomik ist nach ihrem Selbstbild aber auch nach externer Einschätzung durch ihren Anspruch an Exaktheit und formale Stringenz geprägt, sodass methodisch ihre ausgeprägte Nähe zu den Naturwissenschaften für sie charakteristisch ist.[407] Das Transparenz schaffende Element positiver Rechtsökonomik ist im Wesentlichen darauf zurückzuführen, dass im Rahmen der Modelbildung Prämissen, Axiome und Paradigmen zwingend offenzulegen sind,[408] wodurch ihre Rückführung auf und Überprüfung durch Empirie erfolgen kann. Diese Eigenschaft wird durch die quantitative Arbeitsweise der Ökonomik gestützt und ermöglicht zudem strukturierte Komplexitätsreduzierungen. Die quantitative Arbeitsweise der Ökonomik schafft ein im Verhältnis zu den klassischerweise verbalen (rechtsfolgenbezogenen) Auslegungserwägungen ein höheres Maß an Messbarkeit für die Gesetzesauslegung,[409] da quantitative Erwägungen stärker als qualitative einem wertneutralen Vergleich zugänglich sind und ihr Verständnis grundsätzlich in geringerem Umfang von sprachlichem Vorverständnis abhängig ist.[410] Dabei bestehen zwar Schwierigkeiten im Rahmen der Generierung quantitativer Analysen sowie der Handhabbarkeit der Komplexität der dazu erforderlichen Methodik, die sich daraus ergebenden Probleme lassen sich jedoch systematisieren und offenlegen.[411] Durch die zur ökonomischen Analyse zwingend erforderliche Abstraktion[412] erfolgt eine Komplexitätsreduzierung, die jedoch

---

406 Vgl. *Hellgardt*, Regulierung und Privatrecht, S. 424; auch *Wagner*, AcP 206 (2006), 352, 424 f.

407 Vgl. zu diesem Bild, aber auch den teilweise angebrachten Zweifeln daran *Neck*, in: Hilgendorf, Kritischer Rationalismus und Einzelwissenschaften, S. 93; siehe auch zum Vorteil der Klarheit der Rechtsökonomik *Grundmann*, JZ 2013, 693, 696.

408 Vgl. präzise so *Tröger*, Arbeitsteilung und Vertrag, S. 62.

409 Vgl. *Langenbucher*, Economic Transplants, S. 64 ff., sowie konkret in Bezug auf die Rechtsprechung S. 184 ff.; zum Rationalitätsgewinn durch quantitative Arbeitsweise allgemein auch *Röthel*, Normkonkretisierung im Privatrecht, S. 240 ff.

410 Vgl. dazu das einfache, die Problematik jedoch verdeutlichende Beispiel der Risikoaufklärung im Rahmen des Behandlungsvertrages *Drechsler*, JR 2020, 46.

411 Siehe die methodisch-technischen Schwierigkeiten überblickend und systematisierend *Leuz*, Account. & Bus. Res. 48 (2018), 582, 588 ff.

412 Vgl. *Langenbucher*, Economic Transplants, S. 64 ff., sowie konkret in Bezug auf die Rechtsprechung S. 194 ff.; grundlegend auch *Lazear*, Q.J. Econ. 115 (2000), 99: "Neither luck nor the inherent charm of economists is responsible for the change. Rather, the ascension of economics results from the fact that our discipline has a rigorous language that allows complicated concepts to be written in relatively simple, abstract terms. The language permits economists to strip away complexity";

aufgrund der Offenlegung und möglichen Überprüfung der Prämissen erfolgen kann, ohne dass die vereinfachenden Elemente verdeckte wertende Einflussnahme bedeuten. Dieser methodische Vorzug hängt sehr eng mit dem der quantitativen Arbeitsweise zusammen,[413] da die Klarheit und Transparenz schaffenden quantitativen Elemente ein gewisses Maß an Vereinfachung des komplexen Betrachtungsgegenstands zwingend erfordern.

IV. Abwägung zwischen Umfang und Übersichtlichkeit

Genauer zu differenzieren ist jedoch zwischen logischer und strukturierter Methodik positiver Ökonomik einerseits und der Einfachheit und Nachvollziehbarkeit der Methodik. Während positive Ökonomik regelmäßig formal-logisch strukturiert ist, variiert der Grad an Komplexität und damit der der Verständlichkeit dieser erheblich. Das gilt einerseits für empirische positive Ökonomik, die es erfordert, den Betrachtungsgegenstand zur Gewährleistung der Handhabbarkeit der Untersuchung einzugrenzen, andererseits auch für theoretische Modellierungen, die je stärker sie intendiert sind, die Realität in ihrer Komplexität möglichst exakt abzubilden, desto vielschichtiger und komplexer werden.[414] Trotz eines hohen Grades an Komplexität der Modellierungen kann diese zu einem enormen Gewinn logisch strukturierter Erwägungen führen, zu welchem Grad diese aber tatsächlich zu einem Transparenzgewinn führen und somit die stabilisierende Wirkung im verfassungsrechtlichen Sinne tatsächlich realisiert werden kann, ist nicht trivial. Selbstredend hängt der Grad an durch positive Ökonomik geschaffener klarer Strukturierung von dem Verständnis für formal-logische Darstellungen ab.[415] Um möglichst viele Aspekte der komplexen Realität abbilden zu können, ist ein komplexes Verhaltensmodell jedoch unerlässlich, da mit zunehmender Vereinfachung auch die Gefahr

---

vorsichtig auch schon *Horn*, AcP 176 (1976), 307, 311 f., ohne jedoch in dieser Hinsicht strikt zwischen positiver und normativer Rechtsökonomie zu unterscheiden.

413 Vgl. *Langenbucher*, Economic Transplants, S. 194: „The promise of measurability turned on legal concepts [...]. The promise to stripe away complexity has a slightly different bend."

414 Vgl. auch die analoge Frage nach den einzubeziehenden Folgen im Rahmen der Effizienzbestimmung *supra* Kapitel 2 § 2 B.IV.1. bis 3.; zur Problematik der Komplexitätssteigerung auch *Tröger*, Arbeitsteilung und Vertrag, S. 64; vgl. zur Bedeutung der Analyse und Wahl zu berücksichtigender Umweltfaktoren auch *Hu*, Rechtsökonomik als Rechtsanwendungsmethode, S. 101.

415 Siehe so noch *infra* Kapitel 2 § 2 C.V.

schwerwiegender Trugschlüsse ansteigt.[416] Die Tatsache, dass eine die gesamte Komplexität der Realität abbildende Modellierung ausgeschlossen ist, zwingt zu der Beantwortung der Frage, wie komplex im Einzelfall die Modellierung tatsächlich sein muss. Eine vollständige Abbildung ist zum einen deswegen regelmäßig nicht gegeben, weil positive ökonomische Modelle nur begrenzt leistungsfähig sind und daher zwingend von der komplexen Realität abstrahieren müssen. Zum anderen wird gegebenenfalls, trotz der theoretischen Möglichkeit komplexerer Betrachtung auf vereinfachende Modelle zurückgegriffen, um die Handhabbarkeit und damit gegebenenfalls auch die Transparenz der Betrachtung zu erhöhen. Wie auch in Bezug auf den Umfang der normativen Effizienzbetrachtung[417] ist eine Grenzziehung im Hinblick auf den Umfang der Funktionsanalyse im Allgemeinen erforderlich. Durch die notwendige Vereinfachung der Modelle der Ökonomik hervorgerufenen generalisierenden Zweifel an ihrer Aussagekraft,[418] verkennen die dieser zugrundeliegenden Wahlentscheidung. So ist Alternative zu einer Rechtsfolgenbetrachtung mithilfe positiver Ökonomik, die methodisch strukturiert erfolgt, aber eben ständig mit der Abwägung zwischen Vereinfachung und Komplexität umgehen muss, keine perfekte Realitätsbeschreibung, sondern Rechtsfolgenerwägungen, die nicht auf methodisch klaren Erwägungen basieren sondern auf nicht wissenschaftlich prüfbaren Vorurteilen.[419]

Die wachsende Bedeutung von Informationstechnologien auch im Recht könnte sich in naher Zukunft erheblich auf diese Abwägung zugunsten einer möglichst umfangreichen Informationsgewinnung auswirken, da ihre Leistungsfähigkeit stetig zunimmt und somit die Realität in umfangreicherer Weise durch Modellierung auf Basis von Datensätzen abgebildet werden kann.[420] Durch maschinelles Lernen (*machine learning*) als bedeutsame Ausprägung künstlicher Intelligenz (*artificial intelligence*) wird eine komplexitätsbewältigende umfangreichere Datenverarbeitung in der Gestalt ermöglicht, dass Prognosen basierend auf bestehenden Datensätzen

---

416 Vgl. etwa *Tröger*, Arbeitsteilung und Vertrag, S. 39: „Will man die drohenden Trugschlüsse vermeiden, ist das Einlassen auf ein komplexeres Verhaltensmodell alternativlos."

417 Siehe *supra* Kapitel 2 § 2 B.IV.1. bis 3.

418 Vgl. *Teubner*, in: Teubner, Entscheidungsfolgen als Rechtsgründe, S. 11.

419 Siehe schon *supra* Kapitel 2 § 2 C.II.1.

420 Vgl. zu entsprechenden, ausführlichen Überlegungen zur Komplexitätsbewältigung im Rahmen der Erörterung des Potentials der IT im Zivilverfahren *Heil*, IT-Anwendung im Zivilprozess.

eigenständig getroffen werden können.[421] Insbesondere die Verarbeitung natürlicher Sprache (*natural language processing*) ermöglicht dabei der künstlichen Intelligenz nicht quantifizierte Informationen zur Verfügung zu stellen, wodurch prädiktive analytische Systeme Prognosen zu Funktionszusammenhängen basierend auf umfangreichen Datensätzen durchführen können.[422] Rechtsfolgen und Funktionszusammenhänge im Allgemeinen könnten so umfassender und exakter prognostiziert werden. Zwangsläufig ergibt sich aus einer solchen Entwicklung eine Verlagerung der verfassungs- und methodentheoretischen Transparenzfrage positiv-ökonomischer Erkenntnisgewinne von der Ökonomik selbst hin zum Medium der Betrachtung, der Informationstechnologie, da die Transparenz positiv rechtsökonomischer Erwägungen in der Auslegung dann unmittelbar von der Transparenz der informationstechnologischen Prozesse sowie den Kenntnissen und Fähigkeiten hinsichtlich dieser seitens der Juristen abhängt.[423]

V. Tatsächlicher Rahmen für Nutzbarmachung positiver Ökonomik

Um die Nutzung positiver Ökonomik im Recht zu ermöglichen, ist ein Zugang zu den Erkenntnisquellen der Ökonomik erforderlich, deren Nutzung ein Grundverständnis von dem Gegenstand und den Gepflogenheiten wirtschaftswissenschaftlicher Forschung verlangt;[424] und daneben möglicherweise multilaterale interdisziplinäre Kooperation erforderlich macht,[425]

---

421 Vgl. instruktiv *Armour/Parnham/Sako*, Int'l. J. Leg. Prof. 28 (2020), 65; *Eidenmüller*, J. Bus. & Tech. L. 15 (2019), 109, 112 f.; *Armour/Eidenmüller*, Harv. Bus. L. Rev. 10 (2020), 87; zu der mit Blick auf die zunehmende Leistungsfähigkeit künstlicher Intelligenz relevanten Perspektive einer superintelligenten künstlichen Intelligenz und den dagegen eingeschränkten tatsächlichen gegenwärtigen Möglichkeiten anschaulich wiederum *Bostrom*, Superintelligence, S. 27 ff.

422 Vgl. instruktiv auch mit weiterführenden juristischen Implikationen *Eidenmüller/Varesis*, NYU J. L. Bus. 17 (2020), 49.

423 Vgl. etwa zur limitierten Kenntnis von Juristen im Feld der Informationstechnologie *Janeček/Williams/Keep*, Comput. Law Secur. Rev. 40 (2021), 105519.

424 Vgl. etwa *Gutmann*, in: Hilgendorf/Schulze-Fielitz, Selbstreflexion der Rechtswissenschaft, S. 111; *Purnhagen/Reisch*, ZEuP 2016, 629, 654 f.

425 Vgl. *Gutmann*, in: Hilgendorf/Schulze-Fielitz, Selbstreflexion der Rechtswissenschaft, S. 113 f., der auf die Anforderungen der DFG für Kolleg-Forschergruppen verweist, siehe in der Folge begründet etwa „Foundations for Law and Finance", https://www.lawfin.uni-frankfurt.de/; vgl. in Bezug auf rechtspolitische Arbeit aus US-amerikanischer Perspektive, jedoch entsprechend weitgehend auf Rechtsanwendungskonstellationen übertragbar *Leuz*, Account. & Bus. Res. 48 (2019), 582, 600 ff.

da zwar dieses Grundverständnis in einigen Fällen für eine *prima vista* Analyse wertvolle Erkenntnisse generieren kann, vielfach zur Ausschöpfung wirtschaftswissenschaftlicher Forschung, die an die Forschungsgrenze der Disziplin reicht, diese oberflächlichen Grundlagenkenntnisse nicht hinreichend sein können. Wenngleich eine vollständige Fachausbildung in Ökonomik sicherlich nicht generell Voraussetzung für rechtsökonomische Arbeit im Grundsatz ist,[426] so ist doch die Menge der durch positive Ökonomik in die Rechtswissenschaft transferierbaren Informationen zweifellos von dem Kenntnisumfang des auslegenden Rechtsökonomen abhängig, denn die Nutzung des benannten komplementären Aufgabenduos verlangt aktive Identifizierung und Kommunikation durch den Rechtsanwender.[427] Potentiell bedeutet dies auf den ersten Blick eine erhebliche Komplexitätssteigerung für den Rechtsanwender,[428] weshalb zur wirksamen Verfolgung des Ziels, durch die Rechtsökonomik die zur Verfügung stehenden Informationen nutzbar zu machen und die Transparenz des Auslegungsprozesses zu erhöhen, die Notwendigkeit besteht, einerseits die Expertise von Rechtswissenschaftlern in dieser Hinsicht zu erhöhen und andererseits die heranzuziehende positive Ökonomik so verständlich wie möglich zu halten. Soweit es gelingt, die Zugänglichkeit wirtschaftswissenschaftlicher Forschung durch eine verstärkte Integration dieser Inhalte in die Juristenausbildung,[429] den grundsätzlichen Abbau vielfältiger struktureller Zu-

---

und *passim*: „creating an infrastructure for evidence-informed policymaking"; vgl. mit der Forderung allgemein auch *Reimer*, Juristische Methodenlehre, § 504; *Tröger/Scheibenpflug*, Ad Legendum 2017, 273, 277.

426 Siehe so *Kuntz*, AcP 219 (2019), 254, 299; *Auer*, Zum Erkenntnisziel der Rechtstheorie, S. 36 f.; *Tröger/Scheibenpflug*, Ad Legendum 2017, 273, 277 f.

427 Vgl. schon *supra* Kapitel 2 § 2 C.II. Insoweit ist insbesondere fundierte Kenntnis um die Pluralität wirtschaftswissenschaftlicher Ansätze erforderlich, da eine monolithische Vorstellung von der Ökonomik die Ausschöpfung des Potentials schon im Ansatz unmöglich macht, vgl. dazu deutlich *Reimer*, Juristische Methodenlehre, Rn. 504; zur Vielfalt der Disziplin auch schon *supra* Kapitel 2 § 2 A.II.1.

428 Siehe zu offensichtlich angebrachten Zweifeln an der Möglichkeit belastbarer Rechtsfolgenbetrachtung durch Gerichte allgemein etwa *Hager*, Rechtsmethoden in Europa, S. 47.

429 Wirtschaftswissenschaftliche Inhalte werden immer noch selten mit der Juristenausbildung kombiniert oder in diese integriert. Unter den wenigen bemerkenswerten Ausnahmen finden sich etwa an der Universität Münster der Bachelorstudiengang Recht und Wirtschaft, https://www.uni-muenster.de/ZSB/studienfuehrer/zeige fach.php?nr=530; an der Universität Mannheim der Kombinationsstudiengang Unternehmensjurist, https://www.jura.uni-mannheim.de/studium/kombinationsstudiengang-unternehmensjurist-in/; an der Bucerius Law School in Hamburg werden im Rahmen der mit dem 1. Staatsexamen endenden Ausbildung traditionellerweise

gangsvoraussetzungen, wie solcher sprachlicher Art,[430] was beispielsweise
durch die berufsbegleitende Schulung von Juristen nach dem Vorbild des

---

auch wirtschaftswissenschaftliche Grundlagen gelehrt, https://www.law-school.de/j
urastudium/; an der EBS Universität kann optional parallel zum rechtswissenschaftlichen Studium ein „Master in Business" erworben werden, https://www.ebs.edu/
de/studienprogramm/jurastudium; an der Universität Bayreuth wird immerhin
eine umfangreiche wirtschaftswissenschaftliche Zusatzausbildung für alle Studenten
der Rechtswissenschaften angeboten, http://www.wirtschaftsjurist.uni-bayreuth.d
e/de/index.html; ähnlich auch die „wirtschaftswissenschaftliche Zusatzausbildung"
des Studiengangs Rechtswissenschaft der Universität Osnabrück, https://www.uni-o
snabrueck.de/universitaet/fachbereiche/fachbereich-rechtswissenschaften/; vgl.
zur Notwendigkeit der Anpassung der Ausbildung auch *Tröger*, Arbeitsteilung und
Vertrag, S. 64 f.; siehe aber auch die in der Sache eng verknüpfte und als notwendige
Voraussetzung für rechtsökonomisches Arbeiten anzusehende Rolle empirischer
Grundausbildung als Teil der Juristenausbildung mit Aufzählung eingerichteter
Lehrveranstaltungen bei *Hamann*, JURA 2017, 759, 762; im Hinblick auf mathema-
tische, statistische und psychologische Grundbildung (je Voraussetzung rechtsökonomischer Arbeit, wie *infra* Kapitel 3 und 4, anhand des hier zugrundeliegenden
weiten Verständnisses zu sehen ist) jüngst auch deutlich *Risse*, NJW 2020, 2383,
2387. Vgl. auch die Feststellungen im Hinblick auf die Ausbildungsstruktur bei *Gre-
chenig/Gelter*, RabelsZ 2008, 513, 518; *Eslami*, in: Sliwiok-Born/Steinrötter, Intra-
und interdisziplinäre Einflüsse, S. 89; *Sliwiok-Born/Steinrötter*, in: Sliwiok-Born/
Steinrötter, Intra- und interdisziplinäre Einflüsse, S. 18 f.; *Eidenmüller*, Effizienz als
Rechtsprinzip, S. 427 f.; siehe auch im Hinblick auf empirische Methoden *Stöhr*, AcP
216 (2016), 558, 579; *Schweizer*, Spieltheorie und Schuldrecht, S. 8 verweist zudem,
dass die vorhandenen Lehrveranstaltungen nicht wirklich interdisziplinär arbeiten,
da vielfach die notwendige Methodik nicht in hinreichendem Maße vorhanden ist.
Siehe auch die Bedeutung der Ausbildungsstruktur für die Interdependenzen von
Wissenschaftszweigen betonend *Weigel*, Int'l Rev. L. & Econ. 11 (1991), 325, 336;
Dedek, JZ 2009, 540, 545 ff.; *Tröger/Scheibenpflug*, Ad Legendum 2017, 273, 275;
ähnlich auch *Cooter/Gordley*, Int'l Rev. L. & Econ. 11 (1991), 261, 262, die auf die
Unbeweglichkeit der juristischen Ausbildung verweisen: „problem is the inertia of
traditional legal education".

430 Das betrifft sowohl den Umstand, dass wirtschaftswissenschaftliche Forschung nahezu ausschließlich in englischer Sprache stattfindet, während die deutsche Rechtswissenschaft und Rechtspraxis fast ausschließlich deutschsprachig ist, als auch die
Tatsache, dass die Wirtschaftswissenschaften quantitativ, formal-logisch geprägt
sind, vgl. dazu *Cooter/Gordley*, Int'l Rev. L. & Econ. 11 (1991), 261, 262; *Towfigh/Pe-
tersen*, in: Towfigh/Petersen, Ökonomische Methoden im Recht, Rn. 1; *Sigmund*,
Versprechen oder Vertrag, S. 158 f.; *Schweizer*, Spieltheorie und Schuldrecht, S. 3;
Langenbucher, Economic Transplants, S. 4; *Schuhr*, in: Schuhr, Rechtssicherheit
(2), S. 161. Auch die Länge und Darstellung wissenschaftlicher Arbeiten variiert in
äußerlicher Hinsicht zwischen Rechts- und Wirtschaftswissenschaften erheblich,
vgl. dazu exemplarisch aber wohl symptomatisch die Anmerkung des Wirtschafts-
nobelpreisträgers *Richard H. Thaler* anlässlich eines gemeinsam mit den Juristen
Cass Sunstein und *Christine Jolls* verfassten Aufsatzes in *Thaler*, Misbehaving, S. 258:
„It was the longest paper I have ever written. To law professors, the longer a paper

---

Manne Programs[431] erfolgen könnte, zu erhöhen,[432] stehen die vielfältigen Informationen über tatsächliche Umstände zur Beachtung im Auslegungsprozess zur Verfügung, um zu einer transparenten und wertneutralen auf die Erreichung des Gesetzeszwecks abzielenden Auslegung zu gelangen. Die Spezialisierung von Gerichten kann zum Gelingen umfangreicher und strukturierter Funktionalitätsbetrachtung mithilfe der Ökonomik beitragen,[433] da so die sozialwissenschaftliche Expertise der Auslegenden auf einzelne Bereiche beschränkt werden kann, wenngleich der Umfang dieser Beschränkung und damit der Erfolg der Spezialisierung wiederum von der Grenzziehung der Berücksichtigung der betroffenen Zusammenhänge abhängt, unabhängig davon, ob Effizienz oder andere Normen den Maßstab der Auslegung bilden. Auch wenn tiefgehende quantitative Darstellungsweisen für die Nutzbarmachung in der Rechtswissenschaft regelmäßig entbehrlich wären,[434] ist für die umfangreiche Informationsgewinnung durch Ökonomik doch zumindest ein Verständnis dafür erforderlich, da ansonsten die Gefahr besteht, wesentliche Aspekte der Erkenntnis zu verkennen oder fehlzuinterpretieren.

Aber auch auf Seiten der Ökonomik besteht das Potential durch Anpassung der Darstellung und Diskussionsform eigener Forschung und Forschungsvorhaben unter stärkerer Orientierung an, möglicherweise durch Kommunikation mit der Rechtswissenschaft zu bestimmenden,[435] materiellen Themenbereichen statt an der zur Untersuchung erforderlichen – und im Zentrum technischer Diskussionen stehender, aber den Rechtsanwender

---

is, the better, and there can never be too many footnotes. The published version of the paper came in at 76 pages and 220 footnotes, and it was only this short because I kept complaining of its excessive length".

431 Siehe zum Überblick über das Programm *Butler*, Case W. Res. L. Rev. 50 (1999), 351; zu den empirisch gemessenen Auswirkungen jüngst *Ash/Chen/Naidu*, Ideas have Consequences.

432 Vgl. auch *Hellgardt*, Regulierung und Privatrecht, S. 404, der hervorhebt, dass dazu die bloß allgemeine Betonung der Notwendigkeit rechtsfolgenorientierter Erwägungen allein nicht genügt.

433 Vgl. *Hager*, Rechtsmethoden in Europa, S. 314; insoweit würde dem „artifiziellen" bzw. „akademischen" Charakter der Rechtsökonomik, der wesentlich auf den Zugangshürden von Interdisziplinarität basieren dürfte, entgegengetreten werden, vgl. zu den auf eine entsprechende Charakterisierung der Rechtsökonomik zurückgehenden Zweifel an der Nutzbarmachung durch die Rechtsprechung die Ausführungen von *Karsten Schmidt* wiedergegeben bei *Schirmer*, AcP 216 (2016), 320, 321.

434 So etwa *Halmer*, Gesellschafterdarlehen und Haftungsdurchgriff, S. 7.

435 Siehe zu der Bedeutung der Kommunikation auch schon *supra* Kapitel 2 § 2 C.II.

zur Beantwortung seiner positiven Fragen nur peripher interessierender[436] – Methodik.[437] Dabei würden – spiegelbildlich zu der Perspektive der Rechtswissenschaft – vertiefte Kenntnisse über den Gegenstandsbereich und die methodischen Besonderheiten der Rechtswissenschaft die interdisziplinäre Arbeit erleichtern.[438]

VI. Fazit

Zwar ist positive Rechtsökonomik grundsätzlich unabhängig von der Effizienzanalyse, allerdings besteht umgekehrt eine Abhängigkeit der Effizienzanalyse von der positiven Ökonomik zur Bestimmung von Wertschätzern; die Nützlichkeit der Effizienzanalyse für die gegenständliche methoden-theoretische Kollisionslage hängt somit in Teilen von der Beschaffenheit positiver Ökonomik ab. Unabhängig von der Effizienzanalyse besteht in methodentheoretischer Hinsicht die Notwendigkeit zu einer solchen positiven Analyse einerseits zur Fundierung und Untermauerung der Auslegung anhand des Wortlauts – und somit auch der Systematik – da Worte, die explizit oder implizit auf Verhaltensweisen oder Charakteristika von Akteuren abstellen oder diese voraussetzen, erst durch positive Analyse ebendieser Handlungsträger intersubjektiv prüfbar sind und somit die Willkür des Rechtsanwenders begrenzt werden kann. Andererseits ist eine positive Funktionsanalyse regelmäßig für eine Rechtsfolgenanalyse erforderlich, um methodisch transparent Aussagen dazu zu treffen, in welchem Maße unterschiedliche Auslegungsvarianten den Gesetzeszweck verwirklichen, wodurch ebenfalls die Willkür des Rechtsanwenders insofern begrenzt wird, als die Erwägungen anhand des Gesetzeszwecks intersubjektiv einsehbar und somit einer Kritik zugänglich gemacht werden. Zur gezielten Nutzung positiver Rechtsökonomik in der Rechtsanwendung bedarf es einer aktiven Rolle des Rechtsanwenders, die sich als komplementäres Aufgabenduo beschreiben lässt, da die Jurisprudenz durch Kommunikation mit der Ökonomik sowohl bereits bestehende Arbeiten zur unmittelbaren Nutzung identifizieren, als auch den Bedarf an weiterführender Forschung

---

436 Dieses periphere Interesse besteht zumindest insoweit, als methodische Transparenz der juristischen Erwägungen anzustreben ist, in Bezug auf die Beantwortung der Sachfragen tritt die Methodik im Sinne der Informationsgenerierung für den Anwender jedoch zunächst zurück.
437 Vgl. *Leuz*, Account. & Bus. Res. 48 (2018), 582, 596 f.
438 Vgl. bereits *supra* Kapitel 2 § 2 A.I.

zielgerichtet an die Ökonomik kommunizieren muss. In welchem Maße durch die Nutzung positiver Rechtsökonomik im Einzelfall tatsächlich eine Objektivierung und Steigerung der Transparenz erreicht wird, hängt von dem Umfang der zur Gewährleistung der Handhabbarkeit erforderlichen Vereinfachung und Begrenzung der Betrachtung ab, deren Ausgestaltung von wertenden Entscheidungen abhängt, die offenzulegen sind. In jedem Fall besteht aufgrund der zwingend initiativen Rolle der Rechtswissenschaft zur Ausschöpfung des Potentials positiver Rechtsökonomik, bedingt durch den *qua* Beschäftigungsgegenstand vorhandenen Überblick über die anzuwendenden Rechtsnormen, das Erfordernis tatsächlicher Natur, gewisse Grundkenntnisse der Ökonomik zu erhalten, um die inhaltliche Nützlichkeit von ökonomischer Forschung prüfen und die Kommunikation mit der Ökonomik zielgerichtet ausgestalten zu können, wodurch erst das hier maßgebliche verfassungsrechtliche Potential ausgeschöpft werden kann.

D. Die Nutzung der Rechtsökonomik im Rahmen der Gesetzesauslegung

Bisher wurden eher abstrakte Aussagen zu möglichen Einflüssen normativer wie positiver Rechtsökonomik auf die Gesetzesauslegung vor dem Hintergrund der Gesetzesbindung getroffen. Zur Realisierung des Mehrwerts rechtsökonomischer Arbeit in der Gesetzesauslegung sind jedoch konkrete Hinweise zum praktischen Umgang mit der Ökonomik in der Rechtsanwendung erforderlich. Zu Recht wird bemängelt, dass sich Erörterungen zu der Interdisziplinarität in der Rechtswissenschaft häufig in der Forderung nach deren Stärkung erschöpfen,[439] ohne dass konkrete Vorschläge zur Integration nicht-juristischer Ansätze in den Auslegungsprozess erfolgen. Es sind Metaregeln zu entwickeln, die eine Integration externen Wissens in die Rechtswissenschaft steuern, wobei sich diese Regeln an der grundgesetzlichen Konzeption zu orientieren haben.[440] Vor dem Hintergrund des verfas-

---

439 Vgl. *Hillgruber*, JZ 2013, 700, 702, der den repetitiven Verweis auf die Notwendigkeit stärkerer Interdisziplinarität als „zum Fetisch gewordene Forderung" beschreibt.

440 Dieses betont auch *Hellgardt*, Regulierung und Privatrecht, S. 412: „Derartige Metaregeln haben sich – wie die Rechtsdogmatik selbst – auf einer obersten Ebene an den Vorgaben des Grundgesetzes auszurichten. Maßstab sind insofern der Gewaltenteilungsgrundsatz, das Demokratie- und das Rechtsstaatsprinzip sowie der allgemeine Gleichbehandlungsgrundsatz. Die Metaregeln erschöpfen sich aber nicht darin, die Verfassungskonformität interdisziplinärer Rechtsdogmatik sicherzustellen, sondern müssen diese im Detail anleiten."

sungsrechtlichen Ausgangspunkts ist der teilweise vorzufindenden Position, ausschließlich die objektiv teleologische Auslegung biete eine praktische Einbruchstelle für die Rechtsökonomik und weitere interdisziplinäre Ansätze, entgegenzutreten.[441] Hier soll schon aufgrund der dargelegten grundlegenden Zweifel an der objektiv teleologischen Auslegung[442] ein dezidiert anderer Ansatz gewählt werden.

Entsprechend der zwar nicht ausnahmslos einzuhaltenden,[443] aber zumindest im Ausgangspunkt angebrachten Differenzierung der Rechtsökonomik in einen normativen und einen positiven Teil, kann bei der Einordnung in den Auslegungsprozess vorgegangen werden.[444] Ziel ist damit, die Rechtsökonomik in einen mehrstufigen Auslegungsprozesses zu integrieren und dabei die Rationalität schaffenden Elemente in bestmöglicher Weise zur Geltung zu bringen.[445] Zunächst ist die Verortung der Effizienz anhand des jeweiligen Auslegungsmaßstabs durchzuführen (I), ehe anschließend die konkrete Funktionalitätsbetrachtung der Auslegungsvarianten zur Erreichung der Auslegungsziele erfolgt, um letztlich die Grundlage für die Rechtsanwendung zu schaffen (II). Im Ergebnis dieses Prozesses steht eine Stabilisierung der notwendigen finalen Wahlentscheidung des Rechtsanwenders (III).

I. Der Gesetzeszweck als Auslegungsmaßstab

Im Rahmen der Erörterung der potentiellen Rolle des Effizienzkriteriums wurde hier bislang die in der deutschen rechtsökonomischen Literatur

---

441 Vgl. *Sliwiok-Born/Steinrötter*, in: Sliwiok-Born/Steinrötter, Intra- und interdisziplinäre Einflüsse, S. 8; *Hellgardt*, Regulierung und Privatrecht, S. 412.

442 Siehe *supra* Kapitel 2 § 1 B.II.

443 Zur Interdependenz, insbesondere der Abhängigkeit der Effizienzanalyse von positiver Rechtsökonomik *supra* Kapitel 2 § 2 B.III.

444 Vgl. konkret in Bezug auf Regulierung durch Zivilrecht im Kern entsprechend *Hellgardt*, Regulierung und Privatrecht, S. 649; siehe auch die entsprechende Unterteilung in Tatbestands- und Wertungsfragen *Hellgardt*, Regulierung und Privatrecht, S. 412 ff.

445 Vgl. etwa zu einem mehrstufigen Modell, beschränkt auf die teleologische Auslegung, das maßgeblich auf folgenberücksichtigenden Erwägungen zur Ermittlung der Zweckerreichung beruht *Röhl/Röhl*, Allgemeine Rechtslehre, S. 620 ff.; siehe dazu auch *Hellgardt*, Regulierung und Privatrecht, S. 647, der hervorhebt, dass diese Ansätze in der Praxis bislang unberücksichtigt geblieben sind; vgl. auch *Rüthers*, ZRP 2008, 48.

wohl am umfangreichsten diskutierte Frage nach dem Konkurrenzverhält-
nis zu anderen Zielvorgaben außer Acht gelassen.[446] Um Aussagen über
die Anwendbarkeit des Effizienzkriteriums in der Gesetzesauslegung, und
damit auch zur Nützlichkeit des strukturierenden Charakters normativer
Rechtsökonomik, treffen zu können, sind jedoch Festlegungen dazu, inwiefern Effizienz als Auslegungsziel heranzuziehen ist, unerlässlich. Eine viel
zitierte, sehr zurückhaltende Antwort auf diese Frage hat *Eidenmüller* zu
Beginn der rechtsökonomischen Debatte in der deutschen Rechtswissenschaft gegeben, indem er vertritt, dass Effizienz nur Ziel der Auslegung sein
kann, wenn und soweit dieses als Politik des Gesetzes oder zulässige Geset-
zeskonkretisierung erscheint.[447] Es sei nur ein lokales, auf einzelne Rechts-
gebiete/-fragen beschränktes Rechtsprinzip, da sich aus der Verfassung
keinerlei allgemeingültige Anknüpfungspunkte für ein globales, die Gesetzesauslegung bestimmendes Rechtsprinzip der Effizienz ergäben.[448] Vor
dem Hintergrund der im Rahmen dieser Arbeit grundlegenden Überlegung
der Bindung der Auslegenden an den Willen des Gesetzgebers erscheint
diese Extremposition zunächst schlüssig, da auch sie darauf beruht, dass
nur auslegungsbestimmend sein kann, was der Gesetzgeber als Zielvorgabe
des Gesetzes vorgesehen hat. Diese weit verbreitete Ansicht[449] hat jedoch
zur Konsequenz, dass die strukturierenden Elemente normativer Rechtsökonomik auch nur in diesem eingeschränkten Anwendungsbereich zum
Tragen kommen würden. Vor dem Hintergrund der Kollisionslage von Verfassungsvorgaben und den Problemen tradierter Auslegungsmethodik erscheint diese Konsequenz nicht befriedigend, da so unberücksichtigt bleibt,
dass das Effizienzprinzip als stabilisierendes Element gerade zur Sicherung
der Gesetzesbindung als Ausprägung des Rechtsstaatsprinzips beitragen
kann,[450] insbesondere wenn die Zielvorgaben des Gesetzgebers nicht eindeutig und abschließend angelegt sind. Insofern ist auch nicht zielführend,
zu konstatieren, eine das Effizienzprinzip zu einem globalen Rechtsprinzip

---

446 So ausdrücklich *supra* Kapitel 2 § 2 B.II.2.
447 Vgl. *Eidenmüller*, Effizienz als Rechtsprinzip, 450 ff.
448 Vgl. *Eidenmüller*, Effizienz als Rechtsprinzip, 450 ff.
449 Vgl. *Eidenmüller*, Effizienz als Rechtsprinzip, 451 f.; *Grundmann*, Der Treuhandver-
     trag, S. 60 ff., der die Abwägung auf die zwischen rechtsethischen und effizienz-
     orientierten in Bezug auf das Treuhandrecht vornimmt; *Taupitz*, AcP 196 (1996),
     114, 127 f., 135 f.; *Röthel*, Normkonkretisierung im Privatrecht, S. 155 ff.; *Eslami*, in:
     Sliwiok-Born/Steinrötter, Intra- und interdisziplinäre Einflüsse, S. 93; weitere Nach-
     weise bei *Grundmann*, RabelsZ 1997, 423, 432 ff.
450 *Supra* Kapitel 2 § 2 B.

erhebende Metaregel sei ohnehin nicht nötig, da nicht ernsthaft der Universalitätsanspruch normativer Rechtsökonomik erhoben wird.[451] Eine solche pauschalisierende Feststellung verkennt den Unterschied zwischen der Anerkennung der Effizienz als legitimes Mittel der Auslegung, das aufgrund seiner stabilisierenden Wirkung als Orientierungsmaß trotz legitimer konkurrierender Kriterien Bedeutung in der Rechtsanwendung entfalten kann, und der Proklamation eines blinden, allgemeingültigen Vorrangs der Effizienz vor anderen Rechtsprinzipien und normativen Zielvorgaben. Letztere Extremposition, nach der Effizienz das alleinige beziehungsweise in jedem Fall entscheidende Auslegungskriterium darstelle, würde zwar zu einer vollständigen Nutzbarmachung des strukturierenden Charakters führen, wird aber, soweit ersichtlich, in der deutschen Rechtswissenschaft nicht ernstlich vertreten. Sie soll auch hier aufgrund des Ausgangspunkts der Annahme der übergeordneten Bedeutung des gesetzgeberischen Willens[452] sowie der offengelegten Einschränkungen der Möglichkeit der Schaffung eines transparenten, verdeckte Wertungen vermeidendes Maß der Auslegung durch Effizienzanalyse,[453] außer Betracht gelassen werden. Unter Anerkennung der Effizienz als praktischen Grenzen unterliegendes strukturierendes Rechtsprinzip verbleibt zwangsläufig die Frage nach dem Umgang mit konkurrierenden Zielvorgaben.

Zur Offenlegung der gesetzgeberischen Zielvorgaben sind zunächst sämtliche zur Verfügung stehende Mittel auszuschöpfen, wozu positive Ökonomik durch das Aufzeigen von Wirkungszusammenhängen zur Konkretisierung von verwendeten Worten sowie des Kontextes, in den die auszulegende Norm eingebettet ist, intersubjektiv nachvollziehbar beitragen kann. Da häufig sowohl mehrere konkurrierende Intentionen des Gesetzgebers zu unterschiedlichen Auslegungen führen oder die gesetzgeberische Intention nicht eindeutig bestimmbar ist oder unterschiedliche Auslegungsvarianten das primäre gesetzgeberische Ziel gleichermaßen erfüllen,[454] besteht ein Bedürfnis danach, die entstehenden Unklarheiten durch ein ordnendes Element abzuschwächen. Die unmittelbare Konsequenz der Ermittlung des durch den Gesetzgeber vorgesehenen Gesetzeszwecks für die Rolle des Effizienzkriteriums lässt sich grob in zwei Kategorien unterteilen,

---

451 So jedoch missverständlich etwa *Lieth*, Ökonomische Analyse, S. 125.
452 *Supra* Kapitel 2 § 1 A.
453 *Supra* Kapitel 2 § 2 B.III. und IV.
454 Siehe schon *supra* Kapitel 2 § 1 B.II.

in denen einerseits Effizienz als Zielvorgabe aus der gesetzgeberischen Konzeption hervorgeht (1) oder andererseits dieses nicht ersichtlich ist (2).

1. Effizienz als Zielvorgabe des Gesetzgebers

Effizienz kann explizit, wesentlich häufiger jedoch implizit oder derivativ als Zweck eines Gesetzes von dem Gesetzgeber vorgesehen sein.[455] Insoweit Effizienz als Gesetzeszweck identifiziert ist, sind Aussagen zu dem Verhältnis des Effizienzzieles zu anderen von dem Gesetzgeber vorgesehenen Zwecken dieses konkreten Gesetzes zu treffen, wobei sich diese Erkenntnisse ebenfalls primär aus den gesetzgeberischen Wertungen ergeben müssten. Wenn unterschiedliche Auslegungsvarianten die verschiedenen Gesetzeszwecke in unterschiedlichem Maße verwirklichen, ist unklar, ob die Effizienz maximierende Auslegungsvariante vorzugswürdig ist. Das gilt freilich grundsätzlich und unabhängig von einer etwaigen Priorisierung zwischen mehreren Gesetzeszwecken durch den Gesetzgeber, da auch bei einer irgendwie vorgenommenen Priorisierung kaum Aussagen über die genauen Gewichtungen dieser Prioritäten gemacht werden können. Wenn etwa eine klare Priorisierung für einen anderen Gesetzeszweck gegenüber der Effizienz ersichtlich ist, ergibt sich daraus grundsätzlich noch keine zwingende Entscheidung für eine bestimmte Auslegungsvariante. So lässt sich regelmäßig nicht trennscharf sagen, welche der beiden Auslegungsziele durch unterschiedliche Auslegungsvarianten „stärker" gefördert wird, da die Messung anderer Kriterien als Effizienz meist schon definitionsgemäß erhebliche Schwierigkeiten verursacht und zudem unterschiedliche Auslegungsziele regelmäßig in unterschiedlichen Einheiten gemessen werden, ein Vergleich somit wiederum Wertungen hinsichtlich der Vergleichsmöglichkeit verlangt. Auch wenn man von diesem Hindernis absieht, oder es in Einzelfällen gar beseitigt werden kann, etwa weil beide in Frage stehenden Auslegungsziele quantitativ, etwa in Geldeinheiten, messbar sind, muss der

---

455 Vgl. zur Effizienz als Gesetzesziel im BGB *Tröger*, Arbeitsteilung und Vertrag, S. 48 m.w.N. in Fn. 83. Entscheidend ist dabei zu betonen, wie auch in der Folge anhand der ausführlicheren Anwendungskonstellationen noch zu sehen sein wird (*infra* Kapitel 3 und Kapitel 4), dass die gesetzgeberische Legitimation der Effizienz als konkretes Ziel einer spezifischen Rechtsanwendung vielfach nicht als solches explizit durch den Gesetzgeber benannt ist, sondern sich diese Zielbestimmung derivativ aus anderen explizit benannten Zielvorgaben (so *infra* Kapitel 3) oder implizit aus dem positiv-rechtlich geschaffenen Regelungssystems ergibt (so *infra* Kapitel 4).

Auslegende mit der Problematik unterschiedlicher Grenznutzen beider Kriterien umgehen. Wenn etwa eine erste Auslegungsvariante gegenüber einer zweiten Effizienz stärker fördert, die zweite Auslegungsvariante gegenüber der ersten jedoch beispielsweise in stärkerem Maße Gleichheit herzustellen vermag und sowohl Gleichheit als auch Effizienz als Zielvorgaben des Gesetzgebers identifiziert wurden, impliziert eine durch den Gesetzgeber vorgenommene Priorisierung zwischen beiden Zielvorgaben nicht, welche der beiden Auslegungsvarianten vorzugswürdig ist. Denn konkrete Aussagen zu der Erheblichkeit der Prioritäten für konkrete Relationen macht der Gesetzgeber typischerweise nicht. Anders gewendet, ist es unklar, welche Einbußen der Gesetzgeber in Bezug auf eine der Zielvorgaben bereit ist einzugehen, um eine andere Zielvorgabe in (um eine Einheit) stärkerem Maße zu erreichen. Diese Entscheidung muss somit bei mehreren miteinander konkurrierenden Zielvorgaben eines Gesetzes durch den Rechtsanwender selbst getroffen werden, sie ist regelmäßig nicht durch die qualitativen Vorgaben des Gesetzgebers prädeterminiert. Auch wenn damit nicht gesagt wird, dass Effizienz – wenn als legitimes Auslegungsziel erkannt – im Zweifel für die Auslegungsentscheidung immer das maßgebliche Kriterium ist, wird doch die Nützlichkeit des Kriteriums in diesen Konstellationen deutlich, da es Unterschiede zwischen einzelnen Auslegungsvarianten messbar und somit die Auslegungsvarianten objektiv vergleichbar macht.[456]

2. Fehlen der Effizienzzielvorgabe

Andererseits kann die Auswertung der Gesetzesmaterialien ergeben, dass der Gesetzgeber nicht Effizienz, sondern ausschließlich andere normative Kriterien als Zweck des Gesetzes vorgesehen hat, auch wenn das deutlich seltener als teilweise angenommen der Fall sein dürfte,[457] da vielfach –

---

456 Praktisch bedeutsam ist dabei die Berücksichtigung von Wechselwirkungen aufgrund der konkurrierenden normativen Zielvorgaben auf die Effizienzanalyse, diese müssen für jede Auslegungsvariante in bestmöglicher Weise in die Betrachtung einbezogen werden, was Auswirkungen auf die Komplexität und somit die Transparenz schaffende Wirkung der Analyse hat, allgemein zur Bedeutung des Zuschnitts der Effizienzbetrachtung *supra* Kapitel 2 § 2 B.IV.

457 So erfordert die Identifizierung impliziter und derivativer Bezugnahme ein differenzierendes Vorgehen, wie noch zu sehen ist; vgl. etwa stellvertretend auch zur Bedeutung der Effizienzvorgabe im Vertragsrecht im Allgemeinen *Tröger*, Arbeitsteilung und Vertrag, S. 48 ff.

wie im Folgen noch exemplarisch konkret zu sehen sein wird[458] – der Effizienzgedanke aufgrund seiner impliziten oder derivativen Verankerung erst bei genauerer Gesamtbetrachtung deutlich wird. In Extremfällen sind Gesetzesziele sogar gar nicht ersichtlich. Aufgrund der Unbestimmtheit der Zielvorgaben könnte das Effizienzkriterium in diesen Fällen hilfsweise als strukturierendes Maß herangezogen werden. Denn wenn der Maßstab der Auslegung nicht eindeutig ist, ist ein Konfliktlösungsmodell zur Vermittlung mehrerer konfligierender Kriterien erforderlich,[459] das gerade das Effizienzkriterium aufgrund seines klaren, Vergleichbarkeit schaffenden Charakters bilden könnte. Das gilt sowohl für die Fälle, in denen unterschiedliche Auslegungsvarianten die verschiedenen identifizierten Gesetzesziele nicht gleichermaßen verwirklichen, als auch für die, in denen mehrere Auslegungsvarianten die Zielvorgaben des Gesetzgebers in gleichem Maße fördern. Im Falle mehrerer konfligierender Zielvorgaben des Gesetzgebers ergibt sich keine eindeutige Auslegungsentscheidung. Das Effizienzkriterium könnte hier (hilfsweise) einen transparenten Referenzwert bereitstellen, der die Rationalität der erforderlichen Wahlentscheidung erhöht, da so neben der rein qualitativen, nicht zu eindeutigen Ergebnissen führenden Abwägung zwischen der Verwirklichung unterschiedlicher Zielvorgaben eine klar definierte und intersubjektiv beständige Vergleichsgröße besteht. Zwei das Potential der Effizienzanalyse in diesen Fällen erhebliche Einschränkungen sind jedoch zu berücksichtigen und führen dazu, dass das zwar grundsätzlich theoretisch bestehende stabilisierende Potential hier meist im Konkreten gänzlich verblasst.

Erstens ist in diesen Fällen in besonderem Maße das konkret bestehende, tatsächliche Potential der intersubjektiven Vergleichbarkeit, mithin der stabilisierenden Funktion des Effizienzkriteriums, anhand der benannten Kriterien[460] zu berücksichtigen. Denn obgleich dieses vor der abschließenden Auslegungsentscheidung unter Einbeziehung der Effizienzanalyse im Allgemeinen auch bedeutsam ist, ist es bei Fehlen anderweitiger, materieller gesetzgeberischer Legitimierungen der Effizienzanalyse besonders zu betonen, da sich die Legitimität der Effizienzbetrachtung in diesen Fällen gerade fundamental aus der stabilisierenden Funktion speist. Sie besteht mithin umso stärker, je geringer die Hürden der Effizienzanalyse in Gestalt

---

458 *Infra* Kapitel 3 und Kapitel 4.
459 Siehe dazu *Grundmann*, RabelsZ 1997, 423, 447 ff.
460 Siehe zusammenfassend *supra* Kapitel 2 § 2 B.V.

notweniger subjektiver Wertungen durch die Bestimmung von Wertschät-zern[461] und Abgrenzungsentscheidungen[462] konkret bestehen.

Zweitens, und wohl noch gewichtiger, ist kaum der Einwand zu leugnen, dass das potentiell bestehende Stabilisierungsmaß der Effizienz keinesfalls zu einer Überlagerung der materiell maßgeblichen Gesetzeszielvorgaben führen darf. Denn der normative Wert des Effizienzkriteriums ist abgese-hen von dieser stabilisierenden Funktion in materieller Hinsicht hier gera-de nicht gegeben, bzw. kann sogar negativ sein, wenn die tatsächlichen Zielbestimmungen in unterschiedlich starkem Maße Effizienzeinbußen implizieren. Die Orientierung am Effizienzkriterium begründet in diesen Konstellationen folglich die Gefahr, statt der Stärkung der Bindung an das Gesetz, schließlich den gegenteiligen Effekt zu bewirken. Mithin verblasst die stabilisierende Funktion des Effizienzkriteriums im Hinblick auf die Rechtsanwendung bei Fehlen einer expliziten, impliziten oder derivativen Effizienzzielbestimmung des Gesetzes und fällt regelmäßig hinter den an-deren nach der Politik des Gesetzes maßgeblichen normativen Abwägungs-faktoren zurück.

II. Evaluation der Zweckerreichung – Wirkungsanalyse

Schließlich sind mehrere potentielle Auslegungsvarianten dahingehend zu prüfen, in welchem Umfang diese das Effizienzziel sowie weitere Gesetzes-zwecke zu fördern in der Lage sind. Hier greift die positive Ökonomik in Gestalt einer Funktionalitätsbetrachtung, um die Auswirkungen auf die Realzusammenhänge analysieren zu können und so Rückschlüsse auf die Möglichkeiten zur Verwirklichung der Zielvorgaben durch die Ausle-gungsvarianten zu ermöglichen. Die Grenzen der Rechtsfolgenanalyse sind einzelfallbezogen zu ermitteln,[463] wobei ein methodenehrliches Vorgehen die Überprüfung der Einhaltung dieser Grenzen erleichtert. Zu den von einer fraglichen Rechtsnorm betroffenen Realumständen müssen nach dem komplementären Aufgabenduo positiver Rechtsökonomik[464] zunächst die-se beschreibende sozialwissenschaftliche Erkenntnisse erkannt und auf ihre

---

461 *Supra* Kapitel 2 § 2 B.III.
462 *Supra* Kapitel 2 § 2 B.IV.1. bis 3.
463 So auch *Tröger*, in: Hopt/Tzouganatos, Europäisches Wirtschaftsrecht, S. 318.
464 *Supra* Kapitel 2 § 2 C.II.1.b)(2)(a).

Gültigkeit hin überprüft werden,[465] wobei die Überprüfung fortlaufend fortgeführt werden muss, um Veränderungen gesellschaftlicher Zusammenhänge berücksichtigen zu können,[466] sowie gegebenenfalls das Erfordernis weiterführender positiver Untersuchung kommuniziert werden. Die Realfolgen der unterschiedlichen Auslegungsvarianten lassen sich schließlich vor dem Hintergrund der zuvor ermittelten gesetzgeberischen Ziele sowie des Effizienzkriteriums bewerten.

III. Stabilisierung finaler Wahlentscheidung

Schließlich kann die Rechtsökonomik nach der hier gegebenen Konzeption dem Rechtsanwender die finale Entscheidung für eine Auslegungsvariante nicht abnehmen, sie schafft keine streng positivistische Methode. Durch die intersubjektiv einsehbaren positiven Funktionalitätserwägungen sowie die aufgrund klarer Definition und metrischer Darstellbarkeit intersubjektiv vergleichbare Effizienzbetrachtung besteht jedoch eine transparente Grundlage für die Entscheidung des Rechtsanwenders, wodurch Nachvollziehbarkeit, Prüfung und Kritik durch andere Rechtsanwender erleichtert wird, was als stabilisierendes Element[467] der Rechtsökonomik innerhalb der Rechtsanwendung zusammenfassend beschrieben werden kann. Der Rationalitätsanspruch der Rechtsökonomik im Rahmen der Auslegungsmethodik ist somit gedämpft,[468] er vermag die von *Hassemer* den Erwägungen *Rüthers'* entgegengebrachten Einwände nicht vollends zu entkräften, allerdings den Grad der Regelstrenge der Rechtsanwendungsmethodik zu erhöhen und somit zur Annäherung an das verfassungsrechtliche Ideal beizutragen. Möchte man die Gesetzesbindung durch Stärkung von Stringenz und Transparenz der Methodenlehre steigern, kann die Rechtsökonomik hierzu in der aufgezeigten differenzierten Weise einen Beitrag leisten.

---

465 In diesem Sinne auch *Hellgardt*, Regulierung und Privatrecht, S. 415.

466 Siehe ebenfalls *Hellgardt*, Regulierung und Privatrecht, S. 416, der anschaulich betont, dass sichergestellt sein muss, dass „sich die Rechtsanwendung nicht auf einer wissenschaftliche nicht mehr haltbaren tatsächlichen Grundlage ‚einschleift'".

467 Vgl. zur Zielrichtung auch *Tröger*, Arbeitsteilung Vertrag, S. 63: „stabilisierendes Bezugssystem".

468 Vgl. *Tröger*, Arbeitsteilung und Vertrag, S. 65 f.

Kapitel 3 Befristung von Arbeitsverträgen mit Profisportlern

Die Möglichkeit, die Auslegung und Anwendung von Rechtsnormen durch Elemente der Rechtsökonomik anzureichern, soll zunächst anhand eines Beispiels aus dem Arbeitsrecht verdeutlicht werden. Die Auswahl von Beispielen ist in gewisser Weise arbiträr, die gewählte Konstellation hat jedoch einige Vorzüge, auf die eingangs hinzuweisen ist.[469] Die Entwicklung des Arbeitsrechts ist in besonderem Maße durch die Rechtsprechung veranlasst oder forciert worden,[470] was *Rüthers* zu der These veranlasst hat, die Gefahr der Umgehung der Legislative, und somit der verfassungsrechtlichen Gewaltenteilung,[471] sei im Arbeitsrecht besonders stark ausgeprägt.[472] Im Arbeitsrecht ergibt sich somit im Allgemeinen verstärkt die Notwendigkeit, einen Ausgleich zwischen den teilweise widerstreitenden Zielvorgaben der Gesetzesbindung und der nötigen Flexibilität[473] der Rechtsprechung zu finden. Die Eignung der hier konkret gegenständlichen, der Befristung von Arbeitsverträgen mit professionellen Sportlern zugrundeliegenden Auslegungsfrage ergibt sich einerseits aus ihrer Aktualität und dem kontroversen Diskurs, der sich in den vergangenen Jahren um sie herum entwickelt hat.[474] Andererseits ergibt sie sich aus der Entstehungsgeschichte des maßgeblichen Gesetzestextes. Denn es handelt sich bei § 14 TzBfG um eine

---

469 Siehe ergänzend zur Auswahl der Beispiele in der Gesamtkonzeption der Arbeit *supra* Kapitel 1 § 2.

470 Vgl. allgemein *Fischinger*, Arbeitsrecht, Rn. 106; *Michalski/Westerhoff*, Arbeitsrecht, S. 12 f.; *Dütz/Thüsing*, Arbeitsrecht, S. 4 ff.; siehe vor dem Hintergrund rechtsökonomischer Anwendungskonstellationen auch schon *Janson*, Ökonomische Theorie im Recht, S. 208 f.

471 *Supra* Kapitel 2 § 1 A.I.

472 Vgl. *Rüthers*, Das Ungerechte an der Gerechtigkeit, S. 121, der vor allem auf die Stärkung des Sozialschutzes der Arbeitnehmer durch die Rechtsprechung verweist, wozu er einige Beispiele aus der arbeitsgerichtlichen Rechtsprechung anführt, wie beispielsweise die zur Ausweitung des Arbeitnehmermitbestimmungsrechts (BAG, Urt. v. 14.11.1974 – 1 ABR 65/73, BB 1975, 420) oder zum Kündigungsschutz von an häufigen Kurzerkrankungen leidende Arbeitnehmer (BAG, Urt. v. 07.11.1985 – 2 AZR 657/84, NJW 1986, 2392).

473 Vgl. schon zu dem Hintergrund *supra* Kapitel 2 § 1 B.

474 *Infra* Kapitel 3 § 2. Allgemein lässt sich das Befristungsrecht durch vielfältige Diskussionen und eine dynamische Entwicklung charakterisieren, vgl. etwa den Überblick bei *Bader*, NZA-RR 2018, 169.

relativ junge Rechtsvorschrift,[475] zu der umfangreiche Gesetzgebungsmaterialien vorliegen, die im Rahmen des Auslegungsprozesses berücksichtigt
werden müssen.[476] An diese Materialien müssen folglich die Diskussion der
Bedeutung der Effizienzbetrachtung sowie die maßgebliche Funktionsanalyse angeknüpft werden. Außerdem sind die Tatbestandsvoraussetzungen
des § 14 Abs. 1 S. 2 Nr. 4 TzBfG im Konkreten mit dem Verweis auf die
„Eigenart der Arbeitsleistung" sehr weit gefasst, weshalb eine transparente
Rechtsanwendung vor dem Hintergrund der zu Beginn dieser Arbeit aufgezeigten Kollisionslage[477] besonders bedeutsam ist.

Materieller Gegenstand des Kapitels ist die Frage, ob die Befristung von
Arbeitsverträgen mit Profisportlern wegen der Eigenart der Arbeitsleistung
nach § 14 Abs. 1 S. 2 Nr. 4 TzBfG zulässig ist.[478] Anknüpfend an die aktuelle
Rechtsprechung im Fall *Heinz Müller*[479] sollen dabei in den ersten Teilen
des Abschnitts Arbeitsverträge von Fußballspielern in der 1. Fußball Bundesliga betrachtet werden. Einleitend wird zunächst auf den tatsächlichen
und rechtlichen Rahmen der Debatte hingewiesen (§ 1), ehe ein Blick auf
den durch Stimmen der Rechtsprechung und der Literatur geprägten jüngeren Diskurs zu der Rechtsfrage geworfen wird, der die Erforderlichkeit
weiterführender rechtsökonomischer Erwägungen verdeutlicht (§ 2). Ausgehend von den Zielvorgaben des Gesetzgebers (§ 3 A) soll schließlich
eine rechtsökonomische Wirkungsanalyse vorgenommen werden (§ 3 B).
Die Resultate lassen sich in den Stand der bisherigen Debatte einordnen,
wodurch eine Stützung des Ergebnisses der Rechtsprechung und vorherrschenden Meinung in der Literatur gelingt (§ 4). Abschließend lassen sich
die Funktionalitätserwägungen mit Einschränkungen auf verwandte sport-
arbeitsrechtliche Konstellationen übertragen (§ 5).

---

475 Siehe Bt-Drs. 14/4374. Das Gesetz ist seit 1.1.2001 in Kraft.
476 *Infra* Kapitel 3 § 3 A.
477 *Supra* Kapitel 2 § 1.
478 Über diese Frage hatte am 16.1.2018 das Bundesarbeitsgericht zu entscheiden, BAG,
     Urt. v. 16.1.2018 – 7 AZR 312/16, NZA 2018, 703.
479 Dazu sogleich *infra* Kapitel 3 § 1 und § 2.

§ 1 Ausgangslage

Ob die Befristung von Arbeitsverträgen[480] mit professionellen Sportlern zulässig ist, ist bereits seit längerem Gegenstand eines juristischen Diskurses.[481] Erst die Klage des früheren Fußball-Bundesligaspielers *Heinz Müller* gegen seinen früheren Arbeitgeber, den Bundesligisten 1. FSV Mainz 05, führte dazu, dass sich die deutsche Arbeitsgerichtsbarkeit mit dieser Rechtsfrage beschäftigen musste.[482] Das Arbeitsverhältnis des Sportlers war bis zum 30. Juni 2014 befristet abgeschlossen worden. Der Arbeitnehmer klagte nach Ablauf der Vertragslaufzeit auf unbefristete Weiterbeschäftigung.[483] Während das Arbeitsgericht Mainz die Befristung in erster Instanz für unzulässig erklärte,[484] wandten sich in der Folge sowohl das Landes-

---

480 Siehe zur Arbeitnehmereigenschaft von professionellen Sportlern ausführlich hier nur *Fiedler*, Sportsponsoring und Arbeitsrecht, S. 97 ff.; *Bepler*, FS Fenn, 43 ff.; sowie instruktiv *Jungheim*, RdA 2008, 222, 223 f.; *Korff*, CaS 2018, 263, 264 f., je mit vielen weitere Nachweisen zu der frühzeitig geführten Debatte aus Rechtsprechung und Literatur; siehe aus der Rechtsprechung die Arbeitnehmereigenschaft bejahend hier nur BAG, Urt. v. 24.11.1992 – 9 AZR 564/91, NZA 1993, 750; BAG, Urt. v. 24.11.1992 – 9 AZR 564/91, NZA 1996, 1207; Zweifel an der Arbeitnehmereigenschaft im Konkreten vor dem Hintergrund eines weiteren Blicks auf die Passgenauigkeit des Arbeitsrechts im Allgemeinen äußern dagegen *Seitz*, NJW 2002, 2838, 2839; *Beckmann/Beckmann*, SpuRt 2011, 236, 240; *Beckmann/Beck*, SpuRt 2015, 160, 161; Zweifel andeutend auch *Fröhlich/Fröhlich*, CaS 2016, 153, 155; *Menke*, Profisportler zwischen Arbeitsrecht und Unternehmertum, S. 52 ff.; weiterführend auch *Schimke/Menke*, SpuRt 2007, 182, die entsprechende Erwägungen durch das Aufzeigen von Alternativen zu der Behandlung als Arbeitnehmer stützen. Diesen Zweifeln kann hier insoweit entgegengetreten werden, als das hier gegenständliche Beispiel verdeutlicht, dass eine funktional-teleologisch orientierte Auslegung sehr wohl zu einer passgenauen und überzeugenden Anwendung des Arbeitsrechts auf die Sonderkonstellation des professionellen Sports führen kann; siehe dazu gerade das Ergebnis *infra* Kapitel 3 § 4.

481 Vgl. etwa die frühen Arbeiten von *Vogt*, Befristungs- und Optionsvereinbarungen im professionellen Mannschaftssport, S. 75 ff.; *Blang*, Befristung von Arbeitsverträgen mit Lizenzspielern und Trainern, S. 102 ff.; vgl. auch aus der Zeit vor Inkrafttreten des TzBfG *Hausch*, Langfristige Arbeitsverträge bei Lizenzfußballern, S. 45 ff.

482 Vgl. ArbG Mainz, Urt. v. 19.3.2015 – 3 Ca 1197/14, NZA 2015, 684.

483 Auslöser des Rechtsstreits war der Umstand, dass die sportliche Leitung dem Spieler in der letzten Spielzeit seiner Vertragslaufzeit ab einem bestimmten Zeitpunkt keine Einsatzzeiten mehr gewährte, sodass eine an eine bestimmte Mindestanzahl von Einsätzen geknüpfte, vertraglich vereinbarte Vertragsverlängerung nicht zum Tragen kam. Zunächst zielte das gerichtliche Vorgehen des Sportlers lediglich auf die Ausdehnung des Vertrages um dieses eine Jahr ab.

484 Vgl. ArbG Mainz, Urt. v. 19.3.2015 – 3 Ca 1197/14, NZA 2015, 684.

arbeitsgericht Rheinland-Pfalz[485] als auch schließlich das Bundesarbeitsgericht[486] gegen diese Sichtweise und erklärten die Befristung des Arbeitsverhältnisses für wirksam.

Die Befristung der Arbeitsverträge von professionellen Sportlern stellt seit jeher gängige Praxis dar, zu der Ausnahmen kaum zu finden sind.[487] Das deutsche Arbeitsrecht sieht hingegen die unbefristete Beschäftigung als Regelfall für Beschäftigungsverhältnisse vor,[488] von dem nur bei Vorliegen eines besonderen Grundes gem. § 14 Abs. 1 TzBfG abgewichen werden kann. Wenn ein Arbeitsvertrag eine Befristung vorsieht, ohne dass ein solcher Grund vorliegt, gilt der Arbeitsvertrag gem. § 16 S. 1 Hs. 1 TzBfG als auf unbestimmte Zeit geschlossen. Als sachlicher Grund für die Befristung wird für die gegenständliche Befristungsfrage allein die Eigenart der Arbeitsleistung gem. § 14 Abs. 1 S. 2 Nr. 4 TzBfG ernsthaft in Betracht gezogen.[489]

§ 2 Zum Stand der Debatte

Die Entscheidungsgründe der Rechtsprechung zur Begründung der Wirksamkeit der Befristung (A) können jedoch nicht vollends überzeugen und sind folgerichtig bereits in der Literatur, trotz einer die Entscheidung im Ergebnis mehrheitlich begrüßenden Grundhaltung, auf berechtigte Kritik gestoßen (B). Aus dem so gezeichneten Bild des *status quo* der Debatte lässt sich insbesondere vor dem Hintergrund des Umstands, dass die zentralen Begründungstopoi Aussagen über die jeweiligen den Auslegungsalternativen zugrundeliegenden Funktionszusammenhänge treffen, zwanglos ein weiterführender rechtsökonomischer Arbeitsauftrag ableiten (C).

---

485 Vgl. LAG Rheinland-Pfalz, Urt. v. 17.2.2016 – 4 Sa 202/15, NZA 2016, 699.
486 Vgl. BAG, Urt. v. 16.1.2018 – 7 AZR 312/16, NZA 2018, 703.
487 Vgl. BAG, Urt. v. 16.1.2018 – 7 AZR 312/16, NZA 2018, 703, 705: „Der Abschluss befristeter Arbeitsverträge mit Lizenzspielern entspricht daher einer durchgängig geübten Praxis im Profifußball."; LAG Rheinland-Pfalz, Urt. v. 17.2.2016 – 4 Sa 202/15, NZA 2016, 699, 700: „ausnahmslos gehandhabt"; siehe aus dem Schrifttum etwa *Fröhlich*, EuZA 2019, 111, 112; *Beckmann/Beckmann*, SpuRt 2011, 236.
488 Vgl. BT-Drs. 14/4374, S. 1, 12.
489 Nur am Rande wurde erwogen, ob in der Person liegende Gründe nach § 14 Abs. 1 S. 2 Nr. 6 TzBfG die Befristung rechtfertigen, vgl. etwa knapp *Schomaker*, AiB 9/2018, 22, 23 f.; siehe auch die treffende und prägnante Ablehnung bei *Walker*, SpuRt 2018, 172; lediglich in Ausnahmefällen eine Befristung nach § 14 Abs. 1 S. 2 Nr. 6 TzBfG wegen abnehmender Leistungsfähigkeit dagegen erwägend *Berkemeyer*, SpuRt 2010, 8.

A. Entscheidungsbegründung

Das Bundesarbeitsgericht hat die Rechtmäßigkeit der Befristung wegen der Eigenart der Arbeitsleistung auf die Charakteristik des Arbeitsverhältnisses in seiner Gesamtheit, einschließlich der durch dieses betroffenen Interessen, gestützt. Grundlegend für die Befristung der fraglichen Arbeitsverhältnisse sei, dass der Befristungsgrund nicht nur Konstellationen erfasse, in denen die Arbeitsleistung als solche eine Befristung erfordere, da die Tätigkeit nicht losgelöst von dem gesamten Arbeitsverhältnis betrachtet werden könne, weshalb sich die Wirksamkeit der Befristung aus einer Gesamtbetrachtung des Arbeitsverhältnisses ergeben könne.[490] Das Gericht baut seine Begründung anhand zweier Grundüberlegungen auf, die jeweils im Kern Aussagen über Funktionszusammenhänge treffen – den Leistungsanforderungen der Branche und den Interessen der Sportler.[491] Erstens würden vertraglich für den Leistungssport charakteristische sportliche Höchstleistungen geschuldet werden, die in der kommerzialisierten Branche von den Zuschauern erwartet würden und die Sportler naturgemäß nur für einen begrenzten Zeitraum erbringen könnten, da mit zunehmendem Alter die körperliche Leistungsfähigkeit abnehme.[492] Zweitens sei die Befristung auch im Interesse der Sportler, was das Gericht wiederum anhand mehrerer Erwägungen zu untermauern sucht.[493] Zum einen hätten die Sportler erhebliche ökonomische Interessen am sportlichen Erfolg des Arbeitgebers, da die Höhe ihrer Entlohnung von diesem abhänge.[494] Um den sportlichen Erfolg langfristig zu gewährleisten, sei einerseits die Möglichkeit zum leistungs- und taktikorientierten partiellen Austausch des Personals erforderlich, andererseits ein gewisses Maß an Planungssicherheit, das durch die Möglichkeit der ordentlichen Kündigung in Konsequenz unbefristeter Arbeitsverträge torpediert werden würde.[495] Die Befristung würde den Spielern zum anderen die Möglichkeit verschaffen, in Abhängigkeit von der eigenen Leistung besser dotierte Arbeitsverträge nach Ablauf der Vertragslaufzeit abzuschließen.[496] Weiterhin stütze die Einbettung des deutschen Profifußballs in das internationale Transfersystem

---

490 Vgl. BAG, Urt. v. 16.1.2018 – 7 AZR 312/16, NZA 2018, 703, 704.
491 Vgl. BAG, Urt. v. 16.1.2018 – 7 AZR 312/16, NZA 2018, 703, 704 f.
492 Vgl. BAG, Urt. v. 16.1.2018 – 7 AZR 312/16, NZA 2018, 703, 704 f.
493 Vgl. BAG, Urt. v. 16.1.2018 – 7 AZR 312/16, NZA 2018, 703, 705.
494 Vgl. BAG, Urt. v. 16.1.2018 – 7 AZR 312/16, NZA 2018, 703, 705.
495 Vgl. BAG, Urt. v. 16.1.2018 – 7 AZR 312/16, NZA 2018, 703, 705.
496 Vgl. BAG, Urt. v. 16.1.2018 – 7 AZR 312/16, NZA 2018, 703, 705.

die Zulässigkeit der Befristung, da dieses System Vereinswechsel nur in zwei Perioden im Jahr ermöglicht, wodurch eine „gleichbleibende sportliche Stärke" einer Mannschaft während einer Spielzeit sichergestellt werde und Interessenkonflikte während einer Saison vermieden würden.[497] Durch die Befristung sei die Erzielung von Ablösesummen möglich, wenn ein konkurrierender Verein[498] die Verpflichtung eines Spielers vor Ablauf der Vertragslaufzeit, und damit die Vertragsauflösung, anstrebt, was ebenfalls im Interesse der Spieler sei, da diese wiederum von der durch die Ablösezahlungen gestärkten Finanzkraft der Arbeitgeber profitieren würden.[499] Zudem würden diese Ablösesummen als Kompensation für die Ausbildung der Spieler Anreize zur Ausbildung von jungen Sportlern schaffen, die sich ebenfalls qualitätssteigernd auf das System auswirken würden.[500] Die Summe dieser Erwägungen überwiege regelmäßig das ebenfalls zu berücksichtigende Interesse der Sportler an einer unbefristeten Beschäftigung.[501]

Die Erwägungen des LAG Rheinland-Pfalz in der Vorinstanz weisen zwar einige Ähnlichkeiten zu denen des BAG auf, enthalten aber auch zusätzliche Argumente, die zur Stützung der Befristung angeführt wurden, die vom BAG jedoch nicht mehr explizit aufgegriffen wurden.[502] Dazu gehört ein außergewöhnlich „hohes Maß an Unsicherheit" hinsichtlich der zukünftigen Leistungsfähigkeit der Spieler aufgrund der Verletzungsgefahr und der Unbestimmtheit persönlicher Leistungsentwicklung, sowie Veränderungen des spieltaktischen Konzepts und des Mannschaftsgefüges.[503] Die Lösung des Arbeitsvertrages in der Konsequenz entsprechender Entwicklungen müsste im Falle einer unbefristeten Beschäftigung über die ordentliche Kündigung erfolgen, was aufgrund des Kündigungsschutzes und

---

497 Vgl. BAG, Urt. v. 16.1.2018 – 7 AZR 312/16, NZA 2018, 703, 705.
498 Die Bezeichnung „Verein" wird im Folgenden nicht im technischen Sinne der §§ 21 ff. BGB verwendet, sondern untechnisch, unabhängig von der genauen Ausgestaltung als Verein oder Kapitalgesellschaft, für die am sportlichen Wettbewerb teilnehmenden Klubs.
499 Vgl. BAG, Urt. v. 16.1.2018 – 7 AZR 312/16, NZA 2018, 703, 705.
500 Vgl. BAG, Urt. v. 16.1.2018 – 7 AZR 312/16, NZA 2018, 703, 705.
501 Vgl. BAG, Urt. v. 16.1.2018 – 7 AZR 312/16, NZA 2018, 703, 705. Ausnahmen von diesem Grundsatz sieht das Gericht nur in solchen, wohl in der Realität nicht zu beobachtenden, Extremsituationen, in denen das Vertragsende außerhalb einer Transferperiode liegt.
502 Siehe dazu explizit auch Koch, RdA 2019, 54, 56 ff.; zu der berechtigten und folglich (zumindest) insoweit die Vorgehensweise des BAG legitimierenden Kritik an diesen auch noch *infra* Kapitel 3 § 2 B.
503 Vgl. LAG Rheinland-Pfalz, Urt. v. 17.2.2016 – 4 Sa 202/15, NZA 2016, 699, 700 f.

der Beweislast nur unter erheblichen Schwierigkeiten und Unsicherheiten lediglich in seltenen Ausnahmefällen möglich sei.[504] Zudem sei die Befristung erforderlich, um eine ausgewogene Altersstruktur der Mannschaft zu gewährleisten, die wiederum für den Erhalt der Konkurrenzfähigkeit unerlässlich sei.[505] Unbefristete Arbeitsverträge würden vor diesem Hintergrund zwangsläufig zu einer nicht finanzierbaren Aufblähung des Spielerkaders führen.[506] Entsprechend den im Bühnenbereich üblichen Arbeitsverträgen bestünde zudem ein Abwechslungsbedürfnis der Zuschauer, von deren Zuspruch die Branche wesentlich geprägt und abhängig sei, weswegen ein regelmäßiger Personalaustausch die Attraktivitätssicherung der Branche sicherstelle.[507] Schließlich stellte auch das LAG auf die Interessen der Spieler ab, die durch die Befristung für den fraglichen Zeitraum trotz der Ungewissheit der sportlichen Leistungsfähigkeit aufgrund des Ausschlusses der ordentlichen Arbeitgeberkündigung Planungssicherheit erhielten und gleichzeitig unabhängig von den Voraussetzungen ordentlicher Arbeitnehmerkündigungen nach Vertragsablauf Freizügigkeit im Hinblick auf den Abschluss neuer Verträge genössen.[508] Lizenzspieler seien aufgrund des üblicherweise hohen Gehalts in der 1. Fußball Bundesliga in Höhe von durchschnittlich 1,5 Mio. Euro vor dem Hintergrund des Gesetzeszwecks des § 14 TzBfG ohnehin weniger schutzbedürftig als Arbeitnehmer anderer Branchen.[509]

Im Ergebnis hat sich das Bundesarbeitsgericht nicht nur dem LAG Rheinland-Pfalz, sondern auch dem Großteil der Literatur angeschlossen,[510] die wiederum das Urteil des BAG – ebenfalls zumindest dem Ergeb-

---

504 Vgl. LAG Rheinland-Pfalz, Urt. v. 17.2.2016 – 4 Sa 202/15, NZA 2016, 699, 701.
505 Vgl. LAG Rheinland-Pfalz, Urt. v. 17.2.2016 – 4 Sa 202/15, NZA 2016, 699, 701.
506 Vgl. LAG Rheinland-Pfalz, Urt. v. 17.2.2016 – 4 Sa 202/15, NZA 2016, 699, 701.
507 Vgl. LAG Rheinland-Pfalz, Urt. v. 17.2.2016 – 4 Sa 202/15, NZA 2016, 699, 701.
508 Vgl. LAG Rheinland-Pfalz, Urt. v. 17.2.2016 – 4 Sa 202/15, NZA 2016, 699, 701.
509 Vgl. LAG Rheinland-Pfalz, Urt. v. 17.2.2016 – 4 Sa 202/15, NZA 2016, 699, 702.
510 Vgl. *Backhaus*, in: APS, § 14 TzBfG Rn. 198a; *Bayreuther*, in: BeckOk ArbR, TzBfG § 14 Rn. 56; *Bepler*, jM 2016, 105 (jedoch mit Bezug auf die Teleologie nur mit Einschränkungen im Hinblick auf Befristungslänge und Vergütungshöhe); *Bitsch/Müller*, NZA-RR 2015, 410; *Blang*, Befristung von Arbeitsverträgen mit Lizenzspielern und Trainern, S. 191; *Boecken*, in: Boecken/Joussen, § 14 Rn. 76; *Boemke/Jäger*, RdA 2017, 20; *Brötzmann*, BB 2016, 1536; *Fischinger/Reiter*, NZA 2016, 661; *Fröhlich/Fröhlich*, CaS 2015, 145; *Fröhlich/Fröhlich*, CaS 2016, 153; *Engshuber*, in: MüKoBGB, § 14 TzBfG Rn. 53; *Katzer/Frodl*, NZA 2015, 657; *Herms*, in: Meinel/Heyn/Herms, TzBfG § 14 Rn. 174; *Mestwerdt*, in: Gallner/Mestwerdt/Nägele, § 14 TzBfG Rn. 123; *Schewiola*, ArbRB 2016, 279; *Sievers*, TzBfG, § 14 Rn. 305; *Sommer*, ZJS 2015, 523; *Strake*, RdA 2018, 46; *Vogt*, Befristungs- und Optionsvereinbarungen

nis nach[511] – im Wesentlichen zustimmend zur Kenntnis genommen hat.[512] Nahezu einhellig wird in Rechtsprechung und Literatur betont, dass die einzelnen Argumente, die für die Zulässigkeit der Befristung angeführt werden, separat nicht zu der Rechtfertigung der Befristung wegen der Eigenart der Arbeitsleistung gemäß § 14 Abs. 1 S. 2 Nr. 4 TzBfG führen, eine Gesamtbetrachtung in Abwägung zu dem allgemeinen Interesse des Arbeitnehmers an unbefristeter Beschäftigung jedoch die Rechtmäßigkeit der Befristung bedinge.[513] Schon die Tatsache, dass beide Gerichte bisweilen gänzlich unterschiedliche Umstände zur Urteilsbegründung anführen, deutet jedoch auf Schwierigkeiten hinsichtlich der Validität der als Summanden angeführten Erwägungsgründe hin.[514]

B. Kritik an den Entscheidungen zugrundeliegenden Erwägungsgründen

Die einzelnen Elemente der Entscheidungsbegründung wurden in der Literatur entsprechend vielfach kritisiert.[515] Auf den Punkt bringen es zwei innerlich gespaltene Kommentatoren des Urteils des LAG Rheinland-Pfalz, die sich als erfreute Sportfans und gleichermaßen als an der Entschei-

---

im professionellen Mannschaftssport, S. 137; *Vogel*, CaS 2016, 321; *Walker*, NZA 2016, 657; vgl. auch mit entsprechender Tendenz die Erwägungen zur verbands- und europarechtlichen Lage bei *Fritschi*, SpuRt 2017, 90; a.A. dagegen *Wroblewski*, in: Däubler/Deinert/Zwanziger, TzBfG § 14 Rn. 101.

511 Zu der Kritik an der Begründung dagegen siehe sogleich *infra* Kapitel 3 § 2 B.

512 Vgl. *Backhaus*, jM 2018, 324; *Fröhlich*, EuZA 2019, 111; *Jacobi*, ArbRB 2018, 195; *Keil*, EWiR 2018, 539; *Koch*, RdA 2019, 54; *Morgenroth*, ZStV 2019, 63; *Pfaffenberger*, npoR 2018, 250; *Schomaker*, AiB 9/2018, 22; *Stark*, ArbRAktuell 2018, 44; *Steiner*, SpuRt 2018, 186, 187; *Stopper/Dressel*, NZA 2018, 1046; *Walker*, SpuRt 2018, 172; vgl. auch die Einschätzung zur positiven Resonanz in Bezug auf das Ergebnis des Urteils bei *Boemke*, JuS 2019, 73, 74; ablehnend dagegen *Eckert*, DStR 2018, 360.

513 Vgl. BAG, Urt. v. 16.1.2018 – 7 AZR 312/16, NZA 2018, 703, 704 f.; LAG Rheinland-Pfalz, Urt. v. 17.2.2016 – 4 Sa 202/15, NZA 2016, 699, 702; *Walker*, NZA 2016, 657, 661; *ders.*, ZfA 2016, 567, 596; *Bepler*, jM 2016, 105; *Fischinger/Reiter*, NZA 2016, 661, 664; implizit auch *Katzer/Frodl*, NZA 2015, 657 ff.; siehe dazu jedoch auch explizit kritisch und isoliert auf die im Profisport verlangte körperlichen Höchstleistungen und die abnehmende Leistungsfähigkeit des menschlichen Körpers zur Begründung der Befristung nach § 14 Abs. 1 S. 2 Nr. 4 TzBfG abstellend *Scholz*, NZA-RR 2016, 460.

514 Vgl. auch *Walker*, SpuRt 2018, 172, 173, der feststellt, dass durch die Nichtberücksichtigung von in den Vorinstanzen vorgebrachten Argumenten das BAG wohl beabsichtigt zu vermeiden, Angriffsflächen zu bieten.

515 Vgl. zur Vorinstanz deutlich schon *Walker*, NZA 2016, 657.

dung zweifelnde Arbeitsrechtler outeten.[516] Bei einem anderen Autor hinterlässt das Urteil des BAG „einen arbeitsrechtlich ‚unangenehmen' Nachgeschmack",[517] der sich für ihn sogar in der Ablehnung des Urteils nicht nur im Hinblick auf die Begründung, sondern auch auf das Ergebnis niederschlägt.[518] Tatsächlich ist letztlich die Begründung des „Wunschergebnisses [...] ungleich herausfordernder als die spontane Reaktion des Betrachters."[519] Diese Begründung gelingt jedenfalls methodisch nicht vollends überzeugend, weshalb die Rechtsmethodik als Verlierer des Urteils identifiziert wurde.[520] Die Angreifbarkeit der die Befristung stützenden, Funktionszusammenhänge annehmenden, aber diese nicht klar benennenden oder gar prüfenden Erwägungen soll im Folgenden in gebotener Kompaktheit reflektiert werden.

Der Vermutung, es bestünde ein zwingendes Verlangen des Publikums nach Abwechslung in personaler Hinsicht, kann zumindest *prima facie* aufgrund gewichtiger Gegenbeispiele und dem Überwiegen des Publikumsinteresses am sportlichen Erfolg[521] sowie anhand besonders beliebter „vereinstreuer" Sportler entgegengetreten werden.[522] Einige Beispiele der Ver-

---

516 Vgl. *Fischinger/Reiter*, NZA 2016, 661. An anderer Stelle wird ein Wettkampf Arbeitsrecht vs. Sport ausgerufen, dessen Zwischenstand nach dem Urteil der ArbG Mainz mit 1:0 benannt wurde, was im Endergebnis folglich ein 1:2 zu Lasten des Arbeitsrechts bedeutet, siehe *Mosch*, NJW-Spezial 2015, 370, 371. Hieran anknüpfend können die Zweifel an der Entscheidungsbegründung als Ausprägung des Widerstreits zwischen den besonderen Anforderungen des Sports sowie den allgemeinen rechtlichen Vorgaben verstanden werden, vgl. dazu allgemein *Steiner*, SpuRt 2018, 186.

517 *Eckert*, DStR 2018, 360, 364.

518 Vgl. *Eckert*, DStR 2018, 360, 363; insofern auch die Perspektive bei *Sasse*, ArbRB 2015, 266, der das erstinstanzliche, die Befristung ablehnende Urteil des ArbG Mainz als „konsequent begründet" beschreibt.

519 *Fröhlich*, EuZA 2019, 111, 113.

520 Siehe *Morgenroth*, ZStV 2019, 63, 64, der nachdrücklich auf „rechtsmethodische Defizite" des Urteils des BAG verweist, womit er wohl auf die nachfolgend darzustellende Angreifbarkeit der zuvor benannten Erwägungen der Gerichte abzielt.

521 Dazu mit Nachweisen noch *infra* Kapitel 3 § 3 B.I.2.c).

522 Vgl. jeweils zumindest zweifelnd *Beckmann/Beck*, SpuRt 2016, 155, 156; *Beckmann/Beckmann*, SpuRt 2011, 236, 239; *Fischinger/Reiter*, NZA 2016, 661, 662; *Fritschi*, SpuRt 2017, 90; *Fröhlich*, EuZA 2019, 111, 116; den Unterschied zum Abwechslungsbedürfnis des Theaterpublikums in Abhängigkeit von der Programmgestaltung betonend *Fröhlich/Fröhlich*, CaS 2015, 145, 146 f.; *dies.*, CaS 2016, 153, 155; *Katzer/Frodl*, NZA 2015, 657, 659; *Koch*, RdA 2019, 54, 57; *Runkel*, BB 2017, 1209, 1211; *Strake*, RdA 2018, 46, 47; *Walker*, NZA 2016, 657, 659; *ders.*, ZfA 2016, 567, 594, der ein gewisses Maß an Abwechslungsbedürfnis unter den Zuschauern feststellt. In jedem Fall zeigen die mannigfaltigen von den Autoren angeführten Beispiele,

gangenheit legen zudem Zweifel an der Annahme des pauschalen Verlangens nach Sportlern in einem jungen Alter durch die Zuschauer nahe, da vielfach über viele Jahre für das gleiche Team spielende Profis von den Besuchern der Spiele als besonders beliebt angesehen werden und daher ganz im Gegenteil das Interesse an dem Sport noch zu steigern im Stande sind,[523] auch wenn oder gerade weil sie ein im Profisport vergleichsweise gehobenes Alter haben.[524] Mit entsprechender Stoßrichtung vorgebrachte, auf die Nachfrage der Zuschauer abstellende Erwägungen bedürften folglich einer umfassenden empirischen Prüfung, ehe sie die Begründung der Wirksamkeit der Befristung zu tragen im Stande sind.[525]

Die vom BAG betonte biologisch bedingte abnehmende Leistungsfähigkeit im Sport mit zunehmendem Alter vermag zumindest auf den ersten Blick überzeugend erscheinen. Höchstleistungen, auch solche körperlicher Art, werden in anderen Berufen allerdings ebenfalls gefordert und auch im Rahmen nichtsportlicher Tätigkeiten nimmt die Leistungsfähigkeit von Arbeitnehmern mit zunehmendem Alter ab.[526] Das gilt sicherlich vor allem für körperlich anspruchsvolle Tätigkeiten, wie im Bereich des Leistungssports, trifft im Grundsatz aber wohl auf nahezu sämtliche Beschäftigungen zu.[527] Vor Arbeitsplatzverlusten aufgrund altersbedingter abnehmender Leistungsfähigkeit soll jedoch der dem TzBfG zugrundeliegende Grundsatz der unbefristeten Beschäftigung den Arbeitnehmer gerade schützen.[528] Die Tatsache, dass das gegenwärtige System nach Sportlern in einem bestimmten Alter verlangt, wird erst durch die Möglichkeit zur Befristung überhaupt geschaffen, grundsätzlich kann der Sport jedoch auch noch in

---

dass das Argument des Abwechslungsbedürfnisses nicht ohne Weiteres und bei Außerachtlassen von umfangreichen positiven Analysen der Zuschauerperspektive trägt.

523 Vgl. *Walker*, NZA 2016, 657, 659; auch *Runkel*, BB 2017, 1209, 1211.

524 Siehe vor diesem Hintergrund ebenfalls die keinesfalls repräsentativen und allenfalls indiziellen Verweise auf sportlich besonders erfolgreiche Mannschaften mit einem hohen Altersdurchschnitt von über 30 Jahren wie etwa das Weltmeisterteam Italiens 2006 oder das des Champions League Siegers AC Mailands 2007, etwa bei *Beckmann/Beck*, SpuRt 2016, 155 f.; *Fischinger/Reiter*, NZA 2016, 661, 662.

525 Vgl. allgemein auch *supra* Kapitel 2 § 2 C.II.1.(a); siehe auch noch konkret zu die Nachfrage treibenden Faktoren mit entsprechenden Verweisen auf positive, empirisch fundierte Untersuchungen *infra* Kapitel 3 § 3 B.I.2.c).

526 Vgl. mit ähnlichen Erwägungen *Walker*, NZA 2016, 657, 659; *Fischinger/Reiter*, NZA 2016, 661, 663; *Heink/Hemmeter*, SpuRt 2015, 192, 194.

527 Vgl. auch *Boemke*, JuS 2019, 73, 74.

528 Vgl. *Wroblewski*, in: Däubler/Deinert/Zwanziger, TzBfG § 14 Rn. 98; vgl. vor dem Hintergrund des AGG eingehend auch *Berkemeyer*, SpuRt 2010, 8.

höherem Alter betrieben werden, nur eben nicht in der bislang bekannten Form. So setzt auch konkret der Wettbewerb in der 1. Bundesliga die Befristung entgegen der Annahme des BAG keinesfalls *per se* zwingend voraus, da alle Wettbewerber in gleichem Maße mit den unbefristeten Arbeitsverträgen umzugehen hätten, alle Mannschaften somit tendenziell ältere Spieler beschäftigen würden, weshalb wiederum Chancengleichheit im Wettbewerb der Liga bestehen würde. Es ist gerade deswegen nicht vorstellbar, einen Spieler in hohem Alter in der Bundesliga zu sehen,[529] weil das System die Befristung bislang ermöglicht. Die Begründung bedeutet letztlich folglich einen Zirkelschluss.[530] Würde man sich trotzdem zumindest im Grundsatz dem auf der abnehmenden Leistungsfähigkeit basierenden Argument anschließen, ergäbe sich daraus unmittelbar jedoch lediglich die Erforderlichkeit der Befristung bis zu dem Zeitpunkt, ab dem die für den sportlichen Wettbewerb erforderliche körperliche Höchstleistung regelmäßig nicht erwartet werden kann.[531] Die Befristung bis zu einem früheren Zeitpunkt, zu dem die Wettbewerbsfähigkeit des Sportlers noch zu erwarten ist, wäre dadurch nicht gerechtfertigt. Üblicherweise werden die Arbeitsverträge hingegen befristet auf einen Zeitraum von ein bis fünf Jahren abgeschlossen, auch wenn der jeweilige Sportler noch zu Beginn seiner Karriere steht und folglich sportliche Höchstleistungen über die Vertragslaufzeit hinaus zu erwarten sind.

Der Wunsch, die Zusammensetzung eines Teams aus strategischen und teamtaktischen Gründen zu ändern, ist ebenfalls kein exklusives Phänomen des professionellen Mannschaftssports, denn auch wenn nicht in jedem Beruf Teamarbeit von gleicher Bedeutung ist,[532] erscheinen solche Berufe eher die Regel als die Ausnahme zu sein, in denen sowohl die Zusammenarbeit als auch die individuellen Einzelleistungen der Arbeitnehmer für den Gesamterfolg von essentieller Bedeutung sind.[533] Gleiches gilt für das Interesse der Sportler an dem Erfolg der Mannschaft, da auch in anderen Bereichen regelmäßig, häufig unmittelbar und nahezu immer mittelbar, die Vergütung

---

529 Siehe etwa *Fröhlich*, EuZA 2019, 111, 113.
530 Siehe deutlich *Morgenroth*, ZStV 2019, 63; vgl. auch *Fischinger*, NJW 2018, 1996.
531 Vgl. entsprechend *Eckert*, DStR 2018, 360, 363 f.; *Beckmann/Beckmann*, SpuRt 2011, 236, 239 f.; *Beckmann/Beck*, SpuRt 2016, 155, 156; *Fröhlich/Fröhlich*, CaS 2015, 145, 147.
532 Vgl. weitergehend *Eckert*, DStR 2018, 360, 364, der betont, das mannschaftliche Zusammenspiel werde in jedem Betrieb erwartet.
533 Vgl. *Fröhlich/Fröhlich*, CaS 2015, 145, 147; *Fischinger/Reiter*, NZA 2016, 661, 663.

der Arbeitnehmer von dem Unternehmenserfolg abhängt.[534] Umgekehrt ließe sich die Sicherung der Zusammensetzung der Mannschaft während einer Saison und somit außerhalb der Transferphasen im Grundsatz auch durch eine Beschränkung der ordentlichen Kündigung auf diese Phasen erreichen,[535] sie erfordert somit nicht die Befristung der Arbeitsverträge.

Auch der Verweis auf die vermeintlich fehlende Schutzbedürftigkeit der Sportler kann nicht überzeugen, da das TzBfG zwar wesentlich auf den Schutz von Arbeitnehmern mit vergleichsweise niedrigen Einkommen abzielt,[536] sich jedoch nicht hierauf beschränkt und dieses auch insofern nicht überzeugt, als nicht alle Spieler von Fußball-Bundesligisten mit Arbeitsverträgen ausgestattet sind, die eine Vergütung vorsehen, die deutlich oberhalb der der vermeintlich schutzwürdigeren Arbeitnehmer in anderen Branchen liegt.[537]

Die Argumentation der Rechtsprechung wirft jedoch auch Fragen auf soweit sie auf die Interessen der Sportler abstellt. Es scheint, dass nicht sämtliche Spieler von der Befristung der Arbeitsverträge profitieren, denn eine Vielzahl der Sportler wird nach Ablauf eines Vertrages keinen höher dotierten Vertrag mit demselben oder einem anderen Arbeitgeber abschließen können. Zudem wäre der Abschluss höher dotierter Arbeitsverträge im Anschluss an eine ordentliche Kündigung ebenfalls möglich. Auch in anderen Branchen würden durch den Ablauf befristeter Arbeitsverträge neu zu besetzende Arbeitsplätze frei werden, auch hierin liegt somit keine für den Beruf des Bundesligaprofis spezifische Eigenschaft des Beschäftigungsverhältnisses.[538]

Dem Argument, durch die Zahlung von Ablösesummen zur vorzeitigen Beendigung befristeter Verträge werde die Finanzkraft der Vereine gesteigert, wovon auch die Spieler profitieren würden,[539] kann entgegengehalten werden, dass diese Praxis auch gerade erst deswegen so erfolgt, weil die

---

534 Vgl. *Runkel*, BB 2017, 1209, 2011.
535 Vgl. *Backhaus*, jM 2018, 324, 327; siehe dazu noch *infra* Kapitel 3 § 3 B.II.2.a).
536 Vgl. dazu auch mit weiterführenden Erwägungen *Koch*, RdA 2019, 54, 56 f.; *Stracke*, RdA 2018, 46, 48.
537 Vgl. *Fischinger/Reiter*, NZA 2016, 661, 662; *Fröhlich*, EuZA 2019, 111, 117; *Fröhlich/Fröhlich*, CaS 2016, 153, 155; *Walker*, NZA 2016, 657, 660; vgl. zudem ohnehin noch zu den abweichenden Bedingungen in tieferen Ligen und anderen Sportarten *infra* Kapitel 3 § 5.
538 Vgl. *Fischinger*, NJW 2018, 1996; *Boemke*, JuS 2019, 73, 74.
539 Vgl. dazu schon *Bitsch/Müller*, NZA-RR 2015, 410 f.; siehe zu grundlegenden Zweifeln an der Rechtssicherheit und Zweckmäßigkeit dieser Praxis der Ablösezahlungen *Stopper/Dressel*, NZA 2018, 1046, 1048 f.

Befristung der Arbeitsverträge möglich ist. Würde diese Praxis entfallen, würden der Branche jedoch nicht zwangsweise Mittel entzogen werden, da die Ablösezahlungen letztlich nur innerhalb des Systems zirkulierende Beträge sind, die Möglichkeiten zur Vergütung der Sportler würden somit durch den bloßen Entfall dieser Zirkulation nicht unmittelbar beschränkt, sondern lediglich unter den Vereinen verlagert werden. An der Prognose, der Wegfall der Befristungsmöglichkeit würde zu einem Zusammenbruch der Nachwuchsförderung führen, da kein Anreiz für deren weiterführende Entwicklung bestünde,[540] sind schon deswegen Zweifel angebracht, weil allein die Tatsache, dass ein Sportler die Jugendmannschaften eines Vereins durchläuft, keineswegs sicherstellt, dass dieser auch einen längerfristigen Profivertrag unterschreibt, durch den in der Folge erst Ablösezahlungen zugunsten des Vereins generiert werden könnten. Inwiefern der Wegfall der Befristung tatsächlich Anreizverschiebungen der Ausbildung der Sportler zur Folge hat, bedarf somit einer weitergehenden Prüfung.

Gleichermaßen ist eine Überprüfung im Hinblick auf die Erwägungen nötig, die auf die internationale Einbettung der deutschen Bundesligamannschaften in den internationalen durch den Weltverband FIFA regulierten Fußballertransfermarkt verweisen, wodurch internationale Wettbewerbsverzerrungen während des laufenden Spielbetriebs verhindert würden.[541] Vor dem Hintergrund dieser Einbettung sind auch die die Entscheidung begrüßenden Anmerkungen zu sehen, die darauf verweisen, dass die Zulässigkeit der Befristung im Interesse der Wettbewerbsfähigkeit des deutschen Fußballs zu sehen sei.[542] Eine weitere Stimme aus der Literatur spitzt diese Betrachtung zu: „Ein anderes Ergebnis hätte das Ende des Bundesliga-Fußballs in seiner heutigen Form bedeutet."[543] Ob jedoch der Wegfall

---

540 Vgl. *Keil*, EWiR 2018, 539, 540; implizit auch BAG, Urt. v. 16.1.2018 – 7 AZR 312/16, NZA 2018, 703, 705.

541 Vgl. implizit schon BAG, Urt. v. 16.1.2018 – 7 AZR 312/16, NZA 2018, 703, 705; früh auch bereits *Bitsch/Müller*, NZA-RR 2015, 410 f.; siehe dezidiert dazu auch *Koch*, RdA 2019, 54, 59 f.; *Vogel*, CaS 2016, 321, 323 f.; *Katzer/Frodl*, NZA 2015, 657, 658; deutlich auf das geschlossene System des Profifußballs abstellend vor allem auch *Walker*, ZfA 2016, 567, 596.

542 Vgl. *Fischinger*, NJW 2018, 1996; *Fröhlich*, EuZA 2019, 111, 113; *Walker*, ZfA 2016, 567, 596.

543 *Backhaus*, jM 2018, 324, 326 f.; insofern hätte Torwart *Heinz Müller* zweifellos „Sportrechtsgeschichte" geschrieben, siehe so *Junker*, EuZA 2015, 279, 280; vgl. dagegen aber auch die optimistischere, jedoch gleichermaßen eine funktionale Fundierung erfordernde Prognose im Hinblick auf vermutete Realfolgen von begrenztem Ausmaß bei *Urban-Crell*, DB 2015, 1413, 1414: „Die Revolte wird ausbleiben".

der Befristung im Ergebnis tatsächlich einen Wettbewerbsnachteil im internationalen Vergleich darstellt, und die damit einhergehenden Nachteile nicht durch gegenläufige Effekte ausgeglichen würden, bedarf einer eingehenden Überprüfung.

C. Weiterführender Arbeitsauftrag

In Ansehung der bisher in Rechtsprechung und Literatur angestellten Erwägungen verbleiben erhebliche Zweifel an der Zulässigkeit der Befristung, obwohl im Hinblick auf das Ergebnis der Rechtsfrage weitgehend Einigkeit herrscht. Die interessenbezogene, rechtsfolgenorientierte Funktionalitätsbetrachtung, auf die sich die Rechtsprechung wesentlich stützt,[544] wirft einerseits Fragen nach ihrer Legitimität und normativen Rückkopplung in die gesetzgeberische Intention auf, andererseits legt die Angreifbarkeit der bisherigen, heuristischen Begründungsansätze die Notwendigkeit nahe, die maßgeblichen, bislang eher anekdotisch, denn sozialwissenschaftlich fundiert untermauerten Funktionalitätserwägungen einer strukturierten Prüfung zu unterziehen. Es stellt sich die übergeordnete Frage, ob den lautstark zweifelnden Stimmen an der Begründung der Urteile überzeugende Erwägungen entgegengestellt werden können, die das mehrheitlich als richtig empfundene Ergebnis der Wirksamkeit der Befristungsabrede stützen oder der Rechtsprechung mit diesen zweifelnden Stimmen im Sinne einer methodisch konsistenten Rechtsanwendung auch im Ergebnis widersprochen werden muss. Hierauf soll im Folgenden unter Zuhilfenahme rechtsökonomischer Erwägungen eingegangen werden.[545]

§ 3 Rechtsökonomische Betrachtung

Vor dem Hintergrund der normativen Zielvorgaben des Gesetzgebers zu § 14 Abs. 1 S. 2 Nr. 4 TzBfG in Bezug auf die gegenständliche Beschäftigungskonstellation (A), soll eine rechtsökonomische Analyse erfolgen (B).

---

544 Vgl. *Boemke*, JuS 2019, 73, 74.
545 Vgl. auch die Feststellung im Kontext der gegenständlichen Konstellation, die Ausschöpfung aller Auslegungsmöglichkeiten sei erforderlich, um den Besonderheiten von speziellen Teilrechtsgebieten, wie dem Sportrecht, durch allgemeine Normen, wie denen des Arbeitsrechts, gerecht zu werden, so *Walker*, ZfA 2016, 567, 604; ähnlich auch *Bepler*, jM 2016, 105 f.

A. Zielvorgabe des Gesetzgebers als Ausgangspunkt der Auslegung

Es zeigt sich, dass aufgrund der gesetzgeberischen Zielvorgaben zu § 14 TzBfG im Allgemeinen (I), sowie § 14 Abs. 1 S. 2 Nr. 4 TzBfG im Konkreten (II) eine normative rechtsökonomische Effizienzbetrachtung implizit gefordert und positive Funktionalitätserwägungen zur Umsetzung des gesetzgeberischen Willens notwendig sind (III).

I. § 14 TzBfG im Allgemeinen

Die allgemeinen Zielvorgaben des TzBfG sind in § 1 TzBfG in Anlehnung an unionsrechtliche Vorgaben ausdrücklich formuliert[546] und umfassen in Bezug auf die Arbeitsvertragsbefristung die Festlegung von Voraussetzungen für die Zulässigkeit befristeter Arbeitsverträge und die Maßgabe zur Verhinderung der Diskriminierung von befristeten Arbeitnehmern, wodurch durch den Gesetzgeber explizit lediglich generelle Leitlinien für die Auslegung vorgegeben werden.[547] Während für die ebenfalls im TzBfG geregelte Teilzeitarbeit das Ziel der Beschäftigungssicherung ausgegeben wurde,[548] findet sich eine entsprechende ausdrückliche Aussage zur befristeten Beschäftigung nicht.[549] Entsprechend dem Wortlaut der Vorschrift wird in der Gesetzesbegründung allgemein betont, dass für die Zulässigkeit der Befristung ein sachlicher Grund erforderlich ist, wodurch im Grundsatz die Verwirklichung der Wertungen des Kündigungsschutzrechts gewährleistet werden soll.[550] Implizit wird somit verdeutlicht, dass eine befristete

---

546 Dazu entsprechend § 1 RL 97/81/EG (ABl. EG 1998 L 1, 9) und § 1 RL 1999/70/EG (ABl. EG 1999 L 175, 43); vgl. dazu nur *Ahrendt*, in: HK-ArbR, § 1 TzBfG Rn. 1; *Müller-Glöge*, in: MüKoBGB, TzBfG § 1 Rn. 1; *ders.*, in: ErfK, TzBfG § 1 Rn. 1. Nach § 5 der Rahmenvereinbarung über befristete Arbeitsverträge zu RL 1999/70/EG soll der Missbrauch durch mehrere aufeinanderfolgende Befristungen verhindert werden, vgl. dazu auch *Studt*, in: Boecken/Düwell/Diller/Hanau, TzBfG § 14 Rn. 2; *Boecken*, in: Boecken/Joussen, § 14 Rn. 2 f.; *Mestwerdt*, in: Gallner/Mestwerdt/Nägele, § 14 TzBfG Rn. 3.

547 Vgl. *Ahrendt*, in: HK-ArbR, § 1 TzBfG Rn. 1; *Joussen*, in: Boecken/Joussen, § 1 Rn. 4.

548 Vgl. BT-Drucks. 14/4374, S. 11.

549 Lediglich durch die Einführung des § 14 Abs. 3 TzBfG hat der Gesetzgeber eine entsprechende Intention zumindest für Arbeitnehmer einer bestimmten Altersgruppe angedeutet, diese jedoch nicht allgemein auf das Sachgrunderfordernis nach § 14 Abs. 1 TzBfG erstreckt. Siehe BT-Drucks. 16/3793, S. 7; vgl. auch *Böhm*, in: Boecken/Düwell/Diller/Hanau, TzBfG § 1 Rn. 1.

550 Vgl. BT-Drucks. 14/4374, S. 13, 18; instruktiv *Fischinger*, Arbeitsrecht, Rn. 1165.

Beschäftigung im Allgemeinen nicht gefördert werden soll, sie soll die Ausnahme bleiben.[551]

In den Gesetzgebungsunterlagen aus dem Jahr 2000 wird richtungsweisend unterstrichen, dass die Rechtsprechung des Bundesarbeitsgerichts vor Inkrafttreten des Gesetzes auf der einen Seite die Grundlage für die Befristungsgründe darstellen soll, auf sie somit weiterhin zurückzugreifen ist,[552] auf der anderen Seite die Rechtsprechung für die Zukunft durch die Einführung des TzBfG nicht fundamental eingeschränkt werden soll.[553] Einerseits wird somit die von der Rechtsprechung erarbeitete Befristungsregulierung ausdrücklich durch den Gesetzgeber gestützt und damit in dessen Regelungsabsicht übernommen, andererseits soll die Rechtsprechung in der Lage sein, neben den ausdrücklich aufgeführten Befristungsgründen weitere festzulegen, wenn ein sachlicher Grund gegeben ist.[554] Die aufgeführten Konstellationen stellen somit kaum mehr als einen gewissen Wertmaßstab als „Orientierung"[555] zur Bestimmung vergleichbarer Fälle zulässiger Befristung dar,[556] wodurch jedoch aufgrund des Beispielcharakters weder ein klares Kriterium benannt noch eine absolute Grenze gezogen wird.[557]

---

551 Vgl. *Joussen*, in: Boecken/Joussen, § 1 Rn. 2 f. Allerdings dient die Befristung auch nicht ausschließlich dazu, die Überführung des Arbeitnehmers in ein unbefristetes Arbeitsverhältnis zu erreichen, da einige der ausdrücklich in § 14 Abs. 1 S. 2 TzBfG benannten Fälle aufgrund der Art des jeweiligen Berufs auf eine mehrfache Wiederholung der Befristung abzielen, was etwa schon an der gesetzgeberischen Intention zu § 14 Abs. 1 S. 2 Nr. 4 TzBfG deutlich wird, da in den betroffenen verfassungsrechtlich relevanten Kontexten gerade eine mehrfache Befristung erforderlich sein kann, siehe dazu noch *infra* Kapitel 3 § 3 A.II. mit vertiefenden Nachweisen.

552 Vgl. BT-Drucks. 14/4374, S. 18; auch *Bayreuther*, in: BeckOK ArbR, TzBfG § 14 Rn. 19; *Engshuber*, in: MüKoBGB, TzBfG § 14 Rn. 12.

553 Vgl. BT-Drucks. 14/4374, S. 18; auch *Engshuber*, in: MüKoBGB, TzBfG § 14 Rn. 9, 12; *Rennpferdt*, in: Henssler/Willemsen/Kalb, § 14 TzBfG Rn. 2; *Tillmanns*, in: HK-ArbR, § 14 TzBfG Rn. 10.

554 Vgl. BT-Drucks. 14/4374, S. 18.

555 BT-Drucks. 14/4374, S. 13.

556 Vgl. BT-Drucks. 14/4374, S. 13; auch *Bayreuther*, in: BeckOK ArbR, TzBfG § 14 Rn. 20; BAG, Urt. v. 20.1.2016 – 7 AZR 340/14, NZA 2016, 755; *Müller-Glöge*, in: ErfK, TzBfG § 14 Rn. 4 f.; *Rennpferdt*, in: Henssler/Willemsen/Kalb, § 14 TzBfG Rn. 21; *Studt*, in: Boecken/Düwell/Diller/Hanau, TzBfG § 14 Rn. 5; *Boecken*, in: Boecken/Joussen, § 14 Rn. 4; *Mestwerdt*, in: Gallner/Mestwerdt/Nägele, § 14 TzBfG Rn. 44 ff.

557 Vor diesem Hintergrund eröffnet der Gesetzeswortlaut mit dem Verlangen nach einem sachlich rechtfertigenden Grund grundsätzlich einen weiten Raum für Erwägungen innerhalb der genannten Befristungsgründe. Wenig konkret fällt entspre-

Die explizit bestätigende Bezugnahme des Gesetzgebers auf die vorangegangene arbeitsgerichtliche Rechtsprechung[558] deutet im positiven Sinne auf eine Konkretisierung des sachlichen Grundes hin. Während das BAG im Rahmen seiner früheren Rechtsprechung regelmäßig auf die bloße empirische Üblichkeit der Befristung als sachlichen Grund abstellte,[559] hat es von dieser zirkulären Erwägung später abgelassen[560] und verweist seitdem regelmäßig vielmehr auf die Vorstellungen „verständiger und verantwortungsbewusster Partner".[561] Da divergierende Positionen dazu, was einen verständigen und verantwortungsbewussten Vertragspartner ausmacht, bestehen dürften, stellt sich hier ein Auswahlproblem,[562] im Rahmen dessen der Anwender der Rechtsnorm angehalten ist, statt auf seine eigene Perspektive auf die der potentiellen Vertragspartner abzustellen.[563] Welche Ansichten und Eigenschaften eine verständige und verantwortungsbewusste Person in der Konstellation des Abschlusses eines befristeten Arbeitsver-

---

chend auch der Versuch des EuGH der Konkretisierung der Anforderungen an den sachlichen Grund aus, wonach ein sachlicher Grund nach § 5 Nr. 1 lit. a der Rahmenvereinbarung zur RL 1999/70/EG (RL 1999/70/EG, ABl. 1999 L 175/43), auf den § 14 TzBfG zurückgeht (BT-Drucks. 14/4374, S. 1 f.; vgl. auch *Engshuber*, in: MüKoBGB, TzBfG § 14 Rn. 3; *Müller-Glöge*, in: ErfK, TzBfG § 14 Rn. 4; *Rennpferdt*, in: Henssler/Willemsen/Kalb, § 14 TzBfG Rn. 2), „genau bezeichnete, konkrete Umstände meint, die eine bestimmte Tätigkeit kennzeichnen und daher in diesem speziellen Zusammenhang die Verwendung aufeinander folgender befristeter Arbeitsverträge rechtfertigen können" (EuGH, 4.7.2006 – C-212/04, juris Rn. 69), wobei diese Umstände aus der Art der Tätigkeit oder sozialpolitischen Zielvorgaben erwachsen können (EuGH, 4.7.2006 – C-212/04, juris Rn. 70; vgl. dazu auch *Bayreuther*, in: BeckOK ArbR, TzBfG § 14 Rn. 19).

558 Vgl. BT-Drucks. 14/4374, S. 18.

559 So etwa auch BAG Großer Senat, Urt. v. 12.10.1960 – GS 1/59, NJW 1961, 798, 799.

560 Siehe so ausdrücklich etwa auch BAG, Urt. v. 29.10.1998 – 7 AZR 436/97, AP BGB § 611 Berufssport Nr. 14. Die Zirkularität dieser Argumentation ergibt sich, da sie zur Beantwortung der Frage nach der Zulässigkeit vorhandener Praxis auf diese abstellt, sie also zur eigenen Legitimierung in dem Sinne, ‚weil es so ist, darf es so sein' nutzt. Vgl. im Kontext der Befristung von Arbeitsverträgen mit Sportlern auch schon *Beckmann/Beckmann*, SpuRt 2011, 236, 239.

561 BAG, Urt. v. 29.10.1998 – 7 AZR 436/97, AP BGB § 611 Berufssport Nr. 14; BAG, Urt. v. 26.8.1998 – 7 AZR 263/97, NZA 1999, 442; siehe grundlegend aber auch schon neben dem Kriterium der Üblichkeit BAG Großer Senat, Urt. v. 12.10.1960 – GS 1/59, NJW 1961, 798, 799; vgl. auch *Wroblewski*, in: Däubler/Deinert/Zwanziger, TzBfG § 14 Rn. 24 f. mit weiteren Rechtsprechungsnachweisen.

562 Zu einer präzisen Bestimmung wären wiederum umfangreiche empirische Untersuchungen erforderlich. Naheliegend wäre dann, auf ein mehrheitlich vertretenes Verständnis abzustellen.

563 Siehe schon *supra* Kapitel 2 § 2 C.II.1.b)(2).

trages charakterisieren, ist kein isoliertes Datum, sondern, wie das Sprach-verständnis im Allgemeinen,[564] von zuvor erlangten Erfahrungen und auf dieser Basis gebildeten Vorstellungen abhängig, die es zu analysieren gilt.[565] Weitergehend hat die Rechtsprechung das Kriterium des verständigen und verantwortungsbewussten Partners treffend[566] durch eine Abwägung der Interessen der Arbeitsvertragsparteien ausgefüllt,[567] wobei insbesondere das Interesse an der Arbeitsplatzsicherung einerseits und die für die Befristung sprechenden wirtschaftlichen und sozialen Begebenheiten ande-rerseits zu berücksichtigen sind.[568] Die so, nun aufgrund der bestätigenden Positionierung des Gesetzgebers des TzBfG auch von diesem anerkan-ten,[569] abzuwägenden Interessen lassen sich als einander gegenüberzustel-lende Wertpositionen der Vertragsparteien verstehen. Im Gegensatz zu einer ausschließlichen Effizienzbetrachtung[570] setzt die vom Gesetzgeber vorgegebene Gegenüberstellung in erster Linie keine Summierung der Wertpositionen voraus, sondern beabsichtigt deren Vergleich, sie ist somit nicht indifferent gegenüber der Verteilung[571] der Wertpositionen zwischen

---

564 Dazu *supra* Kapitel 2 § 1 B.I.
565 Vielfältige Quellen für diese Erfahrungen sind denkbar, hierzu gehört wiederum auch die bislang übliche Praxis in der fraglichen Rechtsfrage. Zwar können auch Eindrücke aus anderen Konstellationen, die sachlich von der fraglichen Befristungs-frage grundlegend verschieden sein können, für die Ausgestaltung der verständigen und verantwortungsbewussten Sicht der Vertragspartner entscheidend sein, den engsten Bezug zu den konkret entscheidungserheblichen Wertfaktoren weist jedoch die fragliche Befristungsfrage selbst auf. Die Tatsache, dass die geübte Praxis durch privatautonom geschlossene Arbeitsverträge ständig bestätigt wird, deutet zudem zumindest *prima facie* darauf hin, dass diese interessengerecht ist. Somit erscheint der *status quo* der Praxis im Rahmen der Erwägung durchaus nach wie vor als ein im Rahmen der Ermittlung der Vorstellungen verständiger und verantwortungsvol-ler Vertragspartner einfließendes Argument, auch wenn dieses nicht mehr explizit, sondern vielmehr implizit geschieht.
566 Siehe entsprechend noch konkret zu den Interessen der Arbeitsvertragsparteien sowie zu der insoweit entscheidenden Rationalitätsannahme *infra* Kapitel 3 § 3 B.I.2.
567 Siehe etwa BAG, Urt. v. 22.3.1973 – 2 AZR 274/72, AP BGB § 620 Befristeter Arbeits-vertrag Nr. 38; BAG, Urt. v. 11.6.1997 – 7 AZR 186/96, AP SGB VI § 41 Nr. 7; vgl. dazu auch *Wroblewski*, in: Däubler/Deinert/Zwanziger, TzBfG § 14 Rn. 26.
568 Vgl. BAG, Urt. v. 11.6.1997 – 7 AZR 186/96, BAGE 86, 105; vgl. dazu auch *Wroblew-ski*, in: Däubler/Deinert/Zwanziger, TzBfG § 14 Rn. 26; vgl. zu einer Darstellung der Abwägungskriterien auch *Mestwerdt*, in: Gallner/Mestwerdt/Nägele, § 14 TzBfG Rn. 47.
569 Vgl. BT-Drucks. 14/4374, S. 18.
570 *Supra* Kapitel 2 § 2 B.I.
571 Siehe dazu *supra* Kapitel 2 § 2 B.II.1.

den Vertragsparteien, sondern impliziert das Ziel distributiver Gerechtigkeit. Nicht die Gesamtwohlfahrt soll maximiert, sondern explizit zunächst die Differenz der Vorteile minimiert werden, wobei gleichzeitig die Vorteile für beide Parteien möglichst groß sein sollen, denn keine der Parteien, wie auch der Gesetzgeber, kann ein Interesse an der Gleichheit der Vorteile haben, wenn sich jeweils für sie in absoluter Betrachtung kein oder nur ein sehr geringer positiver Vorteil aus dem Vertrag ergibt.[572] Der proklamierte Interessenausgleich kann somit nur aus einer parallelen Betrachtung und Abwägung von Gleichheits- und Effizienzkriterium bestehen. Dabei ist nicht per se ausgeschlossen, dass das Ziel maximaler distributiver Gerechtigkeit im Einzelfall verlangen kann, dass Effizienzpotentiale (auch in erheblichem Maße) geopfert werden. Im Hinblick auf die konkrete Auslegungsentscheidung sind folglich beide Zielbestimmungen abwägend zu berücksichtigen, es ist somit nicht die Effizienzzielvorgabe blind zu verfolgen.

II. § 14 Abs. 1 S. 2 Nr. 4 TzBfG

Die Befristung aufgrund der Eigenart der Arbeitsleistung soll gemäß den Gesetzgebungsunterlagen „insbesondere" solche Arbeitsverhältnisse erfassen, die einen Bezug zu durch Art. 5 GG geschützten Tätigkeiten aufweisen,[573] da insbesondere zur Verwirklichung dieser Grundrechte erforderlich ist, frei über die Zusammensetzung der redaktionellen Mitarbeiter entscheiden zu können, um den vor dem Hintergrund von Art. 5 Abs. 1 S. 2 GG maßgeblichen, sich wandelnden Anforderungen an Programmvielfalt gerecht zu werden,[574] was sich jedoch nicht ohne weiteres auf die Befristungsfrage im professionellen Sport übertragen lässt.[575] Eine absolute Beschränkung des Regelbeispiels auf den Rundfunk- und Bühnenbereich besteht jedoch ebenfalls nicht, was insbesondere daran deutlich wird, dass

---

572 Vgl. insoweit anschaulich und konkret auch noch *infra* Kapitel 3 § 3 B.I.2.
573 Vgl. BT-Drucks. 14/4374, S. 19; dazu auch *Wroblewski*, in: Däubler/Deinert/Zwanziger, TzBfG § 14 Rn. 89 ff. m.w.N.; zudem *Boecken*, in: Boecken/Joussen, § 14 Rn. 82 ff.; *Mestwerdt*, in: Gallner/Mestwerdt/Nägele, § 14 TzBfG Rn. 107 f.
574 Siehe grundlegend BAG, Urt. v. 24.4.1996 – 7 AZR 719/95, NZA 1997, 196; vgl. jeweils m.w.N. *Engshuber*, in: MüKoBGB, TzBfG § 14 Rn. 48; *Bayreuther*, in: BeckOK ArbR, TzBfG § 14 Rn. 52 ff.; *Studt*, in: Boecken/Düwell/Diller/Hanau, TzBfG § 14 Rn. 42 ff.; *Boecken*, in: Boecken/Joussen, § 14 Rn. 83 f.; *Mestwerdt*, in: Gallner/Mestwerdt/Nägele, § 14 TzBfG Rn. 108.
575 Siehe hierauf nachdrücklich verweisend *Wroblewski*, in: Däubler/Deinert/Zwanziger, TzBfG § 14 Rn. 101; *Boemke/Jäger*, jurisPR-ArbR 31/2015 Anm. 4, Rn. C.

das BAG bereits vor Inkrafttreten des TzBfG die Befristung von Arbeitsverträgen mit Sporttrainern wegen der Eigenart der Arbeitsleistung anerkannt hat.[576] Gegen die grundsätzliche Möglichkeit dieser Beurteilung des BAG soll sich ausweislich der Gesetzesbegründung die Einführung des TzBfG ausdrücklich nicht richten,[577] vielmehr wird die Legitimität der Befristung gerade anerkannt, indem der Gesetzgeber in Kenntnis dieser Rechtsprechung nichts Gegenteiliges konkret in den Gesetzestext eingefügt oder in der Gesetzesbegründung verlautbart hat.[578] In der Konsequenz ist es auch im Sinne des Gesetzgebers, wenn eine Betrachtung des gesamten Arbeitsverhältnisses zur Ermittlung eines sachlichen Grundes erfolgt, und nicht nur der geschuldeten Arbeitsleistung im engeren Sinne,[579] denn entsprechendes gilt in den vor Inkrafttreten des Gesetzes von der Rechtsprechung praktizierten Konstellationen, auf die der Gesetzgeber ausdrücklich Bezug nimmt.[580] Die zugrundeliegenden Entscheidungsbegründungen knüpfen sowohl im Falle der Befristung aufgrund des Erfordernisses der flexiblen Programmgestaltung im Rundfunkbereich,[581] als auch des Verschleißes in Gestalt nachlassender Fähigkeit der Motivation einer Mannschaft durch Sporttrainer nicht an die bloße Tätigkeit an. Denn die Programmgestaltung und das Trainieren der Mannschaft sind grundsätzlich unabhängig vom Zeitablauf und somit auch nach einer längeren Beschäftigungszeit weiterhin möglich. Vielmehr knüpfen sie an die mit dem Beschäftigungsverhältnis beabsichtigte Wirkweise der Tätigkeit und deren Konsequenzen auf das jeweilige konkrete Umfeld an, in dem sie ausgeübt wird. Ein konkreter Auftrag zur Nutzung rechtsökonomischer Ansätze ergibt sich aus dem Verweis auf das Arbeitsverhältnis in seiner Gesamtheit insbesondere somit in positiver Hinsicht – folglich ergänzend zu dem normativen Rahmen des

---

576 Vgl. BAG, Urt. v. 29.10.1998 – 7 AZR 436/97, NZA 1999, 646–648; BAG v. 15.4.1999 – 7 AZR 437/97, NZA 2000, 102; vgl. auch *Boemke/Jäger*, RdA 2017, 20, 22; *Hesse*, in: MüKoBGB, TzBfG § 14 Rn. 53; *Boecken*, in: Boecken/Joussen, § 14 Rn. 82, 85 f.; entsprechend folgerichtig auch die Feststellung in BAG, Urt. v. 16.1.2018 – 7 AZR 312/16, NZA 2018, 703, 704, Rn. 15.

577 Vgl. BT-Drucks. 14/4374, S. 19.

578 *Supra* Kapitel 3 § 3 A.I.

579 Siehe entsprechend schon *supra* Kapitel 3 § 2.

580 Implizit durch den Verweis auf die bestehende Rechtsprechung Bezug nehmend auf BAG, Urt. v. 19.6.1986 – 2 AZR 570/85, BeckRS 1986, 30717242.; BAG, Urt. v. 29.10.1998 – 7 AZR 436/97, NZA 1999, 646, 647; BAG, Urt. v. 15.4.1999 – 7 AZR 437/97, NZA 2000, 102, 103; siehe zu dieser Befristungsfrage auf Basis der hier folgenden Wirkungsanalyse noch *infra* Kapitel 3 § 5 C.

581 Explizit Bezug nehmend BT-Drucks. 14/4374, S. 19.

§ 14 TzBfG im Allgemeinen – insoweit, als die Wirkweise der bislang nicht praktizierten Auslegungsalternative prognostiziert werden muss, wozu sozialwissenschaftliche Forschung die erforderlichen Methoden und ggfs. bereits generierte verwendbare Erkenntnisse bereithält.[582]

III. Rechtsökonomischer Auftrag

Somit lässt sich die Anwendung rechtsökonomischer Ansätze für den gegebenen Rechtsanwendungsfall der Befristung von professionellen Sportlern durch die gesetzgeberische Wertung legitimieren. Der zuvor aus der in Rechtsprechung und Literatur geführten Diskussion abgeleitete Arbeitsauftrag[583] lässt sich folglich auf Grundlage der gesetzgeberischen Intention als rechtsökonomischer Arbeitsauftrag konkretisieren. Auf normativer Ebene hat sich die Notwendigkeit offenbart, neben dem Gleichheitskriterium das Effizienzkriterium als Auslegungsziel heranzuziehen, da die bloße Zielvorgabe, die Befristung dürfe nicht zum Nachteil der einen Seite ausfallen, nicht ohne die Betrachtung des Gesamtwohlstands erfolgen kann, denn die Verteilungsfrage setzt denklogisch die Schaffung eines zu verteilenden Mehrwerts durch das Vertragsverhältnis voraus. Sowohl im Hinblick auf die Effizienzfrage als auch die Gleichheitserwägungen, ist wiederum eine Betrachtung der Wirkungszusammenhänge der Auslegungsalternativen auf positiver Ebene zwingend erforderlich, wozu die positive Ökonomik das entsprechende Werkzeug bereithält. Denn zur Konkretisierung der Eigenschaften dieser „verständigen und verantwortungsvollen Partner" sind evidenzbasierte Erwägungen im Hinblick auf die Interessen der Vertragsparteien und die Wirkungszusammenhänge des Umfelds der Norm erforderlich.[584] Dieser Auftrag richtet sich zwar in Anbetracht anderer positiver Sozialwissenschaften nicht zwingend und exklusiv an die Ökonomik, wie zu zeigen sein wird, ermöglicht sie jedoch wertvolle Aussagen zur zielgerichteten Anreicherung des Diskurses.

---

582 Siehe allgemein *supra* Kapitel 2 § 2 C.II.
583 *Supra* Kapitel 3 § 2 C.
584 Vgl. ähnlich schon *supra* Kapitel 2 § 2 C.II.1.b)(2)(a).

B. Wirkungsanalyse als Mittel zur Auslegungsentscheidung

Burkhard Boemke hat eine entscheidende rechtsfolgenbezogene Frage für den hypothetischen Fall der Unzulässigkeit der Befristung treffend formuliert: „Interessant wäre gewesen, welchen Alternativweg die Vereine beschritten hätten, um ihre bisherige Praxis zu erhalten."[585] Die Formulierung von *Boemke* ist allerdings insofern zu eng, als sie annimmt, dass eine Fortführung der bestehenden Praxis überhaupt möglich wäre, womit sie sich in deutlichem Kontrast zu den in dieser Hinsicht pessimistischeren Stimmen der Literatur positioniert, die einen Zusammenbruch des Systems für den Wegfall der Befristungsmöglichkeit vorhersagen.[586] Hier soll eine offenere Funktionalitätsbetrachtung erfolgen, die zwar etwaige Möglichkeiten der Aufrechterhaltung der bestehenden Praxis berücksichtigt, sich jedoch nicht auf diese beschränkt, sondern die Funktionszusammenhänge des Regelungsgegenstandes grundlegend zu analysieren sucht, und anschließend die Auslegungsalternativen normativ wertet. Dazu werden die maßgeblichen Funktionszusammenhänge formalisiert, um das Gesamtgeflecht zu konzeptualisieren und so die entscheidenden Wirkmechanismen offenzulegen. Da es sich um eine binäre Auslegungsfrage handelt, erfolgt bereits eine umfassende Betrachtung der Auslegungsvarianten, indem der *status quo* der Zulässigkeit der Befristung der hypothetischen Konstellation der Unwirksamkeit der Befristung gegenübergestellt wird. Auf der Basis zu entwickelnder, aus der *ex ante*-Sicht das Verhalten der Akteure bestimmender Verhaltensannahmen (I), soll eine Funktionsanalyse zur Prognose der Konsequenzen der Auslegungsvariante der Unzulässigkeit der Befristung durchgeführt werden (II).

I. Arbeitnehmer, Arbeitgeber und das Umfeld der Branche

Um die hypothetische Wirkung des Rechtsverständnisses der Unzulässigkeit der Befristung prognostizieren zu können, soll zunächst der Rahmen des zugrundeliegenden Szenarios benannt (1) und anschließend die maßgeblichen Verhaltensannahmen der beteiligten Akteure erläutert werden (2).

---

585   *Boemke*, JuS 2019, 73, 74.
586   Siehe so etwa *supra* Kapitel 3 § 2 B. a.E.

1. Das zugrundeliegende Szenario

Die Sportmannschaften stehen untereinander in einem sportlichen Wettbewerb, wozu die Vereine Arbeitsverträge mit professionellen Fußballspielern abschließen. Dieser Wettbewerb wiederholt sich fortlaufend in den einander folgenden Spielzeiten. Die Wettbewerbe sind so angelegt, dass auf eine Spielzeit zeitlich die nächste unmittelbar folgt, sodass sich eine unendliche Reihe von Spielzeiten ergibt. t bezeichnet dabei eine beliebige Spielzeit, $t-1$ und $t+1$ wiederum die der t vorangegange bzw. folgende Spielzeit. Alle an einem Wettbewerb teilnehmenden Vereine $j \in J$ stellen in jeder Spielzeit t bei einem gegebenen Budget B_j^t eine Mannschaft aus Spielern zusammen, wozu sie in den von den internationalen Verbänden festgelegten Transferperioden[587] – einer vor der Spielzeit und einer in deren Verlauf – mit den Spielern Arbeitsverträge abschließen. Die individuelle Qualität jedes Spielers $i \in I$ lässt sich mit $s_i^t \in \mathbb{R}$ beschreiben.[588] Die Entwicklung der individuellen Qualität ist unsicher und soll sich mit dem Zeitablauf verändern, wobei die konkrete Entwicklung von vielfältigen Faktoren, wie der körperlichen Verfassung, sowie Zufallseffekten abhängt. Dabei gilt, dass mit zunehmendem Alter zunächst die sportliche Qualität tendenziell zunimmt, und sich dieser Prozess nach einigen Jahren umkehrt und in den Jahren vor dem 40. Lebensjahr deutlich abnimmt. In jeder Spielzeit beschäftigt eine Mannschaft j somit n Spieler, die sich je mit ihrer Qualität, bzw. Produktivität s_i^t beschreiben lassen. Die Gesamtstärke einer Mannschaft j in einer Spielzeit t sei $S_j^t = \sum_{i=1}^n s_i^t$.[589] Die Beschäftigung der Sportler durch die Vereine erfolgt aufgrund des Abschlusses von Arbeitsverträgen, die Verein-

---

587 Vgl. insoweit schon den Verweis auf das Verbandsrecht bei *Fritschi*, SpuRt 2017, 90, 91.

588 Insofern soll hier vereinfachend angenommen werden, die sich aus qualitativen wie quantitativen Werten zusammensetzenden Scouting-Berichte ließen sich zu einer zentralen Kennziffer zusammenfassen; vgl. dagegen zu der Vielfältigkeit verwendeter Kennziffern in dem Bereich anschaulich und exemplarisch *Biermann*, Matchplan; *Anderson/Sally*, The Numbers Game; *Kuper/Szymanski*, Soccernomics; zu einem Versuch der Quantifizierung und Ausdifferenzierung der die sportliche Qualität determinierenden Kriterien siehe *Serna Rodriguez/Ramirez Hassna/Coad*, J. Sport. Econ. 20 (2019), 819.

589 Es wird somit von die Zusammensetzung des Teams betreffenden Faktoren abstrahiert, da diese für die folgenden Erwägungen nicht entscheidend sind. Diese könnten hier durch entsprechende Anpassung der Definition der Teamstärke ohne Weiteres ergänzt werden.

barungen zur Laufzeit sowie zur Entlohnung enthalten, die wiederum aus einer fixen und einer variablen, leistungsabhängigen Komponente bestehen soll.[590]

Vereinfachend wird angenommen, dass der erwartete sportliche Erfolg des Vereins j ausschließlich von der sportlichen Gesamtstärke abhängt, wodurch etwa das übrige beschäftigte Personal, wie die Trainer, und die Infrastruktur, etwa das Trainingsgelände, von der Betrachtung ausgeschlossen werden.[591] Übrige Faktoren bleiben aufgrund ihrer relativ geringen Relevanz außerhalb der Betrachtung.[592] Die Resultate in den einzelnen Wettbewerben, an denen der Verein j in der Spielzeit t teilnimmt, lassen sich als Rang des Vereins im Verhältnis zu übrigen Teilnehmern des Wettbewerbs beschreiben.[593] Der erwartete Rang in einem Wettbewerb entspricht dem Rang der sportlichen Stärke S_j^t einer Mannschaft im Vergleich zu den Stärken der übrigen teilnehmenden Mannschaften des jeweiligen Wettbewerbs.

---

590 Andere etwaige Vertragsmodalitäten, wie etwa nicht-monetäre Vorteile, sollen als nicht entscheidungserheblich außer Betracht bleiben, ebenfalls wird aufgrund der nicht übergeordneten praktischen Bedeutung von komplizierteren Ausgestaltungen der Vergütungs- und Laufzeitregelung, wie etwa die Vereinbarung von Verlängerungsoptionen, abstrahiert. Siehe noch *infra* Kapitel 3 § 3 B.I.2.a), aber auch Kapitel 3 § 3 B.II.2.c).

591 Rechtfertigen lässt sich diese Annahme einerseits mit dem hohen Professionalisierungsniveau im europäischen Spitzenfußball und mit dem erheblichen Anteil der sportlichen Personalkosten an den Gesamtaufwendungen in einer Saison in Höhe von durchschnittlich etwa 63 % andererseits, vgl. *Kuper/Szymanski*, Soccernomics, S. 109; siehe plakativ dazu auch *Szymanski*, Money and Football, S. 29: „The main activity of a professional football club is the acquisition of playing talent." Tatsächlich lässt sich eine sehr starke, wenn auch nicht perfekte Korrelation zwischen den gezahlten Gehältern und dem sportlichen Erfolg auch empirisch beobachten, vgl. deutlich und empirisch unterlegt *Szymanski*, Money and Football, S. 34 ff.; ausführlich auch *Hall/Szymanski/Zimbalist*, J. Sports Econ. 3 (2002), 149; prägnant *Kesenne*, Economic Theory of Professional Team Sports, S. 48: „The players are the most important production factor and labour input in the industry of professional team sport"; mit dieser Tendenz in der deutschen Rechtswissenschaft auch schon *Seip*, Vertragsrechtliche und ökonomische Analyse des Spielertransfervertrages im Profifußball, S. 127 f.

592 Vgl. entsprechend *Szymanski*, Money and Football, S. 46; siehe dezidiert zur Bedeutung des Zufalls auch *Anderson/Sally*, The Numbers Game, S. 33 ff.

593 Im Falle eines Ligasystems entspricht der Rang der Platzierung in der Liga. Im Falle eines KO/Turnier-Systems, wie in den nationalen und internationalen Pokalwettbewerben, einer entsprechenden künstlichen Einordnung mit dem Gesamtsieger am ersten Rang, dem im Finale unterlegenen am zweiten, den unterlegenen Halbfinalisten am (geteilten) Dritten, etc.

Die Betrachtung soll auf die zentralen Akteure beschränkt werden. Neben den Sportlern als Arbeitnehmer sowie den Vereinen als Arbeitgeber soll noch das die zum Bestreiten einer Spielzeit erforderlichen monetären Mittel bereitstellende Umfeld, bestehend aus Sponsoren, Fans und Fernsehanstalten,[594] einbezogen werden. Von dem Umfeld erhält ein Verein in jeder Spielzeit finanzielle Mittel.[595] Die monetären Mittel setzen sich aus einer fixen und einer variablen Komponente zusammen. Die fixe Komponente steht zu Beginn einer Spielzeit fest und ist von dem sportlichen Erfolg der vorangegangenen Spielzeit abhängig. Die variable Komponente ist zu Beginn einer Spielzeit der Höhe nach unbestimmt, sie ergibt sich in Abhängigkeit von dem sportlichen Erfolg in der laufenden Spielzeit, weshalb die Planung zu Beginn der Spielzeit insoweit erwartungswertbasiert ist. Im Durchschnitt soll das komplette Budget in einer Spielzeit auch ausgeschöpft werden. Somit wird von einem etwaigen Sparverhalten genauso abstrahiert wie von der Kreditfinanzierung[596] und anderen Kapitalquellen.[597]

2. Explikation und Diskussion der zugrundeliegenden
   Verhaltensannahmen

Zur Analyse der Wirkungszusammenhänge sind zu den diese treibenden Verhaltensweisen der beteiligten Akteure Annahmen und Eigenschaften zu benennen, wobei aus Gründen der Handhabbarkeit Vereinfachungen, und somit Grenzziehungen zu einem gleichzeitigen Erhalt sachlicher Schlüssig-

---

594 Dazu noch *infra* Kapitel 3 § 3 B.I.2.c).
595 *Infra* Kapitel 3 § 3 B.I.2.d).
596 Wie auch die hier in Blick genommene ertragsbasierte Finanzierung dürfte die Fremdkapitalfinanzierung ohnehin bonitätsgetrieben und somit ebenfalls eine Funktion des finanziellen und somit sportlichen Erfolgs sein. Das Ausblenden dieser Finanzierungskomponente führt somit zur Vereinfachung der Funktionsanalyse, ohne dass damit erhebliche Einbußen der Aussagekraft einhergehen.
597 Siehe zur sehr speziellen Bedeutung der Fremdkapitalfinanzierung in der Branche *Szymanski*, Money and Football, S. 117 ff.; datenbasiert zur mangelnden Profitabilität des Geschäfts im Durchschnitt zudem *Kuper/Szymanski*, Soccernomics, S. 74 f.; vgl. im Zusammenhang mit der Corona-Krise die Aussagen des Geschäftsführers Sport des VfL Wolfsburg, *Jörg Schmadtke*, in *Frankfurter Allgemeine Zeitung*, „Es wäre gut, das Hamsterrad mal ganz anzuhalten", 16.3.2020: „Die deutsche Profiklubs haben unheimlich hohe Einnahmen, die auch zu hohen Ausgaben geführt haben. Dabei konnten sich die meisten Vereine nicht wirklich Speck anfressen. Es gibt natürlich Ausnahmen. Aber für viele Profiklubs ist der Spielbetrieb am Ende ein Nullsummenspiel."; vgl. dazu auch *Drechsler*, NZA 2020, 841, 845.

keit und Realitätsnähe zwingend sind.[598] Neben den Sportlern als Arbeit-nehmer (a) und den Vereinen als Arbeitgeber (b) ist auf das die Branche finanzierende Umfeld einzugehen (c), ehe Aussagen zur der finanziellen Entwicklung innerhalb der Branche gemacht werden können (d). Schließ-lich kann der Mechanismus des Abschlusses von Arbeitsverträgen als Re-sultat des so skizzierten Modells beschrieben werden (e).

a) Die Sportler betreffende Verhaltensannahmen

Betreffend die Sportler als in ihrer Arbeitnehmereigenschaft zentrale Akteu-re sollen im Ausgangspunkt die Annahme des Eigennutzentheorems (1) und die Rationalitätsannahme (2) zur Beschreibung der Präferenzen- und Handlungsstruktur zugrunde gelegt werden. Diese Annahmen bedürfen einiger Präzisierungen für die folgende Analyse. Konkret werden diese allgemeinen Verhaltensannahmen durch eine intertemporale (3) und eine risikobezogene Komponente (4) konkretisiert. Auf dieser Grundlage kann schließlich die maßgebliche Maximierungsaufgabe der Sportler formalisiert benannt werden (5).

(1) Eigennutztheorem und seine Ausgestaltung

Im Sinne des Eigennutzentheorems wird unterstellt, dass die Sportler stets ihren eigenen Nutzen maximieren. Konkreter wird im Ausgangspunkt an-genommen,[599] dass sich dieser Nutzen im Grundsatz ausschließlich aus den heutigen und zukünftigen monetären Einkünften ergibt.[600] Dabei ist die fixe Vergütungskomponente des wirksamen Arbeitsvertrages bzw. al-ternativ die der zur Auswahl vorliegenden Verträge *ex ante* bekannt, die sich tatsächlich realisierende variable Komponente dagegen nicht, sie muss geschätzt werden. Ebenfalls müssen die fixe und variable Vergütung der Arbeitsverträge, die potentiell zu einem späteren Zeitpunkt abgeschlossen werden, geschätzt werden. Die somit vorgenommene Abstraktion von wei-

---

598 Allgemein dazu schon *supra* Kapitel 2 § 2 C.IV.
599 Zur (potentiellen) Relevanz sozialer Präferenzen jedoch auch noch *infra* Kapitel 3 § 3 B.II.2.c).
600 Vgl. etwa die symptomatische Aussage von *Karl-Heinz Rummenigge* zu den gescheiterten Vertragsverhandlungen mit dem Fußballspieler *Toni Kroos* in *Psotta, Die Paten der Liga*, S. 35: „Es geht bei jeder Vereinbarung immer ums Geld".

teren den Nutzen beeinflussenden Umweltfaktoren hält einer Plausibilitätsprüfung stand (a). Diese Plausibilitätsprüfung stützt die Annahmen trotz
einer fehlenden empirischen Überprüfung der konkreten Konstellation in
hinreichendem Maße (b).

(a) Plausibilität der monetären Nutzenfokussierung

Durch die isolierte Berücksichtigung monetärer Faktoren wird im Grundsatz von Einzelfällen abstrahiert, in denen etwa ein Spieler nicht zu einem
Wechsel, etwa aufgrund der Zuneigung zu seinem Verein oder der Verbun-
denheit mit einer Region, bereit ist. Diese Annahme scheint deswegen
im Mittel plausibel zu sein, weil Fälle, in denen Fußballspieler trotz erheblich besserer Verdienstmöglichkeiten von einem Vereinswechsel absehen,[601]
mittlerweile globalisierungsbedingt nur noch seltene Ausnahmefälle darstellen. Zu Recht wurde in der Debatte auch schon darauf hingewiesen,
dass sich der betroffene Arbeitsmarkt als sehr dynamisch darstellt und
aufgrund der geringen Bedeutung von sprachlichen Barrieren und etwaigen Reise- sowie Umzugskosten auch grenzüberschreitend, zumindest eu-
ropaweit, Wechsel ohne größere Transaktionskosten möglich und absolut
üblich sind, weshalb Arbeitgeberwechsel auch zwischen unterschiedlichen
nationalen Ligen ohne nennenswerte Kosten erfolgen können, wodurch die
Plausibilität der mangelnden Bedeutung von Landesgrenzen im Vergleich
zu der Entlohnung gestützt wird.[602] Der Grad der beobachtbaren Internationalisierung nimmt zu, sodass grenzüberschreitende Vereinswechsel im
Laufe der vergangenen Jahrzehnte zugenommen haben[603] und Sportler

---

601 Siehe zum wohl bekanntesten Beispiel der Person *Uwe Seeler* anschaulich *See-
ler/Köster*, Danke Fußball.

602 Vgl. allgemein nur *Kuper/Szymanski*, Soccernomics, S. 236.

603 Zu der Bundesligasaison 2019/2020 wechselten 67 Sportler von Klubs außerhalb
Deutschlands zu den 18 Mannschaften in der 1. Bundesliga, während 72 von inlän-
discher Konkurrenz verpflichtet wurden, was einen Anteil von 48,2 % grenzüberschreitender Zugänge bedeutet (ausgenommen bloße Leihrückkehrer und vereinsinterne Wechsel, etwa aus der eigenen Jugendabteilung). 82 der Spieler, welche
die Bundesligisten verließen, wechselten wiederum zu Mannschaften im Ausland,
während 117 zu inländischen Vereinen wechselten, wodurch sich ein Anteil grenzüberschreitender Abgänge von 41,2 % ergibt. Ähnlich weit verbreitet sind grenzüberschreitende Wechsel etwa in der englischen Premier League, wo die Vereine in
derselben Zeit 56 Spieler von Vereinen aus dem Ausland verpflichtet haben (ausgenommen bloße Leihrückkehrer und vereinsinterne Wechsel, etwa aus der eigenen
Jugendabteilung), was 48,7 % der Zugänge umfasst; zudem wechselten 147 Spieler

anderer Nationalitäten mittlerweile einen beachtlichen Anteil der Beschäftigten der Teams in den europäischen Spitzenligen ausmachen.[604]

Die Annahme, dass Fußballprofis auch nicht zugunsten anderer Kriterien, wie dem sportlichen Erfolg, dem bei einem Verein beschäftigten Trainer oder den Mitspielern, der örtlichen Ansässigkeit[605] oder der Spielstätte und den Fans eines Vereins auf monetäre Einkünfte verzichten, scheint in der Tendenz schon deswegen plausibel zu sein, weil die genannten Kriterien positiv mit der finanziellen Stärke der Vereine korrelieren. So können regelmäßig die am besten zahlenden Vereine tendenziell auch im Übrigen die besten Voraussetzungen für erfolgreiches Arbeiten schaffen.[606] In der Tendenz wird die Annahme auch durch die enorme Höhe der gezahlten

---

zu Vereinen im Ausland, was 57,2 % der Abgänge betrifft. Siehe dazu die Statistiken zu der 1. Bundesliga in Deutschland bei https://www.transfermarkt.de/1-bundeslig a/transfers/wettbewerb/L1/plus/?saison_id=2019&s_w=&leihe=3&intern=0; sowie der englischen Premier League bei https://www.transfermarkt.de/premier-league/t ransfers/wettbewerb/GB1/plus/?saison_id=2019&s_w=&leihe=3&intern=0. Vgl. zu der Entwicklung kompakt auch *Szymanski*, Money and Football, S. 40 f.

604 So hatten etwa 283 der 534 Spieler in den Kadern der 18 Mannschaften der 1. Fußball Bundesliga in der Saison 2019/2020 keine deutsche Staatsbürgerschaft, was einen Anteil von 53 % bedeutet. In der sportlich vielfach stärker eingeschätzten englischen Premier League waren gleichzeitig sogar 329 der 505 bei den 20 Ligamitgliedern beschäftigten Spielern sogenannte Legionäre, also 65,1 %. Siehe dazu die Statistiken bei https://www.transfermarkt.de/1-bundesliga/startseite/wettbewer b/L1; https://www.transfermarkt.de/premier-league/startseite/wettbewerb/GB1. Siehe allgemein auch *Szymanski*, Money and Football, S. 29; vgl. auch die weitere, historisch fokussierte Perspektive zur Migration von Sportlern bei *Taylor*, Hist. Soc. Res. 31 (2006), 7.

605 So ist insoweit zu beachten, dass die Spitze der Teilnehmer am internationalen Fußballtransfermarkt in Westeuropa beheimatet sind und somit die zur Verfügung stehenden Orte zumindest kulturell, klimatisch und geografisch relativ homogen sind. Vgl. zum hohen Mobilitätsgrad in der Branche, empirisch untermauernd, auch *Seip*, Vertragsrechtliche und ökonomische Analyse des Spielertransfervertrages im Profifußball, S. 130. Vgl. zum Ganzen und mit vielfältigen Beispielen *Szymanski*, Money and Football, S. 60 ff.; zu der historischen Entwicklung anschaulich auch *Kuper/Szymanski*, Soccernomics, S. 216 ff.

606 So fallen Spielergebnisse und Platzierungen in Abschlusstabellen regelmäßig wenig überraschend aus, was besonders deutlich an den wenigen tatsächlich auftretenden großen Überraschungen veranschaulicht werden kann, siehe so etwa zu dem Ausnahmefall der Meisterschaft des Leicester City Football Club in der Premier League Saison 2015/2016 anschaulich *Robinson/Clegg*, The Club, S. 257 ff.; siehe auch zur in diesem Kontext relevanten Rolle des Zufalls im Sport zur Verdeutlichung von erwarteter sportlicher Leistung exemplarisch *Biermann*, Matchplan, S. 41 ff.

Gehälter sowie die erheblichen Unterschiede in deren Höhe gestützt,[607] weshalb das Gewicht weicher Faktoren, wie die notwendige Gewöhnung an ein neues Umfeld, aufgrund erheblicher monetärer Kompensation dieser Faktoren vernachlässigbar erscheint. Ähnliche Erwägungen lassen sich für die etwaigen Präferenzen für Mitspieler und das übrige Personal anführen. Wenn nämlich in der Tendenz auch diese den Verein in erster Linie anhand des Kriteriums der monetären Entlohnung wählen, wird je größer das Budget eines Vereins ist, desto leistungsfähigeres Personal beschäftigt. Darüberhinausgehende persönliche Präferenzen der Sportler dürften dagegen unsystematische Einzelfälle darstellen, sie müssen folglich an dieser Stelle außer Betracht bleiben.

(b) Belastbarkeit der Plausibilitätsprüfung

Es drängt sich auf zu hinterfragen, inwieweit die so angestellten Plausibilitätserwägungen als Grundlage für die erforderliche positiv-analytischen Erwägungen hinreichend sind. Schließlich wird mit diesen Plausibilitätserwägungen tatsächlich nichts im Hinblick auf etwaige Wirkungszusammenhänge im strengen Sinne belegt, sondern lediglich begründet vermutet. Um in einer exakteren und belastbareren, über die hier angestellten Plausibilitätserwägungen hinausgehenden Weise die Nutzenfunktionen der Akteure beschreiben zu können, müsste idealerweise die Signifikanz des Einflusses aller potentiell erwägbaren Kriterien für die Wahlentscheidungen der Sportler empirisch überprüft werden, um schließlich das Ausmaß aller tatsächlich entscheidungserheblichen Umstände herauszufiltern. Ein solches Vorhaben stößt jedoch sowohl konzeptionell als auch im Hinblick auf die Handhabbarkeit auf unüberwindbare Hürden.[608] Es müssten nämlich für eine solche Überprüfung umfassende Informationen dazu vorliegen, zwischen welchen Optionen Sportler im Rahmen einer Entscheidung für oder gegen einen bestimmten Arbeitsvertrag in der Vergangenheit gewählt und welche Entscheidung sie je letztlich getroffen haben. Erst durch Analyse einer sehr großen Anzahl von entsprechenden Entscheidungssituationen ließen sich empirisch untermauerte Aussagen zur Relevanz der denkbaren

---

607 Siehe zum erheblich gestiegenen Gefälle, auch empirisch untermauert *Anderson/Sally*, The Numbers Game, S. 76 f.; vgl. auch *Kuper/Szymanski*, Soccernomics, S. 96; zu der Gehaltsstruktur in der Bundesliga auch *Daumann*, Grundlagen der Sportökonomie, S. 250 ff.

608 Siehe dazu allgemein schon *supra* Kapitel 2 § 2 C.IV.

Entscheidungskriterien treffen. Da jedoch regelmäßig einerseits schon die Existenz nicht sämtlicher einem Sportler tatsächlich zur Auswahl stehender Vertragsangebote öffentlich bekannt gemacht wird, anderseits durch Medien potentielle Arbeitgeber diskutiert werden, ohne dass diese tatsächlich diesem Sportler je ein Vertragsangebot unterbreiten,[609] ist die Ermittlung der zur Auswahl stehenden potentiellen Arbeitgeber und somit der den Sportlern unterbreiteten Vertragsangebote regelmäßig nicht zuverlässig möglich. Ohne weiteres lassen sich dagegen zwar sowohl zur Anzahl von Fans, Besucherzahlen, Attraktivität von Standorten sowie der Qualität vorhandener Mitspieler und Trainer Aussagen treffen, mithin also zu einer Vielzahl der Faktoren, die hier als nicht entscheidungserheblich angenommen werden, darüber hinausgehende, hier als maßgeblich angesehene materielle und ideelle Vertragsinhalte werden in der Regel jedoch nicht öffentlich bekannt gemacht,[610] was erst recht für die Inhalte der, in öffentlich bekannter oder unbekannter Weise, ausgeschlagenen Vertragsangebote gilt. Mangels vorhandener Informationen zu den Vertragsangeboten und -inhalten scheidet eine umfangreiche empirische Überprüfung der Verhaltensannahmen entsprechend aus, weshalb im Folgenden konzeptionell von der Abhängigkeit der Nutzenfunktionen der Sportler allein von der monetären Vertragskomponente auf Basis der zuvor angestellten Plausibilitätserwägungen ausgegangen werden muss.

---

609 Vgl. plakativ und eindrücklich die Schilderung eines Spielerberaters in *Psotta, Die Paten der Liga*, S. 33: „Es ist immer ein Pokerspiel. Ich versuche zu suggerieren, dass ich eine tolle Karte habe. Selbst wenn es nur einen Interessenten gibt, streue ich geschickt Gerüchte über weitere Vereine, die angeblich an einer Verpflichtung meines Jungen interessiert sind. Bestenfalls lasse ich die entsprechende Information nicht direkt bei einem Journalisten fallen, sondern platziere sie wie zufällig rausgerutscht, bei einem Manager eines unbeteiligten Klubs. Mit etwas Glück steht der bei ein paar Redakteuren in der Schuld, schiebt ihnen daher die vermeintliche Superinformation zu, und schon habe ich die gewünschten Schlagzeilen, die ein Wettbieten nach sich ziehen".

610 Vgl. anschaulich dazu die Besonderheit der Veröffentlichungen von Vertragsdetails aus der Branche sowie zum Ausmaß der Reaktionen darauf, die den Ausnahmecharakter des Informationsflusses verdeutlichen, anhand des öffentlichkeitswirksamen Beispiels Football Leaks *Buschmann/Wulzinger*, Football Leaks; sowie *dies.*, Football Leaks 2.

(2) Rationalitätsannahme

Die Arbeitnehmer sollen zudem in systematischer Weise zur Maximierung der ihre Präferenzen beschreibenden Nutzenfunktion handeln, was konkret die Wahl des Arbeitsvertrages unter mehreren ihnen zur Verfügung stehenden Verträgen bedeutet, der in stärkstem Maße zur Befriedigung ihres Nutzens führt.[611] Diese Annahme ist zwar erforderlich, um das Verhalten der Akteure zu prognostizieren,[612] ihre Realitätsnähe wird jedoch vielfach durch verhaltensökonomische Erkenntnisse infrage gestellt.[613] Zumindest in der hier konkret betrachteten Situation erscheint die Annahme jedoch im Grundsatz angemessen. Aufgrund der allgemein großen Bedeutung der Arbeitsplatzwahl für den Lebensalltag der Akteure, da diese sowohl die Verwendung eines Großteils der Lebenszeit direkt bestimmt, als auch die finanzielle Ausstattung und damit die Budgetrestriktion für die Gestaltung der übrigen Lebenszeit schafft,[614] und des konkret im professionellen Sport und in besonderem Maße im europäischen Fußball vorherrschenden hohen Professionalisierungsgrades, verkörpert vor allem durch die in der Branche üblichen umfangreichen Management- und Beraterstrukturen,[615] durch die verfügbare Informationen als Entscheidungsgrundlage gesammelt und in strukturierter Weise gewürdigt werden,[616] scheinen kaum tragfähige Argumente für ein systematisches Abweichen von der Rationalitätsannahme *in concreto* ersichtlich.

---

611 *Infra* Kapitel 3 § 3 B.I.2.a)(5).

612 Vgl. entsprechend in Anwendungskonstellation *Scheibenpflug*, Verhaltensrisiken und aktienrechtliche Vermögensbindung, S. 29.

613 Der Mehrwert der Rechtsökonomik für die Rechtswissenschaft liegt gerade auch darin, diese Erkenntnisse angemessen zu berücksichtige, dazu *supra* Kapitel 2 § 2 C.II.1.; siehe anschaulich auch noch *infra* Kapitel 4 § 3; vgl. instruktiv auch *Fleischer/Schmolke/Zimmer*, in: Fleischer/Zimmer, Verhaltensökonomie, S. 9 ff.

614 Vgl. entsprechend allgemein zum Arbeitsrecht *Janson*, Ökonomische Theorie im Recht, S. 210.

615 Vgl. den Überblick dazu bei *Parensen*, in: Galli, Sportmanagement, S. 653 ff.; eindrücklich auch *Psotta*, Die Paten der Liga; aber auch kritisch *Buschmann/Wulzinger*, Football Leaks.

616 Vgl. etwa zu der umfangreichen und mittlerweile üblichen statistischen Analyse in der Branche einführend *Biermann*, Matchplan; anekdotisch auch *Anderson/Sally*, The Numbers Game; umfangreich *Kuper/Szymanski*, Soccernomics; siehe grundlegend zu der im Jahr 2001 angestoßenen Entwicklung um die Nutzung quantitativer Methoden im Baseball, die wegweisend auch für andere Sportarten, wie den Fußball, war *Lewis*, Moneyball.

Im Hinblick auf die variable Vergütungskomponente eines angebotenen Arbeitsvertrages sowie die Erträge durch etwaige zukünftige Arbeitsverhältnisse bedeutet die Rationalitätsannahme hier aufgrund der Unbestimmtheit *ex ante* dieser Ertragspositionen auch, dass die zur Einbeziehung dieser unbestimmten zukünftigen Erträge in die Entscheidungsfindung vor Vertragsschluss erforderliche Schätzung ihrer Höhe auf Basis einer neutralen Würdigung sämtlicher verfügbarer Informationen erfolgt. Allen zukünftigen potentiellen Ertragszuständigen wird somit eine Wahrscheinlichkeit zugeordnet. Anhand der umfangreichen Informationsausschöpfung erfolgt die Bildung von Erwartungswerten für diese unbestimmten zukünftigen Erträge. Hierzu müssten in einer Idealkonstellation die Summe des Produkts der unterschiedlichen möglichen Erträge mit ihren Eintrittswahrscheinlichkeiten berücksichtigt werden. Auch die Eintrittswahrscheinlichkeiten der unterschiedlichen Zustände für einen konkreten Sportler sind jedoch *ex ante* unbestimmt, weswegen auch diese zu schätzen sind. Als Schätzer für diese Eintrittswahrscheinlichkeiten können wiederum allein empirische Beobachtungen herhalten, die sich auf die vorangegangenen Entwicklungen vergleichbarer Sportler stützen. Im Falle einer variablen Vergütungskomponente in Abhängigkeit von der Anzahl der Einsätze in Pflichtspielen[517] bedeutet das etwa, dass die Zahl der Einsätze vergleichbarer Sportler in vergleichbaren Situationen herangezogen werden, um Wahrscheinlichkeitsschätzer zu ermitteln, im Hinblick auf das Volumen durch spätere Arbeitsverträge ist entsprechend auf die sportlichen Entwicklungen und somit die Ertragsentwicklungen in der Vergangenheit von Sportlern mit *ex ante* vergleichbaren Ausgangsvoraussetzungen zu rekurrieren. Trotz der Professionalisierung der Beraterstrukturen scheint ein solches Vorgehen zwar allzu idealisiert und in dieser Reinform mangels vorhandener Informationen und aufgrund der Komplexität der zu berücksichtigenden Informationen nicht praktikabel, die tatsächliche Vorgehensweise einer umfangreichen Informationsauswertung dürfte jedoch im Mittel durch dieses idealisierte Vorgehen in guter Annäherung beschrieben werden.

---

617 Zur exemplarischen Verdeutlichung variabler Zahlungen in der Branche lohnt sich ebenfalls ein Blick auf den Fall *Müller*. So begehrte *Heinz Müller* exemplarisch ursprünglich etwa die Zahlung von durch seine Nichtberücksichtigung für die Punktspiele entgangenen Punkeinsatz- und Erfolgspunkteinsatzprämien in Höhe von 261.000 € für ein halbes Vertragsjahr, siehe dazu noch ArbG Mainz v. 19.3.2015 – 3 Ca 1197/14, NZA 2015, 684, 687 ff.

(3) Intertemporale Konkretisierung der Nutzenstruktur

Die Nutzenstruktur der Arbeitnehmer konkretisierend soll angenommen werden, dass gegenwärtige Einkünfte subjektiv höher bewertet werden als solche, die erst in der Zukunft erzielt werden. Das heißt, zukünftige Einkünfte werden über die Inflationsrate hinaus mit einem Faktor diskontiert. Diese Annahme ist kohärent mit der empiriebasierten wirtschaftswissenschaftlichen Forschung.[618] Unter professionellen Fußballspielern hält die Annahme auch insofern im Besonderen einer Plausibilitätsprüfung stand, als das Präsentieren des durch werthaltige Gegenstände verkörperten Reichtums – etwa über soziale Medien – in dieser Branche eine wachsende Bedeutung zuzukommen scheint.[619] Die Sportler wären somit bereit, für eine Vergütung in Höhe von x heute auf eine inflationsbereinigte effektive Vergütung der Höhe $x + \varepsilon$ mit $\varepsilon > 0$ zu einem späteren Zeitpunkt zu verzichten.

(4) Risikobezogene Konkretisierung der Nutzenstruktur

Des Weiteren soll von Sportlern als risikoaversen Arbeitnehmern ausgegangen werden. Diese Annahme entspricht im Allgemeinen ebenfalls dem Stand evidenzbasierter wirtschaftswissenschaftlicher Forschung.[620] Die Sportler präferieren somit sichere über weniger sichere Erträge. Dieser

---

618 Unter den vielen empirischen Arbeiten vgl. nur *Hausman*, Bell J. Econ. 10 (1979), 33; *Lawrance*, J. Polit. Econ. 99 (1991), 54; *Read/van Leeuwen*, Organ. Behav. Hum. Decis. Process. 76 (1998), 189; *Warner/Pleeter*, Am. Econ. Rev. 91 (2001), 33; siehe exemplarisch zudem die Übersicht zum Thema bei *Frederick/Loewenstein/O'Donoghue*, J. Econ. Lit. 40 (2002), 351; ebenfalls mit vielfältigen weiteren Verweisen *Doyle*, Judgm. Decis. Mak. 8 (2013), 116.

619 Vgl. anekdotisch und auch im Hinblick auf den Wandel dieser Verhaltensweise unter den Sportlern etwa die Darstellung des ehemaligen Nationalspielers *Jens Nowotny*, der mittlerweile in der Beraterbranche tätig ist, spox.com, „Ex-Leverkusen-Profi Jens Nowotny im Interview: EM-Debakel? "Einige hätten es gerne gesehen, wenn sich zwei von uns erhängt hätten"", abrufbar unter: https://www.spox.com/de/sport/fussball/2003/Artikel/ex-leverkusen-profi-jens-nowotny-im-interview-em-debakel-e inige-haetten-es-gerne-gesehen-wenn-sich-zwei-von-uns-erhaengt-haetten.html?ut m_medium=audience2018&utm_source=facebook&utm_campaign=SPOX-Test&fb clid=IwAR3jMjR4XM6XCgdHmoKsbr0UZhywqzcNwn3xByf2iE-Ngh3GwRx4bkaB qDU#Echobox=1585728472.

620 Siehe grundlegend zur Risikoaversion als Charakteristikum von Präferenzen *Pratt*, Econometrica 32 (1964), 122; umfangreich auch *Arrow*, Risk Bearing; instruktiv

Umstand ist von Bedeutung, da die Verträge regelmäßig aus einer konstanten und einer variablen, meist leistungsabhängigen Komponente bestehen und darüber hinaus unterschiedliche Vertragslaufzeiten in den Verträgen implementiert werden, wodurch zukünftige Gehaltsansprüche für verschiedene Vertragszeiträume gesichert werden. Die Sportler wären folglich bereit, zugunsten einer fixen Vergütung in Höhe von x auf eine variable Vergütung der Höhe $x + \varepsilon$ mit $\varepsilon > 0$ zu verzichten. Darüber hinaus ist Risikoaversion auch in Bezug auf solche potentiellen zukünftigen Erträge bedeutsam, die sich aus möglicherweise in der Zukunft abzuschließenden Arbeitsverträgen ergeben. Auch die fixe Vergütung im Rahmen dieser ist *ex ante* ebenfalls nicht feststehend, sondern hängt von der unsicheren sportlichen Entwicklung des Sportlers ab, da ihm infolge dieser Entwicklung zukünftige Vertragsangebote mit hiervon abhängigem Inhalt unterbreitet werden.

Durch die nur sehr beschränkte Diversifikationsmöglichkeit aufgrund der extremen Spezialisierung der Sportler auf eine Branche wird die Plausibilität der Risikoaversionsannahme auch im Besonderen gestützt, da das ihrer Tätigkeit inhärente spezifische Risiko folglich kaum eliminiert werden kann.[621] Allenfalls die zur beruflichen Tätigkeit als Sportler parallele Durchführung einer Ausbildung oder eines Studiums für den Fall eines langfristigen Leistungsabfalls oder der Sportinvalidität erscheinen als Diversifikationsmöglichkeit gegeben,[622] wobei zu beachten ist, dass im Falle einer erfolgreich parallel abgeschlossenen Berufsausbildung die erwartbaren Einkünfte um ein Vielfaches geringer ausfallen würden als die in der Fußball-Bundesliga üblichen, weshalb ein möglicher Verdienstausfall somit nur zu einem geringen Anteil kompensiert werden könnte. Zudem scheinen parallel zum Beruf durchgeführte Aus- und Fortbildungen in der Branche keinesfalls üblich zu sein. Aufgrund der Möglichkeit von Verletzungen, die erhebliche Auswirkungen auf die zukünftigen Fähigkeiten zur Ausübung des Berufs haben können, sowie der grundsätzlich ungewissen

---

Mass-Colell/Whinston/Green, Microeconomic Theory, S. 183 ff.; allgemein einführend zu Risikopräferenzen *Pindyck/Rubinfeld*, Microeconomics, S. 185 ff.

621 Vgl. instruktiv zur Risikoreduzierung durch Diversifikation etwa *Bodie/Kane/Marcus*, Investments, S. 193 ff.

622 Siehe etwa die Berichterstattung in der Corona-Krise zum verstärkten Engagement von studierenden professionellen Fußballspielern der ARD-Radio-Recherche, siehe dazu zusammenfassen etwa *br.de*, „Fußball-Profis setzen auf Studium", 31.3.2020, vgl. dazu https://www.sueddeutsche.de/sport/fussball-immer-mehr-fussball-profis-setzen-jetzt-auf-studium-dpa.urn-newsml-dpa-com-20090101-200401-99-558149.

Leistungsentwicklung, wird die Bedeutung der Risikoaversion und Präferenz für gegenwärtige Einkünfte im professionellen Sport besonders deutlich betont.[623]

(5) Formalisierte Maximierungsaufgabe

Vor diesem Hintergrund ergibt sich für einen Profisportler i im Grundsatz folgende Gesamtnutzenfunktion:

$$U_i = \sum_{t=1}^{T} \frac{1}{(1+r)^t} \times d_i(t) \times \left(f_i(t) + E\left[v_i(t) \right] \times a_i \right)$$
$$+ \sum_{t=T}^{Z} \frac{1}{(1+r)^t} \times d_i(t) \times y_i \times \left(E\left[f_i(t) \right] + E\left[v_i(t) \right] \times a_i \right)$$

Der Zeitpunkt $t = 1$ bezeichnet das gegenwärtige Vertragsjahr eines aktuellen gültigen oder zur Auswahl stehenden Arbeitsvertrages, der Zeitpunkt $t = T$ das letzte Vertragsjahr dieses Arbeitsvertrages. Der Zeitraum $t = 1$ bis $t = T$ umfasst somit die verbleibende Zeit eines Arbeitsvertrags im Zeitpunkt $t = 1$. $t = T$ benennt folglich das Ende der Laufzeit des fraglichen Arbeitsvertrages.

$t = Z$ bezeichnet die erwartete Anzahl der noch verbleibenden Jahre eines Sportlers i auf dem Arbeitsmarkt für professionelle Fußballspieler zum Zeitpunkt $t = 1$. Der Zeitraum $t = T$ bis $t = Z$ bezeichnet entsprechend die zukünftigen Jahre im Anschluss an das Laufzeitende des fraglichen Arbeitsvertrages bis zum Ausscheiden des Sportlers i aus dem Arbeitsmarkt.

r benennt den inflationsbedingten Diskontfaktor, der marktabhängig und entsprechend unabhängig von der einzelnen Person i ist. Davon zu unterscheiden ist $d_i : t \longmapsto d_i(t)$, was die in der Zeit t fallende Diskontfunktion des Sportlers i bezeichnet, die seine Ungeduld repräsentiert, also nicht durch die Marktentwicklung, sondern durch die subjektive Einschätzung des Sportlers bestimmt ist. Zukünftige Einkünfte werden dabei stets relativ geringer bewertet als gegenwärtige und je weiter die Einkünfte in der Zu-

---

623 Die Varianz variabler und zukünftiger Einkommen ist im Bereich des Profisports im Vergleich zu anderen Berufen besonders hoch. Einerseits drohen aufgrund schwerer Verletzungen lange Ausfallzeiten, im Extremfall sogar Sportinvalidität, und aufgrund von Schwankungen der körperlichen Leistungsfähigkeit sowohl Ausfälle der variablen Vergütungskomponente, die von der individuellen Leistung abhängt, als auch der Vergütung aufgrund zukünftig abzuschließender Folgearbeitsverträge.

kunft liegen, desto geringer werden diese gegenwärtig bewertet.[624] d_i hat damit die Eigenschaften $0 < d_i(t) \leq 1 \ \forall t$ und $\frac{dd}{dt} < 0 \ \forall t$.[625]

$f_i(t)$ bezeichnet den fixen Lohn im Jahr t. Dieser kann zwischen unterschiedlichen Jahren variieren, er ist immer positiv, $f_i(t) > 0 \ \forall t$. $v_i(t)$ ist demgegenüber der variable Lohn im Jahr t. Da der variable Lohn leistungsabhängig ist und damit *ex ante* nicht der Höhe nach, sondern nur der Art und Weise der Bestimmung nach feststeht, ist für die Entscheidung des Sportlers der Erwartungswert zum Zeitpunkt $t = 1$ maßgeblich, folglich $E[v_i(t)]$. Es gilt dabei weiterhin $v_i(t) \geq 0 \ \forall t$.

a_i stellt den Risikoaversionsfaktor hinsichtlich der variablen Vergütungskomponente dar.[626] y_i stellt den Risikoaversionsfaktor hinsichtlich der unsicheren zukünftigen Arbeitsverträge dar. Sie sind unabhängig vom Zeitverlauf konstant und haben die Eigenschaft $0 < a_i < 1$ bzw. $0 < y_i < 1$. Der Faktor a_i beeinflusst somit die Bewertung der unsicheren erwarteten Vergütungskomponente des konkret vorliegenden Arbeitsvertrages $E[v_i(t)]$, wie auch die der erwarteten zukünftigen Verträge, der Faktor y_i andererseits die unsichere Gesamtheit der erwarteten zukünftigen Erträge aus in der Zukunft abzuschließenden Arbeitsverträgen mit Gültigkeit ab dem Zeitpunkt T.

Jedes Vertragsangebot $V^x, x \in N$ aus der Gesamtmenge N der zur Auswahl stehenden Angebote lässt sich somit aus der Arbeitnehmerperspektive als Kombination der entscheidungsrelevanten Informationen $f_i^x(t)$, $E[v_i^x(t)]$ und T^x beschreiben, sodass der Arbeitnehmer auf dieser Basis den Vertrag mit derjenigen Kombination aus den ihm angebotenen Verträgen auswählt, die U_i maximiert. Für das aus der Menge N der unterschiedlichen zur

---

624 *Supra* Kapitel 3 § 3 B.I.2.a)(3).

625 Auf eine weiterführende Konkretisierung der Funktion soll hier verzichtet werden, da eine weitere Differenzierung der zeitlichen Präferenzen für die grundsätzlich zu treffenden Aussagen nicht entscheidend ist. Es wird so eine detailliertere, Schwierigkeiten in Bezug auf Validität und Handhabbarkeit hervorrufende Betrachtung zeitlicher Inkonsistenzen vermieden. Vgl. zum Thema zeitlich inkonsistenter Präferenzen eindrücklich weiterführend, aber nur exemplarisch *Read/Loewenstein/Kalyanaraman*, J. Behav. Dec. Making 12 (1999), 257; *Read/van Leeuwen*, Organ. Behav. Hum. Decis. Process. 76 (1998), 189; *McClure/Ericson/Laibson/Loewenstein/Cohen*, J. Neurosci. 27 (2007), 5796; *Thaler*, Econ. Lett. 8 (1981), 201; instruktiv auch *Beck*, Behavioral Economics, S. 213 ff.; sowie *Wilkinson/Klaes*, Behavioral Economics, S. 285 ff.; siehe auch schon die Nachweise zu empirischen Belegen *supra* Kapitel 3 § 3 B.I.2.a)(3).

626 *Supra* Kapitel 3 § 3 B.I.2.a)(4).

Auswahl stehenden Vertragsangebote letztlich ausgewählte Vertragsangebot V^* gilt somit $U_i(V^*) > U_i(V^x)$ bei $V^x \neq V^*$ $(x \in N)$.

b) Die Vereine betreffende Annahmen

Die Vereine lassen sich grundsätzlich als ihren eigenen Nutzen in Gestalt des sportlichen Erfolgs (1) in rationaler Weise (2) maximierende Akteure beschreiben. Mangels umfangreicher Diversifikationsmöglichkeiten handelt es sich ebenfalls um risikoaverse Akteure (3).

(1) Eigennutztheorem

Der eigene Nutzen der Vereine soll hier eine Funktion alleine des sportlichen Erfolgs sein.[627] Insofern besteht ein entscheidender Unterschied zu juristischen Personen in übrigen wirtschaftsrechtlichen Kontexten, deren Zielfunktion in erster Linie von der Maximierung des Unternehmenswerts geprägt ist.[628] Das lässt sich insofern plausibilisieren, als in Deutschland die Mehrheitseigner der als Kapitalgesellschaften organisierten Profiabtei-

---

627 Empirisch die Präferenz zur Maximierung des sportlichen Erfolgs über der Maximierung des rein „wirtschaftlichen" Erfolgs darlegend *Garcia-del-Barrio/Szymanski*, Rev. Ind. Organ. 34 (2009), 45; vgl. auch *Kuper/Szymanski*, Soccernomics, S. 74 ff.; grundlegend zum Ansatz *Sloane*, Scott. J. Political Econ. 18 (1971), 121; aus der deutschen rechtswissenschaftlichen Literatur *Galli*, SpuRt 2020, 19, 20; eher zurückhaltend und sich im Ergebnis nicht positionierend dagegen *Kesenne*, in: Robinson et al., Sport Management, S. 373 ff.; anschaulich mit der Unterteilung in eine eher europäische Position (sportlichen Erfolg maximierend) und eine eher amerikanische Position (monetären Erfolg maximierend) mit vielfältigen weiteren Verweisen auf entsprechende Stimmen in der ökonomischen Literatur *Kesenne*, Economic Theory of Professional Team Sports, S. 4 ff. Vgl. aus der konkreten Praxis exemplarisch die Aussage des Vorstandsvorsitzenden der HSV Fußball AG und ehemaligen Spielerberaters Bernd Hoffmann in *Psotta*, Die Paten der Liga, S. 102: „Ein Bundesligist hat keine Gewinnerzielungsabsicht, sondern will möglichst viele Punkte. Das ganze Geld, das reinkommt, wird wieder ausgegeben."; siehe konkret in diesem Sinne *Szymanski*, Money and Football, S. 149: „football clubs are not enterprises whose ultimate goal is to make money." Gleichzeitig treten trotz dieser Zielfunktionen in der Branche nahezu keine Insolvenzfälle auf, vgl. dazu, auch zu etwaigen Gründen *Kuper/Szymanski*, Soccernomics, S. 104 ff.

628 Vgl. nur *Armour/Enriques et al.*, Anatomy of Corporate Law, S. 22 ff.

lungen[629] gemeinnützige Vereine sind[630] und einige Profiabteilungen sogar statt als Kapitalgesellschaft als Verein verfasst sind. Auch unter den übrigen (Mit-)Eigentümern scheinen teilweise entweder Liebhaberinteressen in Abgrenzung zu einer strikten Gewinnerzielungsabsicht von entscheidender Bedeutung zu sein,[631] oder aber die Beteiligung statt auf die reine Wertmaximierung der Anteile vielmehr auf ein sponsoringbasiertes Gesamtkonzept zur Maximierung des eigenen Unternehmenswerts der die Anteile haltenden Gesellschaft oder anderer mit dem Anteilseigner verbundener Unternehmen gerichtet zu sein.[632] In letzterem Fall liegt die entscheidende wertsteigernde Wirkung der Beteiligung nicht primär in der Bewertung der Anteile selbst begründet, sondern in der Wirkung der Anteilseignerschaft für das die Anteile haltende Unternehmen in marketingstrategischer Hinsicht. Zudem kann generalisierend angenommen werden, dass auch der Unternehmenswert – und somit der wirtschaftliche Erfolg – positiv vom sportlichen Erfolg abhängt, weshalb hinsichtlich der auf Wertmaximierung fokussierten Anteilseigner zumindest näherungsweise statt auf monetäre Nutzendeterminanten auf sportliche rekurriert werden kann.[633]

---

629 Vgl. zu den Hintergründen der Organisationsform im deutschen Fußball instruktiv *Dehesselles/Frodl*, in: Galli, Sportmanagement, S. 53 ff.; zu den im Einzelnen auftretenden Rechtsformen *Wittersheim*, SpuRt 2020, 221, 224 f.; *Wolf*, SpuRt 2020, 226, 227 f. je m.w.N.

630 Vgl. zur hierfür maßgeblichen sogenannten „50+1 Regel" sowie den entsprechenden Ausnahmen § 8 Satzung DFL; dazu instruktiv hier nur *Stopper*, WRP 2009, 413; konkret zu den Ausnahmen etwa *Drechsler*, NZA 2020, 841, 842.

631 Vgl. *Kuper/Szymanski*, Soccernomics, S. 75; vgl. auch die anschaulichen auf England bezogenen Aussagen, die zumindest in der Tendenz übertragbar sind, jedoch insofern nur eingeschränkt direkt auf die deutschen Vereine übertragen werden können, als die Mehrheit der Kapitalgesellschaften hier weiterhin von dem eingetragenen Verein gehalten werden muss *Szymanski*, Money and Football, S. 147 ff.

632 Vgl. insofern die Beteiligungen der Unternehmen Adidas AG, der Audi AG sowie der Allianz SE an der FC Bayern München AG, die auch langjährige Sponsoren des FC Bayern München sind. Siehe entsprechend die Beteiligungen von Evonik Industries AG, Signal Iduna VVaG und Puma SE an der Borussia Dortmund GmbH & Co. KGaA. Die Beteiligung von Privatpersonen kann für diese auch ein erhöhtes Ansehen bedeuten, das sich entweder wirtschaftlich in anderen Bereichen auszahlt oder aber in immaterieller Hinsicht, etwa im Hinblick auf den sozialen Status, wobei wiederum der sportliche Erfolg die Auswirkungen dieses „positional good" determiniert, vgl. dazu etwa anekdotisch auch *Szymanski*, Money and Football, S. 154 ff.; anschaulich auch *Kuper/Szymanski*, Soccernomics, S. 77 f.

633 Vgl. auch mit empirischer Untermauerung *Szymanski*, Money and Football, S. 88 ff., 149 f.; einschränkend dazu aber *Kesenne*, in: Robinson et al., Sport Management, S. 373 ff.; kritisch Unterschiede aufzeigend zudem *ders.*, Economic Theory of Pro-

(2) Rationalitätsannahme

Die Maximierung des sportlichen Erfolgs wird von den Vereinen auch systematisch verfolgt, diese handeln also rational. Es haben sich weitgehend professionelle Strukturen auch auf Seiten der Vereine, jedenfalls im Spitzenbereich der Branche etabliert,[634] die durch eine Vielzahl von Arbeitnehmern und spezialisierter Aufgabenteilung gekennzeichnet sind,[635] die mit den Strukturen anderer mittelgroßer, bisweilen in ihrem Segment marktführender Unternehmen vergleichbar sind.[636] Vor dem Hintergrund des Ziels der Maximierung des sportlichen Erfolgs irrationale Erwägungen verlieren fortwährend an praktischer Relevanz.[637] Aufgrund der auf dem Spitzenniveau mittlerweile umfangreich ausgebauten Scoutingstrukturen der Vereine, soll dabei gelten, dass der Schätzer der sportlichen Stärke eines Sportlers auf der Basis sämtlicher zur Verfügung stehender Informationen gebildet wird.[638]

---

fessional Team Sports, S. 6 f.; differenzierend in Bezug auf die Konsequenzen unterschiedlicher Zielvorgaben auch *Fort/Quirk*, J. Sports Econ. 5 (2004), 20.

634 Vgl. noch *infra* Kapitel 3 § 5 A.

635 Vgl. nur exemplarisch die Einteilung der Funktionsbereiche bei der Borussia Dortmund GmbH & Co. KGaA im Geschäftsbericht Borussia Dortmund 2018/2019, S. 118; wobei 473 Mitarbeiter im Jahresdurchschnitt beschäftigt werden, siehe wiederum Borussia Dortmund Geschäftsbericht 2018/2019, S. 96. Siehe allgemein auch *Szymanski*, Money and Football, S. 29, 54 f.; konkret anhand der gewachsenen Bedeutung quantitativer, insbesondere empirischer Analyse in der Branche auch *Anderson/Sally*, The Numbers Game, S. 1 ff., 205 ff.; *Kuper/Szymanski*, Soccernomics, S. 1 ff., 165 ff.; *Sumpter*, Soccermatics, S. 273 ff.

636 So ist etwa die Borussia Dortmund GmbH & Co. KGaA im SDAX gelistet, in dem etwa auch Sixt SE, DWS Group GmbH & Co. KGaA und XING (New Work SE) gelistet sind, mit denen zumindest in der Tendenz im Hinblick auf das Handelsvolumen und die Marktkapitalisierung einer Vergleichbarkeit besteht. Vgl. zur kategorisierenden und vergleichenden Einschätzung der Unternehmensgröße auch *Szymanski*, Money and Football, S. 261; vgl. aber auch durch Abgrenzung von im S&P 500 gelisteten Unternehmen in Bezug auf die Größe relativierend *Kuper/Szymanski*, Soccernomics, S. 56 ff.

637 Vgl. exemplarisch zur Abnahme der Bedeutung von Diskriminierung in Bezug auf die Hautfarbe anschaulich *Kuper/Szymanski*, Soccernomics, S. 121 ff.; empirisch zum Hintergrund *Szymanski*, J. Polit. Econ. 108 (2000), 590; allgemeiner auch *Kahn*, in: Kern, Economics of Sport, S. 115 ff.

638 Aufgrund der somit nur in vernachlässigbarem Maße bestehenden Informationsasymmetrien zwischen Vereinen und Sportlern kommt es nur in sehr seltenen Ausnahmefällen zu Problemen adverser Selektion in entscheidendem Umfang. Siehe allgemein zur Problematik von adverser Selektion *Schmolke*, in: Towfigh/Petersen, Ökonomische Methoden im Recht, S. 138 f.; grundlegend *Akerlof*, Q.J. Econ. 84

(3) Risikoeinstellung der Vereine

Auch auf Seiten der Vereine bestehen nur begrenzte Diversifizierungsmöglichkeiten,[639] da sich die Vereine auf die Branche des professionellen Fußballs fokussieren.[640] Die resultierende Risikoaversion bewirkt in den hier zugrundeliegenden arbeitsrechtlichen Konstellationen eine Präferenz für eine variable, streng an die tatsächlichen Leistungen geknüpfte Vergütung gegenüber einer fixen Vergütung.[641]

(1970), 488. Vgl. aus den Jahren 2007 und 2008 in dieser Hinsicht noch die öffentlichkeitswirksamen Fälle der Sportler *Breno* beim FC Bayern München und *Carlos Alberto* beim SV Werder Bremen, deren sportliche Leitungsfähigkeit auf Informationsasymmetrien im Hinblick auf die sozialen Eigenschaften der Sportler zurückgeführt wird, dazu *Seip*, Vertragsrechtliche und ökonomische Analyse des Spielertransfervertrages im Profifußball, S. 191 f.

639 So zielen Marketingstrategien der Bundesligisten bisweilen darauf ab, sportlich bedingten Schwankungen des wirtschaftlichen Erfolgs entgegenzuwirken, vgl. *Figge/Figge*, Echte Liebe, S. 145 ff. Dass die Diversifizierung im Rahmen von Sportvereinen jedoch nicht grenzenlos möglich ist, zeigt ein Blick auf die eingeschränkten Geschäftsfelder, in denen die Bundesligavereine neben dem professionellen Fußball tätig sind. Als prominent gescheitertes Beispiel eines Versuchs, den wirtschaftlichen Erfolg durch eine ausgeweitete Diversifizierung unabhängiger vom sportlichen Erfolg auszurichten kann auf Borussia Dortmund in den 90er und 00er Jahren verwiesen werden, das etwa die Aufführung von Opern und Schwimm-Weltmeisterschaften in dem Fußballstadion, den Bau einer Achterbahn um dieses, oder grundsätzlicher „die Idee den Konzern Borussia Dortmund breiter aufzustellen und so für Anleger spannender zu machen, indem man ein eigenes Reisebüro (B.E.S.T.) und eine eigene Ausrüsterfirma (goool.de) gründet, und ein sündhaft teures eigenes Hochglanz-Klubmagazin (Borussia Live) herausgibt, eine eigene Software-Schmiede (Absolute Sports, später Sports & Bytes) aufbaut [...]" plante und teilweise durchführte, was jedoch unter anderem aufgrund der damit einhergehenden Verwässerung des Markenkerns des Unternehmens auf Ablehnung in der Anhängerschaft gestoßen ist und folglich der Großteil der Projekte nach einiger Zeit wieder beendet und aufgegeben wurden, vgl. *Figge/Figge*, Echte Liebe, S. 147 f. Siehe konkret zu der sehr eingeschränkten Rolle von Diversifikation in der Branche auch *Szymanski*, Money and Football, S. 113.

640 Andere Sportarten werden, soweit sie überhaupt auf einem professionellen Niveau in einer kommerziell bedeutsamen Sportliga ebenfalls betrieben werden, zum einen häufig unter dem Dach einer separaten Kapitalgesellschaft geführt (das bekannteste und ökonomisch relevanteste Beispiel ist derzeit die Basketballabteilung des FC Bayern München, die als FC Bayern München Basketball GmbH verfasst), zum anderen werden in diesen Sportarten grundsätzlich erheblich geringere Umsätze erzielt, weshalb ihre wirtschaftliche Relevanz lediglich einen Bruchteil der der Fußball-Bundesliga ausmacht.

641 Im Hinblick auf die Vertragslänge wirkt sich die Risikoaversion dagegen nicht aus, siehe noch *infra* Kapitel 3 § 3 B.I.2.e)(2). Außerhalb der hier getroffenen Modellan-

(4) Ausgangssituation aus Vereinsperspektive

Die Sportvereine lassen sich somit als Arbeit nachfragende Akteure auf einem international geprägten Arbeitsmarkt beschreiben.[642] Insoweit ist die Situation der Arbeitgeber mit der in anderen, ebenfalls stark internationalisierten Branchen vergleichbar, in denen in einem kompetitiven Umfeld um möglichst qualifizierte Arbeitnehmer zur Erlangung relativer Vorteile geworben wird. Die Sportvereine handeln mit dem Ziel der Maximierung des sportlichen Erfolgs unter der durch ihr jeweiliges Umfeld determinierten Budgetrestriktion. Die grundsätzliche Perspektive der Vereine stellt sich somit als zweistufige Maximierungsaufgabe dar, in der auf der ersten Stufe zunächst das Budget zu maximieren ist, auf der zweiten Stufe schließlich unter der Restriktion dieses Budgets der sportliche Erfolg. Auf der ersten Stufe steht das Einwerben möglichst hoher monetärer Mittel,[643] auf der zweiten der Einsatz dieser Mittel zur Maximierung des sportlichen Erfolgs. Auch wenn sich die Aufwendungen eines Vereins aus unterschiedlichen Positionen zusammensetzen, liegt in den für das sportliche Personal anfallenden Gehältern einerseits der nominell größte Posten, andererseits der zur Maximierung des sportlichen Erfolgs relevanteste.[644]

c) Das sonstige Umfeld betreffende Verhaltensannahmen als Determinante der Budgetrestriktion

Das den wirtschaftlichen Erfolg der Vereine – sowie in der Konsequenz die Budgetrestriktionen – maßgeblich beeinflussende Umfeld besteht im Wesentlichen aus den Fans als Konsumenten des Produkts Profifußball, sowie den für Sponsorenrechte zahlenden Unternehmen und den die Übertragungsrechte erwerbenden Internet- und Rundfunkunternehmen.[645] Die

---

nahmen dürften zudem Anreizeffekte variabler Vergütung diese Präferenz ebenfalls treiben.

642 Zum Internationalisierungsgrad des Transfermarktes siehe *supra* Fn. 603.
643 Siehe *infra* Kapitel 3 § 3 B.I.2.d).
644 Vgl. exemplarisch die Aufschlüsselung im Geschäftsbericht Borussia Dortmund 2018/2019, S. 92 f., wonach im Geschäftsjahr 2018/2019 von Borussia Dortmund bei Gesamtaufwendungen von 314.368.000 € für den anlässlich des Spielbetriebs anfallenden Personalaufwand 134.373.000 € aufgewendet wurden, was einen Anteil von 42,7 % der Gesamtaufwendungen bedeutet.
645 Vgl. exemplarisch die Umsatzerlöse der Borussia Dortmund GmbH & Co. KGaA in dem Geschäftsjahr 2018/2019, die sich zu 37,52 % aus der TV-Vermarktung, zu

direkten Zahlungen von den Fans an die Vereine setzen sich vor allem aus den Kosten der Eintrittskarten, deren Merchandising-Produkten, dem Catering an den Spieltagen und den jährlichen Mitgliedsbeiträgen zusammen.[646] Der größere Anteil des Budgets wird jedoch über die TV-Rechte erwerbenden Medienunternehmen sowie die Sponsoringrechte haltenden Unternehmen erlöst, wobei sich die Zahlungsbereitschaften dieser Akteure wiederum nach der Nachfrage durch die Fans als Konsumenten der von ihnen vertriebenen Produkte richtet, mithin also dieser Teil des Budgets indirekt ebenfalls durch die Fans in das System fließt.[647]

21,71 % aus Werbeeinnahmen, zu 10,01 % aus den Einnahmen aus dem laufenden Spielbetrieb und zu 3,81 % aus der Position „Conference, Catering und Sonstiges" zusammensetzen. Lediglich die kleinste dieser Positionen enthält etwa mit Abstellgebühren der Nationalspieler oder der spielbetriebsunabhängigen Vermietung auch Positionen, die nicht zwingend in erster Linie auf die Medienunternehmen und Sponsoren sowie Besucher und Fans zurückzuführen sind. Die übrigen 26,95 % des Umsatzes sind wiederum auf Transfergeschäfte zurück zu führen, die hier außer Betracht bleiben sollen, siehe zur Zusammensetzung des Umsatzerlöses mit weiteren Erläuterungen und Aufschlüsselungen der Werte den Geschäftsbericht Borussia Dortmund 2018/2019, S. 46 ff., ausführlich zur Gewinn- und Verlustrechnung ebenda auch S. 91 f.; siehe generalisierend und mit Beispielen aus dem englischen Profifußball zu der Ertragslage professioneller Fußballmannschaften *Szymanski*, Money and Football, S. 80 ff.; vgl. differenzierend und mit Verweis auf vielfältige Studien zur die Ertragslage treibenden Nachfrage nach den Sportveranstaltungen *Borland/Macdonald*, Oxf. Rev. Econ. Policy 19 (2003), 478.

Siehe zu den einzelnen Ertragspositionen auch die übersichtliche Auflistung der UEFA zur Überprüfung der Einhaltung von Financial Fairplay Vorgaben erforderlichen Break-Even Berechnung in UEFA Reglement zur Klublizenzierung und zum finanziellen Fairplay, Anhang X, S. 94 ff. Die 18 Klubs der 1. Fußball-Bundesliga haben etwa in der Spielzeit insgesamt Einnahmen von 4.019,6 Mio. € verzeichnet, die sich zu 12,9 % aus Erlösen an den Spieltagen, 21,0 % aus Werbeeinnahmen, 36,9 % aus Erlösen der medialen Verwertung, 16,8 % aus Transfererlösen (die hier als sich mit Transferausgaben ausgleichend angenommen werden und daher außer Betracht bleiben), 4,4 % aus dem Merchandisingbetrieb und 8,0 % aus sonstigen Einnahmen zusammensetzen, DFL Wirtschaftsreport 2020, S. 10.

646 Vgl. die Übersicht der relevanten Einnahmen aggregiert bei DFL Wirtschaftsreport 2020, S. 10; sowie zu exemplarischen Werten ebenfalls Geschäftsbericht Borussia Dortmund 2018/2019, S. 46 ff. ausführlich ebenda zur Gewinn- und Verlustrechnung auch S. 91 f. Vgl. zum Bedeutungszuwachs dieser direkten Ertragsströme durch die gewachsene Relevanz und Verbreitung sozialer Medien *Kuper/Szymanski*, Soccernomics, S. 114 f.

647 Vgl. zu der Relevanzverschiebung von den direkten monetären Flüssen von den Fans an die Vereine zu den indirekten, über weitere Akteure und den entsprechenden Hintergründen *Szymanski*, Money and Football, S. 94 ff.; *Kesenne*, Economic Theory of Professional Team Sports, S. 22.

Die Aufwendungen der Fans hängen positiv von dem sportlichen Erfolg der von ihnen unterstützten Mannschaft ab.[648] Entscheidend ist der Erfolg relativ im Verhältnis zu dem anderer Mannschaften einer Sportart,[649] wobei die nationale Bezugsgruppe aufgrund der großen Popularität der Bundesliga und der großen Anzahl an Spielen auf dieser Ebene bedeutsam ist, aber auch der medienwirksame Vergleich mit internationalen Konkurrenten über internationale Wettbewerbe. Zum einen messen sich die deutschen Spitzenteams direkt in den Wettbewerben auf europäischer Ebene mit Mannschaften anderer Nationen. Zum anderen ist der Vergleich zu der internationalen Konkurrenz in indirekter Form für die Zuschauer in Deutschland relevant, da die Qualität der national ausgetragenen Begegnungen mit den Spielen im Ausland, aufgrund der mannigfaltigen Empfangsmöglichkeiten über das Internet und Rundfunkkanäle, verglichen wird. Schlüssig erscheint daher auch, dass je geringer das Niveau der Spiele der nationalen Liga im Verglich zum Ligabetrieb in anderen Staaten ist, desto geringer die Zuschauer die Spiele der nationalen Liga nachfragen und stattdessen auf andere Freizeitbeschäftigungen ausweichen.[650] Die Zahlungsbereitschaft der Fans in Deutschland hängt somit vor allem positiv von der relativen Leistung des unterstützen Teams im Vergleich zu der der nationalen und internationalen Wettbewerber ab.

Die Zahlungsbereitschaften der Sponsoren und Medienunternehmen werden wiederum mittelbar durch das Interesse der Bevölkerung an den Sportveranstaltungen bestimmt, da einerseits der Wert der Werbung im Zusammenhang mit dem Auftreten eines Vereins für potentielle Sponsoren

---

648 Vgl. anschaulich und empirisch untermauert *Szymanski*, Money and Football, S. 92 ff.; auch *Kuper/Szymanski*, Soccernomics, S. 305; siehe zu dem insofern in seiner absoluten Form abgelehnten Gegenentwurf einer lebenslangen, vom sportlichen Erfolg weitgehend unabhängigen Vereinstreue von Fans dagegen *Hornby*, Fewer Pitch; aus der deutschen Rechtswissenschaft mit diesem absoluten Ansatz der Ablehnung von Substituierbarkeit innerhalb der Branche sympathisierend *Schulz*, Vertragliche Weiterveräußerungsbeschränkungen von Fußball-Bundesligatickets, S. 75 ff.; vgl. allgemeiner einführend auch *Daumann*, in: Galli, Sportmanagement, S. 6 ff.

649 Vgl. allgemein auch *Galli*, SpuRt 2020, 19, 20 f.

650 Die empirische Überprüfung dieses Phänomens fällt ebenfalls schwer, vgl. dazu jedoch auch *Kesenne*, Economic Theory of Professional Team Sports, S. 19 ff.; vgl. anschaulich aus der Praxis die Einschätzung von *Christian Seifert*, Vorsitzender der Geschäftsführung der Deutschen Fußball Liga: „Unsere größten Konkurrenten der Zukunft sind die Premier League und Netflix", zitiert nach „DFL-Boss im kicker-Interview", 13.9.2020, abrufbar unter: https://www.kicker.de/seifert-gleichverteilung-w uerde-meisterschaft-nicht-spannender-machen-784522/artikel.

von der Reichweite der Werbung und dem Grad an positiver Assozia-i-
on, die der jeweilige Werbeträger bei den Betrachtern der Sportveranstal-
tung als potentiellen Konsumenten der von diesen angebotenen Produkte
auslöst, abhängt.[651] Andererseits hängt der Wert der Übertragungsrechte
für die Medienunternehmen einerseits von der Zahlungsbereitschaft der
Zuschauer ab – im Falle des Bezahlfernsehens – und andererseits von
der Zahlungsbereitschaft der im Rahmen der Fernsehübertragung werbenden Unternehmen, die wiederum durch die Reichweite der Werbespots,
und somit durch die Zuschauerzahl bestimmt wird – im Falle einer frei
empfangbaren Übertragung ausschließlich und im Falle der Übertragung
im Bezahlfernsehen zusätzlich zu der Zahlung der Kunden an die Übertragungsrechte haltenden Medienunternehmen.[652] Mittelbar ist folglich in
jeder Hinsicht, entweder unmittelbar oder mittelbar, die Nachfrage potentieller Zuschauer und Fans nach dem Produkt Fußball entscheidend für
die Erträge der Vereine, mithin der relative nationale und internationale
Erfolg.[653] Zu berücksichtigen ist, dass kurz- bis mittelfristig die Erträge
aus den zentral über die Ligaverbände vermarkteten Rundfunkrechten

---

651 Siehe konkret zu der Funktionsweise von Sponsoring als Marketingstrategie
Kotler/Keller, Marketing Management, S. 626 ff.; instruktiv auch *Meffert/Bur-
mann/Kirchgeorg*, Marketing, S. 680 ff.; einführend zu entsprechenden Werbestrate-
gien *Kotler/Armstrong/Wong/Saunders*, Marketing, S. 853; konkret einführend zum
Sponsoring im Sport *Quester/Bal*, in: Robinson et al., Sport Management, S. 296 ff.;
ebenso zu den Besonderheiten der Branche *Bagusat/Hermanns*, in: Galli, Sportmanagement, S. 457 ff.; zu den rechtlichen Grundlagen *Dehesselles/Hertl*, in: Galli,
Sportmanagement, S. 481 ff.

652 Vgl. zu dem Verhältnis von frei empfangbaren und Bezahlfernsehen im Hinblick
auf die durch diese generierten Ertragsströme *Kesenne*, Int'l J. Sport Fin. 7 (2012),
358; sowie *ders.*, Economic Theory of Professional Team Sports, S. 37 ff.; differenzierend auch *Dietl/Hasan*, East. Econ. J. 33 (2007), 405. Zu vernachlässigen sind
hier die Konstellation der Erforderlichkeit der Übertragung im frei empfangbaren
Fernsehen nach § 4 RStV, vgl. dazu etwa *Drechsler*, SpuRt 2019, 242.

653 Siehe zuletzt empirisch den Zusammenhang von sportlichem Erfolg und TV-Zu-
schauerzahlen darlegend *Caruso/Addesa/Domizio*, J. Sports Econ. 20 (2019), 25;
vgl. weiterführend zur Vernetzung der Erträge durch TV-Rechteveräußerungen mit
direkten Zahlungsströmen von den Zuschauern *Buraimo*, in: Robinson et al., Sport
Management, S. 405 ff.; zum Zusammenhang der Faktoren auch *Kesenne*, Economic
Theory of Professional Team Sports, S. 22 ff.; zuletzt in der deutschen Rechtswissenschaft ausführlich *Schulz*, Vertragliche Weiterveräußerungsbeschränkungen von
Fußball-Bundesligatickets, S. 73 ff.; instruktiv zu den ökonomischen Zusammenhängen *Daumann*, Grundlagen der Sportökonomie, S. 98 ff., mit vielfältigen weiteren
Nachweisen zu den Zusammenhängen der Nachfrage nach Sportereignissen dort
auf den S. 112 ff.

in Abhängigkeit vom vorangegangenen sportlichen Erfolg unter den an dem vermarkteten Wettbewerb partizipierenden Mannschaften auf diese alloziert werden, weshalb auch trotz über mehrere Jahre laufender vertraglicher Vereinbarungen mit für die Übertragungsrechte festgelegten Übertragungsentgelten der Teil des Budgets, der aus dieser Rechteveräußerung resultiert, von dem vorangegangenen sportlichen Erfolg abhängt.[654] Etwas vereinfachend soll hier angenommen werden, dass sich die Auszahlung ausschließlich nach dem relativen sportlichen Erfolg der vorangegangenen Spielzeit bemisst.[655]

d) Die finanzielle Ausstattung der Vereine

Somit soll B_j^t die finanzielle Ausstattung eines Vereins j zum Zeitpunkt t bezeichnen, die zum einen aufgrund längerfristiger erfolgsabhängiger Verteilung der durch die Veräußerung der Rundfunkrechte festgelegten Erträge von dem relativen Erfolg in der vorangegangenen Spielzeit $t-1$ abhängt. Da der Erfolg im Erwartungswert dem Rang einer ordinalen Aufstellung der sportlichen Fähigkeiten S_j^{t-1} mit den entsprechenden Werten der mit diesem auf nationaler und internationaler Ebene konkurrierenden Mannschaften entsprechen soll, bemisst sich der sportliche Erfolg jeweils

---

654 Siehe zum 4-Säulen Verteilungsschlüssel der DFL für die Saisons 2017/18 bis 2020/21 die Erläuterungen bei https://www.dfl.de/de/hintergrund/vermarktung/dfl-medie nerloes-verteilung/; aktuell zur Fußball-Bundesliga auch http://www.fernsehgelde r.de/; vgl. exemplarisch, vergleichend und weiterführend erläuternd zur englischen Premier League, spanischen La Liga und UEFA Champions League *Szymanski*, Money and Football, S. 107 ff.

655 Das Gesamtvolumen der Fernsehgelder für eine Liga wird durch die praktizierte Lizenzvergabe im Vorhinein für 4 Jahre zwischen dem Ligaverband und den Lizenzerwerbern fixiert. Zu Anpassungen des Gesamtvolumens kommt es somit im Falle von Leistungsverschiebungen mit einer zeitlichen Verschiebung 0 bis 4 Jahren. Die Verteilung des so festgelegten Gesamtvolumens auf die Vereine der 1. und 2. Bundesliga erfolgt dagegen im Vorhinein einer jeden Spielzeit, derzeit nach einem „Vier-Säulen-Modell", wobei die Säulen 1 und 4, die für die Verteilung von insgesamt 93 % des Gesamtvolumens maßgeblich sind, mit abnehmender Gewichtung je weiter eine Spielzeit in der Vergangenheit liegt an die Platzierungen der fünf vorangegangenen Spielzeiten in einem Verhältnis 5:4:3:2:1 anknüpfen. Insofern wirken sich Veränderungen des relativen sportlichen Erfolgs nicht nur zeitlich verzögert, sondern aufgrund der Einbeziehung vorangegangener Spielzeiten auch zunächst abgeschwächt auf die finanzielle Ausstattung der Vereine aus. Vgl. https://www.ferns ehgelder.de/.

anhand der eigenen sportlichen Stärke im Vergleich zu der der nationalen und internationalen Wettbewerber. Für den sportlichen Erfolg in Spielzeit t dient, soweit noch nicht bekannt, im Ausgangspunkt der Erfolg der vorangegangenen Spielzeit $t-1$ als Schätzer, der wiederum durch eine Komponente e_j^t ergänzt wird. e_j^t soll die Anpassung des als Schätzer für den erwarteten sportlichen Erfolg fungierenden Erfolgs in $t-1$ aufgrund veränderter Realumstände bewirken. Eine solche Veränderung der Rahmenbedingungen ist etwa durch Beeinflussungen der Arbeitsbedingungen eines Vereins, zum Beispiel durch öffentliche Investitionen in die Infrastruktur, oder durch eine Umgestaltung der rechtlichen Rahmenbedingungen denkbar. Diese veränderten Rahmenbedingungen können eine Verbesserung oder eine Verschlechterung der Bedingungen des fraglichen Vereins j oder seiner Wettbewerber bedeuten. Allgemein gilt für das Budget in t somit $B_j^t(S_j^{t-1}, E[S_j^t])$. Das Budget steigt überproportional mit der relativen sportlichen Stärke einer Mannschaft.[656] Die durch einen Sportler i mit der Produktivität s_i^t bedingte Steigerung des Budgets B_j^t und B_j^{t+1} des Vereins j wird als die Grenzproduktivität des Sportlers i für den Verein j bezeichnet.

In der Folge der Präferenzenstrukturen der Vereine und Sportler sowie der der Akteure des die Branche finanzierenden Umfelds ergibt sich zunächst eine zwischen den Vereinen variierende Grenzproduktivität im Hinblick auf die Beschäftigung eines Sportlers i, da die Steigerung des sportlichen Erfolgs durch die Verbesserung der sportlichen Leistungsfähigkeit sich desto stärker in Mehrerträgen materialisiert, je größer die gesamte sportliche Fähigkeit des beschäftigenden Vereins ist. Die Produktivität einer zusätzlichen fiktiven sportlichen Einheit variiert somit in Abhängigkeit von der sportlichen Gesamtstärke der Vereine, weshalb der Wert eines konkreten Sportlers für einen Verein zwischen den unterschiedlichen Vereinen variiert.[657] Konkret bedeutet das, dass Spieler i, der sowohl die Gesamtstärke von Verein A als auch die von Verein B aufgrund seiner sportlichen

---

656 Vgl. dazu auch die Nachweise unter *supra* Kapitel 3 § 3 B.I.2.c).

657 Vgl. auch die im Ergebnis in die entsprechende Richtung zielenden Erwägungen zu der Grenzproduktivität eines Sportlers in positiver Abhängigkeit von dem Grad der Ähnlichkeit seiner sportlichen Klasse zu der der jeweiligen Mitspieler bei *Anderson/Sally*, The Numbers Game, S. 197 ff.; *Vöpel*, A Zidane Clustering Theorem; grundlegend zu der Produktionsfunktion (*O-ring theory*), auf der diese Beschreibungen aufbauen *Kremer*, Q.J. Econ. 108 (1993), 551; vgl. aber auch kritisch konkret in Bezug auf den Erfolg von Sportmannschaften in Abhängigkeit der Fähigkeiten seiner einzelnen Akteure *Kuper/Szymanski*, Soccernomics, S. 27.

Fähigkeit erhöhen würde, dem höher platzierten Verein zu höheren monetären Erträgen verhelfen würde.

e) Vertragsschluss als Verhandlungsresultat

Die zwischen Sportlern und Vereinen geschlossenen Verträge sind das durch Angebot und Nachfrage auf Basis der jeweiligen Präferenzenstrukturen bestimmte Resultat von Verhandlungen. Voraussetzung für den Vertragsschluss ist grundsätzlich, dass der jeweilige Spieler nicht in einem wirksamen Arbeitsverhältnis mit einem anderen Verein steht, ein solches somit, soweit es zuvor bestand, entweder durch Befristungsablauf, durch Auflösung oder durch Kündigung beendet wurde.

(1) Machtverhältnisse

Es soll gelten, dass Verhandlungsmacht bei den Sportlern besteht, diese also im Erwartungswert in Höhe ihrer Grenzproduktivität entlohnt werden, also in Höhe des durch sie geschaffenen Mehrwerts.[658] Hierfür lässt sich anführen, dass sich zwar einerseits mehrere Arbeitgeber mit vergleichbaren Budgets im Markt befinden, insoweit also Wettbewerb zwischen diesen besteht, andererseits sich die Spieler in ihrer Qualität erheblich voneinander unterscheiden, sodass hier eine eindeutige Rangordnung der Sportler angenommen wird.[659] Das hohe Maß an Internationalisierung des Marktes stützt diese Annahme, da dadurch insbesondere im Spitzenbereich eine Vielzahl potentieller Arbeitgeber mit vergleichbaren Budgets international und somit über Jurisdiktionen hinweg im sportlichen Wettbewerb zueinander stehen und um die Sportler werben.[660] Die Sportler lassen sich eindeutig in eine Rangfolge anhand ihrer Fähigkeiten bringen, was jedoch nicht

---

658 Vgl. entsprechend den Ansatz bei *Szymanski*, Money and Football, S. 117 ff.

659 Es gilt somit $\neg \exists x(s_x = s_i, i \in I \backslash x)$, vgl. instruktiv und unter Anführung historischen Anschauungsmaterials *Daumann*, Grundlagen der Sportökonomie, S. 236 f.

660 Siehe dazu anschaulich im Kontext der Auswirkungen der Corona-Krise die insoweit passende und zusammenfassende Aussage von *Hans-Joachim Watzke* zitiert in *kicker.de*, „Watzke über Rummenigges Idee: ‚Ehre, wem Ehre gebührt'": „Mittelfristig könnten die Summen etwas sinken. Dass es so signifikant absinkt, wie man es sich wünscht, glaube ich aber nicht. Dazu ist der Fußball inzwischen einfach zu globalisiert. Wo es Verlierer gibt, wird es auch immer Gewinner geben.", abrufbar

für die Arbeit nachfragenden Vereine gilt. Im Falle eines Vertragsangebots unterhalb des Grenznutzens dieses Sportlers für einen konkreten Verein hätte somit ein mit gleichem (oder höherem) Budget ausgestatteter Konkurrent immer einen Anreiz, eine höhere Vergütung zu unterbreiten, was sich so lange wiederholen würde, bis ein Verein dem Sportler eine Vergütung in Höhe seiner maximalen Grenzproduktivität anbietet.[661] Die Bestimmung der Gesamtvergütung erfolgt somit nicht durch einen ergebnisoffene Verhandlung, sondern unmittelbar durch den Marktmechanismus in Höhe des Mehrwerts des Sportlers für das ihn beschäftigende Team.[662]

(2) Vertragsinhalt

Gegenstand der Vertragsverhandlungen sind die Verteilung der der erwarteten Grenzproduktivität entsprechenden Gesamtentlohnung auf eine fixe und eine variable Entlohnungskomponente, deren Auswirkungen auf den Nutzen der Sportler und die Budgetbedingungen der Vereine offenkundig sind, sowie – wenn und soweit eine Befristungsvereinbarung zulässig ist – die Vertragslaufzeit. Aufgrund der Machtverhältnisse kommt es entscheidend auf die Präferenzen der Sportler an. Aufgrund der Risikoaversion präferieren die Sportler – ceteris paribus – grundsätzlich die fixe Entlohnung gegenüber der variablen, wobei die Basis für die fixe Entlohnung die erwartete Produktivität des Sportlers im Verlauf der Vertragszeit ist, mithin Leistungssteigerungen ex ante berücksichtigt werden. Bei Verhandlungsmacht der Sportler erfolgt die Vergütung entsprechend der (im Zeitverlauf erwarteten) Grenzproduktivität aufgrund der Risikoaversion im Grundsatz vollständig durch eine fixe Entlohnung.[663] Hinsichtlich der Be-

---

unter: https://www.kicker.de/772997/artikel/watzke_ueber_rummenigges_idee_ehr e_wem_ehre_gebuehrt_.

661 Siehe allgemein auch *Szymanski*, Money and Football, S. 206.

662 Siehe zu der sich so realisierenden Marktmacht präzise *Szymanski*, Money and Football, S. 197: „Given that the players on the field are the only ones who can deliver what the fans want, in an unrestricted market like football, they tend to receive almost all of the reward." Plausibilisiert wird somit auch die Modellbeschreibung des fehlenden Sparverhaltens der Vereine zwischen unterschiedlichen Spielzeiten (*supra* Kapitel 3 § 3 B.I.1.), da im Mittel somit die Aufwendungen den Erträgen entsprechen.

663 Der Umstand, dass variable Löhne entgegen dieser Schlussfolgerung tatsächlich jedoch in der Branche beobachtet werden (siehe zu den durch den Fall *Müller* offengelegten Informationen zu den Vergütungsstrukturen exemplarisch nur *supra*

wertung der Vertragslaufzeit gilt entsprechendes – die Sportler präferieren aufgrund ihrer Risikoaversion grundsätzlich eine längere Vertragslaufzeit, was sie aufgrund ihrer Verhandlungsmacht auch durchsetzen.[664] Dieses Sicherungsbedürfnis wird lediglich durch die Möglichkeit begrenzt, dass der Sportler auch entsprechend seiner erwarteten sportlichen Entwicklung zukünftig bei einem anderen Verein höher vergütet werden könnte, als dies durch den gegenwärtigen Arbeitgeber aufgrund der spezifischen Grenzproduktivität der Fall ist, mithin *ex ante* der Vereinswechsel zu einem zukünftigen Zeitpunkt vermögensmaximierend erscheint.[665]

II. Wirkungsanalyse

In dem dargelegten Rahmen sollen die Wirkungszusammenhänge des in Frage stehenden alternativen Rechtsverständnisses des § 14 Abs. 1 S. 2 Nr. 4 TzBfG analysiert und letztlich vergleichend mit dem *status quo* beurteilt werden. Dazu wird angenommen, dass die Befristung quasi über Nacht unwirksam wird, also aufgrund einer höchstgerichtlichen Entscheidung das Verständnis von § 14 TzBfG anwendbar wird, wonach kein Befristungsgrund für das Arbeitsverhältnis mit professionellen Sportlern greift. Die unmittelbare Konsequenz der Unwirksamkeit der Befristung wäre gemäß § 16 S. 1 Hs. 1 TzBfG, dass der Vertrag als auf unbefristete Zeit geschlossen

---

Fn. 617), deckt die Divergenzen zwischen den hier vereinfachend zugrunde gelegten Modellannahmen und der komplexeren Realität auf (vgl. allgemein *supra* Kapitel 2 § 2 C.IV.). Die zumindest dem Anschein nach aus der öffentlichen Berichterstattung ableitbare deutlich dominierende Bedeutung fixer gegenüber variablen Gehältern in der Branche stützt hingegen die Legitimität dieser Vereinfachung.

664 Auch hiervon unterscheiden sich die tatsächlich beobachteten Vertragslaufzeiten in der Branche, was die gesteigerte Komplexität der Realität aufzeigt.

665 Diese Kosten der Vertragslaufzeit materialisieren sich aus der aufgrund der Verhandlungsverhältnisse entscheidenden Sportlerperspektive auch dann, wenn im Laufe der Vertragslaufzeit ein (vorzeitiger) Wechsel zu einem anderen Verein erfolgt, da bei bestehender Bindung durch einen langfristige befristeten Vertrag der Sportler nicht vollständig seine Produktivitätssteigerung in Gestalt der Entlohnung abschöpfen kann, sondern ein Teil in Gestalt der Ablösezahlung an seinen bisherigen Vertragspartner fließt, siehe dazu noch *infra* Kapitel 3 § 3 B.II.2.b). Das gilt folglich selbst dann, wenn sich der Sportler gemäß den Erwartungen entwickelt, mithin die Entlohnung seiner Grenzproduktivität für den konkreten Arbeitgeber entspricht, da die Grenzproduktivität des Sportlers aufgrund der überproportionalen Steigerung der Erträge nach Platzierung für einen anderen Verein höher ausfallen kann.

gilt.[666] Die Arbeitsverträge würden also unter ihren bisherigen Bedingungen und mit gleichem Inhalt – mit Ausnahme der Befristungsvereinbarung – weiter wirksam sein.[667] Die Auswirkungen der Unwirksamkeit der Befristung (1) bedingen unter anderem die Möglichkeit der ordentlichen Kündigung durch den Arbeitnehmer (2). Durch die Präferenzen der Sportler und die Charakteristika der diesen durch den Systemwechsel zur Auswahl stehenden unterschiedlichen Arbeitsvertragstypen ergibt sich eine tiefgreifende Beeinflussung der Wettbewerbsbedingungen der Branche (3).

1. Die Auswirkung auf die Vertragsgestaltung

Während der Systemwechsel sich unmittelbar kurzfristig nur eingeschränkt auf den laufenden Wettbewerb auswirkt (a), schafft die Möglichkeit der ordentlichen Kündigung die Grundlage für Folgeeffekte (b).

a) Keine unmittelbaren Auswirkungen auf Ertragslage und Mannschaftszusammensetzung

Auf Seiten der Vereine kommt es durch den Wegfall der Befristung unmittelbar zunächst kurzfristig zu keiner Veränderung der Aufwendungs- und Ertragslage, da die materiellen Inhalte der Verträge weiterhin wirksam bleiben, weshalb sich durch den Wegfall der Befristung unmittelbar keine Veränderung der Personallage, und damit auch der sportlichen Kräfteverhältnisse, ergibt. Abweichendes dürfte wegen der Dreiwochenfrist des § 17 S. 1 TzBfG nur dann gelten, wenn der Verkündungstermin der Entscheidung innerhalb der drei Wochen nach Vertragsende liegt,[668] mithin aufgrund der Branchengepflogenheiten nach dem 30.06. eines Jahres, da dann Sportler mit Vertragsende zu diesem Datum einen Anspruch auf unbefristete Weiterbeschäftigung geltend machen könnten, obwohl sie infolge des Vertragsendes nicht mehr Bestandteil der aktuellen sportlichen Planung des (ehemaligen) Arbeitgebers waren.

---

666 Vgl. nur *Fischinger*, Arbeitsrecht, Rn. 1227.

667 Siehe allgemein dazu statt aller aus der Kommentarliteratur nur *Müller-Glöge*, in: ErfK, TzBfG § 16 Rn. 1.

668 Vgl. dazu nur *Fischinger*, Arbeitsrecht, Rn. 1231 f.

b) Mittelbare Auswirkungen durch (einseitige) Möglichkeit ordentlicher Kündigung

Mittelbare Auswirkungen ergeben sich jedoch, wenn durch die Unwirksamkeit der Befristung in den laufenden sportlichen Wettbewerb eingegriffen wird, indem ursprünglich befristet abgeschlossene Arbeitsverträge aufgrund des Wegfalls der Befristung vorzeitig beendet werden, da sich so Veränderungen der sportlichen Kräfteverhältnisse ergeben können, die sich auf die variablen, weil erfolgsabhängigen Erträge, im Saisonverlauf auswirken. Die vorzeitige Beendigung des Arbeitsverhältnisses hat Verschiebungen des sportlichen Kräfteverhältnisses zur Folge, aber auch die Möglichkeit der Beschäftigung infolge einer ordentlichen Kündigung bei einem anderen Verein im Laufe der Spielzeit, konkret in der zentral festgelegten Wechselperiode in der Mitte der Spielzeit, bedingt entsprechende Effekte. Somit kann sich der Wegfall der Befristungsmöglichkeit mittelbar auf die sportliche Konkurrenzfähigkeit aufgrund der Ausübung der ordentlichen Kündigung durch den Sportler auswirken.

Die vorzeitige Beendigung des Arbeitsverhältnisses kann nach Wegfall der Wirksamkeit der Befristungsabrede auf unterschiedlichen Wegen erfolgen. Zurecht spricht die h.M. mit Verweis auf den Zweck der §§ 14, 16 TzBfG, der alleine auf den Schutz der Arbeitnehmer abzielt, – was auch durch die Gesetzessystematik gestützt wird, da die Klagefrist des § 17 TzBfG dem Arbeitnehmer die Möglichkeit durch Untätigkeit nach Ablauf der unwirksamen Befristung zur Beendigung des Vertrages implizit beimisst, weshalb erst recht vor Ablauf der unwirksamen Befristung die Erklärung zur Beendigung des Arbeitsvertrages mit Ablauf dieser Befristung möglich sein muss – dem Arbeitnehmer die Möglichkeit zu, sich auf das Befristungsende trotz Unwirksamkeit der Befristung zu berufen,[669] sich somit unabhängig von den Voraussetzungen einer ordentlichen Kündigung von dem Vertrag mit Ablauf der ursprünglich vereinbarten Laufzeit zu lösen.[670] Neben der ordentlichen Kündigung steht exklusiv dem Arbeitnehmer eine weitere Lösungsmöglichkeit zu, die eine Beendigung des Arbeitsverhältnisses unabhängig von der Einhaltung der Voraussetzungen der §§ 622 f. BGB ermöglicht.

---

669 So etwa *Backhaus*, in: APS, TzBfG § 16 Rn. 19 f.; *Bayreuther*, in: BeckOK ArbR, TzBfG § 16 Rn. 11; *Engshuber*, in: MüKoBGB, TzBfG § 16 Rn. 10; *Meinel*, in: Meinel/Heyn/Herms, TzBfG § 16 Rn. 14; *Müller-Glöge*, in: ErfK, TzBfG § 16 Rn. 4; zur Gegenansicht *Lipke*, in: KR-KSchG Rn. 8; *Dörner*, in: ArbR-BGB § 620 Rn. 301.

670 Vgl. *Bayreuther*, in: BeckOK ArbR, TzBfG § 16 Rn. 12.

Auf Seiten des Arbeitgebers verbleibt als Option zur einseitigen Beendigung des Arbeitsverhältnisses im Falle der Unwirksamkeit einer Befristungsabrede dagegen regelmäßig das Mittel der ordentlichen Kündigung, allerdings gem. § 16 S. 1 Hs. 2 TzBfG grundsätzlich erst mit Ablauf der ursprünglich vereinbarten Befristung.[671] Die Lösung über die ordentliche Kündigung durch den Arbeitgeber ist dabei im Gegensatz zu der durch den Arbeitnehmer mit erheblichen Schwierigkeiten und Rechtsunsicherheiten verbunden, da einzelfallabhängig bei Einhaltung der Kündigungsfrist unter Beachtung des Kündigungsschutzes zu prüfen ist,[672] ob und inwiefern eine Kündigung durch den Arbeitgeber überhaupt erfolgen kann, zudem in der Konsequenz prozessual entsprechend aufwendige und langwierige Kündigungsschutzprozesse möglich sind.[673] Eine personen- oder verhaltensbedingte Kündigung wegen nachlassender Leistung ist – außer in Extremfällen – aufgrund der Komplexität der Leistungsparameter im Leistungssport, und somit der Schwierigkeit des Nachweises *nicht mehr hinreichender* Leistungen, in den hier maßgeblichen Fällen der negativ von der Erwartung bei Vertragsschluss abweichenden Leistungsentwicklung praktisch ausgeschlossen.[674] Ob eine (Änderungs-)Kündigung in Gestalt

---

671 Vgl. zu den Umständen der Kündigung durch den Arbeitgeber überblicksartig *Tillmanns*, in: HK-ArbR, TzBfG § 16 Rn. 7 ff.; *Engshuber*, in: MüKoBGB, TzBfG § 16 Rn. 4 ff.; *Fischinger*, Arbeitsrecht, Rn. 1228.

672 Formale Voraussetzung ist insbesondere, dass das Beschäftigungsverhältnis bereits länger als sechs Monate besteht, § 1 Abs. 1 KSchG.

673 Allgemein im rechtsökonomischen Kontext auch *Janson*, Ökonomische Theorie im Recht, S. 221 f.

674 Vgl. dazu deutlich schon *Fischinger/Reiter*, NZA 2016, 661, 663; LAG Rheinland-Pfalz, Urt. v. 17.2.2016 – 4 Sa 202/15, NZA 2016, 699, 701; siehe *supra* Kapitel 3 § 2 A. Im Hinblick auf den Einwand, das Problem der fehlenden Lösungsmöglichkeit unbefristeter Verträge durch Arbeitgeber könne auch durch eine veränderte Auslegung des Kündigungsrechts im Leistungssport Rechnung getragen werden, ist einerseits *Fischinger/Reiter*, NZA 2016, 661, 663 f. darin zuzustimmen, dass hierin ein im Vergleich zur Regelung über die Befristung dogmatisch komplizierterer Weg läge, da sich weitergehende komplexe Grenzziehungsfragen zur Kündigungsmöglichkeit ergäben, wodurch letztlich Rechtsunsicherheiten auch nicht in gleichem Maße wie durch die Arbeitsvertragsbefristung beseitigt werden könnten. Andererseits besteht die Möglichkeit, dass durch ein solches Abweichen von der internationalen Norm der Vertragsgestaltung aufgrund der Präferenzenstrukturen der Arbeitnehmer, etwa aufgrund deren Risikoaversion, ebenfalls relative Nachteile entstehen würden. Insoweit würde die auf die Planungssicherheit der Sportler abstellende Argumentation des LAG Rheinland-Pfalz (LAG Rheinland-Pfalz, Urt. v. 17.2.2016 – 4 Sa 202/15, NZA 2016, 699, 701; siehe schon *supra* Kapitel 3 § 2A.), die vom BAG treffend nicht aufgegriffen wurde, erst Gewicht erhalten. Die nachfolgende Gegenüberstellung

einer ordentlichen Kündigung oder wegen Wegfalls der Geschäftsgrundlage[675] vor dem Hintergrund der §§ 1, 2 KSchG wirksam wäre,[676] richtet sich danach, ob sie in Anbetracht der Gesamtumstände der Kündigungskonstellation sozial gerechtfertigt ist.[677] Die Frage nach der Wirksamkeit einer betriebsbedingten Arbeitgeberkündigung trotz Kündigungsschutzes kann fundiert erst bei genauerer Betrachtung der situationsbedingten Wirkungszusammenhänge beantwortet werden.[678]

Daneben besteht selbstredend losgelöst von der Befristungsfrage die Möglichkeit der einvernehmlichen Auflösung des Arbeitsvertrages. Lediglich die einseitige ordentliche Kündigung des Arbeitsverhältnisses ist jedoch dazu geeignet, das Beschäftigungsverhältnis gegen den Willen der anderen Vertragspartei und entgegen der ursprünglichen dem Vertragsschluss zugrunde gelegten Planung vor Ablauf einer Spielzeit, folglich auch während des laufenden Spielbetriebs, zu beenden, worin eine des Wegfalls der Befristungsmöglichkeit spezifische Einwirkung auf den sportlichen Wettbewerb läge. In Abhängigkeit von der Länge der vorangegangenen Beschäftigung würde die Kündigungsfrist gem. § 622 Abs. 2 Nr. 1 u. 2 BGB für Profisportler üblicherweise ein oder zwei Monate zum Ende eines Kalendermonats betragen. Durch die unbefristeten Verträge kommt es somit aufgrund der im Verhältnis der Vertragsparteien auf Seiten der Arbeitnehmer niedrigschwelligen Anforderungen an die ordentliche Kündigung *prima facie* durch die Wertungen des Kündigungsschutzes zu einer Verschiebung der Machtverhältnisse zwischen den Vertragsparteien zugunsten der Arbeitnehmer im Vergleich zu der Konstellation bei Zulässigkeit der Arbeitsvertrags-

---

unterschiedlicher Vertragstypen aus Sportlerperspektive (*infra* Kapitel 3 § 3 B.II.3.) würde sich insoweit abweichend darstellen.

675 Dabei ist der Wegfall der Geschäftsgrundlage subsidiär zur ordentlichen Kündigung des Arbeitsverhältnisses zumindest im Hinblick auf die Beendigung des Arbeitsverhältnisses (§ 313 Abs. 3 S. 2 BGB) mit kaum eigenem Anwendungsbereich, vgl. *Müller-Glöge*, in: ErfK, BGB § 620 Rn. 40 f.; *Wullenkord*, in: BeckOK ArbR, BGB § 620 Rn. 92.

676 Auch im Falle der Anwendbarkeit des § 313 BGB wäre eine entsprechende Berücksichtigung des KSchG zur Vermeidung der Umgehung des Kündigungsschutzes erforderlich, vgl. nur *Hergenröder*, in: MüKoBGB, KSchG § 2 Rn. 61.

677 Vgl. etwa *Oetker*, in: ErfK, KSchG § 1 Rn. 1 ff.; *Hergenröder*, in: MüKoBGB, KSchG § 1 Rn. 1 ff.

678 Siehe zu dem Extremfall betriebsbedingter Kündigung als notwendiges Mittel der Existenzsicherung *infra* Kapitel 3 § 3 B.II.3.b)(1).

befristung und dem damit einhergehenden beidseitigen Ausschluss ordent-licher Kündigungen.[679]

2. Die Kündigungsentscheidung des Arbeitnehmers

Da die Möglichkeit zur ordentlichen Kündigung des Arbeitnehmers als wesentliches Charakteristikum der geänderten Vertragsstruktur neben der Vertragslaufzeit offenkundig ist, sollen die Kündigungsentscheidung prägenden Umstände im Folgenden beleuchtet werden. Grundsätzlich erfolgt eine Arbeitnehmerkündigung, wenn die im Anschluss an die Kündigung zu ergreifende Tätigkeit abzüglich der durch den Tätigkeitswechsel bedingten Kosten dem Arbeitnehmer einen höheren Nutzen verschafft als die bislang ausgeübte Tätigkeit.[680] Anhand des Wertes der Kündigungsentscheidung für den Sportler (a), durch den die Bedeutung von Ablösezahlungen in der Branche gezeigt werden kann (b), sowie den Kosten des Arbeitsplatzwechsels (c) lässt sich schließlich die Entscheidungskonstellation der Arbeitnehmer zur Arbeitsvertragskündigung verdeutlichen (d).

a) Der Wert der Kündigungsentscheidung als Entscheidungsdeterminante

Trotz der Möglichkeit der Beendigung des Beschäftigungsverhältnisses bei Unwirksamkeit der Befristung in einer laufenden Spielzeit, kann der Spieler erst ab der in zeitlicher Hinsicht nächsten von zwei der zentral festgelegten Wechselperioden für einen anderen Verein an den Wettbewerben teilnehmen.[681] Konkurrierende Vereine, die beabsichtigen, einen Sportler in der nächstmöglichen Transferphase unter Vertrag zu nehmen, erhalten durch die mit der Beendigung des Arbeitsverhältnisses vor einer Wechselfrist verbundenen Schwächung des Konkurrenten einen kompetitiven Vorteil, weshalb sie bereit sind, den Sportler im Fall der vorzeitigen Beendigung des Arbeitsverhältnisses mit einem Bonus b_i' zu entlohnen, der den Wert des kompetitiven Vorteils durch die vorzeitige Beendigung des Arbeitsverhält-

---

679 Vgl. zur deutlichen Machtverteilung in der Ausgangslage bei Vertragsschluss schon *supra* Kapitel 3 § 3 B.I.2.e)(1).

680 Das bedeutet, es muss gelten $U_i' - K_i' > U_i$, vgl. instruktiv zur Arbeitnehmermobilität *Ehrenberg/Smith*, Modern Labor Economics, S. 382 ff.; *Borjas*, Labor Economics, S. 312 ff.; *Boeri/van Ours*, Imperfect Labor Markets, S. 253 f.

681 *Supra* Kapitel 3 § 3 B.I.1.

nisses, also den Umstand, dass dieser Verein den Wettbewerb fortan ohne diesen Spieler bestreiten muss, bemessen soll. Der bisherige Arbeitgeber hat wiederum die Möglichkeit, dem Sportler ebenfalls eine Prämie b_i für das Absehen von der ordentlichen Kündigung anzubieten. Die Höhe von b_i beträgt maximal die Differenz der erwarteten Erträge zwischen den Konstellationen mit und ohne dem Spieler i in Form einer Gehaltserhöhung oder der Zahlung einer einmaligen Prämie, wodurch eine Anpassung der Vertragsmodalitäten an Veränderungen der Produktivität aufgrund der sportlichen Entwicklung seit dem vorangegangenen Vertragsschluss erfolgen kann. Auch bei der Möglichkeit ordentlicher Kündigung erfolgt ein Wechsel folglich insbesondere dann, wenn die Grenzproduktivität eines Sportlers bei einem anderen Verein *ceteris paribus* höher ist als bei dem bisherigen, denn bei höherer Grenzproduktivität fällt auch die mögliche Entlohnung höher aus.[682] Da eine Befristung jedoch auch in Form einer nachträglichen Vereinbarung nicht wirksam wäre, könnten die Vertragsparteien eine solche Zahlung zur Sicherung des Fortbestands des Arbeitsverhältnisses an eine Vereinbarung zur Verlängerung der Kündigungsfristen und Änderung der bei der ordentlichen Kündigung zulässigen Kündigungstermine knüpfen.[683]

Nach § 624 BGB und § 15 Abs. 4 TzBfG kann die Vereinbarung verlängerter Kündigungsfristen bis maximal 5 Jahre und 6 Monate grundsätzlich zulässig sein.[684] Eine unangemessene Beschränkung der beruflichen Bewegungsfreiheit des Arbeitnehmers vor dem Hintergrund von Art. 12 Abs. 1 GG oder eine anderweitig sittenwidrige Einschränkung der beruflichen

---

682 *Supra* Kapitel 3 § 3 B.I.2.

683 Voraussetzung ist, dass für den Arbeitnehmer dabei keine längere Kündigungsfrist als für den Arbeitgeber vereinbart wird (§ 622 Abs. 6 BGB). Vgl. zur grundsätzlichen Zulässigkeit solcher Vereinbarungen *Engshuber*, in: MüKoBGB, § 622 Rn. 92 ff.; *Spengler*, in: Gallner/Mestwerdt/Nägele, § 622 BGB Rn. 26; *Gotthardt*, in: BeckOK ArbR, BGB § 622 Rn. 60 ff.; *Bittner*, in: Henssler/Willemsen/Kalb, § 622 BGB Rn. 89 ff.; *Temming*, in: Staudinger, BGB § 622 Rn. 49 ff.; Palandt/*Weidenkaff*, BGB, 79. Aufl. 2020, § 622 Rn. 22 ff.; *Schmitt*, in: HKArbR, § 622 BGB Rn. 58 f. jeweils m.w.N.

684 Vgl. *Engshuber*, in: MüKoBGB, § 622 Rn. 95; *Spengler*, in: Gallner/Mestwerdt/Nägele, § 622 BGB Rn. 26; *Gotthardt*, in: BeckOK ArbR, BGB § 622 Rn. 62; *Temming*, in: Staudinger, BGB § 622 Rn. 50; BAG, Urt. v. 26.10.2017 – 6 AZR 158/16, BeckRS 2017, 130964, Rn. 39.

und wirtschaftlichen Bewegungsfreiheit gem. § 138 BGB[685] liegt in der Vereinbarung jedenfalls dann nicht, wenn sich die Verlängerung der Kündigungsfrist in Bezug auf solche Zeiten zur Beendigung des Beschäftigungsverhältnisses bezieht, die an die zeitlich nächste Transferphase anknüpfen. Denn zuvor wäre nach den zentral festgelten Regularien der Verbände die Ausübung des eigentlichen Kerns der auszuübenden Tätigkeit, der aktiven Teilnahme an dem wettbewerbsgebundenen Spielbetrieb,[686] ohnehin nicht möglich. Aber auch die Vereinbarung von über die nächste Transferperiode hinausgehenden Kündigungsfristen ist in Abhängigkeit von der Höhe der regulären Entlohnung $f_i(t)$ und $E[v_i(t)]$ sowie der als Gegenleistung für die Vereinbarung gezahlte Prämie b_i,[687] sowie aufgrund der durch das Training verkörperten Investition in die Aus- und Weiterbildung des Sportlers[688] zulässig,[689] denn somit kann eine explizite Kompensation der eingeschränkten Flexibilität der Arbeitnehmer in Form der Differenz zu der bislang vereinbarten Vergütung erfolgen. Nicht nur die Vereinbarung der Frist, sondern auch die Einschränkung der Kündigungstermine ist grundsätzlich zulässig, wenn die Kündigung weiterhin zum Fünfzehnten oder Ende eines Kalendermonats möglich bleibt,[690] was ebenfalls durch die Einschränkung der möglichen Kündigungstermine auf die von den Verbänden festgelegten Transferperioden gewahrt würde. Somit wäre eine Replizierung der bisherigen Vertragsstruktur in Bezug auf die Einschränkung der Termine zur Lösung von dem Vertrag in eingeschränktem Maße zumindest *ex post* durch explizite vertragliche Vereinbarung möglich. Positive sportliche Entwicklungen einzelner Sportler könnten sich somit insoweit im Grundsatz auch

---

685 Siehe zur insoweit erforderlichen Einzelfallabwägung BAG, Urt. v. 17.10.1969 – 3 AZR 442/68, AP Nr. 7 zu § 611 Treuepflicht, Rn. 13; *Temming*, in: Staudinger, BGB § 622 Rn. 50.

686 Vgl. dazu auch *Drechsler*, NZA 2020, 841, 844.

687 Siehe zu der Relevanz von Vorteilen des Arbeitnehmers für die Abwägung in der weitgehend entsprechend gelagerten Konstellation der Vereinbarung im Rahmen von AGB BAG, Urt. v. 26.10.2017 – 6 AZR 158/16, BeckRS 2017, 130964; *Gotthardt*, in: BeckOK ArbR, BGB § 622 Rn. 62.

688 Vgl. zu dem Kriterium *Engshuber*, in: MüKoBGB, § 622 Rn. 96.

689 Vorausgesetzt ist eine Ausgestaltung der Verknüpfung von Kündigungsfrist und Kündigungstermin, die sichert, dass die Kündigung in jedem Fall zu einer späteren Beendigung des Arbeitsverhältnisses als unter der gesetzlichen Lage führt, um die Arbeitnehmerinteressen zu wahren, vgl. BAG, Urt. v. 29.1.2015 – 2 AZR 280/14, NJW 2015, 2205, Rn. 22; *Weth*, in: jurisPK-BGB, § 622 Rn. 25.

690 Vgl. BAG, Urt. v. 25.9.2008 – 8 AZR 717/07, AP Nr. 39 zu § 307 BGB; *Schmitt*, in: HK-ArbR, § 622 BGB Rn. 60; *Müller-Glöge*, in: ErfK, BGB § 622 Rn. 41; Palandt/ *Weidenkaff*, BGB, 79. Aufl. 2020, § 622 Rn. 24.

ohne einen Vereinswechsel auf Seiten der Sportler in Höhe des durch ihre Besserleistung verursachten Mehrwerts für den sie beschäftigenden Verein materialisieren. Das setzt allerdings voraus, dass entsprechende finanzielle Mittel vorhanden sind. Da die Prognose der sportlichen Entwicklung der beschäftigten Sportler im Mittel jedoch zutreffend sein soll, somit positive wie negative Abweichungen hiervon in gleichem Umfang zufällig auftreten, erfolgt eine Verschiebung der relativen sportlichen Leistung der Vereine systematisch nicht, weshalb auch keine (systematischen) zusätzlichen Erträge generiert werden, die an die sich über die Erwartungen hinaus positiv entwickelnden Sportler ausgezahlt werden könnten. Auch wenn die sportliche Leistungsfähigkeit eines Sportlers steigt, kann diesem folglich im Mittel aufgrund der gleichzeitigen Abnahme der Grenzproduktivität anderer, die erwarteten Leistungen nicht erreichender Sportler der Mannschaft bei Einhaltung der Rentabilitätsvorgabe keine höhere Entlohnung (b_i) angeboten werden. Es hängt folglich von der zufälligen Entwicklung der anderen in dem Verein beschäftigten Sportler ab, ob ausnahmsweise aufgrund einer glücklichen Gesamtentwicklung die Erwartung übersteigende zusätzliche Erträge generiert werden, die an die Sportler ausgeschüttet werden können. Für den aufnehmenden Verein gilt bei besserer sportlicher Platzierung jedoch, dass der Sportler einen höheren Grenznutzen für den Verein schafft als für den bisherigen Verein, sodass hierdurch sowie aufgrund des Umstands, dass Vereine aus anderen Jurisdiktionen aufgrund des Auslaufens wirksam befristeter Arbeitsverträge Kapazitäten für die Anstellung neuer Arbeitnehmer erhalten entscheidend die Möglichkeit zur Unterbreitung eines für den Sportler nutzensteigernden Angebots liegt. Regelmäßig kann somit die Anpassung der Entlohnung an die gestiegene Produktivität durch ordentliche Kündigung und Abschluss eines Arbeitsvertrages mit einem anderen Arbeitgeber erfolgen.

Letztlich erfolgt durch den Wegfall der Befristungsmöglichkeit die Erleichterung der Anpassung der Entlohnungshöhe an die für den Sportler zu dem fraglichen Zeitpunkt maximale tatsächliche Grenzproduktivität. Diese Anpassungen der Allokation der Sportler zu den Arbeitgebern und deren Vergütungsstruktur kann dabei im Ausgangspunkt nur in eine Richtung erfolgen, da eine Reaktion auf die aufgrund der Zufälligkeit der von der Erwartung abweichenden Entwicklungen gleichermaßen auftretende negative sportliche Entwicklung bedingt durch den Kündigungsschutz zunächst nicht ohne Weiteres erfolgen kann.[691] So wird in diesen Fällen aufgrund der fehlenden Verfügbarkeit nutzensteigender Arbeitsverträge auf dem Arbeitsmarkt seitens der Sportler kein Gebrauch von der Möglichkeit der ordentlichen Kündigung gemacht. Die von einer solchen, hinter der Erwartung zurückbleibenden persönlichen Entwicklung betroffenen Sportler arbeiten somit weiterhin unter dem bisherigen, ihnen sodann aufgrund der *ex ante* höheren Leistungserwartung eine Vergütung über ihrer Grenzproduktivität zusichernden Arbeitsvertrag. Es erfolgt somit durch den Wegfall der Befristung unter Annahme wirksamen Kündigungsschutzes eine Stärkung der ohnehin bestehenden Marktmacht der Arbeitnehmer.

b) Ablösezahlungen zur Vertragsauflösung

Die besondere Bedeutung dieser Machtverschiebung wird bei Betrachtung der Konstellation des Vereinswechsels bei befristeten Arbeitsverträgen deutlich. Wenn ein Sportler und ein Verein den Abschluss eines Arbeitsvertrages beabsichtigen, der Sportler jedoch vertraglich an einen anderen Verein gebunden ist und gleichzeitig eine ordentliche Kündigung, insbesondere im Falle einer wirksamen Befristung, ausscheidet, kann der bisherige Arbeitgeber durch Zahlung einer Ablösesumme zu der Zustimmung zur Auflösung des Arbeitsvertrages bewegt werden.[692] Damit die beteiligten Parteien einem solchen Geschäft zustimmen, müssen für die drei beteiligten Parteien jeweils unterschiedliche Bedingungen erfüllt sein. Für die Zustimmung des abgebenden Vereins muss die zu zahlende Ablösesumme mindestens dem durch den Sportler im Verlauf der verbleibenden Vertragsrestlaufzeit geschaffenen Mehrwert in Gestalt seiner erwarteten Grenzproduktivität abzüglich der bei Vertragsauflösung ersparten Gehaltszahlungen betragen. Somit lässt sich die positive Produktivitätsentwicklung, die *ex-ante* gebildete Erwartungen übertrifft, bei befristeten Arbeitsverträgen im Gegensatz zu

---

691 Siehe dazu aber noch *infra* Kapitel 3 § 3 B.II.3.b)(1).
692 Zu den vertragsrechtlichen Hintergründen solcher Transfergeschäfte siehe *Dalinger*, Der Vertragsbruch des Berufsfußballspielers und die Rechtsfolgen nach Art. 17 FIFA-RSTS, 2017, S. 45 ff.; umfassend und mit ökonomischen Hintergründen auch *Seip*, Vertragsrechtliche und ökonomische Analyse des Spielertransfervertrages im Profifußball; vgl. auch die kompakte Übersicht bei *Menke*, Int'l Sports Law J. 14 (2014), 46; instruktiv zu den dann relevanten Vertragsverhältnissen *Schickhardt* in: Galli, Sportmanagement, S. 641 ff.

der Konstellation ohne Befristung[693] trotz Vereinswechsels zugunsten des Arbeitgebers realisieren. Der Sportler muss für den aufnehmenden Verein wiederum über die Laufzeit des neu abzuschließenden Arbeitsvertrages mindestens einen Mehrwert in Höhe der erwarteten Gehaltszahlungen zuzüglich der fälligen Ablösesumme schaffen. Die Zustimmung des Sportlers erfolgt letztlich, wenn durch den mit dem neuen Arbeitsgeber zu unterzeichnenden Vertrag ein höherer Nutzen[694] über den Gesamtverlauf seiner Karriere erwartet wird als unter dem vorherigen Vertrag.[695]

Ein solcher Transfer unterscheidet sich insoweit nicht von denen ohne Ablösezahlung, als der den Spieler aufnehmende Verein aufgrund des Wettbewerbs zwischen den Vereinen insgesamt Aufwendungen in Höhe der erwarteten Grenzproduktivität des Sportlers über die Vertragszeit tätigen muss. Lediglich die Allokation dieses Betrags variiert, da der Betrag bei Erforderlichkeit der Ablösezahlung nicht in voller Höhe an den Sportler fließt, sondern er sich um die für die Zustimmung des abgebenden Vereins erforderliche Ablöse reduziert, die der auf die Erwartungen übertreffende persönliche sportliche Entwicklung zurückgehenden Differenz zwischen der (erwarteten) Grenzproduktivität und den Lohnkosten des fraglichen Sportlers im Verlauf der verbleibenden Vertragslaufzeit entspricht.[696] Während ein aufnehmender Verein somit indifferent zwischen einer Verpflichtung mit und einer entsprechenden ohne Ablösezahlung ist, präferieren die betroffenen Sportler folglich Transfers ohne Notwendigkeit der Vertragsauflösung unter Zahlung einer Ablöse, während abgebende Vereine bei Erforderlichkeit einer Ablösezahlung zur Verwirklichung des Transfers von einer positiven sportlichen Entwicklung profitieren, also einer solchen Entwicklung, die der vereinbarten Vergütung zugrunde gelegten übersteigt. Bei der Möglichkeit ordentlicher Kündigungen profitiert entsprechend mangels Notwendigkeit einer Ablösezahlung grundsätzlich ausschließlich der betroffene Sportler.

---

693 *Supra* Kapitel 3 § 3 B.II.2.a).
694 *Supra* Kapitel 3 § 3 B.I.2.a)(5).
695 Vgl. instruktiv auch *Daumann*, Grundlagen der Sportökonomie, S. 230 f., 234 ff.
696 Vgl. präzise auch *Kesenne*, Economic Theory of Professional Team Sports, S. 121.

c) Soziale Präferenzen bei Kündigung nach Systemumstellung

In Konstellationen der vorzeitigen Beendigung des Arbeitsverhältnisses durch die ordentliche Kündigung kann, abweichend vom Ausgangsfall,[697] erwogen werden, dass aufgrund der Unüblichkeit dieses Vorgangs unmittelbar nach der Entscheidung zum Wegfall der Befristungsmöglichkeit in der Branche eine nicht-monetäre Komponente z_i' den durch einen Wechsel bedingten Nutzen des Sportlers i in negativer Weise beeinflusst, sodass $z_i' < 0$.[698] Dieser Effekt kann als Kosten der Kündigung verstanden werden. Verhaltensökonomische Forschung legt das systematische Bestehen sozialer Präferenzen nicht-monetärer Art nahe.[699] Aufgrund einer Präferenz für Fairness[700] kann etwa der eigene Nutzen durch die Schlechterstellung Dritter negativ beeinflusst werden.[701] Die Schlechterstellung der Kollegen durch die vorzeitige ordentliche Kündigung des Sportlers i kann sowohl in materieller als auch immaterieller Form erfolgen, da eine Verschlechterung der sportlichen Konkurrenzfähigkeit sowohl persönlich ein Gefühl der Enttäuschung bei den ehemaligen Mannschaftskollegen als auch deren finanzielle Schlechterstellung durch Verringerung der sportlichen Konkurrenzfähigkeit bewirken kann. Die Fairnesskomponente lässt sich etwa auf eine Ungleichheitsaversion der Sportler,[702] wenn sich das Verhältnis der monetären Einkünfte des kündigenden und der übrigen Sportler in Folge der Kündigung vergrößert, zurückführen oder auf eine allgemeine Abneigung gegenüber der Schädigung von einer sich in dem eigenen sozialen Umfeld befindlichen, persönlich bekannten Person. Die Grundlage für diese Nutzen beeinflussenden Faktoren lässt sich als eine Form von Altruismus beschreiben.[703] Außerdem gibt es Evidenz dafür, dass Menschen auch

---

697 *Supra* Kapitel 3 § 3 B.I.2.a).

698 Somit handelt es sich um eine für dies besonderen Umstände passende Abweichung von der allgemeinen Annahme der ausschließlich monetären Nutzenfokussierung, dazu *supra* Kapitel 3 § 3 B.I.2.a)(1).

699 Vgl. grundlegend *Fehr/Schmidt*, Q.J. Econ. 114 (1999), 817; weiterführend etwa *Fehr/Schmidt*, J. Econ. Behav. & Organ. 73 (2010), 101.

700 Vgl. dazu den Überblick mit vielfältigen Nachweisen bei *Fehr/Schmidt*, in: Dewatripont/Hansen/Turnovsky, Advances in Economics and Econometrics, S. 208 ff.

701 Siehe weiterführend zum Altruismus als systematisches Element von Präferenzen etwa auch *Fehr/Gächter*, Nature 415 (2002), 137; *Fehr/Fischbacher*, Nature 425 (2003), 785.

702 Vgl. grundlegend *Fehr/Schmidt*, Q.J. Econ. 114 (1999), 817.

703 Vgl. zu zwischen Arten von Altruismus differenzierend und m.w.N. *Wilkinson/Klaes*, Behavioral Economics, S. 422.

Präferenzen für die Einhaltung sozialer Normen haben.[704] Im Anschluss an die Entscheidung der Unwirksamkeit der Befristung könnte das bislang übliche, und in anderen Jurisdiktionen weiterhin praktizierte Prozedere der ausschließlichen Vertragsbeendigung innerhalb der zentral festgelegten Transferperioden unter der Erforderlichkeit der Beachtung von Laufzeiten befristeter Verträge als eine solche aufgrund ihrer Üblichkeit von den Sportlern präferierte Norm angesehen werden.[705]

In dem konkreten Umfeld von Mannschaftssportarten erscheint es auch deswegen schlüssig, diese Fairnesskomponente als nutzenbildenden Faktor zu berücksichtigen, da es sich nicht um ein anonymes Umfeld wie etwa im Falle der Aktionäre von öffentlich gehandelten Aktiengesellschaften oder von Arbeitnehmern, die in großen Gruppen oder in häufig wechselnder Zusammensetzungen arbeitend in einem anonymen Umfeld tätig sind, handelt, sondern um Personen, die in Mannschaften mit einer überschaubaren Anzahl von Kollegen für regelmäßig mindestens ein Jahr in weitgehend gleich bleibender Zusammensetzung zusammenarbeiten, und dabei aufgrund des Umfangs des Umgangs der Sportler untereinander Sympathien entstehen.

Dabei gilt, dass je größer die monetären Summanden von C' ausfallen, die soziale Komponente z_i' von $U_i(V')$ desto weniger gewichtig für die Entscheidung über die ordentliche Kündigung ist. Aufgrund der in der Bundesliga üblichen erheblichen Gehaltsunterschiede von niedrigen sechsstelligen bis zu achtstelligen Jahresgehältern,[706] bestehen erhebliche Unterschiede im Hinblick auf die Relevanz von z_i', sodass sie jedenfalls im Falle der Sportler mit sehr hoher Produktivität zu vernachlässigen und nur in qualitativ niedrigen Bereichen von nennenswerter Relevanz sein dürften.[707]

---

704 Vgl. die Übersicht bei *Wilkinson/Klaes*, Behavioral Economics, S. 415 ff.; grundlegend *Fehr/Gächter*, Am. Econ. Rev. 90 (2000), 980.

705 Schlüssig ist dabei, dass die soziale Komponente positiv von der bisherigen zeitlichen Dauer des Beschäftigungsverhältnisses k abhängt, da die moralischen und zwischenmenschlichen Bindungen je stärker ausgeprägt sind, desto länger diese Kontakte bestehen, sodass gilt $z_i'(l) < 0 \ \forall k$ und $\frac{dz_i'}{dl} < 0$.

706 Vgl. exemplarisch empirisch durch Daten aus der Bundesliga untermauert *Deutscher*, The Impact of Leadership Skills, S. 15.

707 Siehe dazu aber auch *infra* Kapitel 3 § 5 A.

d) Determinanten der Kündigungsentscheidung des Arbeitnehmers

Es kommt schließlich zu einer ordentlichen Kündigung (im laufenden Spielbetrieb), wenn der Sportler durch einen neuen, ihm angebotenen Arbeitsvertrag V' unter Berücksichtigung der maßgeblichen Komponenten einen größeren Nutzen im Rahmen seiner gesamten Werktätigkeit erlangt als durch den zuvor gültigen Arbeitsvertrag. Damit es zu einer ordentlichen Kündigung kommt, muss somit Folgendes gelten:[708]

$$\sum_{t=1}^{T} \frac{1}{(1+r)^t} \times d_i(t) \times (f_i(t) + E[v_i(t)] \times a_i) + b_i$$
$$+ \sum_{t=T}^{Z} \frac{1}{(1+r)^t} \times d_i(t) \times y_i \times (E[f_i(t)] + E[v_i(t)] \times a_i)$$
$$= U_i(V)$$
$$\leq U_i(V')$$
$$= \sum_{t=1}^{T'} \frac{1}{(1+r)^t} \times d_i(t) \times (f_i'(t) + E[v_i'(t)] \times a_i) + b_i' + z_i'(l)$$
$$+ \sum_{t=T'}^{Z} \frac{1}{(1+r)^t} \times d_i(t) \times y_i \times \left(E[f_i(t)] + E[v_i(t)] \times a_i\right)$$

3. Bedeutung unterschiedlicher Vertragstypen

Bislang blieben Divergenzen der Vertragsgestaltung außer Betracht. Bei der zur Analyse der Wirkungszusammenhänge erforderlichen Betrachtung des zu erwartenden nutzenstiftenden Gesamtvolumens der Arbeitsverträge wird jedoch deutlich, dass sich die im Bewusstsein der mangelnden Befristung abgeschlossenen Verträge, von denen unter Annahme der Befristung strukturell unterscheiden. Aufgrund der potentiell deutlich längeren Dauer des Anstellungsverhältnisses bei unbefristeter Beschäftigung und der mit zunehmendem Alter abnehmenden Produktivität der Sportler, lassen sich zunächst auf nationaler Ebene zwei Arten von strukturell verschiedenen Verträgen unter der Voraussetzung der Unwirksamkeit der Befristung nach § 14 Abs. 1 S. 2 Nr. 4 TzBfG unterscheiden. Zum einen wurden Verträge noch mit der Intention zur Befristung abgeschlossen, da der Vertragsschluss zeitlich vor der das System verändernden Entscheidung erfolgt ist. Diese Verträge bestehen lediglich aufgrund von § 16 S. 1 Hs. 1 TzBfG unbefristet unter den vereinbarten Konditionen fort (V_1). Zum anderen wurden Arbeitsverhältnissen nach der Systemumstellung in Kenntnis der Unwirksamkeit von Befristungsvereinbarungen abgeschlossen (V_2). Darüber hinaus

---

708 Vgl. *supra* Kapitel 3 § 3 B.I.2.a)(5).

müssen aufgrund des grenzüberschreitenden Charakters des Marktes auch die befristeten Verträge berücksichtigt werden, die zwar nicht mehr in Deutschland abgeschlossenen werden können, die aber weiterhin außerhalb Deutschlands in dem alten System der befristeten Arbeitsverträge möglich sind (V_3).

Die unterschiedlichen Vertragskonstellationen wirken sich auf die Ausgestaltung der unterbreiteten Vertragsangebote aus, woraus sich heuristische Aussagen zu der Auswahlentscheidung der Sportler ableiten lassen (a). Die Charakteristika der unterschiedlichen Verträge bedingen wiederum einen dynamischen Prozess, der weitergehende Veränderungen der Wettbewerbsbedingungen zur Folge hat (b).

a) Vertragscharakteristika im Vergleich

Die Auswahlentscheidung der Sportler zwischen den drei strukturell verschiedenen Vertragstypen lässt sich anhand der beiden praktisch relevanten Konstellationen verdeutlichen. Zum einen stehen Sportler ohne vertragliche Bindung vor der Wahl zwischen Verträgen der Typen V_2 und V_3 (1), zum anderen sehen sich Sportler mit einem gültigen Vertrag V_1 der Entscheidung ausgesetzt, das Beschäftigungsverhältnis unter diesem fortzuführen oder sich durch ordentliche Kündigung in die zuvor benannte Auswahlentscheidung zu begeben (2).

(1) Auswahlentscheidung vertragsloser Sportler

Zunächst soll die Situation eines Spielers betrachtet werden, der keinen gültigen Arbeitsvertrag mit einem Verein hat, sei es weil er oder der Verein diesen wirksam gekündigt hat, die Vertragslaufzeit des vorherigen Arbeitsvertrages abgelaufen ist oder weil der Spieler als ehemaliger Jugendspieler neu in den Markt eintritt und somit bislang ohnehin vertragslos war.[709] Ein solcher Sportler hat die Wahl zwischen einem unbefristeten Vertrag mit einem deutschen Verein (V_2) und einem befristeten mit einem Verein aus dem Ausland (V_3). Ein Sportler unter diesen Umständen steht folglich vor der Wahl zwischen Arbeitsverträgen mit Vereinen aus den beiden unterschiedlichen Systemen der Arbeitsvertragslaufzeiten. Die Konstellation

---

709 Siehe zu den Beendigungsvarianten *supra* Kapitel 3 § 3 B.II.2.a).

lässt sich anhand angebotener Arbeitsverträge zweier strukturell identischer Vereine verdeutlichen, also solcher für die der konkrete Sportler die gleiche Grenzproduktivität aufweist. Das ist deswegen hier entscheidend, weil so die Wettbewerbsbedingungen zwischen strukturell identischen Klubs im internationalen Vergleich verdeutlicht werden. Denn wenn Vereine aus einem System gegenüber solchen aus dem anderen von Sportlern systematisch bevorzugt werden, ergeben sich relative Vorteile im Hinblick auf den sportlichen Wettbewerb.

Die Arbeitsverträge anbietenden Vereine mit und ohne Befristungsmöglichkeit haben im Ausgangspunkt zunächst gemein, dass sie je eine Gesamtvergütung in Höhe der jeweils in den einzelnen Spielzeiten erwarteten Grenzproduktivitäten des Spielers über dessen gesamte Beschäftigungszeit anbieten können. Aufgrund der etwaigen deutlich längeren Vertragslaufzeiten, im Extremfall bis zum Renteneintrittsalter,[710] ohne dass sich die Leistungsfähigkeit und somit die Produktivität der Sportler für die Vereine im Vergleich zu der Konstellation mit Befristungsmöglichkeit verändern, weswegen das insgesamt im Verlaufe einer Karriere maximal zu erlangende monetäre Gesamtvolumen für einen Sportler im Erwartungswert konstant bleiben muss, kann keine erhöhte Entlohnung bedingt durch die Unmöglichkeit der Befristung erfolgen, weshalb insofern *per se* auch keine Schlechterstellung der Vereine ohne Befristungsmöglichkeit erfolgt. Die Ausgestaltung der erforderlichen Anpassung der Vergütungsstruktur ist in unterschiedlicher Weise denkbar. Einerseits könnte eine Verteilung des Gesamtlohns über die Zeit der Beschäftigung bis zum beabsichtigten Ende des Einsatzes des Sportlers im Wettbewerb erfolgen (was das Vertragsende im Falle wirksamer Befristung wäre), andererseits durch eine im Vergleich zu der befristeten Beschäftigung stärkeren Betonung der variablen Vergütungskomponente ($E[v_i(t)]$). Bei Marktmacht der Sportler wird diesen jedoch weiterhin aufgrund der Risikoaversion ein Vertrag mit der Höhe nach entsprechend der (erwarteten) Grenzproduktivität festgelegtem Gehalt, unter Beachtung etwaiger Mindestlohnvorschriften,[711] angeboten.[712] Aufgrund der

---

710 Siehe § 235 SGB VI.

711 Vgl. zur notwendigen Differenzierung der Anwendbarkeit der Mindestlohnvorschriften im Sport hier nur *Bepler*, jM 2016, 151, 153.

712 Dabei ist freilich zu berücksichtigen, dass durch den Wegfall der Befristungsmöglichkeit auch ein Anreizmechanismus des Arbeitgebers verloren geht, da die Arbeitnehmer sich unter entsprechenden Bedingungen der Einkünfte aufgrund ihres unbefristeten Arbeitsvertrages für die Zukunft sicher sein können, was eine *moral hazard*-Situation verursachen/verschärfen kann, wenn der Verlust der durch die

zeitlichen Präferenzen (Diskontierungsfunktion) der Sportler präferieren diese in der Konstellation der Unwirksamkeit der Befristung das zweite Vertragsmodell mit einer (annähernd) der erwarteten Grenzproduktivität pro Spielzeit entsprechenden gestaffelten Vergütung.

In der Konsequenz dieser statischen Betrachtung besteht durch den Wegfall des die Vertragslaufzeit determinierenden Widerstreits der Interessen der Sportler, der durch die Möglichkeit zur ordentlichen Kündigung bedingt ist, aufgrund ihrer Risikoaversion eine Präferenz für unbefristete Verträge bei im Übrigen identischen Arbeitgebern. Demnach hätten Vereine durch das Anbieten unbefristeter Verträge einen Wettbewerbsvorteil. Etwas anderes ergibt sich jedoch insbesondere dann, wenn relevante Teile der Vergütung weiter in der Zukunft liegen als unter der Befristungsbedingung. Hier wirkt nämlich die zeitliche Präferenz sodann zugunsten der befristeten Verträge, sodass die Wahlentscheidung zwischen befristeten und unbefristeten Verträgen ihre Eindeutigkeit verliert und schließlich von dem Verhältnis des Risikoaversionseffekts einerseits zu der Diskontierungsfunktion andererseits abhängen würde. Das Gewicht der Diskontierungsfunktion würde insbesondere dann dominieren, wenn das nach Ende der sportlichen Leistungsfähigkeit zu zahlende Minimalgehalt relativ hoch im Verhältnis zu der vorherigen Entlohnung ist, mithin die Vergütungsströme aufgrund rechtlicher Vorgaben nur unvollständig repliziert werden können. Folglich wirkt dieser Effekt desto stärker, je einschneidender die Replizierung in Gestalt der leistungsgerechten Staffelung der Gehälter durch arbeitsrechtliche Vorgaben wie Mindestlohnvorschriften eingeschränkt ist.

Entfristung entgangenen Anreizeffekte nicht durch andere Mechanismen wie leistungsabhängige Vergütung (vollständig) ausgeglichen werden. Konkret wird durch den Wegfall der Befristungsmöglichkeit das Verhaltensrisiko verschärft, dass der Sportler bedingt durch die Sicherheit zukünftiger Einkünfte durch das unbefristete Arbeitsverhältnis geringere, oder sogar keine Anreize hat, sich durch Höchstleistungen für Folgeverträge zu empfehlen, worin ein Auseinanderfallen der Ziele des Vereins (maximaler sportlicher Erfolg) und denen der Sportler (maximales Einkommen bei möglichst geringem Aufwand) liegen würde. Dieser Umstand müsste im Rahmen der erwarteten Grenzproduktivitäten über den Zeitablauf berücksichtigt werden und sich entsprechend in der Entlohnung niederschlagen. Vgl. in dieser Hinsicht, konkret mit Blick auf die Länge der Vertragslaufzeit *Seip*, Vertragsrechtliche und ökonomische Analyse des Spielertransfervertrages im Profifußball, S. 134, 137 f.; vertiefend *Daumann*, Grundlagen der Sportökonomie, S. 128 ff.; instruktiv und allgemein zur *moral hazard*-Problematik *Schmolke*, in: Towfigh/Petersen, Ökonomische Methoden im Recht, S. 151 ff.

(2) Kündigungsentscheidung nach Systemumstellung

Einige Sportler stehen jedoch infolge des Systemwechsels aufgrund ihres – nun unbefristeten – Beschäftigungsverhältnissen mit einem deutschen Verein vor einer anderen Wahlentscheidung, nämlich der, entweder den ursprünglich befristet abgeschlossenen Arbeitsvertrag ordentlich zu kündigen, um sich so in die zuvor unter (1) geschilderte Konstellation zum Abschluss eines neuen Arbeitsvertrages, V_2 oder V_3, zu begeben, oder die Tätigkeit unter dem gültigen Arbeitsvertrag in dem bestehenden Beschäftigungsverhältnis fortzusetzen. Ein Großteil der Sportler, die den Arbeitsvertrag unter der Annahme wirksamer Befristung mit entsprechenden Konditionen abgeschlossen haben, erhält durch diesen den Anspruch auf eine Gesamtvergütung, die aufgrund der abnehmenden Produktivität der Sportler mit zunehmendem Alter – die gerade aufgrund der Annahme wirksamer Befristung nicht oder nur eingeschränkt in der vereinbarten Vergütung berücksichtigt wurde – deren maximale Grenzproduktivität über die gesamte Beschäftigungszeit deutlich übersteigt. Es werden folglich lediglich solche Spieler, die relativ am Beginn ihrer Karriere stehen, weshalb ihnen ein vergleichsweise geringes Gehalt auf Basis des bislang gültigen Arbeitsvertrages vertraglich zugesichert ist, denen aber aufgrund der zukünftigen sportlichen Entwicklung möglicherweise noch erhebliche Leistungssteigerungen bevorstehen, die ihnen bei Abschluss zukünftiger Verträge deutlich erhöhte Vergütungen ermöglichen,[713] den Weg der ordentlichen Kündigung beschreiten. Insoweit könnte zwar grundsätzlich erwogen werden, dass eine Rationalitätsabweichung in Gestalt übermäßigen Selbstvertrauens (*overconfidence bias*)[714] deswegen zu berücksichtigen ist, weil diese zu einer das rationale Maß übersteigenden Anzahl an Kündigungen führen könnte. Allerdings dürften sich die Auswirkungen dieses Effekts in Grenzen halten, da die Kündigungsentscheidung erst auf Basis des vorliegenden Arbeitsvertrages getroffen werden muss, mithin die Marktbewertung nicht antizipiert werden muss, im Zeitpunkt der Entscheidung diese dem Sportler somit bereits vor Augen gehalten wird und somit eine etwaige Selbstüberschätzung zu korrigieren vermag.

---

713 Zur Skizzierung der sportlichen Entwicklung *supra* Kapitel 3 § 3 B.I.1.
714 Vgl. instruktiv etwa *Kahneman*, Thinking, Fast and Slow, S. 199 ff. mit vielfältigen Verweisen auf konkrete Konstellationen; eindrücklich in juristischem Kontext auch *Deffenbecher*, Law Hum. Behav. 4 (1980), 243; dazu in anderem Kontext auch noch *infra* Kapitel 4 § 3 B.I.2.a).

b) Dynamische Effekte der Vertragstypen

Vielmehr als die unmittelbaren Präferenzen der Sportler für die unterschiedlichen Vertragstypen, sind die dynamischen Effekte bedingt durch die Veränderung der Produktivität der Sportler mit dem Zeitablauf und der gleichzeitig (faktisch aufgrund des Kündigungsschutzes nur einseitig unbeschränkten) Möglichkeit zur ordentlichen Kündigung durch die Arbeitnehmer prägend für die Entwicklung infolge des Wegfalls der Befristungsmöglichkeit.

Der sich unmittelbar im Anschluss an die Systemumstellung aus der wachsenden Diskrepanz zwischen Entlohnung und Grenzproduktivität der über Verträge des Typs V_1 beschäftigten Sportlern ergebenden existenzgefährdenden Lage der Arbeitgeber lässt sich durch arbeitsrechtliche Instrumente entgegenwirken (1). Das Machtgefälle zwischen Arbeitnehmern und Arbeitgebern verwirklicht sich in der Folge jedoch auch unter den wirksamen Verträgen V_2, da die Sportler ihre Vergütung an die Erwartungen übertreffende Leistungsentwicklungen kurzfristig durch Ausübung der ordentlichen Kündigung anpassen können, umgekehrt die Anpassung durch den Arbeitgeber jedoch nicht ohne weiteres möglich ist (2).

(1) Bedeutung entfristeter Verträge

Da die Verträge des Typs V_1 eine Vergütung entsprechend der (erwarteten) Grenzproduktivität des Sportlers für einen befristeten Zeitraum vorsehen, diese jedoch bei Wegfall der Befristung trotz abnehmender Produktivität unbefristet bestehen bleibt, hat, wie gesehen, allenfalls ein kleiner Anteil der Beschäftigten unter dem Vertrag V_1 einen Anreiz, von der ordentlichen Kündigung zur Anpassung der Vergütung aufgrund von Produktivitätssteigerungen erhöhter maximaler Grenzproduktivität Gebrauch zu machen.[715] Gleichzeitig sähe sich die internationale Konkurrenz, weiter im System zulässiger Befristung befindlich, nicht entsprechenden Problemen ausgesetzt, weshalb die Komponente des Budgets von Vereinen ohne Befristungsmöglichkeit, die von der relativen sportlichen Stärke im internationalen Vergleich abhängt,[716] reduziert wird. In der Konsequenz ist schon kurz- bis

---

715 *Supra* Kapitel 3 § 3 B.II.3.a)(2).
716 *Supra* Kapitel 3 § 3 B.I.2.d).

mittelfristig eine kostendeckende Tätigkeit der Vereine mit Verträgen des Typs V_1 bei abnehmender Leistungsfähigkeit des Personals nicht möglich

Notwendige Voraussetzung für die existenzsichernde Fortsetzung der Geschäftätigkeit der betroffenen Vereine ist folglich die Beendigung der Verträge des Typs V_1. Die Beendigung des Arbeitsverhältnisses trotz der *prima facie* Lukrativität aus Perspektive der Sportler ist in zweierlei Hinsicht grundsätzlich denkbar. Einerseits können die Sportler selbst einen Anreiz zur ordentlichen Kündigung haben, wenn sie erkennen, dass das Fortführen des Vertrages V_1 kurz- oder mittelfristig aufgrund des beschriebenen Mechanismus zum Ausscheiden des Arbeitgebers aus dem Markt und somit zum Verlust des Arbeitsplatzes führen würde. Allerdings würde ein Sportler auf Basis der hier zugrundeliegenden Verhaltensannahmen im Regelfall nicht den Weg der ordentlichen Kündigung bzw. Vertragsauflösung beschreiten, da ihm in diesen Fällen im Anschluss an die Beendigung des Vertrages die Wahlmöglichkeit zwischen den Vertragstypen V_2 und V_3 verbliebe,[717] was jedoch auch der Situation nach einer etwaigen Beendigung des Geschäftsbetriebs des Arbeitgebers entsprechen würde. Die letztlich in jedem Fall – also sowohl bei Insolvenz des Arbeitgebers als auch bei Kündigung oder Vertragsauflösung – erfolgende Anpassung der Entlohnung an die maximale Grenzproduktivität des Sportlers könnte durch Absehen von der ordentlichen Kündigung folglich möglicherweise nutzensteigernd herausgezögert werden. Ob ein hinreichend großer Anteil der Arbeitgeber entsprechend erforderliche soziale Präferenzen zugunsten des Vereins und etwa der im Übrigen bei diesem, nicht im sportlichen Bereich beschäftigten Personen[718] hat, ist zweifelhaft. Andererseits ist jedoch in entsprechender existenzgefährdender Situation eine ordentliche betriebsbedingte Kündigung durch den Arbeitgeber unter Einhaltung der Kündigungsfristen des § 622 Abs. 2 BGB denkbar. Kündigungsschutzrechtlich kommt in den gegebenen Konstellationen der Beschäftigung mit Vertragstyp V_1 eine betriebsbedingte Kündigung aufgrund mangelnder Ren-

---

717 *Supra* Kapitel 3 § 3 B.II.3.a).

718 Vgl. exemplarisch, auch zur Verdeutlichung des entsprechenden Wachstums, nur die (Entwicklung der) Mitarbeiterzahl der Borussia Dortmund KGaA unter https://de. statista.com/statistik/daten/studie/223912/umfrage/borussia-dortmund-anzahl-de rmitarbeiter/; siehe zu der Bedeutung in anderem arbeitsrechtlichen Kontext auch schon *Drechsler*, NZA 2020, 841, 845.

tabilität der Unternehmung in Betracht.[719] Aufgrund der sich durch die Vertragslage nach dem Typ V_1 spätestens im Verlauf weniger Jahre durch das erhebliche Auseinanderfallen von Grenzproduktivität der beschäftigten Sportler für den Verein und vertraglich zugesicherter Vergütung einstellenden Unmöglichkeit eines kostendeckenden Spielbetriebs, ist die unternehmerische Entscheidung der Beendigung dieser Verträge zwingend, um überhaupt eine kostendeckende Fortführung der Unternehmung ermöglichen zu können.[720] Der Zusammenbruch des Unternehmens muss gerade nicht abgewartet werden, sondern ein frühzeitiges Entgegenwirken gegen einen solchen Zusammenbruch durch unternehmerische Entscheidungen ist auch im Personalbereich möglich.[721] Da die existenzgefährdende Lage für die Vereine offensichtlich ist, und diese sich innerhalb weniger Spielzeiten verwirklichen würde, ist eine Kündigung sämtlicher bestehender Verträge des Typs V_1 kurzfristig nach dem Systemwechsel möglich.

(2) Einseitige Anpassung der Entlohnung aufgrund Variabilität der Produktivität

Auch bei einer erfolgreichen Beendigung der Verträge des Typs V_1 ist eine die relative wirtschaftliche und in der Folge sportliche Qualität verringernde Gesamtentwicklung der betroffenen Vereine jedoch nicht zu vermeiden. Trotz des leichten Wettbewerbsvorteils aufgrund der durch die statische Betrachtung offengelegte leichten Präferenz der Sportler für unbefristete Verträge, lässt sich auf eine negative Entwicklung der von der Unzulässigkeit der Befristung betroffenen Arbeitgeber im internationalen Vergleich

---

719 Siehe allgemein *Weber*, in: Boecken/Düwell/Diller/Hanau, § 1 KSchG Rn. 1220 f.; *Hergenröder*, in: MüKoBGB, KSchG § 1 Rn. 405; *Zimmermann*, in: Gallner/Mestwerdt/Nägele, § 1 Rn. 811; *Rolfs*, in: BeckOK ArbR, KSchG § 1 Rn. 427.

720 Insofern handelt es sich nicht um einen vor dem Hintergrund des § 1 KSchG nicht hinreichenden, isolierten bloßen Entschluss zur Lohnkostensenkung, vgl. dazu *Weber*, in; Boecken/Düwell/Diller/Hanau, § 1 KSchG Rn. 1220.

721 Vgl. *Weber*, in; Boecken/Düwell/Diller/Hanau, § 1 KSchG Rn. 1221; zu entsprechenden Änderungskündigungen zudem BAG, Urt. v. 12.1.2006 – 2 AZR 126/052, NZA 2006, 587, 588; BAG, Urt. v. 26.6.2008 – 2 AZR 139/07, NZA 2008, 1182, 1183. Da entsprechende Maßnahmen zur Gewinnmaximierung grundsätzlich sogar zulässig sein können, wenn die Unternehmung insgesamt ohnehin schon rentabel ist, muss es erst recht gelten, wenn die Existenz des Unternehmens ernsthaft und unmittelbar gefährdet ist, vgl. zu dem entsprechend *Weber*, in: Boecken/Düwell/Diller/Hanau, § 1 KSchG Rn. 1221; *Oetker*, in: ErfK, KSchG § 1 Rn. 240a jeweils m.w.N.; BAG, Urt. v. 29.3.2007 – 2 AZR 31/06, NZA 2007, 855, 857.

durch die Möglichkeit der ordentlichen Kündigung durch die beschäftigten Sportler schließen. Da im Durchschnitt die Prognose der Vereine bezüglich der unsicheren Leistungsentwicklung der von ihnen beschäftigten Sportler zutrifft, gleichen sich die diese Erwartungen übertreffenden Entwicklungen und die hinter ihnen zurückbleibenden im Zeitablauf aus. Voraussetzung für diese Erwartungstreue der sportlichen Entwicklung im Mittel ist jedoch, dass die Bindung der Vertragsparteien beidseitig besteht, sodass sich nicht eine der Vertragsparteien bei im Hinblick auf die vertragliche Vereinbarung ungünstiger Leistungsentwicklung des Sportlers – aus Perspektive des Sportlers bei die Erwartung übertreffender Leistung, aus der Perspektive des Vereins bei hinter der Erwartung zurückbleibender individueller sportlicher Leistung – von dem Vertrag lösen kann. Durch das den Sportlern einseitig zur Verfügung stehende Mittel der ordentlichen Kündigung wird jedoch dieser Kräfteausgleich unterlaufen, denn Sportlern mit die Erwartungen übertreffender sportlicher Leistungsentwicklung haben die Möglichkeit, durch Ausübung der Kündigung einen nutzensteigernden, weil mit einer an die gesteigerte Produktivität angepassten Vergütungsstruktur ausgestatten Vertrag, zu unterzeichnen. Gleiches gilt auch schon bei erwartungstreuer (positiver) Entwicklung, wenn durch diese die Grenzproduktivität für einen anderen Verein die für den aktuellen Arbeitgeber übersteigt. Da in diesen Fällen der Wechsel kurzfristig zur nächsten Transferperiode ohne Zahlung einer Ablöse möglich ist, würden sich somit die Abweichungen von den Erwartungen der Leistungsfähigkeiten der beschäftigten Sportler nur bei negativer Abweichung von der *ex ante* dem Vertragsschluss zugrundeliegenden Erwartung auf Seiten der Vereine materialisieren. Neben den negativen Auswirkungen auf den laufenden Spielbetrieb in Gestalt der Senkung erwarteter variabler Erträge hat die negative Beeinflussung der sportlichen Wettbewerbsfähigkeit in den Folgespielzeiten wegen $B_j^t(S_j^{t-1}, E[S_j^t])$ fortwährend relativ zu der internationalen Konkurrenz sinkende Budgets und somit eine sich selbst verstärkende Abnahme der Konkurrenzfähigkeit der Vereine der betroffenen Jurisdiktion zur Folge.

Zwar besteht die Möglichkeit, diese Situation antizipierend durch Einschränkungen ordentlicher Kündigungen vertraglich zu verhindern,[722] rational agierende Sportler stimmen einer einschränkenden Vertragsklausel nur gegen Zahlung einer Prämie in Höhe des Wertes der Kündigungsmöglichkeit zu. Dieser Wert entspricht den wahrscheinlichkeitsgewichteten Steigerungen der Grenzproduktivität durch die mögliche positive zukünfti-

---

722 *Supra* Kapitel 3 § 3 B.II.2.a).

ge Entwicklung des Sportlers. Folglich lässt sich der relative Nachteil der Kündigungsmöglichkeit zwar in seinem Umfang steuern, er materialisiert sich dennoch aufgrund der Marktmacht der Sportler im Mittel als relativer Nachteil der Vereine vollumfänglich.

Dieser relative Nachteil lässt sich in der Regel kurzfristig auch nicht durch betriebsbedingte Kündigungen aufgrund mangelnder Rentabilität der Unternehmung[723] ausgleichen, denn die Rentabilität lässt sich solange durch den Abschluss von an das verringerte Budget angepassten Arbeitsverträgen sicherstellen, als in hinreichend großem Umfang Sportler die je dem Vertragsschluss zugrunde gelegten erwarteten Leistungsentwicklungen übertreffen. So tritt zwar eine fortschreitende Verschlechterung der relativen Leistungsstärke der Vereine durch die sich fortentwickelnde Reduzierung der internationalen Komponente der relativen Qualität ein. Ein kostendeckender Betrieb des Unternehmens kann dabei jedoch aufgrund der Personalwechsel, bedingt durch die ordentlichen Kündigungen der sich positiv entwickelnden Sportler, und der dadurch gegebenen Möglichkeit der Personalkostenreduzierung, zunächst sichergestellt werden. Betriebsbedingte Kündigungen zur Anpassung der Vergütungsstrukturen an negativ von der Erwartung abweichende Leistungsentwicklungen scheiden folglich zumindest als regelmäßiges Mittel der Kadergestaltung aus.

4. Zwischenergebnis

Vor dem Hintergrund der wesentlichen Erkenntnisse der Wirkungsanalyse (a) lässt sich weitergehend auf die Effizienzimplikationen dieser schließen (b). Schließlich ergeben sich daraus einige weitergehende Überlegungen (c).

a) Unmittelbare Implikationen

Der Wegfall der Befristungsmöglichkeit stellt einen Nachteil für die in der betroffenen Jurisdiktion befindlichen Vereine dar. Entscheidend für die Beurteilung der Konsequenzen veränderter Vertragsbedingungen sind die relativen Auswirkungen der Systemveränderung im Verhältnis zu Wettbewerbern aus anderen Jurisdiktionen. Der relative Nachteil liegt in dem Umgang mit dem Auseinanderfallen von maximaler Grenzproduktivität eines

---

723 So jedoch in der Konstellation *supra* Kapitel 3 § 3 B.II.3.a)(2).

Sportlers und seiner vertraglich vereinbarten Entlohnung, was in zweierlei Hinsicht deutlich wird.[724] Die Unwirksamkeit von Befristungsvereinbarungen ermöglicht strukturell die zeitnahe Anpassung der Entlohnung eines Sportlers an eine erhöhte maximale Grenzproduktivität aufgrund positiver individueller sportlicher Entwicklung durch ordentliche Kündigung des Sportlers und den Abschluss eines neue Arbeitsvertrages mit angepasster Vergütungsstruktur. Da aufgrund des Kündigungsschutzes eine Anpassung in die gegensätzliche Richtung bei individueller sportlicher Entwicklung unterhalb der dem gültigen Arbeitsvertrag zugrunde gelegten Erwartungen nicht ohne weiteres möglich ist, ergibt sich im Mittel zwingend eine defizitäre Lage für die betroffenen Vereine, die durch niedrigere Gehälter *ex ante* antizipiert werden muss, wodurch leistungsschwächere Sportler verpflichtet werden müssen. Die Möglichkeit der ordentlichen Kündigung bedingt in der Konsequenz, dass Vereine, die einen Sportler aufgrund seiner höheren Grenzproduktivität für einen anderen Verein, an diesen abgeben, im Gegensatz zu den Konkurrenten aus anderen Jurisdiktionen[725] nicht mehr in Form von Ablösezahlungen an der Differenz der Grenzproduktivitäten des Sportlers für die beiden Vereine teilhaben können, sondern diese Differenz vollständig von dem betroffenen Sportler abgeschöpft werden kann.

Aufgrund des fortlaufend repetitiven Charakters der Spielzeiten, in denen das Budget und somit die relative sportliche Stärke von den vorangegangenen abhängen,[726] reduziert sich die Wettbewerbsfähigkeit der von der Unwirksamkeit der Befristung unmittelbar betroffenen Vereine durch die beschriebenen Wirkungsmechanismen fortlaufend, sodass durch die Umstellung nicht nur hohe Transaktionskosten einhergingen,[727] sondern die Charakteristik der Arbeitsplätze im Hinblick auf ihre Integration in den europäischen Spitzensport unterminiert würde. Diese Entwicklung kann auch nicht durch die in Abhängigkeit des Verhältnisses von Risikoaversion und Diskontierungsfunktion mutmaßlich bestehende leichte Präferenz des Arbeitnehmers für unbefristete Verträge[728] ausgeglichen werden, da diese zwar in Bezug auf einzelne Wahlentscheidungen einen Vorteil zur Verpflichtung von Sportlern darstellen mag, jedoch die dynamische Ent-

---

724 Vgl. diese beiden Aspekte des relativen Nachteils auch andeutend *Fritschi*, SpuRt 2017, 90, 91.
725 *Supra* Kapitel 3 § 3 B.II.2.b).
726 *Supra* Kapitel 3 § 3 B.I.1.
727 So jedoch *Morgenroth*, ZStV 2019, 63, 64.
728 *Supra* Kapitel 3 § 3 B.II.3.a)(1).

wicklung durch Kündigungen von sich positiv entwickelnden Sportlern hiervon unabhängig verläuft.

b) Effizienzimplikation

Unmittelbar aus der positiven Analyse ergibt sich aufgrund der relativen Eigenschaft der maßgeblichen Nachteile, dass die fehlende Befristungsmöglichkeit für die Gesamtheit der deutschen Fußballclubs in wirtschaftlicher Hinsicht, und somit auch mit Blick auf deren Beitrag zu der Gesamtwohlfahrt Deutschlands, negative Auswirkungen hat. Für ein umfassendes Urteil im Hinblick auf die Wohlfahrtseffekte der beschriebenen Entwicklung müssten im Grundsatz deutlich weitreichendere, nicht handhabbare Betrachtungen, etwa im Hinblick auf die Substitution der Freizeitbeschäftigung Bundesliga-Fußball durch andere Optionen durchgeführt werden.[729] Die große gesellschaftliche Relevanz der Branche, die sich auch aber nicht ausschließlich in der Vielzahl mit ihr verbundener Arbeitsplätze,[730] des durch sie generierten Umsatzes[731] oder des in der Konsequenz direkt oder

---

729 Siehe allgemein zur Komplexität der Betrachtung im Idealfall *supra* Kapitel 2 § 2 C.IV.

730 So sind derzeit etwa 56.000 Menschen direkt bei den Vereinen oder über deren Tochtergesellschaften oder über externe Dienstleister (wie etwa Sicherheits-, Catering- oder Sanitätsunternehmen) durch die Tätigkeit der 36 Vereine aus der 1. und 2. Bundesliga beschäftigt, siehe DFL Wirtschaftsreport 2020, S. 19, 39. Auch in der 3. Liga sind immerhin 3.761 Menschen direkt bei den 20 Klubs der Liga oder deren Tochtergesellschaften beschäftigt, sowie weitere 5.584 bei den externen Dienstleistern dieser, siehe DFB Saisonreport 3. Liga 2018/2019, S. 71. Zusätzlich ist auf vielfältige Arbeitsplätze im weiteren Zusammenhang mit den Spielen der professionellen Fußballklubs, etwa in der Hotel- oder Gastronomieindustrie oder dem Transportwesen, zu verweisen, vgl. dazu schon *Drechsler*, NVwZ 2020, 433, 435; vgl. zur Bedeutung der Vielzahl von (nicht-sportlichen) Arbeitsplätzen in der Branche für die Frage nach der Zulässigkeit außerordentlicher Kündigungen (§ 626 BGB) auch schon *Drechsler*, NZA 2020, 841, 844 f. Die Anzahl der Beschäftigten durch den professionellen Fußball in Deutschland wurde im Jahr 2015 etwa bereits auf 110.000 Personen geschätzt, siehe *McKinsey*, Wachstumsmotor Bundesliga, S. 4, 8, 10, zu den Multiplikatoreffekten auf dem Arbeitsmarkt dort auch anschaulich S. 15.

731 Die kumulierten Einnahmen der 36 Klubs aus der 1. und 2. Bundesliga betrugen in der Spielzeit 2018/19 etwa 4.801.600.000 €, siehe DFL Wirtschaftsreport 2020, S. 10, 14.

indirekt bedingten Steuervolumens äußert,[732] die zudem in ihrer sozial- und kulturpolitischen Dimension deutlich über unmittelbar rein monetär messbare Zusammenhänge hinausragt,[733] kann jedoch als fundiertes Indiz für ihre wohlfahrtsbezogene Bedeutung herangezogen werden. Dabei ist zu betonen, dass die negativen Wohlfahrtseffekte der Entfristung nicht bei Betrachtung einzelner Sportler deutlich werden, denn diese weichen schlicht auf entsprechende Arbeitgeber im Ausland aus. Vielmehr liegen die entscheidenden Wohlfahrtseffekte auf Seiten der betroffenen Vereine.

Gemessen an dem normativen Kriterium der Effizienz ist das Verständnis von § 14 Abs. 1 S. 2 Nr. 4 TzBfG, das die Unwirksamkeit der Befristung von Arbeitsverträgen mit professionellen Fußballspielern aus der 1. Bundesliga bedeutet, folglich auf Basis dieser Erwägungen abzulehnen.

c) Weiterführende Effizienzerwägungen

Ob die Akteure in der Branche aufgrund ihrer gesamtgesellschaftlichen Relevanz tatsächlich *too big to fail* sind, hängt schließlich davon ab, wie groß der hier als internationale Komponente des Budgets beschriebene und maßgeblich durch die angestoßene Entwicklung betroffene Anteil[734]

---

732 Die Steuern und Abgaben, die direkt von den 36 Klubs aus der 1. und 2. Bundesliga in der Spielzeit 2018/19 geleistet wurden, belaufen sich etwa auf 1.397.419.09 €, siehe DFL Wirtschaftsreport 2020, S. 18 f. Durch die 20 Klubs der 3. Liga und deren Angestellten wurden wiederum im Jahr 2018 Steuern und Abgaben von insgesamt 63.842.969 € geleistet, siehe DFB Saisonreport 3. Liga 2018/2019, S. 70. Darüber hinaus sind je die Steuer- und Abgabenleistungen aus dem Umfeld der professionellen Sportveranstaltungen, wie den Spielen des Ligabetriebs zu berücksichtigen, vgl. dazu innerhalb der Branche weiter differenzierend schon *Drechsler*, NVwZ 2020, 433. Siehe zum Steueraufkommen datenbasiert ebenfalls auch schon *McKinsey*, Wachstumsmotor Bundesliga, S. 4, 6, 10.

733 Zu der Schwierigkeit der Messung insofern allgemein *supra* Kapitel 2 § 2 E.IV. Vgl. etwa die Zuschauerzahlen zur Verdeutlichung der Relevanz der Branche als Freizeitbeschäftigung, die pro Spiel in der 1. Bundesliga in der Spielzeit 2018/19 im Durchschnitt 42.738 pro Spiel betrugen, siehe DFL Wirtschaftsreport 2020, S. 40; vgl. aktuell auch https://www.transfermarkt.de/1-bundesliga/besucherzahlen/wett bewerb/L1. Vgl. zur in diesem Kontext bedeutsamen integrativen Funktion des Fußballs für die deutsche Gesellschaft auch schon *Drechsler*, SpuRt 2019, 242; *Drechsler*, NVwZ 2020, 433. Siehe beispielsweise zu dem (negativen) Zusammenhang von Fußballspielen (bzw. Sportgroßveranstaltungen im Allgemeinen) und Suizidzahlen als (extremer) Anhaltspunkt für eine immaterielle gesellschaftliche Rolle der Branche instruktiv, aber empirisch untermauert, *Kuper/Szymanski*, Soccernomics, S. 241 ff.

734 *Supra* Kapitel 3 § 3 B.I.2.d).

im Verhältnis zu dem nationalen tatsächlich ist, sowie ob und inwieweit der Gesetzgeber und andere Akteure gewillt und in der Lage sind, die beschriebenen Entwicklungen bei Unwirksamkeit der Befristung durch exogene Systemanpassungen zu beeinflussen oder umzukehren.[735] Für die Geschwindigkeit der beschriebenen Entwicklung ist zunächst entscheidend, ob eine Beendigung der Verträge durch ordentliche Kündigungen gelingt, die ursprünglich als befristete Verträge abgeschlossen wurden und erst durch die Entscheidung zur Unwirksamkeit der Befristung in unbefristete Verträge umgewandelt wurden – wofür die sich kurzfristig einstellende existenzbedrohende Lage der Vereine spricht.[736] Aufgrund der durch die Unwirksamkeit der Befristung bedingten strukturellen relativen Nachteile durch die Unwirksamkeit der Befristung, ist dieser Umstand für eine langfristig nachteilige Entwicklung der betroffenen Vereine jedoch nicht entscheidend.

§ 4 Integration in den bisherigen Diskurs

Das auf den relativen Nachteilen der von der Unwirksamkeit der Befristung betroffenen Vereine basierende Resumee der hier vorgenommenen Funktionsanalyse knüpft vordergründig zunächst an die vor allem in der Literatur angestellten, aber auch vom BAG aufgenommenen Erwägungen zur internationalen Einbettung des deutschen Fußballs an. Aufgrund der durch die relativen Nachteile in Gestalt der nur einseitigen Anpassung der Vergütung bei Veränderungen der individuellen Leistungen sowie der mangelnden Partizipation der Vereine an Leistungssteigerungen durch Ablösezahlungen angestoßenen dynamischen Entwicklung ist *Backhaus* darin zuzustimmen, dass die Unwirksamkeit der Befristung mittelfristig nicht nur zu einem kleinen Beben in der Fußballwelt,[737] sondern zum Ende des Bundesliga-Fußballs in seiner derzeit bekannten und praktizierten Form führen würde.[738] Denn die internationale Einbettung ist gerade elementarer Bestandteil des

---

735 Teilweise wird die These vertreten, der Fußball habe eine zu große gesellschaftliche Bedeutung, um mittelfristig komplett zu verschwinden, siehe anschaulich *Szymanski*, Money and Football, S. 212 ff.

736 *Supra* Kapitel 3 § 3 B.II.3.a)(2).

737 Vgl. die Beben-Aussage zu dem erstinstanzlichen Urteil des ArbG Mainz (zum Verfahrensgang *supra* Kapitel 3 § 1.) bei *Koch*, RdA 2019, 54.

738 Vgl. *Backhaus*, jM 2018, 324, 326 f.; siehe auch die Feststellung, ohne Vornahme komparativer Kontextualisierung, die einseitige Kündigungsmöglichkeit bedeute für

Spitzenfußballs in Deutschland. Somit lässt sich auch die von einigen Kommentatoren aus der Perspektive eines Sportfans geäußerte Erleichterung über die Entscheidung des BAG untermauern.[739] Weiterführend lassen sich die Ergebnisse der gegebenen Analyse an die Erwägungen des BAG anknüpfen. So ist der Verweis auf die fluktuierende Leistungsfähigkeit und unsichere Entwicklung der einzelnen Sportler für sich genommen nicht vollends überzeugend, da hierauf im Rahmen der Vertragsgestaltung wie gesehen bei fehlender Befristungsmöglichkeit durch die Ausgestaltung der Verträge, insbesondere des monetären Volumens der Verträge, reagiert werden kann.[740] Zum entscheidenden, sich fortlaufend verstärkenden Faktor wird dieser Umstand jedoch durch die ungleichen Wettbewerbsbedingungen in dem mehrere Jurisdiktionen übergreifenden Wettbewerb, da bei nur einseitiger uneingeschränkter Möglichkeit zur ordentlichen Kündigung, die Variabilität der Leistungsentwicklung zum Nachteil des Arbeitgebers gereicht.

Das Argument, die Befristung liege auch im Interesse der Sportler,[741] ist zu konkretisieren. Es wurde im Rahmen der statischen Betrachtung deutlich, dass *ceteris paribus* zwar eine leichte Präferenz für unbefristete Verträge besteht – vielfach sowohl im Hinblick auf die ursprünglich befristen, als auch regelmäßig auf die unter Kenntnis der fehlenden Befristungsmöglichkeit abgeschlossenen. Allerdings sind erstere aufgrund der Möglichkeit zur Arbeitgeberkündigung nicht beständig,[742] und letztere aufgrund der durch sie bedingten negativen Entwicklung der wirtschaftlichen wie sportlichen Entwicklung der betroffenen Vereine mittel- bis langfristig von abnehmender Bedeutung im Spitzenbereich.[743] Folglich würden die befristeten Verträge aufgrund der durch sie angestoßenen Entwicklung weiten Teilen der Arbeitnehmer mittelfristig gar nicht zur Verfügung stehen. Dem Argument, die Befristung sei im Interesse der Sportler, kann in der

---

die Fußballvereine „ein finanzielles Desaster" bei *Koch*, RdA 2019, 54, 59; siehe dazu *supra* Kapitel 3 § 2 B.

739 Schon *supra* Kapitel 3 § 2 B. Insoweit ist auch festzuhalten, dass Zweifeln an dem Ergebnis des Urteils des BAG entgegengehalten werden kann, dass nicht nur ein bloß „überwiegendes Interesse" der Arbeitnehmer an der Befristung besteht, sondern diese zur Erhaltung der Arbeitsplätze in der gegebenen Form auch erforderlich ist; vgl. zu entsprechenden Vorbehalten insb. *Morgenroth*, ZStV 2019, 63, 64.

740 *Supra* Kapitel 3 § 3 B.II.3.a)(1).

741 *Supra* Kapitel 3 § 2 A.

742 *Supra* Kapitel 3 § 3 B.II.3.a)(2).

743 *Supra* Kapitel 3 § 3 B.II.3.a)(1).

Konsequenz ohnehin auch im Hinblick auf die langfristige Entwicklung des Gesamtsystems zumindest insoweit zugestimmt werden, als die durch die dynamische Entwicklung bei fehlender Befristungsmöglichkeit in einer Jurisdiktion bedingte Verdrängung deutscher Vereine aus dem Markt des europäischen Spitzenfußballs, aufgrund der großen Bedeutung der Volkswirtschaft Deutschlands für die Branche, mit einer Schrumpfung des gesamten Marktes einhergehen könnte. Denn das Interesse der deutschen Bevölkerung an dem Sport würde bei einem erheblichen Bedeutungsverlust deutscher Vereine voraussichtlich sinken. Dies hätte somit einen Rückgang der Nachfrage nach dem Produkt Fußball in der deutschen Bevölkerung zur Konsequenz, weshalb monetäre, von Sponsoren und Übertragungsrechteinhabern bereitgestellte Mittel reduziert werden würden und folglich geringere Mittel für die Vergütung von Sportlern den Marktakteuren zur Verfügung stünden.[744] Der Kern auch dieser Erwägungen liegt in der Einbettung des deutschen Fußballs in das internationale System. Als Konsequenz hieraus ist auch der vom BAG ebenfalls aufgeführte Nachteil der fehlenden Ablösezahlungen in komparativ-funktionaler Hinsicht zu verstehen, was schließlich auch die Validität des Arguments der reduzierten Anreize zur Jugendarbeit aufgrund der reduzierten Möglichkeit durch Transfererlöse an Leistungssteigerungen dieser Sportler zu profitieren untermauert.[745]

Die Ergebnisse der rechtsökonomischen Betrachtung lassen sich somit in die teleologisch gebotene Gesamtbetrachtung um die Auslegung von § 14 Abs. 1 S. 2 Nr. 4 TzBfG einfügen, und führen insgesamt zur Bestätigung des *common sense*,[746] indem sie einerseits bislang angestellte Erwägungen

---

744 Die in Deutschland das Produkt Profifußball nachfragenden Fans würden folglich den Konsum der deutschen Vereine nicht vollständig mit dem solcher aus dem Ausland subsituieren, sondern (teilweise) auf andere Freizeitbeschäftigungen ausweichen, siehe schon *supra* Kapitel 3 § 3 B.I.2.c).

745 *Supra* Kapitel 3 § 2 A.; vgl. instruktiv zu den konkreten zugrundeliegenden Wirkungszusammenhänge der Ausbildung als Akkumulation von Humankapital *Daumann*, Grundlagen der Sportökonomie, S. 238 ff. So führen die hier beschriebenen Wirkungszusammenhänge aufgrund der Unwirksamkeit der Befristung und der damit einhergehenden Möglichkeit ordentlicher Kündigungen zu einer Verschärfung des ohnehin für die Jugendarbeit der Vereine relevanten *Hold-up*-Problems, was sich schließlich in einer Deinvestition der Jugendarbeit niederschlägt; vgl. dazu auch *Seip*, Vertragsrechtliche und ökonomische Analyse des Spielertransfervertrages im Profifußball, S. 136 f.

746 Siehe allgemein zu der Feststellung, dass Rechtsökonomik vielfach eine Reformulierung des *common sense* darstelle *Wagner*, FS Canaris, 281 f., 318; pointiert zudem *Harrison*, NYU Ann. Surv. Am. L. 68 (2012), 1, 6.

stärken bzw. teilweise modifizieren können,[747] und somit der Kritik an der Vagheit der bisherigen Argumentation entgegentreten können, andererseits die zuvor angestellten Erwägungen normativ durch das Effizienzargument ergänzen. Die funktionale, im Kern entscheidend auf der internationalen Einbettung der Branche beruhenden Betrachtung mithilfe der Rechtsökonomik hat gezeigt, dass die Entscheidung des Bundesarbeitsgerichts für die Befristung von Profisportlern zwingend ist, um das Gesamtsystem der Branche und die Rolle der deutschen Akteure nicht zu gefährden.[748] Intuitive Befürwortungen der Befristungsmöglichkeiten aus Wissenschaft und Praxis[749] erhalten somit eine methodische Fundierung. Insofern hat auch die Deutsche Fußball Liga den Kern der Entscheidung treffend kommentiert: „Diese Entscheidung ist im Sinn und im Interesse des Wettbewerbs, der Clubs, der Fans und auch der Spieler, gerade auch im Hinblick auf andere diesbezügliche Verfahren."[750]

§ 5 Transfer der Analyse auf ähnliche Befristungsfragen im Sport

Am Rande der Debatte um den Fall Müller wurde bereits die Frage nach der Übertragbarkeit der Erwägungen zur Arbeitsvertragsbefristung auf Beschäftigungsverhältnisse von Fußballspielern mit Fußballklubs aus der 2. Bundesliga und der 3. Liga, sowie mit solchen aus dem Amateurbereich[751] und von Sportlern in anderen Sportarten mit den jeweiligen im nationalen Spitzenbereich tätigen Vereinen, insbesondere aus den in Deutschland kommerziell starken Sportligen im Eishockey, Handball und Basketball aufgeworfen.[752] Entscheidungen in diesen Bereichen werden mit Spannung

---

747 Insoweit kann durch diese Analysen auch der Perspektive, die professionelle Sportpraxis gehe durch das der Rechtsprechung des BAG zugrunde gelegte Verständnis von § 14 TzBfG einseitig zulasten der Rechtsmethodik als Sieger hervor, deutlich entgegengetreten werden; vgl. zu dieser Perspektive *Morgenroth*, ZStV 2019, 63, 64.

748 Vgl. zu den Zielvorgaben des Gesetzgebers vor diesem Hintergrund *supra* Kapitel 3 § 3 A.

749 *Supra* Kapitel 3 § 2 B.

750 DFL, „Fall Müller" entschieden, 16.1.2018, abrufbar unter: https://dfl.de/de/home/fall-mueller-entschieden.html.

751 Wenngleich nur die ersten drei Spielklassen in Deutschland als Profiligen ausgestaltet sind, ist nicht ausgeschlossen, dass auch Sportler in den Amateurligen als Arbeitnehmer zu klassifizieren sind.

752 Vgl. *Keil*, EWiR 2018, 539, 540; *Koch*, RdA 2019, 54; *Runkel*, BB 2017, 1209, 1212; *Stark*, ArbR 2018, 44.

erwartet.[753] Die rechtsökonomische Analyse und die sich aus ihr ergebende Argumentation, welche die Auslegung des § 14 Abs. 1 S. 2 Nr. 4 TzBfG im Sinne der Wirksamkeit der Befristung von Arbeitsverträgen mit Sportlern aus der 1. Fußball-Bundesliga deutlich stützt, lässt sich mit leichten Anpassungen und Einschränkungen auf die Befristungsfrage in leistungsschwächeren Fußballligen sowie dem Profibereich anderer Sportarten übertragen. Zunächst soll die Befristungskonstellation in den Spielklassen des Fußballs unterhalb der 1. Fußball Bundesliga analysiert werden (A), ehe generalisierend auf die Besonderheiten der Situation in den Profibereichen der Sportarten Basketball, Eishockey und Handball eingegangen wird (B). Abschließend soll noch ein Ausblick auf verwandte Befristungsfragen im professionellen Sport geworfen werden (C).

A. Unterklassiger Fußball

Die Überzeugungskraft der für die 1. Fußball Bundesliga entwickelten Erwägungen sinkt bei isolierter Betrachtung der einzelnen Spielklassen mit abnehmender Höhe der Liga, weshalb auf den ersten Blick Zweifel an der Wirksamkeit der Befristungsabrede[754] angebracht scheinen, allerdings ergibt sich die Erforderlichkeit der Befristung aus der Einbettung dieser Ligen in das Gesamtsystem des europäischen Fußballs. Als entscheidender Anknüpfungspunkt für die funktionalen Analyse des Wegfalls der Befristungsmöglichkeit für die Vereine der 1. Fußball-Bundesliga wurden die relativen Nachteile im Verhältnis zu den Konkurrenten aus die Befristung weiter ermöglichenden Jurisdiktionen identifiziert.[755] Im Ausgangspunkt der insofern unmittelbar relevanten Jurisdiktionen übergreifenden Wirkungszusammenhänge ist zunächst festzuhalten, dass die unterklassigen Fußballklubs nicht an den internationalen Wettbewerben der UEFA teilnehmen. Das ist einerseits deshalb relevant, da die internationale Komponente des relativen sportlichen Erfolgs zum Teil durch das Abschneiden in den internationalen Wettbewerben definiert ist.[756] Aber auch der Teil der international-relativen Komponente des Budgets, der nicht auf den direkten

---

753 Vgl. *Stark*, ArbR 2018, 44.
754 Vgl. prägnant zur Arbeitnehmereigenschaft von Fußballspielern tieferer Ligen hier nun *Walker*, ZfA 2016, 567, 569 f.
755 *Supra* Kapitel 3 § 3 B.II.3.
756 *Supra* Kapitel 3 § 3 B.I.2.c) und d).

sportlichen Wettkampf mit internationaler Konkurrenz bezogen ist, scheint mit abnehmender Höhe der Liga von abnehmendem Gewicht zu sein. So sind die Erträge dieser Klubs in deutlich geringerem Umfang von nationalen und internationalen Medienunternehmen geprägt, da die überregionale Nachfrage nach den Spielen in diesen Ligen deutlich geringer ist, als nach denen in der 1. Bundesliga.[757] Folglich steigt mit abnehmender Ligazugehörigkeit der Anteil von Zuschauereinnahmen und Aufwendungen lokaler Sponsoren an den Gesamtbudgets der Klubs.[758] Schon in der 2. Bundesliga dürfte der Anteil an dem Budget, der von der relativen internationalen sportlichen Qualität der Klubs abhängt deutlich geringer sein und mit abnehmender Liga weiter sinken, wodurch die relative nationale Stärke für die Finanzierung der Spielzeiten im Verhältnis zur internationalen bedeutsamer wird, wobei entscheidend ist, dass die relative nationale Stärke aufgrund der Geltung der rechtlichen Bedingungen für alle nationalen Konkurrenten durch die veränderten arbeitsrechtlichen Bedingungen nicht systematisch betroffen ist. Im Hinblick direkt auf die Budgetierung wirkt sich die Unwirksamkeit der Befristung folglich umso geringer auf einen Klub aus, je tiefer die Ligazugehörigkeit des fraglichen Klubs ist.

Auch der durch die Möglichkeit ordentlicher Kündigungen bedingte Nachteil des Wegfalls der Notwendigkeit von Ablösezahlungen zur Realisierung von Transfers zur Anpassung der Entlohnung an die veränderte maximale Grenzproduktivität eines Sportlers stellt mit abnehmender Höhe der Liga schon deswegen ein weniger gewichtiges Kriterium dar, da Ablöse-

---

757 Vgl. exemplarisch nur im Zusammenhang der Corona-Krise die Äußerungen des Vorstandssprechers des Drittligisten FSV Zwickau, *Tobias Leege*, nach kicker.de, „Zwickau-Chef Leege regt Liga-Reform an", 5.4.2020, abrufbar unter: https://www.kicker.de/773440/artikel/zwickau_chef_leege_regt_liga_reform_an: „Während die ersten beiden Profiligen das Interesse hätten, dass die Saison notfalls mit sogenannten Geisterspielen zu Ende gebracht wird, damit die TV-Gelder fließen können, stelle sich die Situation in der 3. Liga anders dar. Die Erlöse aus Ticketverkäufen haben an den Einnahmen hier einen deutlich größeren Anteil. Wenn diese wegbrächen, die Kosten durch den Spielbetrieb aber dennoch anfallen würden, wäre das ein großes Problem.".

758 Vgl. zur groben Verdeutlichung der entsprechenden Tendenz die zur 2. Bundesliga veröffentlichen aggregierten Zusammensetzungen der Budgets der Klubs im Vergleich zu denen der ersten Liga (*supra* Fn. 645), wonach sich die Gesamteinnahmen von 782,0 Mio. € zu 16,8 % aus Spieltagserträgen, zu 20,2 % aus Werbeeinnahmen, zu 32,0 % aus Erträgen aus der medialen Verwertung, zu 12,3 % aus Transfererlösen, zu 4,9 % aus merchandisingeinnahmen und zu 13,8 % aus sonstigen Erträgen zusammensetzen, DFL Wirtschaftsreport 2020, S. 14; angedeutet auch bei *Pfaffenberger*, npoR 2018, 250, 252 f.

zahlungen zur vorzeitigen Vertragsauflösung in Abhängigkeit von der Höhe der Liga von abnehmender Bedeutung sind.[759] Zudem sinkt mit der Höhe der Liga auch der Anteil an Jurisdiktionen überschreitender Transfers,[760] weshalb insoweit durch die offenkundig eingeschränkte Arbeitnehmermobilität im Vergleich zu den Klubs der 1. Liga ein relativer Nachteil nur in beschränktem Maße gegeben ist. Hieran anknüpfend ergeben sich auch im Hinblick auf das Problem der einseitigen Anpassung der Entlohnung an die maximale Grenzproduktivität mit abnehmender Höhe der Liga sich verstärkende Unterschiede zu der Ausgangskonstellation, da die regionale Bindung und somit die (relativen) Kosten eines Vereinswechsels umso höher sind, je geringer die monetäre Vergütung durch die Tätigkeit ist. So sind etwa die Gehälter in unteren Spielklassen regelmäßig nicht so hoch, dass durch sie der Lebensunterhalt für die Jahre nach der Karriere gesichert ist, weshalb Kontakte zu späteren Arbeitgebern hergestellt und gepflegt werden müssen oder sogar bereits eine Teilzeittätigkeit neben dem Beruf des Sportlers ausgeübt wird.[761]

---

759 Während in der 1. Bundesliga Transfereinnahmen 16,8 % der Gesamteinnahmen der Klubs ausmachen, sind es schon in der 2. Bundesliga nur 12,3 %, siehe zu den Werten weiterführend auch schon *supra* Fn. 645; DFL Wirtschaftsreport 2020, S. 10, 14.

760 Während in der 1. Bundesliga 48,2 % (*supra* Fn. 603) aller zur Saison 2019/20 neuverpflichteten Sportler zuvor bei einem Klub außerhalb Deutschlands beschäftigt waren, waren dies nur 55 der insgesamt 179 im gleichen Zeitraum von den Klubs der 2. Bundesliga verpflichteten Spieler, also lediglich 30,7 %. Ein entsprechendes Bild ergibt sich im Hinblick auf die Abgänge im gleichen Zeitraum, die sich bei den Klubs der 1. Bundesliga zu 41,2 % (*supra* Fn. 603) aus grenzüberschreitenden Wechseln zusammensetzen, in der 2. Bundesliga jedoch lediglich 48 der insgesamt 168 die 18 Klubs der 2. Bundesliga verlassenden Sportler, also 28,6 %, im Anschluss von einem Klub außerhalb Deutschlands beschäftigt wurden. Dieser Trend setzt sich für die 3. Liga fort. Die 20 Klubs dieser Spielklassen verpflichteten zur Spielzeit 2019/20 insgesamt 208 Sportler von anderen Klubs, von denen jedoch lediglich 29, also 13,9 %, zuvor bei einem Klub aus dem Ausland beschäftigt waren. Auf Seiten der Abgänge wechselten 32 der insgesamt 208 abgegebenen Sportler (15,4 %) zu Klubs außerhalb Deutschlands. Siehe zu der diesen Angaben zugrundeliegenden Transferübersicht aus der 2. Bundesliga https://www.transfermarkt.de/2-bundesliga /transfers/wettbewerb/L2; sowie der 3. Liga https://www.transfermarkt.de/3-liga/tr ansfers/wettbewerb/L3. Vgl. auch die Andeutung bei *Koch*, RdA 2019, 54, 60.

761 Insofern ist auch die pauschale Feststellung, die Gehälter in den unteren Spielklassen seien „oberhalb des Entgelts ‚normaler' Arbeitnehmer" in dieser pauschalen Form nicht überzeugend, siehe so aber zu einem Sportler in der Regionalliga ArbG Köln, Urt. v. 19.10.2017 – 11 Ca 4400/17, Beck RS 2017, 133705; zweifelnd insoweit auch schon *Pfaffenberger*, npoR 2018, 250, 252 f.; wenig überzeugend zu den entsprechend in der Berufung vorgebrachten Zweifeln auch LAG Köln, Urt. v. 15.8.2018

Europäische Fußballigen zeichnen sich jedoch nicht nur durch ihre horizontale Verknüpfung über Jurisdiktionen hinweg aus, sondern auch durch ihre vertikale Verknüpfung und Durchlässigkeit innerhalb der einzelnen Nationalverbände. Würde man zu dem Schluss gelangen, aufgrund der dargelegten Funktionalitätserwägungen scheide die wirksame Arbeitsvertragsbefristung ab einer bestimmten unterklassigen Spielklassen aus, ergibt sich bei dem sportlich bedingten Wechsel der Spielklassen durch Auf- oder Abstieg eines Klubs die Problematik ungleicher Wettbewerbsbedingungen, was, wie anhand der unterschiedlichen Vertragstypen gesehen,[762] von erheblicher Bedeutung sein kann. Auch eine Umstellung der Vertragslaufzeiten bei Auf- bzw. Abstieg durch vertragliche Vereinbarung *ex ante* ist zur Lösung dieser Problematik nicht funktional, da sie unter Umständen gar Anreize schaffen kann, den eigenen Aufstieg zu vermeiden, um die Befristung des Arbeitsvertrages zu verhindern. Aufgrund der engen Verknüpfung der einzelnen Ligen kann nicht ohne Weiteres eine diskrete Grenze für eine bestimmte Liga gezogen werden,[763] ab der die angestellten rechtsökonomischen Erwägungen nicht mehr hinreichend gewichtig sind, dass sie die Eigenart der Arbeitsleistung im Sinne von § 14 Abs. 1 S. 2 Nr. 4 TzBfG in dem Maße prägen, um die Wirksamkeit der Befristung begründen zu können. Das für die Wirksamkeit der Befristung im Grundfall des Spitzensports ausschlaggebende Argument der horizontalen Verknüpfung über Jurisdiktionsgrenzen hinweg greift somit aufgrund der vertikalen Verknüpfung innerhalb der Nationalverbände auf die Befristungsfrage in den unteren Ligen des deutschen Fußballs durch. Auch wenn die einzelnen Aspekte der konkreten rechtsökonomischen Erwägungen in tieferen Ligen abgeschwächt erscheinen, verlangt die Funktionsweise des europäischen Systems des Berufsfußballs folglich die Möglichkeit der Arbeitsvertragsbefristung. Die Befristung von Arbeitsverträgen ist in der Konsequenz auch

---

– 11 Sa 991/17, BeckRS 2018, 38174 (SpuRt 2019, 182 (*Beckmann*)). Profisportler in der 3. Liga verdienen im Durchschnitt etwa 120.000 € pro Jahr, wobei aufgrund stark variierender Spielanteile und folglich erheblich heterogener Grenzproduktivitäten von einer großen Streuung in der Gruppe der Sportler auszugehen ist, vgl. zu den Werten DFB, Saisonreport 3. Liga 2018/2019, S. 54; kontextuell und vergleichend mit anderen nationalen Ligen auch 11freunde.de, „Weniger Arbeit, weniger Geld“, 1.4.2020, abrufbar unter: https://11freunde.de/artikel/weniger-arbeit-weniger-geld/1719264.

762 *Supra* Kapitel 3 § 3 B.II.3.

763 Vgl. kritisch, aber allgemein bleibend die Frage nach der Grenzziehung aufwerfend *Pfaffenberger*, npoR 2018, 250, 253.

in unteren Spielklassen des Fußballs in Deutschland gemäß § 14 Abs. 1 S. 2 Nr. 4 TzBfG wirksam.

B. Weitere kommerziell starke Mannschaftssportarten

Auch in den anderen in Deutschland kommerziell starken Sportligen – der Sportarten Basketball, Eishockey und Handball – wird ein System befristeter Arbeitsverträge praktiziert. In diesen Sportarten ist die Praxis ebenfalls über die Grenzen der einzelnen Nationalverbände zu beobachten, die wiederum einerseits durch internationale Wettbewerbe,[764] andererseits durch den internationalen Transfermarkt[765] horizontal miteinander verknüpft sind.[766] Der relative Nachteil der einseitigen Anpassung der Entlohnung

---

764 So nahmen beispielsweise in der Spielzeit 2019/20 im Basketball mit dem FC Bayern München Basketball, Alba Berlin (je Euroleague), EWE Baskets Oldenburg, ratiopharm Ulm (je EuroCup), SC Rasta Vechta, Brose Baskets Bamberg, Telekom Baskets Bonn (je Basketball Champions League) sowie Medi Bayreuth (FIBA Europe Cup) sogar insgesamt 8 der 17 Teilnehmer aus der Basketball Bundesliga an einem der insgesamt vier verschiedenen europäischen Klubwettbewerbe teil.

765 Zur Spielzeit 2019/20 verpflichteten die 17 Klubs der Basketball-Bundesliga beispielsweise insgesamt 90 Spieler, die zuvor bei Teams in anderen Ländern beschäftigt waren, während nur 45 Sportler von nationalen Konkurrenten verpflichtet wurden, wodurch der Anteil Jurisdiktionen überschreitender Wechsel bei den Verpflichtungen 66,67 % betrug. 62 Sportler wurden wiederum an Klubs aus anderen Ländern abgegeben und nur 47 an Klubs aus dem Inland, was ein Anteil von 56,88 % grenzüberschreitender Wechsel bedeutet (unberücksichtigt bleiben dabei Abgänge mit unbekanntem Ziel und Sportler, die ihre Karriere beendet haben). Die internationale Einbettung der Basketball-Bundesliga ist somit, gemessen an den Transferentwicklungen, sogar höher als die der Fußball-Bundesliga (vgl. *supra* Fn. 603).

766 Von geringerer Bedeutung als im Spitzenfußball sind dagegen die Erträge aus der internationalen Veräußerung von Medienrechten in diesen Sportarten, was jedoch weniger spezifisch auf das Niveau der internationalen Verflechtung der Sportarten zurückzuführen ist, als vielmehr allgemeiner auf die geringere Bedeutung dieser Budgetkomponente aufgrund der geringeren (überregionalen) Nachfrage nach diesen Sportarten, vgl. zur Verdeutlichung etwa die Äußerungen anlässlich der Corona-Krise zu der (nicht verfolgten) Option den Spielbetrieb unter Ausschluss von Zuschauern fortzusetzen, den Geschäftsführer der DEL, *Gerno Tripcke*: „Wir haben im Eishockey wesentlich geringere TV-Einnahmen als im Fußball. Ohne Zuschauer und die in den Arenen engagierten Sponsoren hätten wir nur ungefähr ein Drittel der normalen Einnahmen.", zitiert nach kicker.de, „Geisterspiele in der DEL? ‚Das macht keinen Sinn'", 3.4.2020, abrufbar unter: https://www.kicker.de/773332/artikel /geisterspiele_in_der_del_das_macht_keinen_sinn_.

an die neue maximale Grenzproduktivität der Sportler[767] – zum Nachteil der diese bislang beschäftigenden Klubs – tritt folglich auch in diesen Ligen auf.[768] Im Vergleich zur Fußball-Bundesliga ist dieser Effekt insofern zu relativieren, als tendenziell kürzere Vertragslaufzeiten als im Spitzenbereich des Fußballs gewählt werden, und folglich Ablösezahlungen eine deutlich geringere Rolle als im Fußball spielen. Da aber in diesen Sportarten im Vergleich zum internationalen Fußballsystem teilweise umfangreichere Möglichkeiten zu Vereinswechseln auch im Verlauf einer Spielzeit bestehen,[769] wirkt sich die Veränderung der Leistungsfähigkeit der einzelnen Sportler in Abweichung von der Erwartung bei Vertragsschluss in jedem Fall zum Nachteil der diese beschäftigenden Klubs aus.[770] In der Gesamtentwicklung dürften die Effekte der einseitigen Kündigungen aufgrund der in diesen Sportarten mit dem Spitzenfußball vergleichbaren Internationalität der Transfermärkte mit denen der Fußball-Bundesliga vergleichbar sein. Eine sich selbst verstärkende Verschlechterung der internationalen Konkurrenzfähigkeit der Klubs wäre die Folge, sodass sich die internationale Komponente des Budgets fortlaufend reduzieren würde.[771] Die Schrumpfung der Branche mit den damit entsprechend einhergehenden Konsequenzen wäre die Folge, weshalb letztlich die Wirksamkeit von Befristungsabreden in den Arbeitsverträgen mit den Sportlern auch in diesen Sportarten nach § 14 Abs.1 S. 2 Nr. 4 TzBfG durch die rechtsökonomischen Funktionalitätserwägungen vor dem Hintergrund der gesetzgeberischen Wertungen deutlich gestützt wird.

---

767 *Supra* Kapitel 3 § 3 B.II.3.

768 Vgl. im Kontext andeutend auch zum international verknüpften System des Handballs *Fritschi*, SpuRt 2017, 90, 91.

769 So sind etwa in der Basketball-Bundesliga bis zum 31.3. (bei Saisonstart regelmäßig im vorherigen September/Oktober) Nachmeldungen von Sportlern für die teilnehmenden Mannschaften möglich, vgl. *easyCredit Basketball Bundesliga*, Spielordnung § 5 (10).

770 Zwar besteht praktisch die beschriebene Möglichkeit, die Fristen und Zeitpunkte der ordentlichen Kündigung individualvertraglich anzupassen (*supra* Kapitel 3 § 3 B.II.2.a)), da aber diese Vereinbarung im konkreten Fall vor allem zum Nachteil des Arbeitnehmers wirkt, käme sie nur bei gleichzeitiger Vereinbarung einer Kompensation zugunsten des Sportlers zustande, weshalb die Vereinbarung wiederum einen Wettbewerbsnachteil für den betroffenen Klub im internationalen Vergleich bedeuten würde.

771 *Supra* Kapitel 3 § 3 B.II.3.b)(2).

C. Weitere Befristungsfragen im Sport

In Literatur und Rechtsprechung wurde bislang neben der Befristung von Arbeitsverträgen mit Berufssportlern auch die der Verträge mit Trainern[772] und zuletzt Sportdirektoren von Bundesligaklubs diskutiert. Während das BAG und der Großteil der Literatur die Wirksamkeit der Befristung von Arbeitsverträgen mit Trainern professioneller Sportmannschaften nach § 14 Abs. 1 S. 2 Nr. 4 TzBfG anerkennt,[773] wird die Möglichkeit der Befristung von Arbeitsverträgen der im Jugendbereich tätigen Trainer aufgrund der geringen Verweildauer der betreuten Sportler, bedingt durch die ein Verschleiß der Arbeitskraft nicht eintrete, genauso abgelehnt,[774] wie auch zuletzt die Befristungsabrede mit Sportdirektoren von Bundesligaklubs.[775] Auch wenn in der Vergangenheit vermehrt Ablösezahlungen zur vorzeitigen Auflösung der Arbeitsverträge mit Trainern und Sportdirektoren zu beobachten waren,[776] sind diese in der Branche nicht ansatzweise so üblich oder gar so gewichtig wie im Falle des Transfers von Sportlern, weshalb insoweit durch den Wegfall der Befristungsmöglichkeit kein allzu schwerwiegender relativer Nachteil entstünde. Auch unterliegt die Entwicklung der

---

772 Zur Arbeitnehmereigenschaft prägnant *Walker*, ZfA 2016, 567, 570; differenzierend *Unger*, SpuRt 2020, 299; zu der Frage der Zulässigkeit der Befristung von Trainerarbeitsverträgen grundlegend schon vor Inkrafttreten des TzBfG *Dieterich*, NZA 2000, 857.

773 *Bayreuther*, in: BeckOK ArbR, TzBfG § 14 Rn. 56; *Boemke/Jäger*, RdA 2017, 20, 22; *Stopper/Dressel*, NZA 2018, 1046, 1048 f.; siehe kritisch aber im Ergebnis zustimmend auch schon *Beathalter*, FS Fenn, 27 ff.; a.A. *Bruns*, NZA 2008, 1269; *Horst/Persch*, RdA 2006, 166; *Ittner/Schaich*, NJOZ 2019, 497, 500 f.; kritisch auch *Müller-Glöge*, in: ErfK, TzBfG § 14 Rn. 44.

774 Vgl. BAG, Urt. v. 29.10.1998 – 7 AZR 436/97, NZA 1999, 646, 647; *Bayreuther*, in: BeckOK ArbR, TzBfG § 14 Rn. 56; *Engshuber*, in: MüKoBGB, TzBfG § 14 Rn. 53; *Müller-Glöge*, in: ErfK, TzBfG § 14 Rn. 44.

775 Vgl. ArbG Hannover, Urt. v. 15.1.2020 – 9 Ca 182/19, NZA 2020, 242; zustimmend *Fischinger*, NZA 2020, 218.

776 Vgl. exemplarisch den Beginn dieser Entwicklung anhand des Wechsels von *Markus Weinzierl* im Sommer 2016 vom FC Augsburg zum FC Schalke 04, wofür der aufnehmende Klub geschätzt 3 Mio. € an den abgebenden Klub geleistet hat, sueddeutsche.de, „Endlich kosten auch Trainer Ablösesummen", 25.5.2016, abrufbar unter: https://www.sueddeutsche.de/sport/fussball-bundesliga-endlich-kosten-auch-trainer-abloesesummen-1.3005703; zum aktuellen Beispiel des Wechsel von *Julian Nagelsmann* zu RB Leipzig, für den eine Ablösezahlung in Höhe von 5 Mio. € an die TSG Hoffenheim fällig wurde spiegel.de, „Trainer Nagelsmann verlässt Hoffenheim – und geht zu Leipzig", 21.6.2018, abrufbar unter: https://www.spiegel.de/sport/fussball/bundesliga-trainer-julian-nagelsmann-verlaesst-die-tsg-hoffenheim-a-1214289.html.

Leistungsfähigkeit des nicht-sportlichen Personals der Klubs weniger als die der Sportler Schwankungen außerhalb *ex ante* auf Basis vor Vertragsschluss eingeholter Informationen getroffener Erwartungen, denn mangels Abhängigkeit der Leistungsfähigkeit von der körperlichen Entwicklung der Arbeitnehmer weicht die Leistungsentwicklung nicht entscheidend von der anderer Berufe ab. Der relative Nachteil durch die Möglichkeit einseitiger Anpassung an steigende maximale Grenzproduktivitäten aufgrund von der Erwartung nach oben abweichender Leistungsentwicklung ist somit für Trainer und Sportdirektoren weniger gewichtig als im Fall der Sportler, besteht jedoch im Grundsatz aufgrund des internationalen Jurisdiktionen übergreifenden Systems ebenfalls auch für diese Arbeitnehmer. Letztlich weisen die rechtsökonomischen Erwägungen in der Befristungsfrage von Trainern und Sportdirektoren eine weniger deutliche Aussagekraft zur Legitimierung der Befristung auf, stützen in der Tendenz jedoch ebenfalls noch die Wirksamkeit von Befristungsabreden bei Zielsetzung der Aufrechterhaltung der Rolle deutscher Vereine innerhalb des international vernetzten Systems, die für die Arbeitsbedingungen im professionellen Sport charakteristisch ist.

Kapitel 4 Zulässigkeit von Hinauskündigungsklauseln in Gesellschaftsverträgen von Personengesellschaften

Der zweite Anwendungsfall dieser Arbeit, die Zulässigkeit von Hinauskündigungsklauseln in Gesellschaftsverträgen, ist dem Gesellschaftsrecht zuzuordnen. Bei dem Verbandsrecht handelt es sich um das Teilgebiet der deutschen Rechtswissenschaft, in dem die Rechtsökonomik bislang die umfangreichste und sichtbarste Rolle eingenommen hat.[777] Dabei ist das Personengesellschaftsrecht einer ökonomischen Analyse noch nicht so umfassend unterzogen worden wie das Kapitalgesellschaftsrecht,[778] sodass hier im Besonderen die Notwendigkeit besteht, den wissenschaftlichen Diskurs durch funktionale, rechtsökonomische Erwägungen anzureichern. Unlängst wies etwa *Fleischer* auf den Bedarf an einer umfassenden funktionalen Betrachtung des Personengesellschaftsrechts als „Law and Economics of Partnerships" hin.[779] Zur Entwicklung einer solchen Analyse des Personengesellschaftsrechts in seiner Gesamtheit soll und kann diese Arbeit freilich nur einen kleinen Beitrag leisten.

---

777 Vgl. allgemein *Tröger*, FS Westermann, 1533, 1535; *Engel*, FS Windbichler, 33, 34 f.; früh etwa instruktiv zum Kapitalgesellschaftsrecht *Eidenmüller*, JZ 2001, 1041; siehe kontextualisiert hier auch schon *supra* Kapitel 2 § 2 A.II.3.

778 Vgl. *Tröger*, FS Westermann, 1533, 1535; *Pfaffinger*, Gesellschafterhaftung, S. 2, insb. die Übersicht in Fn. 14; vgl. auch *Klöhn*, AcP 216 (2016), 281, 284, der generell feststellt, dass „die interdisziplinäre Forschung im Personengesellschaftsrecht – um es vorsichtig auszudrücken – erhebliche Lücken" aufweise.

779 Vgl. *Fleischer*, ZGR 2014, 107, 109: „Die funktionale Betrachtung von Rechtsregeln, die bei den Kapitalgesellschaften längst mit großem Erfolg praktiziert wird, hat das Personengesellschaftsrecht bisher kaum erreicht. Wünschenswert wäre in Anlehnung an eine bekannte Buchtitel eine ‚Economic Structure of Partnership Law' oder eine ‚Anatomy of Partnership Law'". Der Autor verweist damit stellvertretend für die gesamte Literatur zur ökonomischen Analyse des Kapitalgesellschaftsrechts auf die erfolgreichen Werke *Easterbrook/Fischel*, The Economic Structure of Corporate Law und *Armour/Enriques et al.*, Anatomy of Corporate Law. Siehe mit entsprechender Stoßrichtung schon *Tröger*, FS Westermann, 1533, 1535. Vgl. auch die entsprechende Feststellung zum *status quo* der Bedeutung der Rechtsökonomik für das Personengesellschaftsrecht bei *Klöhn*, AcP 216 (2016), 280, 284. Siehe zu den wenigen monographischen Projekten mit einer entsprechenden Intention wiederum etwa *Pfaffinger*, Gesellschafterhaftung; *Staudinger*, Minderheitsschutz im Personengesellschaftsrecht; *Schmolke*, Grenzen der Selbstbindung, S. 523 ff.; siehe aber exemplarisch auch *Tröger*, FS Westermann, 1533; *Tröger*, Asset Partitioning.

In Anbetracht der großen Zahl von Personengesellschaften[780] und des gesellschaftsrechtlichen Regelungssystems, das die Personengesellschaft als Grundfall konzipiert,[781] ist die zurückhaltende rechtsökonomische Berücksichtigung nicht auf einen Mangel an Relevanz des Personengesellschaftsrechts zurückzuführen. Vielmehr hemmt die problematische Datenlage von und über geschlossene Gesellschaften empirisch motivierte rechtsökonomische Analysen des Personengesellschaftsrechts.[782] Dieses Hemmnis schließt eine funktional-theoretische Betrachtung jedoch nicht allgemein aus, wie im Folgenden zu sehen sein wird.

Auch aus methodischen Gründen eignet sich die Frage nach der Wirksamkeit von Hinauskündigungsklauseln für eine vertiefte Betrachtung in dieser Arbeit. Im Gegensatz zu der in Kapitel 3 untersuchten Frage der Wirksamkeit der Befristung von Arbeitsverträgen mit professionellen Sportlern[783] ist Untersuchungsgegenstand hier nicht eine Rechtsvorschrift, die in Anbetracht des spezifischen Regelungsgegenstands erlassen wurde und zu der umfangreiche und junge Gesetzgebungsmaterialien vorliegen, sondern Generalklauseln. Diese erschweren einerseits zwar eine verfassungsrechtlich gebotene Rückkopplung an die gesetzgeberische Intention, andererseits betonen Generalklauseln aber auch die Bedeutung methodisch klarer Rechtsanwendung zur Begrenzung der Willkür des Gesetzesanwenders.[784] Die gegenständliche Rechtsfrage bietet daher eine zusätzliche, das zuvor beleuchtete Beispiel in methodischer Hinsicht ergänzende Perspektive auf das Potential der Rechtsökonomik für die Rechtsanwendung.

---

780 Schon der Blick auf die absolute Menge an Personenhandelsgesellschaften von 395.415 im Jahr 2018 in Deutschland unterstreicht auch in quantitativer Hinsicht die praktische Bedeutung dieser Konstellation, siehe „Unternehmen in Deutschland: Anzahl der rechtlichen Einheiten nach Rechtsform und Anzahl der Beschäftigten im Jahr 2018", abrufbar unter: https://de.statista.com/statistik/daten/studie/2373 46/umfrage/unternehmen-in-deutschland-nach-rechtsform-und-anzahl-der-besc haeftigten/. Vgl. allgemein zudem *Easterbrook/Fischel*, The Economic Structure of Corporate Law, S. 228; *Nager/Petrony/Wolfenzon*, J. Fin. Quant. Anal. 46 (2011), 943, 944; *Bennedsen/Wolfenzon*, J. Fin. Econ. 58 (2000), 113, 114; *Rock/Wachter*, J. Corp. Law 24 (1999), 913, 914; *Miller*, Cornell Int'l L. J. 30 (1997), 381, 383.

781 So stellt die persönliche Haftung den Grundfall des gesellschaftsrechtlichen Regelungssystems nicht nur in Deutschland dar, siehe die rechtsvergleichende Übersicht bei *Tröger*, Asset Partitioning, S. 3 ff.

782 Vgl. *Agstner*, EBOR 21 (2020), 505, 507; *Nager/Petrony/Wolfenzon*, J. Fin. Quant. Anal. 46 (2011), 943, 944 f.

783 *Supra* Kapitel 3.

784 Vgl. ausdrücklich dazu *Birk*, Rechtstheorie 48 (2017), 43, 60.

Einführend sollen zunächst die Umstände der maßgeblichen Rechtsfrage skizziert werden (§ 1), ehe auf den Stand der bisherigen Debatte um Hinauskündigungsklauseln unter besonderer Berücksichtigung vorhandener rechtsökonomischer Ansätze zielgerichtet eingegangen werden kann (§ 2). Vor diesem Hintergrund lässt sich der durch den Gesetzgeber gestützte normative Rahmen für die Anwendungskonstellation herausarbeiten (§ 3 A), in dem eine differenzierende Funktionsanalyse durchzuführen ist (§ 3 B), deren Ergebnisse sich in den bisherigen Diskussionsstand einordnen lassen (§ 3 C).

§ 1 Ausgangslage

Es gibt gute Gründe dafür, das Ausscheiden von Gesellschaftern durch die Vereinbarung von Klauseln zu regeln. Zur Gründung einer Personengesellschaft[785] bedarf es mindestens zweier Personen, die sich zur Verfolgung eines gemeinsamen Zwecks zusammenschließen.[786] Der Wille zur Verfolgung dieses Zwecks ist von den Präferenzen der Gesellschafter abhängig – bei Gründung der Gesellschaft äußern sie den Willen, einen Gesellschaftszweck gemeinsam zu verfolgen. Interne Konflikte zwischen den Gesellschaftern stellen die Hauptquelle für Hürden der Tätigkeit von Personengesellschaften dar,[787] weshalb der Wille zur Veränderung der Gesellschafterzusammensetzung antizipiert wird. Die Gesellschafter unterliegen stetig Einflüssen unterschiedlichster Umweltumstände, die zu Änderungen ihrer Präferenzen führen und Konflikte hervorrufen können, weswegen einzelne Gesellschafter die Entscheidung treffen können, zukünftig den Gesellschaftszweck nicht mehr gemeinsam verfolgen zu wollen und daher aus der Gesellschaft auszutreten.[788] Gleichermaßen ist denkbar, dass eine

---

785 Dieses Kapitel hat Konstellationen in Personengesellschaften zum Gegenstand. Zwar ergibt sich eine ähnliche Diskussion im Recht der GmbH und einige der hier erörterten Argumente können ohne weiteres entsprechend angeführt werden, nicht alle Erwägungen lassen sich jedoch übertragen – insbesondere diejenigen, die auf das Haftungssystem abstellen gelten exklusiv für das entsprechend charakterisierte Personengesellschaftsrecht. Nur vereinzelt soll folglich auf das Recht der GmbH zur Verdeutlichung des Diskurses Bezug genommen werden.

786 Vgl. zur Gesellschafterpluralität nur *Schäfer*, in: MüKoBGB, BGB § 705 Rn. 60 f.

787 Siehe deutlich *Fleischer*, in: Bachmann et al., Regulating the Closed Corporation, S. 29; *Miller*, Cornell Int'l L. J. 30 (1997), 381, 383 f.

788 So wird grundlegend gerade vielfach betont, dass eine auf Dauerhaftigkeit ausgelegte Zweckverfolgung gerade nicht erforderlich ist, vgl. etwa *Schöne*, in: BeckOK

Gruppe von Gesellschaftern entscheidet, den gemeinsamen Zweck zukünftig ohne einen der Mitgesellschafter weiterverfolgen zu wollen.[789] Aufgrund des mit dem Grundsatz der Selbstorganschaft in diesen Gesellschaften in besonderem Maße einhergehenden Konfliktpotentials sowie des Fehlens eines Marktes für die Gesellschafterbeteiligungen[790] besteht ein Bedürfnis, die Regulierung des Ausscheidens von Gesellschaftern zu beleuchten. So können die verbleibenden Gesellschafter zur Vermeidung von Transaktionskosten ein Interesse daran haben, statt der Auflösung und einer Neugründung, die Gesellschaft bei geänderter Zusammensetzung des Gesellschafterkreises weiterzuführen,[791] weshalb die Hinauskündigung einzelner Gesellschafter von praktischer Bedeutung ist.[792]

Während für den Fall des Ausscheidens eines Gesellschafters durch Kündigung das Fortbestehen der Gesellschaft im Gesellschaftsvertrag unstrittig wirksam vereinbart werden kann, ist es Gegenstand langjähriger Auseinandersetzungen, ob auch solche Klauseln wirksam gesellschaftsvertraglich vereinbart werden können, die den Ausschluss eines Gesellschafters nach dem freien Ermessen der übrigen Gesellschafter zulassen (Hinauskündigungsklauseln).[793] Diese Klauseln ermöglichen somit – ohne dass das Gesetz hierfür eine ausdrückliche positiv-rechtliche Regelung bereithält[794] –

BGB, § 705 Rn. 63; *Westermann*, in: Erman, § 705 Rn. 30a; siehe anschaulich zum gegebenen Kontext auch die Darstellung bei *Scogin*, Mich. J. Int'l L. 15 (1993), 127, 128 f.

789 Vielfältige Gründe für entsprechende Trennungsentscheidungen, wie zwischenmenschliche Uneinigkeiten oder inhaltlich divergierende Vorstellungen über die Perspektive einer Unternehmung kommen in Betracht.

790 Vgl. zu den Eigenschaften hier zunächst nur *Rock/Wachter*, J. Corp. Law 24 (1999), 913, 916 und *passim*; im Folgenden ausführlich zu den Besonderheiten der maßgeblichen Gesellschafterverhältnisse *infra* Kapitel 4 § 2 B.I.

791 Siehe zur maßgeblichen Interessenlage eingehend noch *infra* Kapitel 4 § 3 B.I.2.; vgl. auch *Schmolke*, Grenzen der Selbstbindung, S. 536.

792 Siehe etwa *Armbrüster*, ZGR 2014, 333, 358; vgl. auch den Verweis auf frühe Gestaltungsformen aus dem 15. Jahrhundert bei *Fleischer/Mock*, NZG 2020, 161, 166; zur Motivation in Familienunternehmen *Habbe/Gieseler*, NZG 2016, 1010, 1011 f.; anschaulich auch *Westermann*, NZG 2015, 649.

793 Vgl. die Begriffsbestimmung bei *Becker*, Zulässigkeit von Hinauskündigungsklauseln, S. 29–31; *Beischer*, Ausschluss von Personengesellschaftern, S. 48 f.; *Gehrlein*, NJW 2005, 1969, 1970; zum Begriff auch *Schmolke*, ECFR 2012, 380, 386.

794 Siehe zur abweichenden Regelungskonzeption der §§ 327a ff. AktG in Abgrenzung nur *Schmolke*, Grenzen der Selbstbindung, S. 535; *Benicke*, ZIP 2005, 1437, 1438.

in Abweichung von §§ 737 S. 1, 723 Abs. 1 S. 2 BGB[795] bzw. §§ 140 Abs. 1, 133 Abs. 1 HGB den Ausschluss eines Gesellschafters unabhängig von dem Vorliegen eines wichtigen Grundes.

Soweit der Wunsch der Mehrheitsgesellschafter zum Ausschluss des unliebsamen Gesellschafters nicht in besonderer Weise durch diesen verursacht wurde,[796] verbleiben den übrigen Gesellschaftern bei Fehlen einer wirksamen Hinauskündigungsklausel nur die Optionen, entweder die Gesellschaft trotz dieser Meinungsverschiedenheit weiterzuführen, oder die Kündigung der Gesellschaft sowie etwaiger anschließender Neugründung einer Gesellschaft. Während die erste Variante offensichtlich zumindest aus der Perspektive der übrigen Gesellschafter nachteilig gegenüber der Fortführung im Anschluss an eine Hinauskündigung des unliebsamen Gesellschafters ist, stellt auch die zweite Variante der Auflösung der Gesellschaft bei anschließender Neugründung einer Gesellschaft aufgrund der mit diesem Gesamtvorgang verbundenen Transaktionskosten[797] eine wohlfahrtsmindernde Lösung dar.[798] Die Auflösung von Konfliktlagen zwischen Gesellschaftern von Personengesellschaften ist somit für das Funktionieren der Gesellschaft entscheidend.[799]

§ 2 Zum Stand der Debatte

Die Wirksamkeit von Hinauskündigungsklauseln ist seit vielen Jahren umstritten. Zunächst soll ein konzentrierter Überblick über die in der Rechtsprechung und Literatur vertretenen Positionen gegeben werden (A), ehe die zu der Frage in der jüngeren Literatur bereits vorhandenen rechtsökonomischen Elemente kontextualisiert werden (B).

---

795 Im Falle der GbR ist zur Fortführung der Gesellschaft eine von dem Ausschluss separate gesellschaftsvertragliche Vereinbarung zur Gesellschaftsfortführung erforderlich, vgl. § 737 S. 1 BGB.

796 Vgl. dazu ausdrücklich *Kilian*, WM 2006, 1567, 1568 f., der den Ausnahmecharakter dieser Konstellation unter Verweis auf BGB, Urt. v. 31.3.2003 – II ZR 8/01, WM 2003, 1084 betont.

797 Vgl. grundlegend zum weiten Verständnis des Transaktionskostenbegriffs *Janson*, Ökonomische Theorie im Recht, S. 58 f.; *Eidenmüller*, Effizienz als Rechtsprinzip, S. 97 ff.; anschaulich auch *Towfigh/Petersen*, Ökonomische Methoden im Recht, Rn. 163 ff.; ausgehend von einem Begriffsverständnis als die Kosten der Nutzung des Preismechanismus nach *Coase*, Economica 4 (1937), 386, 403.

798 Vgl. auch *Schmolke*, ECFR 2012, 380, 388.

799 Siehe allgemeiner etwa *Agstner*, EBOR 21 (2020), 505: "Shareholder conflicts are said to be the Achilles heel of close corporations."

A. Diskurs um die Wirksamkeit von Hinauskündigungsklauseln

Der mittlerweile von der Rechtsprechung vertretene Grundsatz der Unwirksamkeit von Hinauskündigungsklauseln (I) ist seitdem diese Linie von der Rechtsprechung eingeschlagen wurde, Kritik aus der Literatur ausgesetzt (II), woraus sich unterschiedliche Gegenpositionen entwickelt haben (III).

I. Grundsatz der Nichtigkeit von Hinauskündigungsklauseln

Nachdem die Rechtsprechung bis in die 1970er-Jahre Hinauskündigungsklauseln grundsätzlich als wirksam angesehen hatte,[800] hat der BGH seit der zweiten Hälfte der 1970er-Jahre eine Kehrtwende vollzogen[801] und geht seit 1981[802] von dem Grundsatz der Nichtigkeit von Hinauskündigungsklauseln wegen Verstoßes gegen § 138 Abs. 1 BGB aus.[803] So heißt es an zentraler Stelle im Urteil paradigmatisch etwa: „Nach der ständigen Rechtsprechung des Senats sind in den Personengesellschaften [...] gesellschaftsvertragliche Regelungen, die einem Gesellschafter, einer Gruppe von Gesellschaftern oder der Gesellschaftsmehrheit das Recht einräumen, einen Mitgesellschafter ohne sachlichen Grund aus der Gesellschaft auszuschließen („Hinauskündigungsklausel"), grundsätzlich wegen Verstoßes gegen

---

800 Initial RG, Urt. v. 23.3.1938 – II 149/37, ZAkDR 1938, 818; daran anschließend RG, Urt. v. 7.12.1942 – II 110/42, DR 1943, 808; sowie unter ausdrücklicher Bezugnahme auf das RG BGH, Urt. v. 3.10.1957 – II ZR 150/56, WM 1957, 1406; BGHZ 34, 80; BGH, Urt. v. 29.1.1962, WM 1962, 462; BGH, Urt. v. 18.03.1968, WM 1968, 532; BGH, Urt. v. 7.5.1973 – II ZR 140/71, NJW 1973, 1606.

801 Vgl. wegweisend BGH, Urt. v. 20.1.1977 – II ZR 217/75, BGHZ 68, 212, das für die Unwirksamkeit von Hinauskündigungsklauseln noch keine ausführlichen Begründungen anführte.

802 Vgl. BGH, Urt. v. 13.7.1981 – II ZR 56/80, BGHZ 81, 263, 266 verwies jedoch noch nicht auf § 138 BGB sondern auf nicht näher spezifizierte „Grundprinzipien des Gesellschaftsrechts"; vgl. zudem daran anschließend zur GmbH BGH, Urt. v. 9.7.1990 – II ZR 194/89, BGHZ 112, 103; erstmals und wegweisend auf das Gebot der guten Sitten (§ 138 BGB) als entscheidendes Kriterium verweisend BGH, Urt. v. 25.3. – II ZR 240/84, NJW 1985, 2421, 2422; zudem erstmals ausschließlich auf dieses Kriterium abstellend BGH, Urt. v. 19.9.1988, II ZR 329/87, BGHZ 105, 213, 216 f.

803 Zur historischen Übersicht der Rechtsprechungsentwicklung etwa *Beischer*, Ausschluss von Personengesellschaftern, S. 49 ff. m.w.N.; *Schmolke*, Grenzen der Selbstbindung, S. 534 ff.; aus einer frühen Perspektive kritisch *Flume*, DB 1986, 629.

die guten Sitten nach § 138 Abs. 1 BGB nichtig."[804] Die Begründung dieses Grundsatzes beruht vor allem auf der durch Hinauskündigungsklausen geschaffenen Gefahr, dass die Gesellschafter, die aufgrund dieser Klausel aus der Gesellschaft hinausgekündigt werden können, nicht mehr ihren Pflichten als Gesellschafter in vollem Umfang und nach eigener Überzeugung nachkommen, sondern ihr Verhalten vielmehr an den Wünschen der über die Ausübung der Hinauskündigungsklausel entscheidenden Gesellschafter ausrichten.[805] Diese Erwägung hat den Namen Damoklesschwertargument erhalten – die Hinauskündigungsklausel schwebe wie das Damoklesschwert ständig über dem betroffenen Gesellschafter, weshalb sie ihn in eine psychologische Zwangslage versetze.[806] Dieser Grundsatz gelte auch unabhängig von der Höhe einer gegebenenfalls mit der Hinauskündigung verbundenen Abfindung.[807] Ein Teil der Literatur stimmt dieser Sichtweise zumindest im Grundsatz zu.[808]

Von diesem Grundsatz ist die Rechtsprechung bei gleichzeitiger Betonung seiner Fortgeltung in einer erheblichen Anzahl von Einzelfällen wegen der sachlichen Rechtfertigung der Hinauskündigungsklausel aufgrund „besonderer Umstände"[809] ausnahmsweise abgewichen,[810] woraus mittler-

---

804 Vgl. BGH, Urt. v. 7.5.2007 – II ZR 281/05, NJW-RR 2007, 1256, 1257 f.

805 Vgl. nur *Schmolke*, ECFR 2012, 380, 391 m.w.N.

806 Vgl. BGHZ 81, 263, 268; siehe zuvor schon *Wiedemann*, ZGR 1980, 147, 154; vgl. unter Einordnung dieser Erwägung als rechtsethischer Gesichtspunkt gegenüber unternehmerischen Interessen, also unter Lösung von der funktionalen Argumentation *Westermann*, FS Stilz, 689, 692 f.

807 Vgl. BGH, Urt. v. 13.7.1981 – II ZR 56/80, BGHZ 81, 263, 268 f.

808 So etwa *Westermann*, in: Westermann/Wertenbruch, Handbuch Personengesellschaften, § 36 Rn. 1127a; *Schäfer*, NJW-Beil. 2016, 45, 47; weitgehend auch *Fischinger*, in: Staudinger, BGB § 138 Rn. 622 ff.; mit Kritik an der Praktikabilität der Vorgehensweise der Rechtsprechung im Grundsatz aber auch *Krämer*, NJW 1981, 2553; vgl. zudem *Schöne*, Gesellschafterausschluß bei Personengesellschaften, S. 113: „Es gibt kein gesellschaftsrechtlich anerkanntes Bedürfnis, das eine Rechtfertigung für die schrankenlose Unterwerfung eines Gesellschafter unter den Willen eines oder mehrerer Gesellschafter geben kann".

809 Vgl. BGH, Urt. vom 19. 3. 2007 – II ZR 300/05, NZG 2007, 422.

810 Vgl. auch *Beischer*, Ausschluss von Personengesellschaftern, S. 126; *Verse*, DStR 2007, 1822, 1829, die betonen, dass in der Mehrheit der höchstinstanzlich entschiedenen Fälle das Urteil zugunsten der Wirksamkeit der Hinauskündigungsklausel ausgefallen ist; sowie *Benecke*, ZIP 2005, 1437: „In jüngerer Zeit werden in höchstrichterlichen Urteilen jedoch fast nur noch Ausnahmen von der Regel judiziert", was freilich keinesfalls ohne weiteres dahingehend gedeutet werden kann, dass die Mehrheit der Gesamtmenge aller Hinauskündigungsklauseln ohnehin wirksam wäre, da einerseits einige Gesellschaftsverträge bereits in Kenntnis der grundsätzli-

weile eine vielfältige Kasuistik erwachsen ist.[811] Gleichzeitig betont der BGH, eine abschließende Darlegung sachlicher Rechtfertigungsgründe für die ausnahmsweise Zulässigkeit von Hinauskündigungsklauseln sei nicht möglich.[812] Es haben sich jedoch einige praktisch relevante Fallgruppen herauskristallisiert, die nach der Ansicht der Rechtsprechung regelmäßig eine sachliche Rechtfertigung von Hinauskündigungsklauseln begründen würden.[813] Erstens wird eine Ausnahme im Falle einer treuhänderähnlichen Stellung des betroffenen Gesellschafters angenommen. Wenn die Verschaffung der Gesellschafterstellung im Wesentlichen auf einer persönlichen Beziehung zu Mitgesellschaftern beruht, müsse, wie in der Treuhänderkonstellation, in der Herausgabe des Treuguts bei Veränderung der persönlichen Beziehung verlangt werden kann, auch im Falle der entsprechenden Konstellation auf Gesellschafterebene eine Lösung der Vertrauenskonstellation möglich sein.[814] Zweitens wird die Zulässigkeit der Hinauskündigungsklausel von der Rechtsprechung in Konstellationen anerkannt, in denen ein neues Mitglied (zunächst probehalber) in eine Freiberuflergesellschaft aufgenommen wird.[815] Der ausgeprägte persönliche Einsatz sowie die Erforderlichkeit der Beachtung berufsrechtlicher Vorgaben würden befristet

---

chen Unwirksamkeit dieser Klauseln nach der gefestigten Rechtsprechung des BGH geschlossen wurden und somit *ex ante* auf eine solche Vereinbarung verzichtet wurde, andererseits die Hinauskündigungsklauseln, über die in letzter Instanz durch den BGH entschieden wurden schon wohl nicht zufällig aus der Gesamtmenge aller tatsächlich vereinbarter Hinauskündigungsklauseln ausgewählt wurden, sondern es sich bei diesen Fällen gerade um besonders umstrittene Konstellationen handelt, weshalb sie nicht repräsentativ für die Gesamtheit der in Gesellschaftsverträgen zu findenden Hinauskündigungsklauseln sein dürften.

811 Vgl. etwa die Übersicht bei *Becker*, Zulässigkeit von Hinauskündigungsklauseln, S. 72–76; vgl. in diesem Kontext auch die Beschreibung als „Trend zu mehr Großzügigkeit" bei *Sosnitza*, DStR 2005, 72, 75; entsprechend *Habersack/Verse*, ZGR 2005, 451, 479.

812 Vgl. BGH, Urt. v. 13.7.1981, II ZR 56/80, BGHZ 81, 263, 269; BGH, Urt. v. 19.9.1988 – II ZR 329/87, BGHZ 105, 213, 217; BGH, Urt. v. 9.7.1990 – II ZR 194/89. BGHZ 112, 103, 108; vgl. jedoch die Ansätze zur Systematisierung der bisherigen, den Urteilen zugrundeliegenden Sachverhalten, bei *Beischer*, Ausschluss von Personengesellschaftern, S. 69 ff.; *Miesen*, RNotZ 2006, 522, 526 f.; *Kilian*, WM 2006, 1567, 1574; siehe zur Skepsis daran aber auch *Verse*, DStR 2007, 1822, 1825.

813 Vgl. zusammenfassend etwa *Reul*, DNotZ 2007, 184, 208 f.; *Peltzer*, ZGR 2006, 702, 713.

814 Vgl. BGH, Urt. v. 9.7.1990 – II ZR 194/89, BGHZ 112, 103.

815 Vgl. BGH, Urt. v. 8.3.2004 – II ZR 165/02, NJW 2004, 2013; BGH, Urt. v. 7.5.2007 – II ZR 281/05, NJW-RR 2007, 1256.

geltende[816] Hinauskündigungsklauseln in diesen Konstellationen analog zu der Vereinbarung von Probezeiten in Arbeitsverhältnissen legitimieren.[817] Drittens können unterschiedliche von der Rechtsprechung anerkannte Konstellationen zusammengefasst werden, in denen die Gesellschafterstellung in Folge einer anderweitigen Kooperation eingeräumt wurde, die Gesellschafterstellung somit nicht im Vordergrund der Vereinbarung steht, sondern die im Übrigen beabsichtigte Kooperation. In diesen Konstellationen handelt es sich etwa um Gesellschaften, die zwecks Koordination einzelner Projekte von ansonsten unabhängig agierenden Unternehmen als Annex zu der Kooperationsvereinbarung gegründet wurden,[818] oder aber um die als Manager- oder Mitarbeitermodell bekannte Konstellation, in der die Gesellschafterstellung als Teil der Vergütungsstruktur einem Mitarbeiter eingeräumt wird.[819] Viertens könne eine Hinauskündigungsklausel durch die Testierfreiheit legitimiert sein, was bedeutet, dass nach der Bestimmung des Erblassers einzelne Erben in einem durch den Erblasser bestimmten Zeitraum zur Hinauskündigung von anderen Miterben berechtigt sein können, denn der Erblasser könne den hinauskündbaren Erben auch von Vornherein von dem Erbe unberücksichtigt lassen.[820] In einer überschauba-

---

816 Siehe explizit zur gegebenenfalls erforderlichen geltungserhaltenden Reduktion der Laufzeit von Hinauskündigungsklauseln mit vereinbarter überlanger Geltung BGH, Urt. v. 7.5.2007 – II ZR 281/05, NJW-RR 2007, 1256, 1258.

817 Vgl. *Kilian*, WM 2006, 1567, 1572; *Beischer*, Ausschluss von Personengesellschaftern, S. 60.

818 Vgl. BGH, Urt. v. 1 4. 3. 2005 – II ZR 153/03, NZG 2005, 479; BGH, Urt. v. 24.3.2003 – II ZR 4/01, NJW 2003, 1729.

819 Zur als Managermodell bekannten Konstellation der Hinauskündigung des Geschäftsführers einer GmbH, dessen Gesellschafterstellung von vornherein als für die Zeit der Beschäftigung befristet geplant ist und der schon aufgrund von § 38 GmbHG jederzeit abberufen werden kann, weshalb die Hinauskündigungsklauseln lediglich einen Gleichlauf mit der möglichen Abberufung bewirke BGH, Urt. v. 19.9.2005 – II ZR 173/04, BGHZ 164, 98; BGH, Urt. vom 20-06-1983 – II ZR 237/82, NJW 1983, 2880; deutlich die Wirksamkeit bejahend auch *Kowalski/Bormann*, GmbHR 2004, 1438; zum entsprechend beurteilten Mitarbeitermodell, bei dem die Gesellschafterstellung ebenfalls nur zur Motivationssteigerung von Mitarbeitern eingeräumt wird BGH, Urt. v. 19.9.2005 – II ZR 342/03, NJW 2005, 3644; instruktiv und zustimmend zu den Fällen auch *Lieder*, DZWIR 2006, 63; umfangreich insbesondere in Bezug auf das Kapitalgesellschaftsrecht *Gärtner*, Der unfreiwillige Verlust der Gesellschafterstellung; kritisch analysierend *Werner*, WM 2006, 213; ausführlich auch *Schöfer*, Ausschluss- und Abfindungsregelungen.

820 Vgl. BGH, Urt. v. 19.3.2007 – II ZR 300/05, NJW-RR 2007, 913; zustimmend jüngst auch *Gehrlein*, WM 2019, 1, 2; vgl. aber auch kritisch dazu, obwohl im Übrigen (im Ergebnis) mit der Rechtsprechung sympathisierend *Armbrüster*, ZGR 2014, 333,

ren Anzahl weiterer Fälle hat der BGH dagegen bislang die Wirksamkeit der Hinauskündigungsklausel explizit abgelehnt, wobei der erbrechtliche Erwerb im Allgemeinen,[821] die bloße Eigenschaft der Gesellschaft als Familiengesellschaft[822] sowie eine geringe Kapitalbeteiligung des Gesellschafters[823] als die Klausel nicht rechtfertigende Gründe angesehen wurden.[824] Neben der Wirksamkeitsprüfung wird von der Rechtsprechung in den Fällen, in denen die Hinauskündigungsklausel ausnahmsweise wirksam sein soll, eine von der Wirksamkeitskontrolle unabhängige Ausübungskontrolle nach § 242 BGB anerkannt, welche jedoch aufgrund der ausdifferenzierten Durchführung der Wirksamkeitsprüfung nach § 138 BGB durch die Rechtsprechung bislang praktisch keine tragende Rolle erhalten hat.[825]

II. Kritik an der Position der Rechtsprechung

Die Position der Rechtsprechung hat in der Literatur vielfache und umfangreiche Kritik erfahren.[826] Aufgrund der wachsenden Anzahl von Ausnahmefällen zum Grundsatz der Unwirksamkeit der Hinauskündigungs-

---

361; kompakt zur Frage *Haberstroh*, BB 2010, 1745; ausführlich differenzierend zu erbrechtlichen Konstellationen, sorgfältig in der erbrechtliche Dogmatik kontextualisierend *Budzikiewicz*, AcP 209 (2009), 354.

821 Vgl. BGH, Urt. v. 13.7.1981 – II ZR 65/80, BGHZ 81, 263, 270; vgl. auch vor diesem Hintergrund ausführlich differenzierend zu erbrechtlichen Konstellationen *Budzikiewicz*, AcP 209 (2009), 354.

822 Vgl. BGH, Urt. v. 25.3.1985 – II ZR 240/84, NJW 1985, 2421.

823 Vgl. BGH, Urt. v. 25.3.1985 – II ZR 240/84, NJW 1985, 2421; BGH, Urt. v. 19.9.2005 – II ZR 173/04, NJW 2005, 3641; BGH, Urt. v. 19.9.2005 – II ZR 342/03, NJW 2005, 3644.

824 Siehe zum Ganzen den Überblick bei *Beischer*, Ausschluss von Personengesellschaftern, S. 66 ff., insb. spekulativ auch zu den Konstellationen des Erwerbs durch Schenkung, der Hinauskündigung zum Zweck der Zusammenführung von Kapital und Geschäftsführung sowie der Ausweitung des Gesellschafterkreises; kompakt zu den Fällen, in denen die Wirksamkeit der Hinauskündigungsklausel vom BGH abgelehnt wurde auch *Nassall*, NZG 2008, 851; *Westermann*, in: Westermann/Wertenbruch, Handbuch Personengesellschaften, § 36 Rn. 1130b; kritisch, auf die Rationalität der Akteure hinweisend *Kübler/Assmann*, Gesellschaftsrecht, S. 92; vgl. auch die Erwägungen zur Einordung einer Güterstandsklausel als (unzulässige) Hinauskündigungsklausel bei *Kaulbach*, NZG 2020, 653, 658.

825 Vgl. prägnant zur Rechtsprechung insoweit nur *Schmolke*, ECFR 2012, 380, 392.

826 Zuletzt hat Schmolke zur Einleitung seiner rechtsökonomischen Erwägungen der Rechtsfrage diese treffend zusammengefasst, siehe zum Ganzen *Schmolke*, ECFR 2012, 380, 396 ff.

klauseln wird die Position der Rechtsprechung als inkonsistent und nicht auf klare Prinzipien zurückführbar kritisiert.[827] Zudem bestehe mangels systematisch ungleicher Kräfteverhältnisse zwischen den Gesellschaftern kein legitimes Schutzbedürfnis für einzelne Gesellschafter.[828] Das Damoklesschwertargument greife jedenfalls in der allgemeinen von der Rechtsprechung genutzten Form nicht durch, da es erstens nicht im Falle solcher Mitgesellschafter zutreffe, die nur einen kleinen Gesellschaftsanteil halten und daher ohnehin nur geringen Einfluss auf die Gesellschaft ausüben können, mithin keine Drucksituation entstehe,[829] zweitens berücksichtige das Argument die Vorteile der Hinauskündigungsklauseln nicht hinreichend, die eine unkomplizierte Lösung von Konfliktlagen ermöglichten,[830] sowie drittens, da durch die Argumentation nicht auf den Schutz Dritter abgezielt werde, sondern auf die abstrakte Funktionalität der Gesellschaft, erscheine die weitgehende Einschränkung der Vertragsfreiheit nicht vollends überzeugend.[831] Darüber hinaus wird vielfach darauf verwiesen, dass das Damoklesargument nicht oder nicht in hinreichendem Maße etwaige Kompensationen des betroffenen Gesellschafters berücksichtige.[832] Schließlich wird das nicht differenzierende radikale Ausmaß der Rechtsfolge, die ausschließlich die Nichtigkeit der Klausel vorsieht, als zu weitreichend kritisiert.[833] Das Damoklesschwert werde durch das praktizierte Regel-Ausnahme-Verhältnis der Wirksamkeitskontrolle durch das „Fallbeil Unwirksamkeit" ersetzt, wodurch eine etwaige sachliche Rechtfertigung der Hinauskündigung im Einzelfall unberücksichtigt bleibe.[834]

---

827 Vgl. *Schmolke*, ECFR 2012, 380, 397; *Benecke*, ZIP 2005, 1437, 1439; *Drinkuth*, NJW 2006, 410, 411; *Verse* DStR, 2007, 1822, 1824 f.; *Kilian*, WM 2006, 1567, 1574; *Cöster*, Der Ausschluss lästiger Gesellschafter, S. 186; konkret zum Manager- und Mitarbeitermodell *Gehrlein*, BB 2005, 2433: „Bedauerlicherweise entbehrt dieser Ausnahmetatbestand klarer Konturen".

828 Vgl. *Schmolke*, ECFR 2012, 380, 397; *Drinkuth*, NJW 2006, 410, 411; *Verse*, DStR 2007, 1822, 1825 f.; *Kilian*, WM 2006, 1567, 1569 f.

829 Vgl. *Schmolke*, ECFR 2012, 380, 397 f.; *Kilian*, WM 2006, 1567, 1573; *Peltzer*, ZGR 2006, 702, 710.

830 Vgl. *Schmolke*, ECFR 2012, 380, 398; *Verse*, DStR 2007, 1822, 1826; vgl. zu der besonderen Bedeutung dieses Aspekts ausführlich noch *infra* Kapitel 4 § 3 B.I.2.

831 Vgl. *Schmolke*, ECFR 2012, 380, 398; *Verse*, DStR 2007, 1822, 1826; siehe auch *Altmeppen*, NJW 2015, 2065, 2069.

832 Vgl. *Schmolke*, ECFR 2012, 380, 398; *Drinkuth*, NJW 2006, 410, 411; *Verse*, DStR 2007, 1822, 1825; *Huber*, ZGR 1980, 177, 203.

833 Vgl. *Schmolke*, ECFR 2012, 380, 398; vgl. dazu schon *Loritz*, JZ 1986, 1073, 1075.

834 So ursprünglich *Loritz*, JZ 1986, 1073, 1075; vgl. daran angelehnt auch *Benecke*, ZIP 2005, 1437, 1439; *Schockenhoff*, ZIP 2005, 1009, 1012 f.; zur Erforderlichkeit

Da die Rechtsprechung die Nichtigkeit der Hinauskündigungsklauseln anhand eines Verstoßes gegen die guten Sitten nach § 138 BGB begründet und somit als Maßstab im Allgemeinen das „Anstandsgefühl aller billig und gerecht Denkenden"[835] gelten muss, ist die rechtsvergleichend basierte Kritik an der Rechtsprechung, die auf das US-amerikanische[836] sowie das englische Rechtssystem[837] hinweist, die jeweils die Wirksamkeit von Hinauskündigungsklauseln unter Beachtung einer Ausübungskontrolle vorsehen,[838] als Facette der dogmatischen Kritik in besonderem Maße zu berücksichtigen. So dürften aufgrund der kulturellen Nähe der Gesellschaften dieser Jurisdiktionen Ähnlichkeiten der Wahrnehmung der in den fraglichen Konstellationen maßgeblichen Verkehrskreisen bestehen.[839]

III. Konkurrierende Positionen

Eine Vielzahl von Stimmen in der jüngeren Literatur hat sich für die generelle Zulässigkeit von Hinauskündigungsklauseln sowie die Überprüfung der Klauseln im Rahmen einer Rechtsausübungskontrolle nach § 242 BGB eingesetzt.[840] Dieser Ansatz werde dem Regel-Ausnahme-Verhältnis der

---

der Differenzierung anhand konkreter Konstellation schon *Weber/Hikel*, NJW 1986, 2752, 2753.

835 Vgl. hier nur *Armbrüster*, in: MüKoBGB, § 138 BGB Rn. 14 m.w.N.

836 Ausdrücklich Sec. 601(3) Revised Uniform Partnership Act of 1997 (RUPA); zur Rechtsprechung exemplarisch nur Holman v Coie, 522 P2 d 515, 521 f. [4] (Wash App 1974).

837 Ausdrücklich Section 25 Partnership Act 1890: „No majority of the partners can expel any partner unless a power to do so has been conferred by express agreement between partners"; zu der Rechtsprechung grundlegend Blisset v Daniel (1853) 10 Hare 493, 504 f.

838 Siehe zu diesen Erwägungen im Ganzen wiederum m.w.N. *Schmolke*, ECFR 2012, 380, 398 f.; *Verse*, DStR 2007, 1822, 1826 f.; kompakt auch *Wicke*, DNotZ 2017, 261, 269 f.

839 Vgl. *Schmolke*, ECFR 2012, 380, 398; *Verse*, DStR 2007, 1822, 1827.

840 Vgl. etwa *Beischer*, Ausschluss von Personengesellschaftern; *Becker*, Zulässigkeit von Hinauskündigungsklauseln; *Verse*, DStR 2007, 1822; *Gärtner*, Der unfreiwillige Verlust der Gesellschafterstellung, S. 312 ff. und *passim*; *Benecke*, ZIP 2005, 1437, 1441 mit besonderer Betonung der Bedeutung der anerkannten Dogmatik zur Treuepflicht als entscheidender Maßstab der Ausübungskontrolle; aber auch schon *Bunte*, ZIP 1983, 8; *Bunte*, ZIP 1985, 915, 917; *Habersack/Verse*, ZGR 2005, 451; *Hey*, Freie Gestaltung in Gesellschaftsverträgen und ihre Schranken, S. 214 ff.; *Hirtz*, BB 1981, 761; wohl auch *Sosnitza*, DStR 2006, 99, 100, 103; konkret in Bezug auf Familiengesellschaften deutlich *Koller*, DB 1984, 545; dagegen Differenzierung zwischen

ohnehin mittlerweile bestehenden Praxis[841] sowie dem Erfordernis einer einzelfallgerechten Lösung gerecht.[842]

Weitere in der Literatur diskutierte Lösungen stellen sich als Variationen der beiden gegensätzlichen Ansichten der allgemeinen Unwirksamkeit der Hinauskündigungsklauseln nach § 138 BGB einerseits[843] und der grundsätzlichen Wirksamkeit dieser bei Einschränkung durch eine Ausübungskontrolle andererseits dar.[844] Die unter diesen am häufigsten anzutreffende Position ist wohl die, wonach Hinauskündigungsklauseln immer dann wirksam seien, wenn Sie an eine „vollwertige" beziehungsweise „faire" Abfindung zugunsten des Hinauskündigenden geknüpft sind, da unter diesem Umstand das Damoklesargument nicht greife, denn die Hinauskündigung führe so weder auf der Seite des Hinausgekündigten zu einer Vermögenseinbuße, noch auf der Seite der übrigen Gesellschafter zu einer Vermögens-

---

Inhalts- und Ausübungskontrolle offen lassend *Westermann*, FS 50 Jahre BGH, 245, 249 ff.

841 Zu der Vielzahl der durch die Rechtsprechung etablierten Ausnahmen bereits *supra* Kapitel 4 § 2 A.I.; zum Argument etwa *Sosnitza*, DStR 2006, 99, 100.

842 Siehe zusammenfassend deutlich nur *Verse*, DStR 2007, 1822, 1829.

843 Anknüpfend an die Position des BGH wird etwa auch vertreten, eine grundsätzlich nach § 138 BGB unwirksame Hinauskündigungsklausel könne gem. § 139 BGB analog geltungserhaltend ausgelegt werden, wenn ein sachlicher Grund zum Zeitpunkt des Ausschlusses vorliegt, dieser sei implizit durch den Abschluss des Gesellschaftsvertrages mitvereinbart worden, da der betroffene Gesellschafter durch das Einlassen auf die Gestaltung des Gesellschaftsvertrages nur eingeschränkt schutzwürdig sei (*Gehrlein*, NJW 2005, 1969, 1972 f.). Eine weniger weitreichende Position möchte Hinauskündigungsklausel nach § 139 BGB analog insoweit für wirksam halten, insoweit ein hypothetischer Parteiwille zu einem zulässigen Maß dieser Klausel dazu im Vertrag erkennbar angelegt und die Klausel teilbar ist, vgl. *Reymann*, DNotZ 2006, 106.

844 Vgl. dazu den ausdifferenzierten Überblick bei *Beischer*, Ausschluss von Personengesellschaftern, S. 74 ff.
Eine weitere Position möchte zur Beurteilung der Wirksamkeit von Hinauskündigungsklauseln nicht primär auf § 138 BGB oder § 242 BGB abstellen, sondern die Wirksamkeit von Hinauskündigungsklauseln an dem sich aus den mitgliedschaftlichen Nebenpflichten ergebenden Maßstab der gesellschaftsrechtlichen Treuepflicht, vgl. *Schockenhoff*, ZIP 2005, 1009, was letztlich jedoch wiederum auf eine Kombination aus Wirksamkeits- und Ausübungskontrolle hinausläuft, der Schwerpunkt aber konträr zu der Rechtsprechungsposition auf der Ausübungskontrolle liegen soll, da ein Verstoß gegen § 138 BGB nur bei offenkundigem Fehlen von die Klausel rechtfertigenden Umständen greifen solle, siehe explizit *Schockenhoff*, ZIP 2005, 1009, 1017.

mehrung, sondern bedeute auf beiden Seiten nur einen Aktivtausch – Gesellschaftsanteil gegen Barmittel von gleichem Wert.[845]

Die von *Werner Flume* proklamierte Lehre vom „Gesellschafter minderen Rechts" differenziert danach, ob einzelnen Gesellschaftern durch die Hinauskündigungsklausel ein Ausschlussrecht zugesprochen werde oder die Hinauskündigung durch Beschluss der Mehrheit der Gesellschafter beschlossen werden könne.[846] Während im ersten Fall die Hinauskündigungsklauseln grundsätzlich wirksam sein sollen, da der Gesellschaftsvertrag ein klares Rangverhältnis zwischen zwei strukturell verschiedenen Arten von Gesellschaftern vorsehe, auf die sich die Gesellschafter bei Abschluss des Gesellschaftsvertrages eingelassen haben, verstoße der zweite Fall gegen den zwischen der Gesellschaft und den Gesellschaftern einzuhaltenden Gleichbehandlungsgrundsatz.[847]

---

845 Siehe explizit und nachdrücklich eine volle monetäre Abfindung (wirkliches Äquivalent) als hinreichende Bedingung für die Anerkennung der Wirksamkeit von Hinauskündigungsklauseln anerkennend *Grunewald*, DStR 2004, 1750, 1751 f.; explizit zur Abgrenzung zu in der Höhe abweichender Abfindungsregeln *Grunewald*, FS Priester, 123, 130 f.; *Grunewald*, Der Ausschluss aus Gesellschaft und Verein, S. 221 f.; wohl zumindest als notwendige Bedingung auf die volle Abfindung abstellend *Henssler*, FS Konzen, 267, 283; *Koller*, DB 1984, 545, 549; die volle Abfindung als Indiz für die Wirksamkeit der Hinauskündigungsklausel ansehend, jedoch weder als notwendige noch als hinreichende Bedingung für die Wirksamkeit *Benecke*, ZIP 2005, 1437, 1440 ff.; ebenso *Verse*, DStR 2007, 1822, 1829; insoweit schon eher offen in Bezug auf die Beurteilung der Rolle der Abfindung *Esch*, NJW 1979, 1390; vgl. zumindest mit dem Ansatz auch sympathisierend *Hennerkes/Binz*, NJW 1983, 73; *Huber*, ZGR 1980, 177, 210 f.

846 Vgl. *Flume*, NJW 1979, 902; *Flume*, DB 1986, 629, 633; *Flume*, Allgemeiner Teil BGB, S. 137 ff.; dem im Wesentlichen folgend *Altmeppen*, in: Roth/Altmeppen, § 34 Rn. 51 ff.; sympathisierend zuletzt auch *Goette*, DStR 2005, 800, 801; umfangreich konkret zum Managermodell *Schöfer*, Ausschluss- und Abfindungsregelungen gegenüber Gesellschaftern minderen Rechts am Beispiel des Managermodells; dagegen kritisch dazu etwa *Verse*, DStR 2007, 1822, 1829; sowie *Beischer*, Ausschluss von Personengesellschaftern, S. 74 f. Vgl. in diesem Kontext auch den von *Flumes* Ansatz abzugrenzenden Vorschlag von *Behr*, ZGR 1985, 475, 492 ff., der von den übrigen Gesellschaftern die Hinauskündigungsklausel rechtfertigende „statusgeminderte" Gesellschafter differenzieren möchte, deren Gesellschafterstellung in einer treuhänderähnlichen Rolle im Interesse der übrigen Gesellschafter oder bloß als Kapitalanlage ausgestaltet ist, sodass sie keine funktionale Rolle für die Tätigkeit der Gesellschaft einnehmen, weshalb das Damoklesargument in diesen Fällen ohnehin nicht greife und womit er somit im Gegensatz zu *Flume* den Versuch der Etablierung von an Sacherwägungen geknüpfter Kriterien zur Differenzierung der Gesellschafterstellung unternimmt.

847 *Supra* Fn. 846.

B. Rechtsökonomische Ansätze zu Hinauskündigungsklauseln

Rechtsökonomische Erwägungen mit dem Ziel der Anreicherung des Diskurses um Hinauskündigungsklauseln haben in der jüngeren Vergangenheit bereits *Klaus Ulrich Schmolke*[848] und *Lisa Pfaffinger*[849] vorgelegt.[850] Ihre Ansätze weisen erhebliche, sich teilweise widersprechende, strukturelle Unterschiede auf (I), wobei einerseits der Nutzen der funktionalen Herangehensweisen deutlich wird, andererseits jedoch auch der Bedarf an weiterführenden rechtsökonomischen Erwägungen (II).

I. Konzeption und Charakteristika der Ansätze von Schmolke und Pfaffinger

Während *Schmolke* und *Pfaffinger* zumindest in der Tendenz, mehr oder weniger deutlich, im Ergebnis die Umkehr des Regel-Ausnahme-Verhältnisses der Rechtsprechung zu der Wirksamkeit der Hinauskündigungsklauseln befürworten und gleichzeitig die Anhebung der Relevanz der Ausübungskontrolle fordern,[851] unterscheiden sich ihre zu diesem Schluss führenden Herangehensweisen und Argumentationsstränge bisweilen deutlich. *Schmolke* orientiert seine Erwägungen im Ausgangspunkt an der Frage, inwiefern die Regulierung von Hinauskündigungsklauseln als Eingriff in die Privatautonomie den Interessen der Gesellschafter diene, und sieht in diesem Gesellschafterinteresse den einzig relevanten Beurteilungsmaßstab der Rechtsfrage, da die in Literatur und Rechtsprechung angeführte Gesellschaftsfunktionalität nicht überzeuge und Gläubigerinteressen von der rechtlichen Beurteilung der Hinauskündigungsklauseln nicht betroffen sei-

---

848 Vgl. *Schmolke*, ECFR 2012, 380; siehe entsprechend *Schmolke*, Grenzen der Selbstbindung, S. 534 ff.

849 Vgl. *Pfaffinger*, Gesellschafterhaftung, S. 177 ff.

850 Während sich *Schmolke* in seinem Beitrag explizit mit der Frage nach der Wirksamkeit von Hinauskündigungsklauseln widmet und aufbauend auf einer Analyse der Schwächen der bisherigen Diskussion rechtsökonomische Ansätze darlegt, geht *Pfaffinger* auf die Diskussion im Rahmen einer umfassenden ökonomischen Betrachtung des Haftungssystems der Personengesellschaften ein.

851 Siehe einerseits deutlich *Schmolke*, ECFR 2012, 380, 419; andererseits insoweit zurückhaltender *Pfaffinger*, Gesellschafterhaftung, S. 183, wobei zu berücksichtigen ist, dass die Darstellung insoweit schon nicht den Anspruch hat, für abschließende Klärung zu sorgen, dazu S. 177.

en.[852] Dem widerspricht *Pfaffinger*, ohne *Schmolke* explizit zu nennen, im Ausgangspunkt im Hinblick auf Personengesellschaften zurecht deutlich,[853] indem sie darauf hinweist, dass die Regulierung von Hinauskündigungsklauseln sowohl im Interesse der Gesellschafter als auch im Interesse der Gesellschaftsgläubiger ist, da das Bestehen einer Hinauskündigungsklausel für den hinauskündbaren Gesellschafter Anreize schaffen könne, aus Sorge um den Verlust seiner Gesellschafterstellung davon abzusehen, opportunistisches Verhalten[854] der Mitgesellschafter zu verhindern.[855] Dadurch drohe die Funktionsweise des Mechanismus der persönlichen Gesellschafterhaftung eingeschränkt zu werden, was aufgrund der damit einhergehenden Ineffizienz zum Nachteil der Gläubiger gereiche und in der Konsequenz der Antizipation der somit nicht verhinderten opportunistischen Verhaltensweisen durch die Gläubiger in Gestalt von erhöhten Kreditkosten, mithin die Effizienzverluste also sowohl die Gesellschafter über ihren jeweiligen Gesellschaftsanteil als auch die Gläubiger anteilig treffen.[856]

Beide Ansätze unterscheiden sich jedoch nicht nur in ihrem Ausgangspunkt, sondern auch im Hinblick auf die der Funktionsanalyse zugrunde gelegten Verhaltensannahmen. Während *Pfaffinger* ausdrücklich zumindest

---

852 Vgl. *Schmolke*, ECFR 2012, 380, 406.

853 Mangels des Haftungssystems persönlicher Haftung lassen sich die Erwägungen *Pfaffingers* freilich nicht auf die verwandte Konstellation der Hinauskündigungsklausel in Gesellschaftsverträgen einer GmbH übertragen, so auch explizit *Pfaffinger*, Gesellschafterhaftung, S. 184; vgl. auch schon deutlich zur Notwendigkeit der Differenzierung zwischen Personen- und Kapitalgesellschaften im gegebenen Kontext *Wolf*, Die Hinauskündigung eines Gesellschafters.

854 Siehe wegweisend zum Begriff *Williamson*, The Economic Institutions of Capitalism, S. 47, danach ist Opportunismus definiert als "self-interest seeking with guile"; differenzierend *Alchian/Woodward*, J. Econ. Lit. 26 (1988), 65.

855 Vgl. explizit zur gegenseitigen Überwachung als Steuerungsmechanismus aufgrund der gesellschaftsbedingten Einstandspflicht, insoweit das Verhältnis der Gesellschafter untereinander als Prinzipal-Agenten-Beziehung beschrieben werden kann *Tröger*, FS Westermann, 1533, 1563 f.; siehe allgemein grundlegend analytisch zu der Frage nach der Einstandspflicht für deliktisches Fremdverhalten *Kornhauser*, Ca. L. Rev. 70 (1982), 1345; *Sykes*, Yale. L.J. 91 (1981), 168; *ders.*, Yale L.J. 93 (1984), 1231.

856 Siehe zusammenfassend und insoweit deutlich *Pfaffinger*, Gesellschafterhaftung, S. 182 ff. und *passim*; vgl. zu den maßgeblichen Wirkungszusammenhängen auch *Tröger*, FS Westermann, 1533, 1548 ff.; grundlegend zu dem zugrundeliegenden Prinzipal-Agenten-Konflikt der Agenturtheorie zwischen Gesellschaftern und Gläubigern *Jensen/Meckling*, J. Fin. Econ. 3 (1976), 305, 334 ff.; einführend und zu weiteren Nachweisen zur Agenturtheorie *Erlein/Leschke/Sauerland*, Institutionenökonomik, S. 63 ff.; instruktiv auch *Armour/Enriques et al.*, Anatomy of Corporate Law, S. 29 ff.

in dem hier gegenständlichen Teilaspekt ihrer in der Gesamtheit breiter an-
gelegten Untersuchung von der Rationalität der Gesellschafter ausgeht,[857]
stellt die Basis für *Schmolkes* Ausführungen die zentrale Erkenntnis dar,
dass die Verhaltensweisen der Gesellschafter von Personengesellschaften
gerade systematisch von der Rationalitätsannahme abweichen und die Regulierung von Hinauskündigungsklauseln auf eine Korrektur dieser Abweichungen im Sinne eines libertären Paternalismus[858] zugunsten der Maximierung der Zielvorgaben der Gesellschafter abzielt.[859] Der Eingriff in die
Privatautonomie kann demnach gar nur gerechtfertigt werden, wenn die
Gesellschafter nicht rational handeln.[860] Ein Eingriff in die Vertragsfreiheit
könne gerade dann, und nur dann legitim sein, wenn Rationalitätsdefizite der Gesellschafter vorliegen. Von positiven verhaltensökonomischen Erkenntnissen[861] leitet *Schmolke* diese systematischen Abweichungen der Ge-
sellschafterhandlungen von idealtypisch rationalen Verhaltensweisen ab.[862]
Wegen dieser Abweichungen seien die Gesellschafter vor den Konsequenzen ihrer eigenen (irrationalen) Handlung, namentlich der Vereinbarung
der Hinauskündigungsklausel, durch die Kontrolle der Ausübung einer

---

857 Vgl. *Pfaffinger*, Gesellschafterhaftung, S. 8 ff., 182 ff.

858 Siehe grundlegend dazu *Sunstein*, U. Chi. L. Rev. 64 (1997), 1175, 1178; *Jolls/Sun-
     stein/Thaler*, Stan. L. Rev. 50 (1998), 1471, 1541 ff.; *Sunstein/Thaler*, U. Chi. L.
     Rev. 70 (2003), 2259; *Thaler/Sunstein*, Am. Econ. Rev. 93 (2003), 175; instruktiv
     auch *dies.*, Nudge; vgl. auch *Jolls/Sunstein*, J. Legal Stud. 35 (2006), 199; instruktiv
     Thaler/Sunstein, Nudge, S. 5 ff.; sowie die Übersichten aus der deutschen Rechtswis-
     senschaft bei *Schmolke*, ECFR 2012, 380, 406 ff.; *Schmolke*, Grenzen der Selbstbin-
     dung, S. 215 ff.; *Eidenmüller*, JZ 2011, 814; *ders.*, JZ 2005, 216, 222; konzise und
     differenzierend *Klöhn*, Kapitalmarkt, Spekulation und Behavioral Finance, S. 149 ff.;
     zurückhaltend *Tröger*, Arbeitsteilung und Vertrag, S. 229; differenzierend zum Pater-
     nalismusbegriff *Kirste*, JZ 2011, 805; instruktiv mit Anwendungsbezug jüngst auch
     Beul, KritV 2019, 39.

859 Vgl. *Schmolke*, ECFR 2012, 380, 406 ff. Vor dem Hintergrund der Legitimierung
     der Regulierung von Hinauskündigungsklauseln nach der Grundidee des *libertarian
     paternalism* betont *Schmolke* folgerichtig sogar, dass die Irrationalität der Gesell-
     schafter notwenige Voraussetzung für die Legitimität des Eingreifens in die gesell-
     schaftsvertragliche Vereinbarung ist, siehe konkret *ders.*, ECFR 2012, 380, 410.

860 Vgl. *Schmolke*, ECFR 2012, 380, 410: „Against this background, the Federal Supreme
     Court's case law on expulsion and valuation clauses can only be justified if the
     assumption of rational behavior does not hold".

861 Dazu im Allgemeinen als Element vielfältiger Ökonomik schon *supra* Kapitel 2 § 2,
     konkret noch *infra* Fn. 867 sowie Kapitel 4 § 3 A.II.; generell mit Verweisen in die
     grundlegende verhaltensökonomische Literatur *Schmolke*, ECFR 2012, 380, 406 f.;
     ders., Grenzen der Selbstbindung, S. 626 ff.

862 Vgl. *Schmolke*, ECFR 2012, 380, 406 f., 410 ff.

solchen Klausel zu schützen.[863] *Schmolke* stellt in schlüssiger, wenngleich in für die konkrete Konstellation nicht spezifisch empirisch untermauerter Weise[864] eine emotionale Bindung der Gesellschafter von kleinen und mittelgroßen Gesellschaften, insbesondere deren Gründer, dar, aufgrund derer, im Gegensatz zu Gesellschaftern anonymer Publikumskapitalgesellschaften, systematische Abweichungen von der Rationalitätsannahme zu beobachten seien.[865] Insbesondere übermäßiger, also rationale Prognosen übersteigender Optimismus,[866] der im Falle günstiger Gesamtbedingungen durch Verfügbarkeitsheuristiken verstärkt werde,[867] sowie eine extensive Diskontierung zukünftiger Nutzen, durch die Konfliktpotentiale unterschätzt[868] oder eine vermeintlich kleine Wahrscheinlichkeit für Konflikte sogar gänzlich ausgeblendet wird,[869] würden im Umfeld einer grundsätzlich optimistischen Stimmung,[870] die durch persönliche Beziehungen geprägt ist,[871] wodurch tendenziell kritische Auseinandersetzungen unter den

---

863 Vgl. *Schmolke*, ECFR 2012, 380, 406 ff.

864 Vgl. insoweit die entsprechenden, ebenfalls auf allgemeineren empirischen Arbeiten beruhenden Schlüssigkeitserwägungen im Personengesellschaftskontext bei *Eisenberg*, Stan. L. Rev. 47 (1995), 211, 251 ff.; sowie darauf aufbauend *Means*, Fordham L. Rev. 79 (2010), 1161, 1174 ff.

865 Vgl. *Schmolke*, ECFR 2012, 380, 406 f., 410 ff.

866 Dieser resultiere aus einem Zusammenspiel von übersteigertem Selbstvertrauen (*overconfidence*), der generellen Tendenz, die eigenen Fähigkeiten als überdurchschnittlich anzusehen (*above average-effect*) sowie der Tendenz, eigene Erfolge auf persönliche Fähigkeiten zurückzuführen, und die Bedeutung externer Faktoren für diese zu unterschätzen (*self-serving bias*), siehe *Schmolke*, ECFR 2012, 380, 411; *ders.*, Grenzen der Selbstbindung, S. 628; *Eisenberg*, Stan. L. Rev. 47 (1995), 211, 249 ff.; *Means*, Fordham L. Rev. 79 (2010), 1161, 1174 ff.; *O'Neal*, Clev. St. L. Rev. 35 (1987), 121, 124; *Agstner*, EBOR 21 (2020), 505, 509 f.; allgemein empirisch zum übermäßigen Optimismus auch *Weinstein*, J. Pers. Soc. Psychol. 39 (1980), 806.

867 Durch die Verfügbarkeitsheuristik (*availability bias*) werden gegenwärtige Erfolge als Schätzer für zukünftige Entwicklungen herangezogen, weil diese im Bewusstsein der Akteure sind, zum Phänomen grundlegend *Tverky/Kahneman*, Cogn. Sci. 5 (1973), 207; instruktiv *Kahneman*, Thinking, Fast and Slow, S. 129 ff.; siehe entsprechend kontextualisiert *Schmolke*, ECFR 2012, 380, 411; *Eisenberg*, Stan. L. Rev. 47 (1995), 211, 252.

868 Siehe *Schmolke*, ECFR 2012, 380, 411; *Eisenberg*, Stan. L. Rev. 47 (1995), 211, 249, 252; *Means*, Fordham L. Rev. 79 (2010), 1161, 1175; *Agstner*, EBOR 21 (2020), 505, 509.

869 Vgl. *Schmolke*, ECFR 2012, 380, 411.

870 Vgl. *Schmolke*, ECFR 2012, 380, 411 f.; *Means*, Fordham L. Rev. 79 (2010), 1161, 1163; *Hetherington/Dooley*, Va. L. Rev. 63 (1977), 1, 36; *O'Neil*, Clev. St. L. Rev. 35 (1987), 121, 124.

871 Vgl. *Schmolke*, ECFR 2012, 380, 412; *ders.*, Grenzen der Selbstbindung, S. 629; deutlich zudem *Cheffins*, Company Law, S. 273; wegweisend *Easterbrook/Fischel*, Stan. L.

Gesellschaftern vermieden werden,[872] und die eine langfristige Planungs-perspektive erfordert,[873] die durch vielfach unerfahrene Gesellschafter aus-gefüllt werden muss[874] und dabei professionelle, die Findung rationaler Entscheidungen erleichternde Informationen offenlegende und strukturie-rende Ratgeber nur in eingeschränktem Maße verfügbar sind,[875] zu diesen Rationalitätsabweichungen führen.[876] Aufgrund der in einigen Konstellatio-nen bestehenden berechtigten Interessen an Hinauskündigungsklauseln, wenn nämlich ein struktureller und grundlegender Unterschied zwischen Gesellschaftern besteht, wie etwa im Managermodell,[877] sei eine allgemei-ne Nichtigkeit dieser Klauseln dennoch nicht gerechtfertigt.[878] Aus diesen Konstellationen des berechtigten Interesses an den Klauseln sowie dem Grundsatz der Vertragsfreiheit leitet *Schmolke* die Vorzugswürdigkeit der

---

Rev. 38 (1986), 271, 273 f.; daran anknüpfend *Moll*, Wake Forest L. Rev. 40 (2005), 883, 911 f. m.w.N.; *Means*, Fordham L. Rev. 79 (2010), 1161, 1174; *Illig*, Am. U. L. Rev. 56 (2006), 275, 318; anschaulich *Scogin*, Mich. J. Int'l L. 15 (1993), 127, 128; mit aus-drücklicher Bezugnahme auf Minderheitsgesellschafter in *close corporations* auch schon *Hetherington/Dooley*, Va. L. Rev. 63 (1977), 1, 36; *Fleischer*, in: Bachmann et al., Regulating the Closed Corporation, S. 47 f.

872 Vgl. *Schmolke*, ECFR 2012, 380, 412; *ders.*, Grenzen der Selbstbindung, S. 629 *Chef-fins*, Company Law, S. 273 f.; *Moll*, Wake Forest L. Rev. 40 (2005), 883, 912 ff.; *Agst-ner*, EBOR 21 (2020), 505, 510.

873 Durch diese Komplexität wird eine Selektion der zur notwendigen Entwicklungs-prognose herangezogenen Umstände umso erforderlicher; siehe *Schmolke*, ECFR 2012, 380, 412; *ders.*, Grenzen der Selbstbindung, S. 629; *Eisenberg*, Stan. L. Rev. 47 (1995), 211, 249, 252; *Fleischer*, in: Bachmann et al., Regulating the Closed Corpora-tion 2014, S. 48.

874 Vgl. *Schmolke*, ECFR 2012, 380, 412; *ders.*, Grenzen der Selbstbindung, S. 630; *Moll*, Wake Forest L. Rev. 40 (2005), 883, 912.

875 Vgl. *Schmolke*, ECFR 2012, 380, 412 f.; *ders.*, Grenzen der Selbstbindung, S. 630; *Fleischer*, in: Bachmann et al., Regulating the Closed Corporation, S. 47; vgl. aus-drücklich in Bezug auf Rechtsberatung *Cheffins*, Company Law, S. 273; eingehend auch *O'Neal*, Clev. St. L. Rev 35 (1987), 121, 124; *Moll*, Wake Forest L. Rev. 40 (2005), 883, 912.

876 Zurecht verweist *Schmolke* auch darauf, dass vielfach eine nachträgliche Anpassung von somit den Abschluss des Gesellschaftsvertrages mitbestimmenden Rationali-tätsabweichungen aufgrund der Tendenz zur Vermeidung kognitiver Dissonanz und der übermäßigen Diskontierung zukünftigen Nutzens vielfach nicht erfolgt, auch wenn diese durch folgende Entwicklungen den Gesellschaftern offengelegt werden, siehe *Schmolke*, Grenzen der Selbstbindung, S. 630 f. Zudem bestehen mög-licherweise nicht bei allen Gesellschaftern *ex post* Anreize zur Korrektur der so zustande gekommen Vertragsinhalte, wenn sie durch diese persönlich, zufällig oder intendiert, bessergestellt werden.

877 Zu diesen Konstellationen schon *supra* Kapitel 4 § 2 A.I.

878 Vgl. *Schmolke*, ECFR 2012, 380, 415 ff.

Ausübungskontrolle *ex post* gegenüber dem Grundsatz der Nichtigkeit *ex ante* zur Korrektur von Irrationalitäten ab.[879]

II. Auswertung und weiterführender Auftrag

Somit reichern die beiden vorhandenen rechtsökonomischen Analysen die bisherige Diskussion mit Klarheit schaffenden Ansätzen an: einerseits durch Herleitung und Konturierung normativer Kriterien zur Beurteilung der Hinauskündigungsklauseln, andererseits durch die den Klauseln zugrundeliegende Wirkungszusammenhänge aufzeigende positive Funktionsanalysen. Aus der Gesamtschau der beiden Arbeiten lassen sich auf Basis der Konzeption dieser Arbeit konkrete Leitgedanken für eine weiterführende rechtsökonomische Untersuchung ableiten.

Erstens stellen zwar die dargelegten rechtsökonomischen Ansätze zur normativen Begründung der Notwendigkeit der Einschränkung der Vertragsfreiheit durch Wirksamkeits- oder Ausübungskontrolle bereits dadurch, dass sie sich an der Charakteristik der Gesellschafterverhältnisse und an dem System persönlicher Haftung orientieren, einen Bezug zu den für den Regelungsgegenstand maßgeblichen gesetzgeberischen Intentionen her. Im Kontext dieser Arbeit[880] bedarf die Rückkopplung an die gesetzgeberische Intention jedoch einer expliziten, weiterführenden Überprüfung.

Zweitens verdeutlichen die sich bisweilen widersprechenden Ansätze im Hinblick auf die Verhaltensannahmen sowie die Zielfunktion der Kontrolle von Hinauskündigungsklauseln das Erfordernis einer umfassenden und differenzierenden Ausschöpfung der unterschiedlichen Ansätze der Ökonomik. Der aufgeworfene und zur bestmöglichen Beschreibung komplexer Realzusammenhänge erforderliche pluralistische Diskurs durch Rechtsökonomik ist im Hinblick auf die in den beiden Arbeiten von *Schmolke* und *Pfaffinger* verwendeten und sich teilweise entgegenstehenden Ansätzen der Ökonomik zu überprüfen und in Richtung eines gemeinsamen Nenners zusammenzuführen.

Drittens wird die Differenzierung, ob und inwieweit die Kontrolle von Hinauskündigungsklauseln durch eine Ausübungs- oder eine Inhaltskontrolle erfolgen muss, in den bisherigen Arbeiten lediglich angedeutet, insbesondere erfährt die von den Autoren vorgenommene Funktionsanalyse

---

879 Vgl. *Schmolke*, ECFR 2012, 380, 416 f.
880 Siehe *supra* Kapitel 2 § 1 A.

keine detaillierte Differenzierung in dieser Hinsicht. Insoweit besteht Bedarf an weitergehenden Erwägungen zur Bestimmung des angemessenen Regelungsregimes.

§ 3 Rechtsökonomische Betrachtung

Vor dem Hintergrund dieses Arbeitsprogramms soll zunächst die Rückkopplung des Effizienzziels als Ziel der Kontrolle von Hinauskündigungsklauseln an ihre Legitimation durch den Gesetzgeber überprüft werden (A), ehe Maßstäbe für die Effizienzbetrachtung der Kontrolle konkreter Hinauskündigungsklauseln entwickelt werden können (B). Abschließend können die Erwägungen in dem Diskussionsstand verortet werden (C).

A. Ermittlung des Auslegungsmaßstabs

Da im Gegensatz zu der erörterten Konstellation der Arbeitsvertragsbefristung im professionellen Sport[881] im Hinblick auf die Regulierung von Hinauskündigungsklauseln keine explizit auf die maßgebliche Rechtsfrage zugeschnittenen Normen existieren,[882] und zu den in der Konsequenz maßgeblichen Generalklauseln – § 138 BGB im Falle der Inhaltskontrolle und § 242 BGB im Falle der Ausübungskontrolle – schon ihrer Natur nach – durch den Gesetzgeber kein breites – ohnehin kein umfassendes[883] – Spektrum denkbarer Anwendungsfälle berücksichtigt und durch Wertungen prädeterminiert wurde,[884] ist zur Spezifizierung der mit Blick auf die konkret maßgebliche Rechtsfrage erheblichen gesetzgeberischen Zielvorgaben – und somit zur Gewichtung des Effizienzziels als Maßstab der Rechtsanwendung – auf tiefer liegende, diese einrahmende Wertmaßstäbe abzustellen.[885] Einerseits deutet

---

881 *Supra* Kapitel 3.
882 Vgl. auch die entsprechende Feststellung zum Minderheitenschutz im Personengesellschaftsrecht im Allgemeinen bei *Klöhn*, AcP 216 (2016), 281, 284.
883 Vgl. allgemein schon *supra* Kapitel 2 § 1 B.II.
884 Vgl. hier nur *Siems*, EuZW 2002, 747, 752; illustrierend *Morell*, AcP 217 (2017), 61, 65.
885 Siehe zur Bindung an die gesetzgeberischen Wertungen zur Anwendung von § 138 BGB *Fischinger*, in: Staudinger, BGB § 138 Rn. 96; BGH, Urt. v. 12.3.1981, III ZR 92/79, BGHZ 80, 153, 157 f.; BGH, Urt. v. 26.1.1989, X ZR 23/87, BGHZ 106, 336, 338; *Boemke*, JuS 2001, 444, 445; zum gegebenen Kontext auch schon *Gärtner*, Der unfreiwillige Verlust der Gesellschafterstellung, S. 157 f.

Pfaffinger[886] zur Konturierung dieses Werterahmens auf die Konzeption des personengesellschaftsrechtlichen Haftungssystems (I), andererseits *Schmolke*[887] auf die Reichweite grundrechtlicher Schutzmechanismen (II). Zudem ist vor dem Hintergrund dieser jeweiligen Erwägungen der nicht nur im gegenständlichen Kontext vielfach diskutierte Minderheitenschutz als Facette der offengelegten Regelungsziele zu berücksichtigen (III). Die sich aus diesen gesetzgeberischen Vorgaben ableitbaren Effizienzzielvorgaben zur Rechtsanwendung halten einer Überprüfung der je zugrundeliegenden Erwägungen in zu differenzierender Weise stand (IV).

I. Das Haftungssystem des Personengesellschaftsrechts

Das deutsche Personenhandelsgesellschaftsrecht enthält keinerlei ausdrückliche Normierungen übergeordneter Zwecke seines gesamten Regelungssystems. Schon im Ausgangspunkt kann somit auf Basis der zuvor angestellten Erwägungen zur allgemeinen rechtsstaatlichen Bedeutung des Effizienzkriteriums nach seiner stabilisierenden Wirkung auf seine besondere Bedeutung als Referenzmaß für den Rechtsanwendungsprozess verwiesen werden.[888] Darüber hinaus gibt jedoch auch die Funktionalität des Haftungssystems des Personenhandelsgesellschaftsrechts weitergehende Anhaltspunkte für das normative Maß der Auslegung, die im Ergebnis die Bedeutung des Effizienzkriteriums zur Beurteilung der Wirksamkeit von Hinauskündigungsklauseln betonen. So erschöpft sich die allgemeine Funktionalität des Gesellschaftsrechts nicht nur darin, für die Gesellschaft als *nexus of contracts*[889] ein Paket an Standardregelungen zu schaffen, auf die sich die Parteien, also die Gesellschafter untereinander, aber auch die Gesellschaft im Verhältnis zu ihren Gläubigern, nicht individualvertraglich verständigen müssen, wodurch schließlich das bei der Gründung sowie dem Betrieb der Gesellschaft aufgrund des durch die dabei (nicht mehr) erforderlichen Verträge anfallende Transaktionskostenvolumen reduziert

---

886 Im Ganzen *Pfaffinger*, Gesellschafterhaftung, S. 15 ff.; vgl. zu den zugrundeliegenden Erwägungen auch *Tröger*, FS Westermann, 1533 ff.

887 Siehe als Hintergrund zu *Schmolke*, ECFR 2012, 380, 405 ff. insbesondere *ders.*, Grenzen der Selbstbindung, S. 55 ff.

888 Siehe *supra* Kapitel 2 § 2 D.I.

889 Grundlegend *Jensen/Meckling*, J. Fin. Econ. 3 (1976), 305; vgl. wegweisend aber auch schon *Alchian/Demsetz*, Am. Econ. Rev. 62 (1972), 777, 794.

wird.[890] Diese Standardfunktionalität, deren Bedeutung weit über das Gesellschaftsrecht hinausgeht und das Vertragsrecht allgemein durchzieht, betont in Bezug auf Hinauskündigungsklauseln unmittelbar lediglich die Vorteilhaftigkeit eindeutig positiv definierter Wirksamkeitsvoraussetzungen, an denen es im Gesetz jedoch fehlt. Vielmehr bewirkt das Gesellschaftsrecht darüberhinausgehend die Verselbständigung von Vermögensmassen durch die Abtrennung einer gesellschaftseigenen Vermögensmasse vom Privatvermögen der Gesellschafter,[891] was *per se* mit einer effizienzsteigernden Wirkung verbunden ist, da bereits davon eine Signalwirkung gegenüber den Gläubigern ausgeht, nämlich dass ihnen eine vom Privatvermögen separierte Haftungsmasse zur Verfügung steht.[892] Durch die Abschirmung

---

890 Vgl. zu dieser *contractarian*-Sichtweise hier nur *Butler/Ribstein*, Wash. L. Rev. 65 (1990), 1, insbesondere mit vielfältigen weiterführenden Verweisen auf die grundlegende und richtungsweisend die Gedanken fortentwickelnde Literatur dort S. 3 Fn. 3; *Bainbridge*, Cornell L. Rev. 82 (1997), 856; *Baysinger/Butler*, J. L. & Econ. 28 (1985), 179; *Easterbrook/Fischel*, Colum. L. Rev. 89 (1989), 1416; *Easterbrook/Fischel*, The Economic Structure of Corporate Law, S. 14 f., 34 f.; *Hart*, Colum. L. Rev. 89 (1989), 1757, 1763 ff.; instruktiv auch *Armour/Enriques et al.*, Anatomy of Corporate Law, S. 19 ff.; weiterführend zu aus der Standardisierung des Rechtsrahmens resultierenden Netzwerkeffekten grundlegend *Klausner*, Va. L. Rev. 81 (1995), 757; *Kahan/Klausner*, Va. L. Rev. 83 (1997), 713; instruktiv und differenzierend zudem *Lemley/McGowan*, Cal. L. Rev. 86 (1998), 479, 562 ff.

891 Grundlegend zum *affirmative asset partitioning Hansmann/Kraakman*, Yale L.J. 110 (2000), 387, 393 ff.; *Hansmann/Kraakman/Squire*, Harv. L. Rev. 119 (2005), 1335, 1337 f.; vgl. zudem *Blair*, UCLA L. Rev. 51 (2003) 387; *Mahoney*, Ga. L. Rev. 34 (2000), 873; instruktiv *Armour/Enriques et al.*, Anatomy of Corporate Law, S. 110 f.; vgl. dazu aus der deutschen Rechtswissenschaft wegweisend schon *Tröger*, FS Westermann, 1533, 1542 und *passim*; *Pfaffinger*, Gesellschafterhaftung, S. 17 ff.; allgemeiner auch bereits *Fleischer*, ZHR 168 (2004), 673.

892 Bei dieser zusätzlichen Funktionalität des Gesellschaftsrechts handelt es sich um eine konkrete Ausprägung des zuvor benannten transaktionskostensenkenden Standardrahmens gesellschaftlichen Handelns, wenn diese Verselbständigung der Vermögensmasse auch individualvertraglich zwischen Handlungsträgern vereinbart und als solche den (potentiellen) Gläubigern gegenüber kommuniziert werden könnte (vgl. dazu *supra* Fn. 890), wobei (jedoch insoweit entscheidend) nicht unterschlagen werden darf, dass die Verselbständigung der Vermögensmasse eine besondere Komplexität, in Gestalt der Erforderlichkeit einer Vielzahl vertraglicher Vereinbarungen und gegenseitiger Überwachung des Abschlusses und der Einhaltung dieser bedürfte, aufweist und somit regelmäßig prohibitiv hohe Kosten bedeuten würde, darüber hinaus sie dessen unbeschadet nicht vollumfänglich vereinbart werden könnte, da sie etwa unfreiwillige Gläubiger nicht wirksam erfassen könnte, vgl. insoweit die Notwendigkeit gesetzlicher Regelungen über diese Grundfunktionalität hinaus umfangreich und weiterführend erläuternd auch *Pfaffinger*, Gesellschafterhaftung, S. 20 ff.; *Tröger*, FS Westermann, 1533, 1542; allgemein zudem

der Vermögensmasse gegenüber den Privatgläubigern der Gesellschafter[893] steht diese somit exklusiv als Haftungsmasse für Gesellschaftsverbindlichkeiten den Gesellschaftsgläubigern zur Verfügung.[894] Im deutschen Personenhandelsgesellschaftsrecht[895] findet dieser zentrale Mechanismus des Gesellschaftsrechts in Gestalt der Nachrangigkeit des Zugriffs der Gläubiger der Gesellschafter auf das Gesellschaftsvermögen in §§ 124 Abs. 2, 161 Hs. 2 HGB Niederschlag.[896] Die Gläubiger deutscher Personenhandelsgesellschaften müssen daher zur Einschätzung des Ausfallrisikos ihrer Forderung, und somit zur Bepreisung zu vereinbarender Leistungen gegenüber der Gesellschaft, lediglich eine Ertrags-Risiko-Evaluation anhand der Tätigkeit der Gesellschaft und nicht anhand sämtlicher übriger Vertragsbeziehungen der Gesellschafter vornehmen, wodurch die Transaktionskosten insoweit reduziert werden.[897] Neben der Abschirmung der Haftungsmasse ist zweites prägendes Charakteristikum des Haftungssystems des Personenhandelsgesellschaftsrechts die gleichzeitige persönliche Haftung der

---

    Armour/Whincorp, in: McCahery et al., The Governance of Close Corporations and Partnerships, S. 77 f.; sowie zum Ganzen und auch diesbezüglich konkret grundlegend *Hansmann/Kraakman*, Yale L.J. 110 (2000), 387, 406 ff.; *Hansmann/Kraakman*, J. Legal Stud. 373 (2002), 373, 406 f.; *Hansmann/Kraakman/Squire*, Harv. L. Rev. 119 (2005), 1335, 1340 ff.

893   Die Privatgläubiger haben daher keinen oder nur eingeschränkten Zugriff auf die Haftungsmasse.

894   Zur entsprechenden Realisierung dieses Mechanismus durch das deutsche Personengesellschaftsrecht differenzierend und ausführlich *Pfaffinger*, Gesellschafterhaftung, S. 29 ff.; *Tröger*, FS Westermann, 1533, 1543 ff.

895   Vgl. zur grundsätzlichen Rechtsfähigkeit hier nur *K. Schmidt*, in: MüKoHGB, § 124 Rn. 2; siehe zu weiterführenden dogmatischen Erwägungen die Verweise bei *Pfaffinger*, Gesellschafterhaftung, S. 33.

896   Zwangsvollstreckungsrechtlich sind die Gläubiger der Gesellschafter entsprechend auf eine Anteilspfändung gem. §§ 135 HGB, 859 Abs. 1, 857 Abs. 1, 828, 829 ZPO verwiesen. Die Gesellschaft würde in der Folge mit vermindertem Vermögen fortgesetzt werden (§ 131 Abs. 3 Nr. 4 HGB). Insofern ist das System als *weak entity shielding* zu charakterisieren, da im Gegensatz zum *strong entitiy shielding* der Zugriff auf den gesellschaftlichen Haftungsfonds nicht komplett ausgeschlossen, sondern nachrangig ist (vgl. dazu grundlegend die Verweise *supra* Fn. 892). Entsprechend gilt für die Insolvenz der Gesellschaft (§ 11 Abs. 2 Nr. 1 InsO), dass die privaten Gesellschaftergläubiger keine Ansprüche gegen die Gesellschaft haben (§ 38 InsO) und sie folglich nur an dem an die Gesellschafter auszukehrenden Überschuss gem. § 199 S. 2 InsO teilhaben würden. Siehe zum Ganzen ausführlich *Tröger*, FS Westermann, 1533, 1543 ff.; *Pfaffinger*, Gesellschafterhaftung, S. 33 ff.

897   Vgl. zur so bezweckten Senkung der Kontrollkosten exemplarisch *Klöhn*, AcP 216 (2016), 281, 297; *Tröger/Pfaffinger*, JZ 2013, 813, 817; instruktiv auch *Armour/Enriques et al.*, Anatomy of Corporate Law, S. 110.

Gesellschafter nach § 128 HGB.[898] Durch diese wird ein Anreiz für die Gesellschafter geschaffen, das verselbständigte Vermögen der Gesellschaft nicht zulasten der Gesellschaftsgläubiger zu schwächen, da durch die Zugriffsmöglichkeit der Gläubiger auf das Privatvermögen das Haftungsrisiko der Gesellschaft von den Gesellschaftern internalisiert wird.[899] Die mögliche Inanspruchnahme des Privatvermögens der Gesellschafter durch die Gesellschaftsgläubiger wirkt auf die Agenturkonstellationen[900] zwischen Gesellschaftern und den Gläubigern der Gesellschaft folglich ein, indem die Agenten dazu angehalten werden, opportunistische Handlungen[901] zu unterlassen,[902] die eine persönliche Bereicherung zulasten der Prinzipale

---

898 Siehe differenzierend zur dogmatischen Einordnung der persönlichen Gesellschafterhaftung mit vielfältigen weiterführenden Nachweisen *Pfaffinger*, Gesellschafterhaftung, S. 46 ff.; instruktiv nur *Sanders/Berisha/Klasfauseweh*, JURA 2020, 542.

899 Deutlich dazu *Pfaffinger*, Gesellschafterhaftung, S. 46 ff., 108 ff., konkret zur positiv-rechtlichen Ausgestaltung des Haftungskonzepts des Personengesellschaftsrechts im Sinne einer Opportunismusvermeidung dort S. 121 ff.; siehe auch *Tröger*, FS Westermann, 1533, 1549 f.; vgl. *Kraakman*, Yale L.J. 93 (1984), 857, 871; mit der Tendenz in der deutschen Rechtswissenschaft auch schon *Nitschke*, NJW 1969, 1737, 1740; zum Umkehrschluss aus den Erwägungen zur beschränkten Haftung hier nur *Teichmann*, NJW 2006, 2444, 2445.

900 Grundlegend zum Prinzipal-Agenten-Konflikt zwischen Fremd- und Eigenkapitalgebern *Jensen/Meckling*, J. Fin. Econ. 3 (1976), 305, 334 ff.; instruktiv dazu *Pfaffinger*, Gesellschafterhaftung, S. 82 ff.

901 In erster Linie kommen dazu Verhaltensweisen in Betracht, aufgrund derer Vermögenswerte der Gesellschaft auf die Gesellschafter transferiert werden (*asset dilution*), vgl. instruktiv auch *Armour/Enriques et al.*, Anatomy of Corporate Law, S. 111. Aber auch solche Maßnahmen bewirken eine Schlechterstellung der Gesellschaftsgläubiger, durch die das Risiko der Gesellschaft erhöht wird (*asset substitution*), siehe dazu grundlegend und plastisch *Jensen/Meckling*, J. Fin. Econ. 3 (1976), 305, 334 ff.; konzise *Smith/Warner*, J. Fin. Econ. 7 (1979), 117, 118 f.; instruktiv *Brealey/Myers/Allen*, Corporate Finance, S. 304; *Gavish/Kalay*, J. Fin. Quant. Anal. 18 (1983), 21; zur empirischen Untermauerung des Mechanismus aber auch *Andrade/Kaplan*, J. Fin. 53 (1998), 1443; *Eisdorfer*, J. Fin. 63 (2008), 609; instruktiv zudem wiederum *Armour/Enriques et al.*, Anatomy of Corporate Law, S. 111; vgl. auch *Tröger*, FS Westermann, 1533, 1551 ff. Des Weiteren kann eine Verschiebung des Verhältnisses von Fremd- und Eigenkapital der Gesellschaft in Gestalt einer erhöhten Verschuldung (*debt dilution*) die Position bestehender Gläubiger verschlechtern, instruktiv *Armour/Enriques et al.*, Anatomy of Corporate Law, S. 111 f.; empirisch die Wirkung vertiefend *Hatchondo/Martinez/Sosa-Padilla*, J. Political Econ. 124 (2016), 1383; vgl. auch *Tröger*, FS Westermann, 1533, 1553 f.

902 Vgl. aber auch zu den Grenzen und Einschränkungen des Mechanismus im Hinblick auf die Effizienzverfolgung *Pfaffinger*, Gesellschafterhaftung, S. 113 ff.; *Tröger*, FS Westermann, 1533, 1550 ff. jeweils m.w.N.

bedeuten würden.[903] Zwar mögen im Falle einer Gesellschaftermehrheit aufgrund der effektiven Quotelung der mit dem opportunistischen Verhalten einhergehenden, sich in Abhängigkeit der Gesellschafterzahl nur anteilig auf Seiten des einzelnen Gesellschafters (Agent) materialisierenden Nachteile, grundsätzlich für diesen trotz der persönlichen Haftung Anreize zu opportunistischem Verhalten bestehen können. Ein diesen Anreizen folgendes Verhalten ruft jedoch aufgrund der Nachteiligkeit solcher Handlungen für die übrigen Mitgesellschafter (Prinzipale) bei diesen Handlungen hervor, welche die entsprechende Tätigkeit zu unterbinden suchen, was sich schließlich in einer Gesamtbetrachtung der Gesellschafterverhältnisse als ein kollektives System gegenseitiger Kontrolle zur Unterbindung opportunistischen Verhaltens in der Agenturkonstellation zwischen den Gesellschaftern charakterisieren lässt.[904]

Durch den Funktionszusammenhang des Haftungssystems des Personengesellschaftsrechts werden originäre Effizienzziele[905] deutlich, da die Mechanismen der Verselbständigung der Haftungsmasse und der persönlichen Gesellschafterhaftung die Kreditkosten unmittelbar senken, und somit monetär sowohl die Gesamtheit der Gläubiger als auch die Gesellschaft besserstellen.[906] Das Effizienzziel ist daher insoweit (mit-)entscheidendes Kriterium der Rechtsanwendung, als der Regelungsgegenstand, nämlich die Wirksamkeit von Hinauskündigungsklauseln, das personengesellschafts-

---

903 Zum Ganzen *Pfaffinger*, Gesellschafterhaftung, S. 81 ff.; konzise *Tröger/Pfaffinger*, JZ 2013, 813, 817.

904 Vgl. zur Rolle der Gesellschafteranzahl wegweisend *Hansmann/Kraakman/Squire*, Harv. L. Rev. 119 (2005), 1335, 1351; siehe aber auch schon *Kraakman*, Yale L.J. 93 (1984), 857, 871; *Hansmann/Kraakman*, Yale L.J. 100 (1991), 1879, 1893; *Mitchell*, Tulane L. Rev. 63 (1989), 1143, 1182 f.; unter besonderer Berücksichtigung der Haftung hinzutretender Gesellschafter nach § 130 HGB illustrierend *Tröger*, FS Westermann, 1533, 1556 ff.; wie hier bereits und diese Erwägungen weitergehend erläuternd *Pfaffinger*, Gesellschafterhaftung, S. 108 ff., zu einigen der konkreten Kontrollmechanismen im deutschen Gesellschaftsrecht dort S. 111 ff., sowie zu den Möglichkeiten und Grenzen der Kontrollinstrumente dort S. 165 ff.; vgl. allgemeiner zur Bedeutung von gegenseitiger Überwachung für den Prinzipal-Agenten-Konflikt zwischen Mehrheits- und Minderheitsgesellschaftern *Pagano/Röell*, Q.J. Econ. 113 (1998), 187.

905 So zu der Funktionalität des Haftungssystems auch *Hansmann/Kraakman*, Yale L.J. 110 (2000), 387; *Hansmann/Kraakman/Squire*, Harv. L. Rev. 119 (2005), 1335; sowie im Ganzen ausdrücklich *Tröger*, FS Westermamm, 1533; sowie *Pfaffinger*, Gesellschafterhaftung, S. 23 f. und *passim*; vgl. allgemein zusammenfassend aber auch *Armour/Enriques et al.*, Anatomy of Corporate Law, S. 22 ff.

906 Wie groß diese Besserstellung ausfällt und mit welchen Anteilen sie sich unter den Akteuren aufteilt ist tatsächliche Frage der Gesamtmarktumstände, welche die resultierende Verhandlungslösung determinieren.

rechtliche Haftungssystem betrifft. Aus diesen Überlegungen kann freilich nicht geschlussfolgert werden, dass das Effizienzziel die umfassend gültige oder sogar allein legitime Zielvorgabe des Gesellschaftsrechts ist.[907] In methodischer Hinsicht wird nicht nur exemplarisch verdeutlicht, dass sich Effizienz als Auslegungsziel implizit aus den durch die Gesetzeskonzeption bedingten Mechanismen ergeben kann, ohne vom Gesetzgeber ausdrücklich benannt oder explizit überhaupt bedacht worden zu sein.[908] Es zeigt sich auch erneut die vielschichtige Bedeutung positiver rechtsökonomischer Analyse der Wirkmechanismen gesetzlicher Vorgaben. Diese sind nicht nur zur Bestimmung der den Regelungszweck in bestmöglicher Weise verwirklichenden Auslegungsvariante und Konturierung verwendeter Begrifflichkeiten in rein positiver Hinsicht erforderlich.[909] Sondern sie offenbaren durch Offenlegung des positiv-rechtlichen Regelungssystems und dessen Funktionszusammenhänge in Gestalt einer „Begründung der Gesellschafterhaftung"[910] überhaupt erst ihre Bedeutung und somit das Spektrum möglicher Regelungsziele auf normativer Ebene.[911]

II. Schutzpflichtdimension der Grundrechte

Die Rückkopplung der Erwägungen *Schmolkes*[912] an die gesetzgeberische Legitimation geht im Ausgangspunkt weit über rein gesellschaftsrechtliche Fragen hinaus.[913] Entscheidend ist danach die im Grundsatz allgemeine und für eine Vielzahl von Rechtsfragen aus unterschiedlichsten Bereichen potentiell relevante Frage, inwiefern sich aus der Schutzpflichtdimension

---

907 Vgl. dieses im entsprechenden Kontext ebenfalls betonend *Armour/Enriques et al.*, Anatomy of Corporate Law, S. 25; weiterführend zu rechtspolitischen Zielvorgaben im gesellschaftsrechtlichen Gesetzgebungsprozess etwa *Roe*, Political Determinants of Corporate Governance; *Gourevitch/Shinn*, Political Power and Corporate Control.

908 *Supra* Kapitel 2 § 2 D.I.

909 Siehe so vordergründig *supra* Kapitel 2 § 2 C.II.1.

910 So gerade explizit *Tröger*, FS Westermann, 1533, 1535 ff.; sowie allgemeiner diesen Gedankengang fortführend auch *Pfaffinger*, Gesellschafterhaftung.

911 Siehe dazu schon *supra* Kapitel 2 § 2 B.III.

912 *Supra* Kapitel 4 § 2 B.I.

913 Siehe dazu die unmittelbar daran anknüpfenden Erwägungen auch zum Ehevertrags- und Verbraucherkreditrecht bei *Schmolke*, Grenzen der Selbstbindung, S. 271 ff, 705 ff. und *passim* zu der Frage im Allgemeinen.

der Grundrechte[914] die Rechtfertigung eines Eingriffs[915] in die ebenfalls grundrechtlich geschützte Vertragsfreiheit[916] in Gestalt der Kontrolle individualvertraglicher Vereinbarungen ergibt,[917] die schließlich in paternalistischer Weise auf die Korrektur von Rationalitätsdefiziten[918] der Akteure hinwirkt.[919] Die gesetzgeberische Legitimierung dieser Herangehensweise der Überprüfung von Hinauskündigungsklauseln liegt *in concreto* in der durch die zivilrechtlichen Einfallstore der §§ 138 bzw. 242 BGB horizontal wirkenden Schutzdimension der einschlägigen Grundrechte begründet.[920] Im Rahmen der Beurteilung vertraglicher Vereinbarungen anhand zivilrechtlicher Vorschriften steht somit die Schutzdimension der aufgrund der Rationalitätsdefizite je einschlägigen Grundrechte in Ausprägung des Selbstbestimmungsrechts der insoweit betroffenen Vertragspartei der Vertragsfreiheit beider Vertragsparteien gegenüber.[921] Das abwehrrechtliche Übermaßverbot als Eingriffsgrenze einerseits sowie das durch die Schutzpflicht begründete zur Tätigkeit verpflichtende Untermaßverbot andererseits stellen folglich einen unscharfen, groben Rahmen für diesen Ausgleich dar.[922]

---

914 Vgl. zur Schutzpflichtdimension *Hufen*, Grundrechte, S. 48 ff.; *Manssen*, Grundrechte, Rn. 57 ff.; im Kontext paternalistischer Eingriffe zuletzt eingehend *Kuch*, DÖV 2019, 723.

915 Zum Eingriffscharakter rechtspaternalistischer Interventionen umfassend *Schmolke*, Grenzen der Selbstbindung, S. 55 ff.

916 Vgl. statt aller nur *Di Fabio*, in: Maunz/Dürig, Art. 2 Rn. 101; *Dreier*, in: Dreier, Art. 2 Abs. 1 Rn. 35.

917 Siehe zur Diskussion und zum Meinungsstand mit weiterführenden Nachweisen *Schmolke*, Grenzen der Selbstbindung, S. 57 ff.

918 Siehe allgemein zur Konzeption schon die Verweise *supra* Fn. 858. Zum Rationalitätsdefizit als „der mit Abstand wichtigste Ansatzpunkt" zur Legitimierung von rechtspaternalistischen Interventionen *Schmolke*, Grenzen der Selbstbindung, S. 159 ff.; grundlegend dazu *Zamir*, Va. L. Rev. 84 (1998), 229; weiterführend auch *Korobkin*, Cal. L. Rev. 97 (2009), 1651, 1655 ff.

919 Zur grundrechtsdogmatischen Verankerung der Paternalismusdebatte im Ganzen mit weiterführenden Nachweisen *Schmolke*, Grenzen der Selbstbindung, S. 47 ff.

920 So besteht die Schutzpflicht nach dem BVerfG, wenn „sich für einen Vertragsteil die Selbstbestimmung in eine Fremdbestimmung verkehrt", BVerfGE 103, 89, 100 f.; dazu *Schmolke*, Grenzen der Selbstbindung, S. 77 ff., 268.

921 Vgl. ausführend und mit vielfältigen Nachweisen *Schmolke*, Grenzen der Selbstbindung, S. 73 ff. So ist nicht nur das Verhalten des Vertragspartners des irrational handelnden Akteurs durch Art. 2 Abs. 1 GG geschützt, sondern auch das irrationale Verhalten selbst, vgl. nur *Purnhagen/Reisch*, ZEuP 2016, 629, 648.

922 Vgl. *Schmolke*, Grenzen der Selbstbindung, S. 88.

Wenn also paternalistische Eingriffe durch Rechtsprechung über die Gesetzesanwendung, insbesondere von Generalklauseln,[923] grundsätzlich als durch den Verfassungsgesetzgeber legitimiert angesehen werden, ergibt sich wiederum im Hinblick auf diese gesetzgeberische Legitimation des Effizienzkriteriums als Ziel der Auslegung, dass Effizienzmaximierung im Sinne einer individuellen Vermögensmaximierung des Gesellschafters unmittelbares oder mittelbares Auslegungsziel der konkret anwendbaren Norm höchstens in dem Umfang ist, in dem diese Zielvorgabe unmittelbar oder mittelbar der Präferenz des durch die Schutzdimension des einschlägigen Grundrechts betroffenen Handlungsträgers entspricht, deren Verfolgung durch seinen Rationalitätsmangel gerade verhindert oder eingeschränkt wird.[924] Maßgeblich für das Gewicht der so an den Gesetzgeber rückgekoppelten Effizienzerwägungen sind folglich die tatsächlichen Präferenzen des von der Hinauskündigungsklausel betroffenen Gesellschafters.[925] Zur Bestimmung der hiernach ermöglichten Legitimierung umfassender Effizienzerwägungen im Einzelfall sind jedoch wiederum die durch eine Korrektur der Rationalitätsdefizite bedingten Effekte auf den Wohlstand weiterer Akteure zu berücksichtigen, im konkreten Fall etwa der Mitgesellschafter und anderer Stakeholder der Gesellschaft. Vereinfachend, insbesondere von den Auswirkungen auf die übrigen Stakeholder abstrahierend,[926] lässt sich die Legitimierung der Effizienzbetrachtung auf die Differenz zwischen dem Wert der Unwirksamkeit der Hinauskündigungsklausel für den Gesellschafter, der dieser aufgrund von Rationalitätsdefiziten zugestimmt hat und den Interessen der übrigen Gesellschafter an der Wirksamkeit der Klausel beziffern. Denn die Unwirksamkeit einer Hinauskündigungsklausel oder ihrer Ausübung bei Rationalitätsmängeln eines Gesellschafters ist nicht ohne weiteres effizient, da nicht ersichtlich ist, ob sich die übrigen Gesellschafter auf den Gesellschaftsvertrag unter den vereinbarten Bedingungen

---

923 Siehe auch den Verweis auf die Bedeutung von Generalklauseln im Hinblick auf den grundrechtlichen Schutzauftrag an die Rechtsprechung bei *Schmolke*, Grenzen der Selbstbindung, S. 83.

924 Vgl. zur Erforderlichkeit eines normativen Bezugs paternalistischen Vorgehens *Eidenmüller*, JZ 2011, 814, 819 f.

925 Vgl. repräsentativ insoweit nur *Thaler/Sunstein*, Nudge, S. 5: „Libertarian paternalists want to make it easy for people to go their own way".

926 Siehe zur Erforderlichkeit der Vereinfachung allgemein schon *supra* Kapitel 2 § 2 B.IV.

ohne die Hinauskündigungsklausel geeinigt hätten.[927] Allerdings impliziert die Legitimierung des paternalistischen Ansatzes die Abwägung der Schutzinteressen mit der ebenfalls grundrechtlich im Rahmen der Vertragsfreiheit geschützten Freiheit zu irrationalem Handeln sowie den Interessen der übrigen Gesellschafter, die aus vermögensmaximierenden Erwägungen heraus auf die Wirksamkeit der (bzw. Ausübung der) Hinauskündigungsklausel gerichtet sind.

Im Sinne einer Effizienzmaximierung ist dieser grundrechtlich legitimierte Ausgleich, wenn die Präferenzen der Gesellschafter jeweils auf Vermögensmaximierung ausgerichtet sind, durch Abwägung des Wertes der Unwirksamkeit der aufgrund von Rationalitätsdefiziten vereinbarten Klausel für den hinauskündbaren Gesellschafter mit dem Wert der Wirksamkeit der Klausel für die übrigen Gesellschafter, die der Klausel unter rationalen Erwägungen zugestimmt haben, zu schaffen. Naheliegender Ausgangspunkt kann zur Konturierung der folglich maßgeblichen Gesellschafterinteressen dabei freilich zwanglos aber praktischer Weise sein, ob der Gesellschafter den Gesellschaftsvertrag zum Zweck der Vermögensmaximierung geschlossen hat, wovon im Grundfall einer auf Teilnahme am wirtschaftlichen Verkehr ausgerichteten Personenhandelsgesellschaft regelmäßig zumindest wohl auch ausgegangen werden kann, oder diese Zielvorgabe zumindest teilweise durch andere Kriterien verdrängt oder überlagert wird. Da die Präferenzenstrukturen von Akteuren, wie den Gesellschaftern, im Allgemeinen nicht explizit offengelegt werden, sondern praktisch aus ihren Verhaltensweisen deduziert werden müssen, kann die Bestimmung im Einzelfall jedoch erhebliche Schwierigkeiten bereiten – insbesondere im Hinblick auf die erforderliche Abgrenzung dieser Zielvorgaben von den Eingriff maßgeblich rechtfertigenden systematischen Rationalitätsabweichungen. Es ist im Konkreten zu bestimmen, ob die durch die Verhaltensökonomik identifizierten systematischen Abweichungen von der Zielvorgabe der Vermögensmaximierung[928] tatsächlich auf Rationalitätsdefizite des Gesellschafters der Personengesellschaften zurückzuführen sind, oder vielmehr die Erklärung für die Verhaltensweisen (zumindest auch) in anderweitigen, mit der Vermögensmaximierung konkurrierenden und diesen zuwiderlaufenden Präferenzen liegt. Zwar ist schlüssig, dass Gesellschafter von

---

927 Vgl. noch zu der im Ganzen im Rahmen der Effizienzbetrachtung von Hinauskündigungsklauseln erforderlichen Gegenüberstellung der Kostenpositionen *infra* Kapitel 4 § 3 B.I.2.a).

928 *Supra* Kapitel 4 § 2 B.I.

Personengesellschaften ihre Gesellschafterposition – vielfach im Rahmen ihrer Berufstätigkeit – zumindest auch mit dem Ziel der Vermögensmaximierung einnehmen und ausüben, sich folglich bei rationalem Verhalten gegenüber opportunistischem Verhalten der Mitgesellschafter absichern würden. Auch die Übertragung der verhaltensökonomischen Erkenntnisse in Bezug auf systematische Rationalitätsabweichungen scheint in Ansehung der von *Schmolke* zusammengefassten typischen Charakteristika von Personengesellschaften und -gesellschaftern im Grundsatz angemessen.[929] Die vielfach bestehende persönliche Bindung zwischen den Gesellschaftern von Personengesellschaften[930] kann jedoch etwa neben der Rationalitätsabweichung auch *ex ante* eine Präferenz der Gesellschafter für die persönlichen Beziehungen zu den Mitgesellschaftern fördernden Maßnahmen indizieren. Das kann bedeuten, dass die Gesellschafter im Rahmen eines rationalen Entscheidungsprozesses auf gewisse opportunismusvermeidende Handlungen etwa zugunsten der Pflege des persönlichen Verhältnisses verzichten würden, mithin ihr Verhalten nicht (ausschließlich) auf mangelnde Rationalität im Rahmen der Verfolgung des Ziels der Vermögensmaximierung zurückzuführen wäre.[931] Die sich insoweit ergebenden Zweifel an der Legitimierung von Effizienzerwägungen als Auslegungsziel auf Basis der Schutzpflichtdimension der Grundrechte werden jedoch durch die im Übrigen verbleibenden und insoweit nicht in Frage gestellten Indizien für systematische Rationalitätsabweichungen sowie die trotz der Zweifel verbleibenden Bedeutung des wirtschaftlichen Erfolgs für die Lebensgestaltung der Gesellschafter relativiert.[932]

---

929 *Supra* Kapitel 4 § 2 B.I.

930 Siehe *Schmolke*, ECFR 2012, 380, 412; zu weiteren Nachweisen *supra* Kapitel 4 § 2 B.I.

931 Das konkrete Verhältnis einer solchen mutmaßlich neben der Vermögensmaximierung bestehenden Zielvorgabe zu eben dieser wäre jedoch genauer zu untersuchen. Ob und in welchem Umfang diese besteht, kann nur spekuliert werden. Vgl. zur erforderlichen Differenzierung zwischen Zielvorgaben und Rationalität auch *Engel/Stark*, ZEuP 2015, 32, 41 f. In diesem Kontext ist jedoch auch das Problem der *preferences about preferences* zu berücksichtigen, wonach die Präferenzen des Akteurs über ihre tatsächlichen Präferenzen sein können, dass diese gerade diese Präferenzen nicht haben, vgl. dazu grundlegend *Frankfurt*, J. Phil. 68 (1971), 5; im Kontext hier nur *Sunstein*, Yale J. on Reg. 32 (2015), 413, 431 f.

932 So ist in diesem Kontext trotz dem Vorstehendem zu betonen, dass die übrigen angeführten Charakteristika der Personengesellschafterstruktur (*supra* Kapitel 4 § 2 B.I.) nicht auf solche von der Vermögensmaximierung verschiedenen Zielvorgaben hindeuten.

III. Minderheitenschutz

Das Damoklesargument[933] lässt sich auch als minderheitenschützende Erwägung verstehen, denn durch die Wirksamkeitskontrolle von Hinauskündigungsklauseln wird ein Vertragsbestandteil, der zulasten der von der Klausel betroffenen Minderheit der Gesellschafter als „Damoklesschwert" durch Beschluss der – im Falle entsprechender Ausgestaltung der Klausel[934] – Mehrheit der Gesellschafter,[935] wirken kann, reguliert.[936] Das Personengesellschaftsrecht ist seiner Konzeption nach auf Einstimmigkeit zugeschnitten, weshalb Minderheitenkonstellationen erst durch die Vertragspraxis entstehen und explizit kaum positiv-rechtlichen Regelungen unterliegen.[937] In der Folge ergeben sich auch kaum explizite gesetzgeberische Vorgaben und Wertungen zum Minderheitenschutz,[938] obwohl das gesellschaftsrechtliche Bedürfnis als solches anerkannt ist.[939] Die normative Fundierung und das Ausmaß des Minderheitenschutzes für die Rechtsanwendung in den Konstellationen der Hinauskündigungsklauseln werden anhand einer funktionalen Betrachtung im Kontext der zuvor aufgezeigten Erwägungen zum Haftungssystem des Personengesellschaftsrechts sowie der Grundrechtsschutzfunktion deutlich.[940] Der Minderheitenschutz bewirkt einen Ausgleich im Prinzipal-Agenten-Konflikt zwischen den Mehrheits- und den Minderheits-

---

933 *Supra* Kapitel 4 § 2 A.I.
934 Da Hinauskündigungsklauseln in unterschiedlicher Weise ausgestaltet sein können, sind minderheitenschützende Erwägungen nicht in jedem Fall einschlägig, nicht etwa, wenn einem einzelnen Gesellschafter die Hinauskündigung anderer Gesellschafter möglich ist.
935 Vgl. zur Konturierung des Begriffs des Minderheitenschutzes *Klöhn*, AcP 216 (2016), 281, 283 f., der im Allgemeinen auf Rechte einzelner Gesellschafter abstellt, unabhängig davon, ob diese spezifisch der Minderheit zustehen oder generell einzelnen Gesellschaftern, wodurch Minderheitenschutz immer dann zur Frage steht, wenn „die Mehrheit der Gesellschafter einen Beschluss gegen die Stimmen der Minderheit fasst".
936 Siehe dazu *Armbrüster*, ZGR 2014, 333, 340; *Kilian*, WM 2006, 1567, 1573; vgl. auch die Unterschrift einer frühen Monographie zum Themenbereich *Spliedt*, Kündigungs- und Abfindungsrechte des Personengesellschafters: „zugleich ein Beitrag zum Minderheitenschutz".
937 Vgl. etwa *K. Schmidt*, Gesellschaftsrecht, S. 466 ff.; *Klöhn*, AcP 216 (2016), 281, 284.
938 Zur Begriffsbestimmung siehe *Hofmann*, Minderheitenschutz im Gesellschaftsrecht, S. 5.
939 Siehe wegweisend nur *Wiedemann*, ZGR 1980, 147, 155.
940 Siehe dazu bereits *Klöhn*, AcP 216 (2016), 281, 298 ff.; *Pfaffinger*, Gesellschafterhaftung, S. 168 f.

gesellschaftern,[941] der in den sich gegenüberstehenden Risiken liegt, einerseits des opportunistischen Verhaltens der Mehrheit gegenüber der Minderheit im Falle von Mehrheitsentscheidungen – wenn und insoweit der Gesellschaftsvertrag eine entsprechende Vereinbarung enthält – andererseits des opportunistischen Verhaltens der Minderheit durch Ausübung des Vetorechts im Falle des Einstimmigkeitserfordernisses – wenn und insoweit durch den Gesellschaftsvertrag nicht von § 119 Abs. 1 HGB abgewichen wird.[942] Da dieser Ausgleich der entgegenstehenden Interessen durch Schutz gegenüber opportunistischen Verhaltens der jeweils anderen Partei aufgrund der notwendigen Unvollständigkeit des Gesellschaftsvertrages nicht vollständig durch (gesellschaftsvertragliche) Vereinbarung erfolgen kann,[943] bedarf es des Instituts des Minderheitenschutzes.[944]

Das personengesellschaftsrechtliche Haftungssystem weist insofern eine minderheitenschützende Ausrichtung auf, als es durch den Mechanismus gegenseitiger Kontrolle als Aspekt der persönlichen Gesellschafterhaftung die Bedeutung der Minderheit betont, da die Funktionalität des Mechanismus von der Kontrolltätigkeit des einzelnen Gesellschafters zur Verhin-

---

941 Siehe nur *Armour/Enriques et al.*, Anatomy of Corporate Law, S. 29.

942 Siehe anschaulich zu diesen sich gegenüberstehenden Opportunismusgefahren *Klöhn*, AcP 216 (2016), 281, 298 ff.

943 Vgl. zur (zwingenden) Lückenhaftigkeit des Gesellschaftsvertrages als relationaler Vertrag grundlegend *Macneil*, S. Cal. L. Rev. 47 (1974), 691; *ders.*, Nw. U. L. Rev. 72 (1978), 854; *Williamson*, J. L. & Econ 22 (1979), 233, 250 ff.; deutlich *O'Kelley*, Nw. U. L. Rev. 87 (1992), 216; zum deutschen Gesellschaftsrecht zudem *Fleischer*, ZGR 2001, 1, 4 f.; *ders.*, ZHR 168 (2004), 673, 683; *Schmolke*, Grenzen der Selbstbindung, S. 605 ff.; vgl. allgemeiner analytisch auch *Tröger*, Arbeitsteilung und Vertrag, S. 239 ff.; konkret im gegebenen Kontext des Minderheitenschutzes *Klöhn*, AcP 216 (2016), 281, 299 ff. dort m.w.N. in Fn. 96.

944 Auf die insoweit exemplarisch angeführte potentielle zukünftige Veränderung der Gesellschafterstruktur, siehe *Pfaffinger*, Gesellschafterhaftung, S. 168, die Relevanz von Grundlagenänderungen des gesellschaftsvertraglichen Verhältnisses in der Konstellation betonend auch *Klöhn*, AcP 216 (2016), 281, 301 f., durch die ein vormaliger Mehrheitsgesellschafter zu einem Minderheitsgesellschafter wird, und sich insoweit die Interessenlagen umkehren, kann zwar theoretisch durch Gestaltung des Gesellschaftsvertrages sowie etwaiger zusätzlicher Vereinbarungen mit dem hinzutretenden Gesellschafter reagiert werden, die Komplexität dieser Konstellation verdeutlicht jedoch die potentielle Lückenhaftigkeit entsprechender Vereinbarungen. Hiermit ist wiederum keineswegs gesagt, dass der Minderheitenschutz stets als Ausprägung der Haftungssystem des Personengesellschaftsrechts allein der Funktion der Opportunismusvermeidung dient, denn im Allgemeinen ist denkbar, dass der Schutz der Minderheit aus anderen Erwägungen zugunsten einer der Parteien hinter einer solchen Idealform der Unterbindung opportunistischer Anreize zurückbleibt.

derung opportunistischen Verhaltens abhängig ist.[945] Folglich kann die Effizienzorientierung des Haftungssystems als mit dem Minderheitenschutz verknüpft betrachtet werden. Da die paternalistische Wirkung der Grundrechte in Gestalt der Kontrolle von Hinauskündigungsklauseln gleichermaßen den Schutz des gegebenenfalls hinauskündbaren, zumindest bei Vertragsschluss unter Rationalitätsdefiziten leidenden Gesellschafters, als Minderheit, durch die übrigen Gesellschafter, klassischerweise als Mehrheit, bedeutet, kann auch dieser Ansatz als mittelbar minderheitenschützend verstanden werden und es erfolgt auch somit eine entsprechende Verknüpfung der Effizienzerwägungen mit dem Minderheitenschutz. Minderheitenschützende Elemente können somit jeweils als derivatives Element dieser beiden für die rechtsökonomische Betrachtung entscheidenden Argumentationsstränge verstanden werden.[946]

IV. Belastbarkeit der normativen Effizienzrückkopplung der die Hinauskündigungsklauseln regulierenden Maßnahmen

Die Grundlagen der vorhandenen rechtsökonomischen Arbeiten, die sich der Regulierung vertraglich vereinbarter Hinauskündigungsklauseln angenommen haben, lassen sich folglich auf durch den Gesetzgeber grundsätzlich gestützte Erwägungen zurückführen, die Effizienz als Zielvorgabe implizieren. Diese normative Rückkopplung beruht[947] wiederum auf positiven Verhaltenserwägungen, die in unterschiedlichem Maße robust gegenüber Zweifeln an den ihnen zugrundeliegenden Annahmen sind.

Bezüglich der Schutzfunktion der Grundrechte ergeben sich aufgrund der Abhängigkeit der Erwägungen von den Präferenzen der hinauskündbaren Gesellschafter mangels eindeutiger empirischer Erkenntnisse bezüglich der Zielfunktionen dieser[948] Zweifel an der für die Rückkopplung

---

945 Siehe zu der Opportunismusvermeidung als Gegenstand des Haftungssystems des Personengesellschaftsrechts *supra* Kapitel 4 § 2 B.I.

946 Vgl. vor diesem Hintergrund auch die Ausführungen bei *Scheibenpflug*, Verhaltensrisiken und aktienrechtliche Vermögensbindung, S. 175 ff. und *passim*, der den Minderheitenschutz als Schutzreflex der aktienrechtlichen Vermögensbindung in Abgrenzung zum Schutzziel des Gläubigerschutzes der maßgeblichen Vorschrift identifiziert.

947 *Supra* Kapitel 4 § 2 B.

948 Vgl. zur Erforderlichkeit robuster empirischer Nachweise der fraglichen Rationalitätsabweichungen *Sunstein*, J. Consum. Policy 37 (2014), 583, 585; *ders.*, Yale J. on Reg. 32 (2015), S. 413; *Purnhagen/Reisch*, ZEuP 2016, 629, 648 f.

an das Effizienzkriterium entscheidenden Präferenzen, namentlich der (un-eingeschränkten) Vermögensmaximierung. Dies ist jedoch insoweit zu re-lativieren, als die Vermögensmaximierung im Falle zur Bestreitung des Lebensunterhalts geführter Personengesellschaften regelmäßig auch bei Anerkennung daneben bestehender Zielvorgaben ein zentrales, und wohl aufgrund der Abhängigkeit der Möglichkeiten des Gesellschafters zur übri-gen Lebensgestaltung von den Erträgen aus der (hauptberuflichen) Gesell-schaftertätigkeit[949] das gewichtigste Element der Gesellschafterzielfunktion darstellen dürfte.

Hinsichtlich der Rückkopplung der rechtsökonomischen Analyse an-hand des Haftungssystems des Personengesellschaftsrechts an die gesetzge-berischen Wertungen bestehen keine durchgreifenden Zweifel. Die Funk-tionalitätserwägungen um das personengesellschaftsrechtliche Haftungssys-tem sind weniger als der Ansatz des liberalen Paternalismus von Annah-men zu den Präferenzstrukturen einzelner Akteure abhängig, da sie von gesamtwirtschaftlichen Analysen betreffend die Konzeption der Per-sonengesellschaft im Kontext der mit der Gesellschaft kontrahierenden und somit die Kreditkosten determinierenden Akteuren getragen sind. So setzt die effizienzsteigernde Wirkung der Abschirmung der Haftungsmasse voraus, dass (potentielle) Vertragspartner der Gesellschaft Informationen über die Kreditwürdigkeit ihrer möglichen Geschäftspartner einholen, was jedenfalls im Grundsatz zwingende Voraussetzung im zumindest in gewis-sem Maße kompetitiven wirtschaftlichen Verkehr dafür ist, überhaupt län-gerfristig profitabel arbeiten zu können. Analog zu den zur Erläuterung der möglichen Rationalitätsdefizite unter den Gesellschaftern von Perso-nenhandelsgesellschaften herangezogenen Besonderheiten entsprechender Gesellschaften[950] ließe sich erwägen, dass mögliche Vertragspartner, die wiederum in einer persönlichen Beziehung zu den Gesellschaftern der Per-sonenhandelsgesellschaft stehen, aufgrund dieser persönlichen Verbindung ohnehin nur in geringem Umfang Informationen über die Kreditwürdigkeit der Gesellschaft generieren würden – entweder weil die Vertragsparteien aufgrund persönlicher Verbindungen auch die persönliche Kreditwürdig-keit zuverlässig abschätzen können oder weil auf eine solche Prüfung aufgrund einer vorherrschenden Atmosphäre der Vertrautheit ein geringes Gewicht gelegt wird – mithin die Vermögensseparierung zur Legitimierung des Effizienzziels in der Regulierung erheblich an Gewicht verlöre. Hier-

---

949 Vgl. entsprechend auch schon *supra* Kapitel 3 § 3 B.I.2.a)(1).
950 *Supra* Kapitel 4 § 2 B.I.

auf begründete Zweifel schlagen jedoch nicht durch, da die Gruppe der Vertragspartner einer Gesellschaft im Vergleich zu der Gruppe der Gesellschafter von Personengesellschaften regelmäßig eine deutlich größere und heterogenere Struktur aufweist. Somit dürften sowohl persönliche, Harmoniebestrebungen befördernde Beziehungen, die potentiell eine sorgfältige und kritische Informationsgenerierung verhindern könnten, seltener und nicht systematisch auftreten. Im Hinblick auf einige wesentliche Vertragspartner, wie Banken und Versicherungen, aufgrund der erheblichen Professionalisierung dieser Akteure, dürften entsprechende Erwägungen zudem ohnehin keine Bedeutung erhalten. Auch dürften Professionalisierungs- und Erfahrungsdefizite in der gesamten Gruppe potentieller Vertragspartner nicht systematisch auftreten. In weiten Teilen der vielfach als Personengesellschaften organisierten Betriebe des Mittelstandes dürften kognitiven Verzerrungen etwa aufgrund der dort vorherrschenden hochprofessionellen Kultur und der zur Bewältigung des häufig relevanten globalen Wettbewerbs von Beraterstrukturen gestützten Entscheidungen ohnehin strukturell kaum Bedeutung zukommen.

Im Hinblick auf die der Analyse der Funktionalität des Systems persönlicher Haftung zugrundeliegenden Verhaltenserwägungen[951] lassen sich zwar ebenfalls Zweifel an der Effizienzförderung der Konzeption des Haftungssystems identifizieren, auch diese schlagen jedoch nicht auf den Kern der Gesamtfunktionalität des Haftungssystems durch. Die Disziplinierungsfunktion der persönlichen Gesellschafterhaftung[952] setzt eine vorausschauende Reflexion der Gesellschafter in Bezug auf diesen Umstand voraus, an der jedoch etwa aufgrund der hohen Diskontierung zukünftiger Nutzen, aber auch der Professionalitätsdefizite Zweifel angebracht sind. Auch an der Funktionalität des Systems gegenseitiger Überwachung der Gesellschafter aufgrund der persönlichen Haftung lässt sich vor dem Hintergrund der besonderen persönlichen, gegebenenfalls von übermäßigem Vertrauen und Optimismus geprägten Gemeinschaft der Gesellschafter zweifeln. Die Tragweite dieser Zweifel relativiert sich jedoch insoweit, als die persönliche Haftung der Gesellschafter unmittelbar mit ihrer persönlichen Existenzgrundlage verknüpft ist. Somit ist nämlich die Bedeutung der Überwachung opportunistischen Verhaltens wohl den einzelnen Gesellschaftern offenkundiger und präsenter als etwaige Abwägungen der Vor- und Nachteile einer Hinauskündigungsklausel im Rahmen der Ver-

---

951 *Supra* Kapitel 4 § 2 B.I.
952 *Supra* Kapitel 4 § 2 B.

handlung des Gesellschaftsvertrages. Darüber hinaus ist die Wirkung der persönlichen Haftung, in Gestalt der Verhinderung eigener opportunistischer Handlungen und solcher der Mitgesellschafter weniger im Zeitpunkt der Gesellschaftsgründung relevant als vielmehr durchgehend im Verlauf der Existenz der Gesellschaft. Somit erfolgt die Abschwächung eines möglicherweise besonders virulenten Optimismus unter den Gesellschaftern – der hemmend auf (notwendige) Opportunismus vermeidende Handlungen wirkt – in der Gründungsphase der Gesellschaft (und somit zum Zeitpunkt der Einigung auf die Hinauskündigungsklausel).

V. Zwischenfazit

Die vorhandenen rechtsökonomischen Ansätze in der Literatur zur Einschränkung privatautonom zu vereinbarender Hinauskündigungsklauseln lassen sich somit auf durch den Gesetzgeber gestützte Wertmaßstäbe zurückführen, die Effizienz als Ziel der Regulierung dieser Klauseln implizieren. Den beiden Argumentationssträngen zugrundeliegende positive Verhaltenserwägungen lassen sich zwar auf Basis der für Personengesellschaften besonders virulenten verhaltensökonomischen Erkenntnisse hinterfragen und bisweilen leicht relativieren, im Großen und Ganzen halten sie jedoch – insbesondere hinsichtlich des personengesellschaftlichen Haftungssystems – einer kritischen Plausibilitätsprüfung stand.

B. Wirkungsanalyse der Hinauskündigungsklauseln

Unter Anerkennung des Effizienzziels als (mit-)entscheidende Zielvorgabe der Regulierung von Wirksamkeit und Ausübung von Hinauskündigungsklauseln ist zu beantworten, wie die §§ 138 und 242 BGB auf Hinauskündigungsklauseln anzuwenden sind, sodass das Ergebnis effizient ist. Dieser grundsätzliche Auftrag an die positive rechtsökonomische Analyse lässt sich wiederum in zwei Teilfragen untergliedern: erstens, unter welchen Umständen sind Hinauskündigungsklauseln effizient und zweitens, inwieweit ist für die Effizienzbetrachtung entscheidend, ob Hinauskündigungsklauseln im Rahmen einer Wirksamkeitskontrolle nach § 138 BGB oder einer Ausübungskontrolle nach § 242 BGB hinsichtlich ihrer Effizienz untersucht werden. Auf erstere Frage geben die beiden Ansätze von *Schmolke* und

Pfaffinger unterschiedliche Antworten, deren Verhältnis zueinander zu reflektieren ist (I). Beide präferieren dagegen mehr oder weniger deutlich die Ausübungskontrolle gegenüber der Wirksamkeitskontrolle,[953] was aus einer Funktionalitätsbetrachtung heraus hier bestätigt werden kann (II).

I. Synthese der rechtsökonomischen Ansätze

In Ansehung der Reichweite beider Ansätze rechtsökonomischer Legitimierung der Einschränkung von Hinauskündigungsklauseln (1) sind im Einzelfall die Kosten der Wirksamkeit von Hinauskündigungsklausel denen der Unwirksamkeit – also im Umkehrschluss der Nutzen der Unwirksamkeit dem Nutzen der Wirksamkeit – gegenüberzustellen (2).

1. Das Verhältnis der rechtsökonomischen Erwägungen zur Regulierung von Hinauskündigungsklauseln im Allgemeinen

Die unterschiedlichen normativen Verankerungen der Kontrolle von Hinauskündigungsklauseln der Arbeiten von *Pfaffinger* und *Schmolke* führen wie gesehen zu unterschiedlichen positiven Analysen, die zu uneinheitlichen Entscheidungen über die Wirksamkeit von Hinauskündigungen führen können. Während *Schmolke* als notwendige Voraussetzung für eine Korrektur der vertraglich vereinbarten Hinauskündigungsklausel einen für ihre Vereinbarung kausalen Rationalitätsmangel bei einem der Gesellschafter ansieht,[954] muss eine Korrektur der vertraglichen Vereinbarung nach *Pfaffinger* erfolgen, wenn die Klausel darauf abzielt,[955] Druck auf den hinauskündbaren Gesellschafter auszuüben, durch den die Kontrollfunktion des Haftungssystems des Personengesellschaftsrechts unterlaufen wird,

---

953 Siehe *supra* Kapitel 4 § 2 B.

954 Vgl. *Schmolke*, ECFR 2012, 380, 419 und *passim*; vgl. schon *supra* Kapitel 4 § 2 B.

955 Siehe konkret *Pfaffinger*, Gesellschafterhaftung, S. 182: Daraus ist zu folgern, dass Hinauskündigungsklauseln nicht akzeptiert werden können, wenn sie darauf abzielen, Gesellschafter unter Druck zu setzen und dadurch die Gefahr schaffen, dass Überwachungs- und Kontrollrechte nicht ausgeübt werden und Entscheidungen unterstützt werden, die ansonsten nicht ausgeübt werden." Der Begriff „abzielen" scheint dabei jedoch etwas zu eng, denn die Gefahr, den Kontrollmechanismus des Haftungssystems auszuhebeln, kann auch bestehen, wenn die Hinauskündigungsklausel nicht von vornherein darauf abzielt, sondern sich diese Funktionalität intendiert oder implizit erst im Laufe der Tätigkeit der Gesellschaft ergibt.

weshalb regelmäßig ein sachlicher Anlass für die Hinauskündigungsklausel erforderlich sei.[956] Es sind grundsätzlich also einerseits Fälle denkbar, in denen die Kontrolle der Hinauskündigungsklausel nur nach einem der Ansätze zum Eingriff in die Vertragsfreiheit führt, insbesondere wenn die Hinauskündigungsklausel rational durch sämtliche Gesellschafter bepreist wird und dennoch auf einen Druckaufbau zur Einschränkung des Kontrollmechanismus abzielt.[957] Andererseits sind solche Fälle denkbar, in denen Hinauskündigungsklauseln aufgrund von Rationalitätsdefiziten vereinbart wurden, die jedoch nicht auf eine Aushebelung des personengesellschaftsrechtlichen Kontrollmechanismus abzielen oder diesen bewirken. Durchaus naheliegend scheint die erste Konstellation vor dem Hintergrund, dass die beschriebenen Strukturmerkmale von Personengesellschaften, die für Rationalitätsdefizite verantwortlich zeichnen, zwar weit verbreitet sein mögen, sich durchaus aber auch Gesellschafter aus einem professionelleren Umfeld zur Gründung einer Gesellschaft zusammenfinden, oder aber eine etablierte Personengesellschaft einen weiteren Gesellschafter aufnimmt, die beidseitig rationaler Weise vereinbarte Hinauskündigungsklausel letztlich trotzdem zur Unterdrückung Opportunismus vermeidender Maßnahmen genutzt wird. Fernliegender ist dagegen der umgekehrte Fall der aufgrund Irrationalität vereinbarten Hinauskündigungsklausel, in der diese Klausel keinen Druck auf den hinauskündbaren Gesellschafter ausüben kann, denn der Ausschluss ist sogar im Falle einer monetären Kompensation regelmäßig für den ausgeschlossenen Gesellschafter nachteilig und vermag somit eine Drucksituation zu erzeugen, da die Bestimmung der Höhe einer solchen Kompensation regelmäßig einen hohen Aufwand bedeuten wird[958] und darüber hinaus auch immaterielle Werte an der Gesellschafterposition als wesentlicher Teil der persönlichen Lebensgestaltung des Gesellschafters gebunden sein können. Insofern kann bezweifelt werden, ob Hinauskündigungsklauseln überhaupt frei von opportunismusvermeidender Wirkung sein können. Denn sogar wenn diese nicht darauf abzielen, kann sich das Potential zur Handlungsbeeinflussung durch die Klausel als Anreiz zur Handlungsanpassung in Abhängigkeit von den sich wandelnden Gesamtumständen – wie das persönliche Verhältnis der Gesellschafter untereinander oder das der Gesellschafter zu Geschäftspartnern – jederzeit bewusst

---

956 Vgl. *Pfaffinger*, Gesellschafterhaftung, S. 182 f.
957 Von diesen Fällen geht *Pfaffinger* sogar im Grundsatz aus, indem sie den Gesellschaftern Rationalität im Allgemeinen unterstellt und Fälle von Rationalitätsdefiziten nicht berücksichtigt, siehe deutlich *Pfaffinger*, Gesellschafterhaftung, S. 183.
958 Vgl. auch *Pfaffinger*, Gesellschafterhaftung, S. 184.

oder unbewusst realisieren und so der Funktionalität des personengesel-schaftlichen Haftungssystems zuwiderlaufen.

2. Kostenabwägung in der Einzelfallbetrachtung der Hinauskündigungsklauseln

Pfaffinger und *Schmolke* sind deutlich in ihren jeweiligen, durch Ökonomik gestützten Begründungen der Kontrolle von Hinauskündigungsklauseln, bleiben jedoch eher vage im Hinblick auf die konkret im Einzelfall maßgebliche Entscheidungsregel. Da beide Ansätze Effizienzerwägungen zudem zumindest implizit voraussetzen, ist eine explizite Effizienzbetrachtung in doppelter Hinsicht, zur Steigerung der Klarheit der konkreten Einzelfallentscheidung sowie zur an der konkreten Teleologie orientierten Anwendung angezeigt. Die einzelnen Kostenpositionen der Wirksamkeit von Hinauskündigungsklauseln sind den Kostenpositionen der Unwirksamkeit gegenüberzustellen (a), wobei sich einige heuristische Leitlinien für die Entscheidung über eine Hinauskündigungsklausel im Einzelfall benennen lassen (b).

a) Gegenüberstellung der Kostenpositionen

Anhand beider Ansätze wird deutlich, dass Hinauskündigungsklauseln in der Regel in unterschiedlicher Hinsicht Kosten verursachen – trotzdem wird, soweit ersichtlich, an keiner Stelle vertreten, dass sämtliche Hinauskündigungsklauseln unwirksam sein sollen.[959] Trotz der mit einer Hinauskündigungsklausel regelmäßig einhergehenden Möglichkeit der Schwächung des Haftungssystems des Personengesellschaftsrechts sowie der Vereinbarung der Klauseln unter potentiell irrationalen Erwägungsgründen ist die Vereinbarung einer Hinauskündigungsklausel nicht zwingend ineffizient, denn die Kosten der Unwirksamkeit können die Kosten ihrer Wirksamkeit übersteigen.

Die Unwirksamkeitskosten liegen insbesondere in der fehlenden Möglichkeit des Ausschlusses eines Gesellschafters durch Ausübung der Klausel

---

959 Siehe entsprechend auch implizit *Pfaffinger*, Gesellschafterhaftung, S. 182 ff.; sowie explizit *Schmolke*, ECFR 2012, 380.

begründet.[960] Die zur Hinauskündigung berechtigten Gesellschafter können rationaler Weise einen solchen Ausschluss anstreben, wenn die Gesellschaftstätigkeit ohne den auszuschließenden Gesellschafter verspricht, erfolgreicher zu sein als mit diesem, sodass die Ausübung des Ausschlusses bei isolierter Betrachtung dieses Schritts sowie der Effekte auf die Vermögenswerte effizient wäre.[961] Die funktionale Tragweite dieses Mechanismus geht jedoch über die Ausschlusssituation im engeren Sinne hinaus, denn die Hinauskündigungsklausel stellt den potentiell die Hinauskündigungsklausel ausübenden Gesellschaftern einen der Ausschlusssituation vorgelagert wirkenden Anreizmechanismus – gewissermaßen als funktionales Gegenstück zu der die Überwachungstätigkeit hemmenden Wirkung der Klausel[962] – zur Adressierung von unliebsamen Tätigkeiten der hinauskündigbaren Gesellschafter zur Verfügung. Die (wenn auch nur implizite) Drohung mit der Hinauskündigung und der mit dieser Möglichkeit gesteigerte Überwachungsanreiz kann sich folglich *ex ante* wertsteigernd auf die Tätigkeit der hinauskündigbaren Gesellschafter auswirken.

In einer Welt von in rationaler Weise ausschließlich das monetäre Vermögen maximierenden Gesellschaftern, ohne Informationsasymmetrien und anders begründeten Transaktionskosten, bestünde die Notwendigkeit für entsprechende Klauseln nicht. Denn unter diesen Bedingungen wäre einerseits dieser Anreizmechanismus nicht erforderlich und andererseits könnte bei Möglichkeit zur Wertsteigerung der Gesellschaft durch Ausscheiden eines der Gesellschafter dieser schlicht monetär durch die übrigen Gesellschafter durch Beteiligung an dem durch den Austritt erzielbaren Mehrwert der Gesellschaft kompensiert werden. Dieser Gesellschafter würde somit aufgrund vertraglicher Vereinbarung die Gesellschaft verlassen.[963] Dass es zu einer solchen Einigung in der Realität nicht kommt, kann mehrere Gründe haben. Zum einen liegt es nahe, dass gerade im Falle von Personengesellschaften die Zielfunktionen der Gesellschafter nicht ausschließlich auf die Vermögensmaximierung ausgerichtet sind,[964] sondern die Ge-

---

960 Daneben fließt der freilich nicht ohne weiteres bestimmbare Wert des grundrechtlich geschützten Rechts zu irrationalem Handeln in die Gesamtabwägung im Idealfall mit ein.

961 Siehe schon *supra* Kapitel 4 § 1; vgl. auch *Schmolke*, ECFR 2012, 380, 388, 416.

962 Dezidiert zum Ansatz von *Pfaffinger supra* Kapitel 4 § 2 B.I.

963 Vgl. schon zur Wertbestimmung als Entscheidungsdeterminante der Vertragsauflösung auch schon die Ausführungen zur Arbeitnehmerbefristung *supra* Kapitel 3 § 3 B.II.2.b).

964 *Supra* Kapitel 4 § 3 A.IV.

sellschaft insbesondere im Fall der Verknüpfung der Gesellschafterstellung mit der hauptberuflichen Tätigkeit auch von erheblichem immateriellen Nutzen sein kann, der durch eine Kompensation des objektiven Werts der Gesellschafterposition sowie eine Beteiligung an der durch den Ausschluss bedingten Wertsteigerung aus subjektiver Gesellschafterperspektive nicht aufgewogen würde. Zum anderen können die bereits angeführten typischen Rationalitätsabweichungen im Zusammenhang mit kleinen und mittelgroßen Unternehmen, insbesondere der übermäßige Optimismus,[965] sich auch auf das zur Disposition stehende Ausscheiden eines Gesellschafters in der Gestalt auswirken, dass die werthemmende eigene Beteiligung eines Gesellschafters durch diesen nicht erkannt wird oder aber von ihm die erforderliche monetäre Kompensation aufgrund einer übermäßig optimistischen Zukunftsperspektive der Gesellschaft zu hoch angesetzt wird, sodass keine Verhandlungslösung erzielt werden kann.

Insoweit lässt sich im Hinblick auf die maßgebliche Konstellation noch auf weitere Erkenntnisse der Verhaltensökonomik rekurrieren, namentlich übermäßiges Selbstvertrauen,[966] durch das der eigene Wert des Gesellschafters für die Gesellschaft überschätzt wird, oder der Besitzeffekt[967] durch den die im Besitz des Gesellschafters befindlichen Anteile an der Gesellschaft aufgrund dieser Beteiligung selbst subjektiv höher bewertet werden als vergleichbare Anteile an einer im Übrigen identischen fremden Gesellschaft. Darüber hinaus ist eine solche Verhandlungslösung mit Transaktionskosten in möglicherweise erheblicher Höhe verbunden. Denn entsprechende Informationen über gegensätzliche Entwicklungsvorstellungen unter Berücksichtigung der zwischenmenschlichen Beziehungen müssen kommuniziert werden und die Bestimmung einer fairen – also marktgerechten – Kompensation im Rahmen der Austrittsverhandlungen dürfte aufgrund der Komplexität der Bewertung nicht öffentlich gehandelter Ge-

---

965 *Supra* Kapitel 4 § 2 B.I.
966 Vgl. instruktiv etwa *Kahneman*, Thinking, Fast and Slow, S. 199 ff. mit vielfältigen Verweisen auf konkrete Konstellationen; eindrücklich in juristischem Kontext auch *Deffenbecher*, Law Hum. Behav. 4 (1980), 243; vgl. dazu auch bereits im zuvor behandelten Kontext *supra* Kapitel 3 § 3 B.II.3.a)(2).
967 Vgl. grundlegend *Thaler*, J. Econ. Behav. & Org. 1 (1980), 39, 43 ff.; sowie anschaulich empirisch *Kahneman/Knetsch/Thaler*, J. Political Econ. 98 (1990), 1325, die dieses Verhalten anhand eines Experimentes mit Kaffeetassen anschaulich empirisch dokumentiert haben; instruktiv dazu auch *Kahneman*, Thinking, Fast and Slow, S. 289 ff.

sellschaften regelmäßig Schwierigkeiten verursachen und so einen möglicherweise unverhältnismäßigen Aufwand bedeuten.[968]

Im Extremfall lässt sich eine entsprechende Konfliktlage zwischen den Gesellschaftern nur durch die Auflösung der Gesellschaft, unter Inkaufnahme der damit verbundenen Wertverluste, lösen.[969] Aber auch wenn eine Lösung der Konstellation durch Vertrag infolge Verhandlung erfolgen kann, bedeutet der dazu erforderliche Aufwand Effizienzverluste, die nicht nur unmittelbar in der Informationsgenerierung und dem -transfer begründet liegen, sondern sich durch Entstehung von *hold-up*-Positionen[970] mittelbar verstärken können.[971] Denn der hinauskündbare Gesellschafter könnte, da er im Falle des Ausscheidens aus der Gesellschaft nur noch ein sehr eingeschränktes Interesse an dem zukünftigen wirtschaftlichen Erfolg dieser hätte,[972] die Absicht der übrigen Gesellschafter, sich von ihm zu trennen, in der Gestalt ausnutzen wollen, dass er durch opportunistische Handlungen den Wert der spezifischen Investitionen der Mitgesellschafter senken kann, wodurch der Wert des zeitnahen Ausscheidens dieses Gesellschafters aus der Gesellschaft für die übrigen Gesellschafter steigt[973] und somit auch der rationaler Weise durch die übrigen Gesellschafter maximal dem unliebsamen Gesellschafter anzubietende Abfindungsbetrag. Bei insoweit rational vermögensmaximierendem Verhalten der Gesellschafter würden aufgrund dieses Drohmittels die vollständigen durch das Ausscheiden bedingten möglichen Wertsteigerungen durch den ausscheidenden Gesellschafter im Rahmen einer Verhandlungslösung abgeschöpft werden können. Aufgrund der Möglichkeit opportunistischen Verhaltens aus der *hold-up*-Position he-

---

968 Vgl. zur entsprechenden Problematik der Wertbestimmung nicht auf einem expliziten Markt gehandelter Positionen im Allgemeinen schon *supra* Kapitel 2 § 2 B.III.

969 Auch schon dazu *supra* Kapitel 4 § 1.

970 Vgl. grundlegend zu dieser Art opportunistischen Verhaltens in Abgrenzung zum *moral hazard* etwa *Alchian/Woodward*, J. Econ. Lit. 26 (1988), 65, 67 f., wonach mit dem Begriff Konstellationen erfasst werden, in denen spezifische Investitionen einer Partei durch glaubhafte Androhung von Maßnahmen zur Entwertung dieser durch eine andere bedroht werden.

971 Vgl. im Kontext der Einziehung von GmbH-Anteilen bereits *Tröger*, VGR 2013, S. 23 ff.; zur entsprechenden Problematik bei Bestehen eines Vetorechts der Gesellschafterminderheit *Agstner*, EBOR 21 (2020), 505, 516.

972 Vgl. insbesondere zur Haftung bis zur Entschädigung durch die Mitgesellschafter für Verbindlichkeiten der Gesellschaft gem. § 738 Abs. 1 S. 2 BGB *Pfaffinger*, Gesellschafterhaftung, S. 183 f.

973 Vgl. zu insoweit im Grundsatz vergleichbaren Konstellation der Anteilsentziehung eines GmbH-Gesellschafters *Tröger*, in: VGR 2013, S. 23, 31 f.

raus kann der Wert des Verlassens der Gesellschaft sogar die ursprüngliche Effizienzsteigerung durch das Ausscheiden des Gesellschafters übersteigen. Dieses jedoch wiederum antizipierend würden die übrigen Gesellschafter das Ausscheiden des unliebsamen Gesellschafters *ex ante* schon gar nicht anstreben,[974] die durch das Ausscheiden des Gesellschafters im Grundsatz erzielbare Wertsteigerung könnte folglich nicht realisiert werden. Der rationale unliebsame Gesellschafter könnte, die Grenze seiner Position wiederum *ex ante* antizipierend, durch diese *hold-up*-Position nahezu die gesamten Effizienzgewinne bei rationalem Verhalten der Akteure in Gestalt der Abfindungszahlung folglich abschöpfen.[975] Das erscheint zumindest insoweit plausibel als ein minimaler Vorteil bei den nicht ausscheidenden Gesellschaftern verbleibt, da diese sodann den Anreiz zur Durchführung der wertsteigernden Maßnahme durch das kostspielige Ausscheiden des die Durchführung der effizienzsteigernden Maßnahme verhindernden Gesellschafters hätten. Auf die Beurteilung im Einzelfall wirken sich allerdings etwaige rechtliche und tatsächliche Beschränkungen der Obstruktionsmöglichkeiten aus.[976]

Komplexer und gleichsam aus Effizienzperspektive problematischer stellt sich diese Konstellation jedoch wiederum unter Berücksichtigung der gegebenenfalls nicht allein auf die Vermögensmaximierung ausgerichteten Zielfunktionen der Gesellschafter[977] sowie der etwaigen systematischen Rationalitätsdefizite[978] dieser dar. Denn da eine entsprechende Antizipation der *hold-up*-Position durch die Mitgesellschafter vor diesem Hintergrund möglicherweise unterbleibt, drohen aufgrund dieser personengesellschaftstypischen Besonderheiten durch das die spezifischen Investitionen schädigende tatsächlich ausgeübte (und nicht nur ausdrücklich oder implizit angedrohte) opportunistische Verhalten des unliebsamen Gesellschafters zur Steigerung des Trennungswerts aus der Perspektive der übrigen Ge-

---

974 Vgl. zu den insoweit einschlägigen spieltheoretischen Grundlagen instruktiv und mit vielfältigen vertiefenden Hinweisen nur *Dixit/Skeath/Reiley*, Games of Strategy.

975 Dabei ist zu betonen, dass sich die maßgeblichen Werte anhand von Prognosen über die zukünftige Entwicklung der Gesellschaft bestimmen, was etwa im Falle einer Zerrüttung des zwischenmenschlichen Verhältnisses der Gesellschafter bedeutet, dass die Bewertung des *status quo* diese negative Beeinflussung der Entwicklung berücksichtigt und nicht bloß die aktuelle Leistungsfähigkeit der Gesellschaft zugrunde legt.

976 Dazu sogleich *infra* Kapitel 4 § 3 B.I.2.b)(1).

977 *Supra* Kapitel 4 § 3 A.IV.

978 *Supra* Kapitel 4 § 2 B.I.

sellschafter in besonderem Maße Wertverluste.[979] Der Wert der Hinauskündigungsklausel lässt sich folglich als die erwarteten Kosten einer hypothetischen Verhandlungslösung rationaler oder irrationaler Gesellschafter
beziehungsweise dessen Nichtgelingen beschreiben, denn die Hinauskündigungsklausel kann dazu beitragen, die in den Hinauskündigungswunsch
mündende Konstellation entweder durch ihre Anreizwirkung hinsichtlich
des unliebsamen Gesellschafters *ex ante* zu vermeiden oder sie schließlich
ex post durch Ausübung der Klausel aufzulösen.

b) Kriterien erforderlicher Einzelfallbetrachtung

Zur am Effizienzkriterium orientierten Beurteilung einer konkreten Hinauskündigungsklausel sind entsprechend die Kosten der Wirksamkeit dieser
Klausel – in Gestalt der Schwächung des Haftungssystems des Personengesellschaftsrechts sowie der Nichtvornahme der Korrektur der etwaigen Rationalitätsdefizite der Gesellschafter[980] – den Kosten der Unwirksamkeit der
Klausel – in Gestalt der Notwendigkeit, das potentielle Ausscheiden des
betroffenen Gesellschafters nicht *ex ante* vermeiden oder *ex post* schlicht
durch Klauselausübung durchführen zu können, sondern durch die Verhandlungslösung zu erreichen, oder bei Nichtgelingen einer Einigung durch
Verhandlung der Fortsetzung der Gesellschaftstätigkeit in der bisherigen
Konstellation oder der Auflösung der Gesellschaft, sowie der Einschränkung
der Vertragsfreiheit *per se* – gegenüberzustellen. Dass eine exakte Abwägung

---

979 Die Kosten der Unwirksamkeit von Hinauskündigungsklauseln können letztlich
     gar bedeuten, dass aufgrund der Antizipation einer möglichen Trennung sowie
     der Schwierigkeiten im Rahmen der dann erforderlichen Verhandlungslösung, von
     der Aufnahme einer Person in den Kreis der Gesellschafter abgesehen wird. Verant-
     wortlich für das Unterbleiben der Aufnahme kann zum einen eine relativ geringe,
     erwartete Vermögensmehrung durch die Aufnahme des Gesellschafters sein, die
     die erwarteten Transaktionskosten im Rahmen einer Trennung nicht aufwiegen
     würden, zum anderen aber auch, selbst wenn der erwartete Vermögenszuwachs
     durch den Gesellschafter größer als diese erwarteten Transaktionskosten sind, die
     Risikoaversion der übrigen Gesellschafter.
980 Während, wie gesehen (*supra* Kapitel 4 § 3 B.I.1.), zur Begründung der effizienzge-
     leiteten Betrachtung von Hinauskündigungsklauseln grundsätzlich die rechtspater-
     nalistischen Erwägungen nicht zwingend erforderlich sind, da sie in der Reichweite
     hinter der Legitimierung über das Haftungssystem des Personengesellschaftsrechts
     zurückbleiben, können sie jedoch im Rahmen der konkreten Einzelfallbetrachtung
     aufgrund der erforderlichen Abwägung der einzelnen Kostenpunkte im Detail mit
     ausschlaggebend für die Beurteilung sein.

dieser sich entgegenstehenden Kostenpositionen regelmäßig auch unter Ausblendung etwaiger nicht-monetärer Präferenzen im konkreten Einzelfall erhebliche Schwierigkeiten verursacht, leuchtet ohne Weiteres ein.[981] Es lassen sich jedoch einige allgemeine Parameter benennen, die Anhaltspunkte zur Beurteilung der Effizienz von Hinauskündigungsklauseln geben können (1), sowie heuristische Aussagen anhand der bestehenden höchstrichterlichen Kasuistik zu Hinauskündigungsklauseln treffen (2).

(1) Indikatoren der Kostenanalyse

Früh wurde bereits auf die Bedeutung der konkreten Ausgestaltung der Hinauskündigungsklausel hingewiesen.[982] Je klarer die Hinauskündigung an bestimmte Konstellationen und Bedingungen geknüpft ist, desto geringer fallen das Drohpotential, und somit die Wirksamkeitskosten, durch diese aus. Allerdings fallen im Umkehrschluss grundsätzlich auch der *ex ante* Anreizmechanismus und der Wert der Hinauskündigung *ex post* desto geringer aus, je enger die Klausel konstruiert ist, was jedoch dann kaum Gewicht haben dürfte, wenn durch die Klausel gerade eine für die konkrete Gesellschafts-konstellation spezifisch virulente Gefahr adressiert wird. Darüber hinaus gilt, je größer die Zahl der Gesellschafter einer Gesellschaft ist, desto eher kann die Kontrollfunktion der persönlichen Gesellschafterhaftung durch die übrigen (nicht hinauskündbaren) Gesellschafter erfüllt werden. Auch steigt das Konfliktpotential *ceteris paribus* mit steigender Gesellschafterzahl, sodass zum einen die Häufigkeit von Trennungskonstellationen, zum anderen die drohenden Effizienzverluste bei Fehlschlagen der vertraglichen Lösung, zunehmen. Folglich sinken die Wirksamkeitskosten mit zunehmender Gesellschafterzahl. Je geringer zudem die Beteiligung eines Gesellschafters ausfällt, desto effizienter erscheint eine Hinauskündigungsklausel,[983] da mit geringerer Beteiligung die Anreize zur Ausübung der *hold-up*-Position bei Fehlen einer Hinauskündigungsklausel aufgrund des kleinen Einsatzes steigen. Auch hinsichtlich der tatsächlichen und rechtlichen Möglichkeit der Obstruktion ist

---

981 Zur Erleichterung der Handhabbarkeit und evidenzbasierten Stützung einer solchen Abwägung im Einzelfall wären die Wirkungszusammenhänge untersuchende empirische Studien erforderlich, vgl. allgemein schon *supra* Kapitel 2 § 2 C.II.

982 Vgl. *Grunewald*, Der Ausschluss aus Gesellschaft und Verein, S. 193 ff.; auch schon *Hennerkes/Binz*, NJW 1983, 73, 79 f.; sowie anschließend noch deutlichere Vorgaben in dem Gesellschaftsvertrag fordernd *Schockenhoff*, ZIP 2005, 1009, 1015.

983 Vgl. zu dem Gedanken nochmals ausdrücklich *Kilian*, WM 2006, 1567, 1573; zum praktischen Bedürfnis dieser Fälle eingehend *Heusel/Goette*, DStR 2015, 1315.

jedoch zu differenzieren. Je einflussreicher der Gesellschafter ist, etwa hinsichtlich seiner formalen Befugnisse in der Gesellschaft aber auch basierend auf impliziten Strukturen wie der Vernetzung innerhalb der Gesellschaft, desto größer ist sein Störpotential. In rechtlicher Hinsicht wäre dieses Potential etwa nach §§ 709, 710 BGB deutlich beschränkt, wenn die zur Ausübung der Hinauskündigung berechtigten Gesellschafter Geschäftsführer sind, mithin sich die operative Führungsbefugnis auf diese Personen konzentriert, der hinauskündbare Gesellschafter dagegen von der Geschäftsführung ausgeschlossen ist und somit weder selbst in Angelegenheiten der Gesellschaft tätig werden darf noch ihm ein Widerspruchsrecht nach § 711 BGB gegen Maßnahmen der Geschäftsführer zusteht.[984]

Im Hinblick auf den Professionalisierungsgrad der Gesellschafter – offenkundig etwa im Vergleich von mittelständischen Unternehmen mit Kleinstgesellschaften[985] – lässt sich hingegen keine eindeutige Aussage treffen. Zwar wird mit erhöhter Professionalisierung unwahrscheinlicher, dass irrationale Erwägungen der Gesellschafter kausal für den Abschluss der Klausel waren. Dagegen werden jedoch mit steigender Professionalisierung auch eine Vermeidung der Trennungskonstellation *ex ante* und eine erfolgreiche Verhandlungslösung zum Ausscheiden eines Gesellschafters wahrscheinlicher, wodurch die hemmende Wirkung hinsichtlich der Überwachungsfunktion der persönlichen Gesellschafterhaftung einer Hinauskündigungsklausel in geringerem Maße durch die Kosten der Unwirksamkeit dieser aufgewogen wird. Ambivalent fällt auch die Beurteilung des Parameters des Grades persönlicher Beziehungen zwischen den Gesellschaftern aus, da enge persönliche Bindung tendenziell eine emotionale Färbung der Entscheidungen der Gesellschafter bedingt, welche die Rationalität der Gesellschafter einzuschränken vermag.[986] Das spricht einerseits für die Einschränkungsbedürftigkeit von gegebenenfalls in irrationaler Weise abgeschlossenen Hinauskündigungsklauseln, andererseits bedeutet es jedoch auch einen erhöhten Wert von Hinauskündigungsklauseln, da aufgrund dieser Emotionalität eine erfolgreiche Verhandlungslösung für das Ausscheiden eines Gesellschafters unwahrscheinlicher wird und somit der Wert von Hinauskündigungsklauseln im Konfliktfall steigt. Eine im Gesell-

---

984 Vgl. allgemein etwa *Habermeier*, in: Staudinger, § 710 Rn. 7; *Schäfer*, in: MüKoBGB, § 710 Rn. 7 f.; *Westermann*, in: Erman, § 710 Rn. 1.

985 Vgl. schon hinsichtlich des variierenden Grades kognitiver Verzerrungen *supra* Kapitel 4 § 3 A.IV.

986 Vgl. dazu hier schon *supra* Kapitel 4 § 2 B.I.

schaftsvertrag in Verbindung mit der Hinauskündigungsklausel vereinbarte Abfindung reduziert das Drohpotential der Hinauskündigungsklausel umso stärker je höher die vorgesehene Abfindung festgesetzt ist,[987] weshalb durch eine solche neben der Hinauskündigungsklausel *ex ante* abgeschlossene Vereinbarung der Mechanismus gegenseitiger Gesellschafterüberwachung gestärkt werden kann, sie diese aber aufgrund etwaig bestehender nichtmonetärer Präferenzen der Gesellschafter sowie technischer Schwierigkeiten präziser und objektiver Wertbestimmung,[988] wodurch aus der subjektiven Gesellschafterperspektive eine Abweichung von dem unter Verwendung objektiver Methoden bestimmten Wert und dem individuell wahrgenommenen Wert bestehen kann, nicht zwingend vollständig sichert.[989] Die auf *Flume* zurückgehende Differenzierung danach, ob die Hinauskündigung durch einen oder mehrere Gesellschafter ausgeübt werden kann,[990] hat dagegen im Rahmen der Kostenabwägung kaum Bedeutung, allenfalls könnte der Umstand, dass ein Gesellschafter alleine über die Hinauskündigung entscheiden kann bedingen, dass die Kosten der Unwirksamkeit der Klausel deswegen durch diesen Umstand etwas höher sind, weil der zur Abstimmung über die Hinauskündigung zwischen den als Gruppe zur Hinauskündigung berechtigten Gesellschaftern erforderliche Aufwand und somit die so bei Trennungsabsicht entstehenden Kosten entfallen.

---

987 Zu berücksichtigen ist insoweit jedoch, dass nach der Rechtsprechung des BGH der Gestaltung von Abfindungsklauseln enge Grenzen gesetzt sind, zum einen auf Basis der Grundsätze von Treu und Glauben bei Auseinanderfallen von vereinbarter Abfindung und tatsächlichem Marktwert (vgl. BGH, Urt. v. 24.05.1993 – II ZR 36/92, NJW 1993, 2101), zum anderen wegen faktischer Beschränkung des Kündigungsrechts nach § 723 Abs. 3 BGB wegen der durch die vereinbarte Abfindung bedingten ökonomischen Unattraktivität des Ausscheidens (vgl. BGH, Urt. v. 13.06.1994 – II ZR 38/93, BGHZ 126, 226; anschaulich zur Vehemenz der Rechtsprechungslinie BGH, Urt. v. 13.03.2006 – II ZR 295/04, NJW-RR 2006, 1279); siehe zum Ganzen einschließlich der historischen Rechtsprechungsentwicklung instruktiv *Schmolke*, ECFR 2012, 380, 393 ff.; differenzierend und kritisch jüngst *Bühler*, DNotZ 2021, 725; *Fleischer/Bong*, WM 2017, 1957; mit einem frühen Blick auf die sich insoweit seit 1993 vollzogene „Wende" der Rechtsprechung *Dauner-Lieb*, GmbHR 1994, 836.

988 Vgl. entsprechend schon *supra* Kapitel 2 § 2 B.III.

989 Zu Recht wird daher vielfach eine entsprechende Abfindungsklausel nicht als hinreichende Bedingung für die Wirksamkeit von Hinauskündigungsklauseln anerkannt, selbst wenn sie dem „fairen", also marktgerechten Wert des Gesellschaftsanteils entspricht, vgl. dazu schon *supra* Kapitel 4 § 2 A.III.

990 *Supra* Kapitel 4 § 2 A.III.

(2) Kasuistik anhand der Kostenanalyse

Weiterführend können Aussagen anhand der in besonderem Maße in Literatur und Rechtsprechung diskutierten Fallgruppen getroffen werden.[991] Zuvorderst lässt sich das Kriterium der zeitlichen Begrenzung der Hinauskündigungsmöglichkeit anführen, denn durch diese wird auch die Beeinträchtigung des Systems kollektiver Kontrolle zeitlich begrenzt. Temporär begrenzt ausübbare Hinauskündigungsklauseln zulasten von auf Probe in den Kreis der Gesellschafter aufgenommener Personen schränken die kollektive Überwachungskomponente des Haftungssystems somit nur für einen begrenzten Zeitraum ein. In diesem Zeitraum sind zudem aufgrund der erforderlichen Orientierung in der neuen Rolle als Gesellschafter durch den auf Probe aufgenommenen Gesellschafter ohnehin nur in eingeschränkter Weise wesentliche, opportunismusverhindernde Schritte gegenüber den bestehenden Gesellschaftern zu erwarten. In den dieses System vielfach anwendenden Freiberuflergesellschaften bestehen aus der Perspektive der übrigen Gesellschafter zudem vielfach aufgrund der großen Bedeutung immaterieller Werte des Arbeitsalltags keine größeren ökonomischen Anreize zur Aufnahme eines weiteren Gesellschafters, weshalb die Unwirksamkeit der Hinauskündigungsklausel in diesen Fällen wohl in besonderem Maße dazu führen würde, dass die Person bei Unwirksamkeit der Klausel gar nicht in den Kreis der Gesellschafter aufgenommen würde und somit potentielle Effizienzvorteile nicht realisiert würden. Eine entsprechende Einschränkung des Kontrollmechanismus dürfte auch im Falle von solchen Hinauskündigungsklausel bestehen, die testamentarisch einen Erben zur Hinauskündigung der übrigen für einen eingeschränkten Zeitraum berechtigen. In beiden Konstellationen gilt, dass die durch die Klausel bedingten Effizienzeinbußen dann erheblich steigen, wenn die Kündigung auch noch ausgeübt werden kann, wenn die Gesellschafter sich ein hinreichendes Bild als Grundlage für die Prognose der gemeinsamen Gesellschaftertätigkeit machen konnten, mithin die Frist zur Ausübung der Hinauskündigungsklausel einen empirisch näher zu bestimmenden Zeitraum übersteigt.

Weniger deutlich ist die Auswirkung der zeitlichen Komponente dagegen im Falle von Gesellschafterkonstellationen aufgrund zeitlich begrenzter geschäftlicher Kooperationen, etwa in Gestalt eines Mitarbeitermodells, da die Zeiträume der Gesellschafterstellung in diesen Konstellationen deutlich

---

991 Vgl. schon den komprimierten Überblick über diese *supra* Kapitel 4 § 2 A.I.

länger sein können als in den Fällen bloßer Erprobung (etwa über wenige Monate). Zudem findet nach einer Einarbeitungsphase in der Mitarbeiterkonstellation eine Einbindung des Mitarbeiters in das operative Geschäft statt, weshalb die Überwachungsfunktion durch den Gesellschafter besonders effektiv wahrgenommen werden könnte.[992] Da die Gesellschafterstellung in diesen Fällen primär als Anreiz schaffendes Element der Vergütungsstruktur genutzt wird, und als solches auch durch andere erfolgsabhängige Vergütungselemente funktional repliziert werden könnte, würde ohne die Hinauskündigungsklausel der Mitarbeiter vielfach jedoch nicht in den Kreis der Gesellschafter aufgenommen werden, weshalb letztlich die effektiven Wirksamkeitskosten aufgrund des Ausbleibens der Gesellschafterstellung bei Unmöglichkeit der einseitigen Hinauskündigung trotz der Möglichkeit des Unterlassens der Verhinderung opportunistischen Verhaltens aufgrund der Klausel keine entscheidende Größe einnehmen, denn als Nichtgesellschafter würde der Mitarbeiter die Kontrolltätigkeit eines Gesellschafters gerade auch nicht ausüben.[993] Zudem ist als Element der Unwirksamkeitskosten in diesen Fällen zu berücksichtigen, dass die Gesellschafterstellung interessenparallelisierend in der Agenturkonstellation zwischen den übrigen Gesellschaftern und dem Mitarbeiter wirkt,[994] was möglicherweise nicht vollends durch andere, entsprechend wirkende Instrumente, wie erfolgsabhängige Vergütungskomponenten, repliziert werden kann. Erst recht deuten in der Folge die Umstände solcher Konstellationen, in denen Gesellschafter nicht in die Tätigkeit des Unternehmens integriert werden und die Gesellschafterfunktion alleine als Teil der aus einem anderweitigen Kooperationsverhältnis resultierenden Vergütung oder zur Sendung von Signalen in den Markt gebraucht wird, da dann ohnehin durch die Ausgestaltung der Zusammenarbeit faktisch nur eingeschränkt eine Überwachung der Mitgesellschafter erfolgen kann.[995] In den Kooperationsfällen spricht somit einiges für die Effizienz von Hinauskündigungsklauseln.

---

992 Anders stellt sich dies im Falle von Kooperationen mit externen Akteuren dar, wie kooperierenden Unternehmen, die keine operativen Funktionen innerhalb der Gesellschaft übernehmen.

993 Vgl. zur insoweit essentiellen Differenzierung, ob eine aktive unternehmerische Beteiligung beabsichtigt ist *Werner*, WM 2006, 312, 316 f.

994 Vgl. im gegebenen Kontext *Werner*, WM 2006, 312.

995 Vgl. zur Erforderlichkeit der Differenzierung anhand des Einzelfalls im Manager-/Mitarbeitermodell *Schockenhoff*, NZG 2018, 201, 204 ff.

In Fällen, in denen eine Gesellschafterposition im Wesentlichen auf einer persönlichen Beziehung zu den übrigen Gesellschaftern basiert und in Gestalt einer treuhänderähnlichen Position realisiert wird, ist aufgrund der persönlichen Bindung sowie der eingeschränkten Einbindung in das operative Geschäft der Gesellschaft ohnehin der Aspekt gegenseitiger Kontrolle der Gesellschafter als Element des Haftungssystems eingeschränkt, weshalb insoweit eine zusätzliche effizienzschädigende Einschränkung des Haftungssystems durch die Klausel nicht nahe liegt. Zudem bedingt die mangelnde operative Einbindung tendenziell eher die Notwendigkeit einer einseitig bestimmten Auflösung der Gesellschafterstellung als im Fall einer operativ gemeinschaftlich getragenen Gesellschaft. Die Gefahr nur eingeschränkt rationaler Verhaltensweisen scheint zwar bei entsprechenden Gesellschafterstrukturen aufgrund überdurchschnittlich stark ausgeprägter persönlicher Bindungen besonders deutlich, bedingt durch ihre ambivalente Wirkung hinsichtlich der Kostenabwägung deutet sie jedoch nicht klar auf die Ineffizienz der Klausel hin.

Im Allgemeinen kann daher eine vielfach vertretene, etwas zu pauschale Position, wonach ein „gewisser Grund" für die Hinauskündigungsklausel bestehen muss,[996] mit den erläuterten Einschränkungen differenzierend gestützt werden,[997] da sich die Umstände der Gesellschaft wie gesehen in vielfältiger Weise auf die Wirksamkeits- und Unwirksamkeitskosten der Hinauskündigung auswirken. Die Nennung dieser Umstände *ex ante* bei Abschluss der Klausel als Voraussetzung für die Ausübung der Klausel kann aufgrund ihrer die Wirksamkeitskosten senkenden Funktion zu der Wirksamkeit der späteren Hinauskündigung beitragen.

II. Abgrenzung von Inhalts- und Ausübungskontrolle

Unberücksichtigt blieb bislang, ob die erforderliche Abwägung der Kosten von Wirksamkeit und Unwirksamkeit einer Hinauskündigungsklausel

---

996 Zu betonen ist, dass schon die Absicht, die Trennungskosten zu senken, in gewisser Weise einen sachlichen Grund für die Hinauskündigungsklausel darstellt, weshalb präziser ist, dass ein sachlicher Grund für die Regelungsbedürftigkeit der Trennungskonstellation gegeben sein muss.

997 Siehe so etwa *Pfaffinger*, Gesellschafterhaftung, S. 182 f.; sehr weit gehend *Armbrüster*, ZGR 2014, 333, 360; vgl. auch den pragmatischen, in diese Richtung zielenden Hinweis zur Anpassung von bestehenden Gesellschaftsverträgen bei *Roesener*, NJW 2016, 2214, 2217.

– oder ihrer Ausübung – in Gestalt einer Wirksamkeits- oder einer Aus- übungskontrolle erfolgen muss. Die Effizienzbetrachtung kann jedoch in Abhängigkeit von der Wahl des Ansatzes unterschiedlich ausfallen. Ursache dafür ist, dass zur Wirksamkeitskontrolle die Effizienzbetrachtung *ex arte* unabhängig von der konkret einschlägigen Konstellation erfolgen muss, während für die Ausübungskontrolle eine konkrete Betrachtung der die Ausübung der Klausel bedingenden Umstände erforderlich ist. Im Rahmen der Wirksamkeitskontrolle sind folglich die bei Wirksamkeit beziehungs- weise Unwirksamkeit der Klausel abzuwägenden Kosten mit den Wahr- scheinlichkeiten ihrer Realisation zu gewichten. Die Kosten der Wirksam- keit von Hinauskündigungsklauseln, die sich aus den Folgen der Einschrän- kung des Systems gegenseitiger Kontrolle der Gesellschafter durch die Klausel, konkret den Folgen nicht vorgenommener Verhinderung opportu- nistischen Verhaltens der Mitgesellschafter (sowie der Antizipation durch Stakeholder), sowie den Nutzeneinbußen aufgrund des gegebenenfalls ein- geschränkt rationalen Verhaltens des hinauskündbaren Gesellschafters im Zeitpunkt der Vereinbarung der Hinauskündigungsklausel zusammenset- zen, sind nur in eingeschränktem Maße von dem Eintritt der Kündigungs- konstellation abhängig, denn sie wirken insbesondere aufgrund der bloßen Existenz der Klausel und der abstrakten Möglichkeit ihrer Ausübung. Die Kosten der Unwirksamkeit von Hinauskündigungsklauseln liegen dagegen in der konkreten Konstellation, bzw. der Antizipation dieser, in der die Absicht zur Trennung von einem Gesellschafter auftritt, begründet, was für die Betrachtung aus der *ex ante*-Perspektive bedeutet, dass diese Kosten mit der *ex ante*-Wahrscheinlichkeit des Eintritts der Hinauskündigungsabsicht zu gewichten ist.[998] Da im Falle der Ausübungskontrolle die Entscheidung für die Trennung von dem Gesellschafter bereits eingetreten ist, entfällt diese Wahrscheinlichkeitsgewichtung und die konkreten Trennungskosten sind vollumfänglich, also nicht wahrscheinlichkeitsgewichtet, in der Abwä- gung zu berücksichtigen.[999] Die Kosten des Eingriffs in die privatautonom vereinbarte Hinauskündigungsklausel sind somit tendenziell im Falle der

---

998 Da N unterschiedliche Konstellationen i denkbar sind, in denen diese Trennungs- absicht entstehen kann und diese Konstellationen wiederum mit unterschiedlich hohen Kosten c_i verbunden sein können, ergibt sich die für die Gesamtbetrachtung erforderliche Position C aus der wahrscheinlichkeitsgewichteten Summe der Kosten aller hypothetischen Kündigungskonstellationen, $C = \sum_{i=1}^{N} \alpha_i \times c_i$.

999 Vgl. prominent jüngst zur Unterscheidung der Perspektive *ex ante* und *ex post* im Rahmen wahrscheinlichkeitsgewichteter Betrachtung *Risse*, NJW 2020, 2383, 2385.

Ausübungskontrolle mangels erforderlicher Gewichtung[1000] höher als in dem der Wirksamkeitskontrolle. Da demgegenüber die Kosten der Wirksamkeit von Hinauskündigungsklauseln in geringerem Maße von dem Auftreten der tatsächlichen Trennungskonstellation abhängig sind, gelangt die Effizienzbetrachtung in Gestalt der Wirksamkeitsklausel tendenziell eher zur Unwirksamkeit der Klausel als die Ausübungskontrolle zur Unwirksamkeit der Ausübung dieser.

Bei der effizienzgeleiteten komparativen Betrachtung der Regelungsregime ist zu berücksichtigen, dass die Kontrolle der Klausel beziehungsweise ihrer Ausübung regelmäßig jedoch ohnehin erst zum Zeitpunkt ihrer Ausübung oder der sich anbahnenden Ausübung effektiv stattfindet. Denn die erwähnten Charakteristika von Personengesellschaften und ihren Gesellschaftern[1001] legen auch nahe, dass eine differenzierende Effizienzbetrachtung der Hinauskündigungsklausel, oder eine anders geartete Kontrolle der Klausel, regelmäßig weder zum Zeitpunkt des Abschlusses des Gesellschaftsvertrages noch zu einem späteren Zeitpunkt erfolgt, aufgrund der Komplexität und Ungewissheit der Beurteilung dieser Klauseln vielfach auch schon gar nicht erfolgen kann, mithin der betroffene Gesellschafter sein Handeln nicht im Bewusstsein um die Wirksamkeit oder Unwirksamkeit einer Hinauskündigungsklausel justieren kann. Auch im Falle einer unwirksamen Hinauskündigungsklausel oder ihrer unwirksamen Ausübung sind die typischen Wirksamkeitskosten bei Unsicherheit der Gesellschafter über die Wirksamkeit regelmäßig (zumindest teilweise) bereits eingetreten.[1002] Die Wirksamkeitsprüfung, welche die Hinauskündigungsklausel aus der *ex ante*-Perspektive des Abschlusses des Gesellschaftsvertrages betrachtet, passt insofern funktional nicht zu der Ausgestaltung der letztlich erfolgten Kontrolle.[1003] Da Gegenstand der Überprüfung regelmäßig die konkret ausgeübte Klausel ist, haben die übrigen wahrscheinlichkeitsgewichteten Szenarien im Rahmen dieser Überprüfung nur noch eine untergeordnete Bedeutung. Die Ausübungskontrolle kann im Extremfall schließlich den gleichen Effekt wie eine Wirksamkeitskontrolle haben, wenn nämlich die vergleichende Kostenanalyse ergibt, dass in sämtlichen in Frage stehenden

---

1000 Wegen der notwendigen Eigenschaft des Gewichts $a \in (0; 1)$.

1001 *Supra* Kapitel 4 § 2 B.I.

1002 Vgl. soweit zuletzt auch *Armbrüster*, ZGR 2014, 333, 360.

1003 Es muss betont werden, dass auch wenn sich die Betrachtung nicht auf eine rein monetäre Wohlfahrtsanalyse beschränkt, diese Perspektivproblematik besteht, da auch anderweitige Folgen der Klausel *ex ante* entsprechend wahrscheinlichkeitsgewichtet eintreten.

Konstellationen der Hinauskündigung die Wirksamkeitskosten die Unwirksamkeitskosten übersteigen.

Ein effizienzorientierter Vergleich von Inhalts- und Ausübungskontrolle könnte jedoch dann zugunsten der Inhaltskontrolle ausfallen, wenn in Ansehung der konkreten Umstände der Gesellschaft keine Konstellation ersichtlich ist, in der die Ausübung der Klausel effizient wäre und dieser klare Umstand den Gesellschaftern auch hinreichend deutlich ist, sodass die Wirksamkeitskosten aufgrund des Inhaltskontrollregimes begrenzt werden.[1004] Ob sich jedoch die Wahrnehmung der Gesellschafter und somit die Effizienzeffekte durch die Klauseln differenzierend nach dem Regulierungsregime unterscheiden, kann aufgrund der Unsicherheit über die Kriterien, welche die Entscheidung über die Inhaltskontrolle bestimmen, und der begrenzten Rationalität der Gesellschafter im Übrigen bezweifelt werden,[1005] weshalb auch insoweit ein Vorzug der Inhalts- gegenüber der Ausübungskontrolle nicht angezeigt ist.

Die Wirksamkeitskosten der Hinauskündigungsklauseln treten somit in gewissem Maße aufgrund der Unsicherheit über die Wirksamkeit der Klausel beziehungsweise ihrer Ausübung bis zur Prüfung im Streitfall auch ein, wenn diese oder ihre Ausübung letztlich unwirksam ist. Daraus zu schlussfolgern, Hinauskündigungsklauseln seien generell wirksam und können in jedweder Konstellation ausgeübt werden, um zumindest die Unwirksamkeitskosten zu vermeiden, ignoriert jedoch den Effekt der Kontrolle selbst auf die Wirksamkeitskosten, denn je weitreichender Hinauskündi-

---

1004 Hiervon geht wohl *Armbrüster* aus, wenn er darauf verweist, dass der Institutionenschutz nicht hinreichend durch die Ausübungskontrolle gewährleistet sei, *Armbrüster*, ZGR 2014, 333, 360.

1005 Denkbar wäre ein solcher Effekt, weil im Falle der Inhaltskontrolle nur eine differenzierende Prüfung der Klausel bei Abschluss des Gesellschaftsvertrages oder zu einem späteren Zeitpunkt durch die Gesellschafter erfolgen muss, während die Ausübungskontrolle eine fortwährende Prüfung durch die Gesellschafter voraussetzt, die aufgrund von systematischer Irrationalität oder Risikoaversion zu vereinzelten Fehleinschätzungen hinsichtlich der Möglichkeit zur Hinauskündigung im Einzelfall führen könne, die letztlich opportunismusvermeidende Handlungen verhindert. Vgl. vor diesem Hintergrund auch den nachdrücklichen Verweis auf Nichtigkeitsrisiken im Zusammenhang mit den Managermodellen bei *Schockenhoff*, NZG 2018, 201, der andeutet, dass eine entsprechende Rechtsprechungsdogmatik Zweifel an der Wirksamkeit nicht beseitigen kann. Weiterführenden Erkenntnisse über diese Zusammenhänge könnten entsprechend ausgerichtete empirische Untersuchungen hervorbringen, wobei aufgrund der abgegrenzten Fragestellungen auch verhaltensökonomische Experimente unter Laborbedingungen bereits weiterführende Hinweise geben könnten.

gungsklauseln aus der Perspektive der Gesellschafter subjektiv als wirksam wahrgenommen werden, desto stärker verwirklicht sich ihr Effekt auf die Vermeidung opportunistischen Verhaltens durch gegenseitige Kontrolle der Gesellschafter. Die subjektive Einschätzung der Wirksamkeit der Klauseln richtet sich nach einer *ex ante* Prognose der Gesellschafter anhand vorangegangener Entscheidungen über entsprechende Klauseln. Dieser Effekt ist im Rahmen der Kostengegenüberstellung bei Ausübungskontrolle zu berücksichtigen.

Schließlich sei noch auf die Bedeutung fehlerhafter Entscheidungen des Kontrollorgans für den Vergleich von Ausübungs- und Inhaltskontrolle hingewiesen, denn solche sind hinsichtlich des entscheidenden Organs, also in der Regel des Gerichts im Streitfall, vor dem Hintergrund begrenzter Ressourcen und bisweilen komplexer zu beurteilender Realzusammenhänge nicht ausgeschlossen. Auch in dieser Hinsicht deutet sich die Überlegenheit der Ausübungskontrolle an. Zwar führen positive wie negative Fehler, also die ineffiziente Verhinderung bzw. Aufrechterhaltung des Ausschlusses, unter beiden Regimen zu den entsprechend offengelegten Ineffizienzen, sie dürften sich folglich in diesem engen Sinne kaum unterscheiden. Im Falle der Ausübungskontrolle werden durch eine Fehlentscheidung jedoch zukünftige Hinauskündigungskonstellationen nicht irreversibel prädeterminiert, da in zukünftigen Fällen aufgrund der grundsätzlichen Wirksamkeit der ursprünglich vereinbarten Klausel gerade eine neue und eigenständige Ausübungskontrolle erfolgen könnte, während diese erneute Überprüfung infolge einer Inhaltskontrolle nach Entscheidung gegen die Wirksamkeit der Klausel *per definitionem* ausgeschlossen wäre, bzw. nur bei Entscheidung für die Wirksamkeit im Rahmen der ersten Kontrolle in der nachgelagerten Konstellation noch einer neuen Kontrolle unterzogen werden könnte,[1006] weshalb sich zumindest die ursprünglich getroffene Fehlentscheidung in Gestalt der Unwirksamkeit auch für die Zukunft manifestieren würde. Die Fortwirkung der Fehlentscheidung auf spätere potentielle Hinauskündigungskonstellationen ist bei der Ausübungskontrolle in Gestalt einer impliziten Signal- und Ausstrahlungswirkung zwar nicht grundsätzlich ausgeschlossen, es verbleibt jedoch die Möglichkeit einer korrekten Entscheidung in der Zukunft, unabhängig von der (fehlerhaften) Entscheidung im Ausgangsfall. Das ist auch gerade deswegen bedeutsam, weil die

---

1006 Vgl. zur von der gegenwärtigen Rechtsprechungslinie zumindest theoretisch vorgesehenen Zwei-Schritt-Prüfung, die nachgelagert zu der Wirksamkeitskontrolle noch eine Ausübungskontrolle ermöglicht *supra* Kapitel 4 § 2 A.I.

entscheidungserheblichen Parameter[1007] nicht zeitlich invariant sind, mt-
hin eine in der Zukunft gelegene Hinauskündigungskonstellation – auch
aus der potentiell fehleranfälligen Perspektive des Kontrollorgans – schon
deswegen fundamental anders beurteilt werden könnten. Bei Entscheidung
zulasten der Wirksamkeit der Klausel bliebe den Gesellschaftern schließlich
nur die Möglichkeit der Vereinbarung einer neuen, an die Wirksamkeitsvoraussetzungen angepassten Hinauskündigungsklausel, deren Erfolgsaus-
sicht infolge des zurückliegenden Rechtsstreits jedoch grundsätzlich in Frage gestellt werden kann, zumindest jedoch erhöhte Kosten im Vergleich
zur Fortnutzung der vorhandenen Klausel unter dem Ausübungskontrollre-
gime bedeuten würde.

C. Integration in den Diskussionsstand

Im Ergebnis stützt die hier vorgenommene funktionale Effizienzbetrachtung die weit verbreitete, und auch von *Pfaffinger* und *Schmolke* im Ergebnis geteilte Forderung nach einem Paradigmenwechsel von der Wirksamkeitskontrolle hin zur Ausübungskontrolle von Hinauskündigungsklauseln.
Zur Beantwortung der Frage, wann und unter welchen Umständen Hinauskündigungsklauseln wirksam ausgeübt werden können, vermag die darge-
stellte Analyse hingegen keine absoluten Antworten zu liefern. Allerdings
begegnet sie der Kritik, die bisherige Praxis lasse keine klaren Prinzipien
erkennen[1008] durch einen deutlich definierten Entscheidungsmaßstab, von
dem ausgehend sich heuristische Aussagen zur Stützung der Entscheidung
im Einzelfall ableiten lassen. Das Schutzbedürfnis der beteiligten Gesellschafter sowie das der Gesellschaftsgläubiger dienen als Grundlage der angestellten Funktionalitätserwägungen. Durch die konkrete Fallbetrachtung
im Rahmen der Ausübungskontrolle ist es möglich, den bereits zuvor in der
Literatur als entscheidend herausgestellten Kriterien für die Beurteilung der
Hinauskündigung – konkret der Anzahl der Gesellschafter, der durch die
Hinauskündigung bedingten Vorteile sowie der Rolle der Kompensation
der Gesellschafter – Rechnung zu tragen.

1007 *Supra* Kapitel 4 § 3 B.I.2.
1008 Siehe dazu *supra* Kapitel 4 § 2 A.II.

Kapitel 5 Zusammenfassung der Ergebnisse

§ 1 Rechtsökonomik im Spannungsverhältnis zwischen Rechtsstaatsprinzip und tradierter Auslegungsmethodik

Das Verfassungsrecht begründet die Notwendigkeit, Gesetze durch Verwendung von Methodik auszulegen und in der Konsequenz methodisch anzuwenden. Der aus den verfassungsrechtlichen Vorgaben abgeleiteten Forderung nach einer regelstrengen Auslegungsmethodik, welche die Freiheit des Richters in der Rechtsanwendung zu minimieren sucht, werden aufgrund von hermeneutischen Schwierigkeiten, die sich aus der tradierten Methodenlehre ergeben, begründete Zweifel an der Umsetzbarkeit entgegengehalten. Die Modifizierung der Methodenlehre mit dem Ziel, die Einbruchstellen willkürlicher Entscheidungen durch den Rechtsanwender offenzulegen und zu minimieren, und somit den Grad der durch die Methodenpraxis realisierbaren Regelstrenge der Auslegung und Rechtsanwendung zu erhöhen, deren Notwendigkeit durch gesellschaftliche Veränderungen in besonderem Maße betont wird, setzt anknüpfend an die identifizierten konkreten Probleme der Auslegung einerseits an der Aufdeckung und Strukturierung normativer gesetzgeberischer Zielvorgaben an, andererseits an der Schärfung und Evidenzbasierung des Verständnisses der im Gesetzestext verwendeten Worte.

Nicht-juristische Wissenschaften können durch ihre wahrheitssuchende Konzeption zu einer entsprechenden Fortentwicklung der Methodenpraxis beitragen. Insbesondere die Rechtsökonomik vermag sowohl durch ihre normative als auch durch ihre positive Facette aufgrund ihres breiten Betrachtungsgegenstandes und des methodisch klar strukturierten, inter-subjektiv einsehbaren Ansatzes der Wirkungsanalyse die Fortentwicklung im Sinne des verfassungsrechtlichen Ideals in differenzierter Weise wesentlich zu stützen. Die stabilisierende Wirkung des Effizienzprinzips aufgrund des klar definierten und messbaren Kriteriums ist anhand unterschiedlicher Kriterien differenzierend zu beurteilen – sie fällt insbesondere umso stärker aus, je geringer die zur Wertbestimmung erforderlichen Referenzketten zu expliziten Märkten im Hinblick auf die von einer Rechtsnorm betroffenen Wertpositionen sind. Neben der Bildung von Referenzketten ergeben sich in praktischer Hinsicht insbesondere Schwierigkeiten der Abgrenzung des durch eine Norm betroffenen Gegenstandes, deren Bewältigung genauso wie die Substitution exakter quantitativer Analysen durch qualitative Erwägungen entscheidend für das Maß der tatsächlich realisierbaren stabilisierenden Wirkung des Effizienzkriteriums ist. Positive Ökonomik kann wiederum sowohl als Element normativer Analyse zur Offenlegung normativer gesetzgeberischer Zielvorgaben sowie der Benennung von Wertpositionen der Effizienzanalyse durch methodisch transparente Offenlegung von Wirkungszusammenhängen beitragen, als auch in streng positiver Hinsicht zur Konturierung der von dem Gesetzgeber genutzten Begriffe sowie im Sinne einer Folgenbetrachtung zur Evaluation unterschiedlicher Auslegungsvarianten im Hinblick auf die Erreichung gesetzgeberischer Zielvorgaben. Die Anforderungen, welche die bestehenden Rechtsvorschriften so an positive Ökonomik stellen, sind sowohl in inhaltlicher als auch methodisch-konzeptioneller Hinsicht vielfältig. Dabei besteht in positiv-rechtsökonomischer Hinsicht für die Rechtswissenschaft ein komplementäres Aufgabenduo, das einerseits kurzfristig in der Sichtung von für konkrete Rechtsfragen nutzbarer bestehender ökonomischer Forschung liegt, andererseits langfristig in der Kommunikation des Bedarfs weiterführender Forschung an die Ökonomik. Praktisch setzt die Verwirklichung der stabilisierenden Wirkung positiver Ökonomik eine Eingrenzung des Betrachtungsgegenstands voraus, deren Auswahlentscheidung transparent zu gestalten ist, sowie in tatsächlicher Hinsicht ein gewisses Maß an fremdwissenschaftlicher Fachkenntnis, um die Sichtung des Forschungsstandes und Kommunikation der Anliegen zu ermöglichen.

Während positive Ökonomik entsprechend vielfältig und weitreichend zur Steigerung der Gesetzesbindung im Sinne des Grundgesetzes beitragen kann, da sie die zur Begriffskonturierung und Evaluation der Zweckerreichung unterschiedlicher Auslegungsvarianten erforderlichen ansonsten zur Analyse von Wirkungszusammenhängen spekulativen Erwägungen durch methodisch fundierte Kenntnisse zu ersetzen vermag und somit sämtlichen Elementen der Auslegungsmethodik zu einer stärkeren Konturierung verhilft, ist in Bezug auf die normative Effizienzanalyse vor dem verfassungsrechtlichen Hintergrund auf zwei Ebenen zu differenzieren. Einerseits ist umfassend zu ermitteln, in welchem Maß Effizienz explizit, implizit oder derivativ durch den Gesetzgeber als Ziel der auszulegenden Rechtsvorschrift vorgesehen ist. Anderseits ist ergänzend die stabilisierende Wirkung der Effizienzanalyse *in concreto* anhand der Nähe der von einer Rechtsnorm betroffenen Wertpositionen zu expliziten Märkten zu analysieren, um die Qualität des Kriteriums als stabilisierendes Referenzmaß zu benennen.

Die normative Auswahlproblematik der Rechtsanwendung kann so im Ergebnis zwar nicht beseitigt, jedoch inter-subjektiv transparenter ausgestaltet und somit stabilisiert werden.

§ 2 Befristung von Arbeitsverträgen mit Profisportlern

Während in Rechtsprechung und Literatur mit wenigen Ausnahmen im Ergebnis weitgehend Einigkeit darüber besteht, dass die Befristung von Arbeitsverträgen mit professionellen Sportlern wirksam sein muss, hat die Begründung dieses Resultats *de lege lata* anhand des Befristungsgrunds der Eigenart der Arbeitsleistung (§ 14 Abs. 1 S. 2 Nr. 4 TzBfG) erhebliche Zweifel hervorgerufen, die in der nicht in hinreichendem Maße vorgenommenen Rückkopplung der Erwägungen auf die gesetzgeberischen Zielvorgaben sowie dem Mangel sozialwissenschaftlicher Fundierung der explizit und implizit angestellten und den Begründungen zugrunde gelegten Wirkungsanalysen begründet liegen. Die Analyse der Teleologie der maßgeblichen Rechtsvorschrift offenbart, dass neben dem Gleichheitskriterium Effizienz als Zielvorgabe durch den Gesetzgeber zumindest implizit vorgesehen wurde, normative Rechtsökonomik folglich schon insoweit als Leitlinie der Auslegung legitimiert ist.

Die maßgebliche Wirkungsanalyse lässt sich anhand der Arbeitnehmer, der Arbeitgeber sowie des die Branche finanzierenden Umfelds, bestehend aus Fans, Medienunternehmen und Sponsoren, als rational agierende Akteure durchführen. Aufgrund der in der Branche herrschenden weitgehenden Marktmacht der Arbeitnehmer werden diese zu der bei Vertragsschluss je für die einzelnen Spielzeiten der Vertragslaufzeit erwarteten Grenzproduktivität entlohnt. Da die tatsächliche Entwicklung der Leistungsfähigkeit der Sportler gleichmäßig um die erwartete Leistung verteilt verlaufen soll, ist die erwartete sportliche Leistung einer Mannschaft über eine Spielzeit bei gleichbleibendem Personal eine Funktion der erwarteten sportlichen Entwicklung der Akteure. Die Arbeitgeber streben nach der Maximierung des sportlichen Erfolgs. Die durch das Umfeld bereitgestellten monetären Mittel steigen überproportional mit dem sportlichen Erfolg, der sich wiederum nach der relativen sportlichen Stärke im nationalen sowie im internationalen Vergleich richtet. Die Systemumstellung auf unbefristete Verträge hat unmittelbar lediglich die Entfristung der zuvor abgeschlossenen Arbeitsverträge zur Folge, mithin hat sie kurzfristig keine unmittelbare Auswirkung auf den sportlichen Wettbewerb. Mittelbar bedingt die Umstellung jedoch eine weitergehende Verschiebung der Machtverhältnisse zugunsten der Arbeitnehmer, da diese kurzfristig durch Ausübung ordentlicher Kündigungen die Anpassung ihrer Vergütung an ihre veränderte maximale Grenzproduktivität bewirken können, während der umgekehrte Vorgang aufgrund des Kündigungsschutzes den Arbeitgebern nicht offensteht. Da sich so nur sportliche Entwicklungen unterhalb der vereinbarten Vergütung bei den Vereinen realisieren, ergibt sich eine sich fortentwickelnde Reduzierung der (internationalen) Konkurrenzfähigkeit der von dem Wegfall der Befristungsmöglichkeit betroffenen Vereine. Dieser Prozess lässt sich zwar durch betriebsbedingte Kündigungen der unter Annahme wirksamer Befristung abgeschlossenen Arbeitsverträge verlangsamen, jedoch aufgrund der strukturellen komparativen Machtverssschiebungen nicht gänzlich aufhalten. Wenngleich bei statisch-vergleichender Betrachtung der Vertragstypen *ceteris paribus* aufgrund der Risikoaversion der Arbeitnehmer eine leichte Präferenz zugunsten der unbefristeten Verträge zu bestehen scheint, tritt dieser Vorteil hinter die durch die relativen Nachteile bedingte negative dynamische Entwicklung mittel- bis langfristig zurück.

Da somit durch den Wegfall der Befristungsmöglichkeit mittelfristig die volkswirtschaftlich bedeutsame Branche Profifußball, von der wiederum der Erfolg anderer Branchen abhängt, erheblich schrumpfen würde, tendiert das Effizienzargument deutlich zugunsten der Wirksamkeit der Befristung. Die Wirkungsanalyse stützt in der Konsequenz insbesondere diejenigen Erwägungen in Rechtsprechung und Literatur, die zur Begründung der Befristung auf die Einbettung des deutschen Fußballs in das internationale System des professionellen Fußballs abstellen. Aufgrund der nicht nur horizontalen, sondern auch vertikalen Verknüpfung innerhalb der Branche greift das Argument auch zugunsten der Befristung in niedrigeren Spielklassen. Für andere kommerziell starke Mannschaftssportarten sowie die Arbeitsverträge von Trainern und Funktionären verlieren die Funktionalitätserwägungen aufgrund der geringeren Bedeutung von Transferzahlungen zwar an Gewicht, im Endeffekt können sie dennoch im Ergebnis aufgrund der internationalen Verknüpfung auch dieser Arbeitsmärkte und des Wettbewerbs noch durchgreifen.

§ 3 Hinauskündigungsklauseln im Personengesellschaftsrecht

Das seit Jahrzehnten in Rechtsprechung und Literatur kontrovers diskutierte Thema der rechtlichen Kontrolle von Hinauskündigungsklauseln, das im Wesentlichen die Suche nach Kriterien für die rechtliche Beurteilung solcher Klauseln sowie die Frage nach dem passenden Regulierungsregime – Wirksamkeits- oder Ausübungskontrolle – zum Gegenstand hat, wurde bereits in zwei Arbeiten aus rechtsökonomischen Perspektiven betrachtet. Beide Ansätze vermögen die Debatte mit neuen Argumenten mit sehr unterschiedlichen Blickwinkeln anzureichern. Während *Pfaffinger* auf die Funktionalität des Systems persönlicher Haftung anhand rational agierender Akteure abstellt, stützt *Schmolke* seine Erwägungen auf die Schutzfunktion der Grundrechte, die Eingriffe im Falle von systematischen Rationalitätsabweichungen im Sinne eines liberalen Paternalismus erfordern. Die unterschiedlichen, sich teilweise widersprechenden Ansätze verdeutlichen die Erforderlichkeit der Ausschöpfung und Sichtung der Rechtsökonomik in seiner gesamten Breite und Tiefe. Sowohl das Haftungssystem des Personengesellschaftsrechts als auch die Schutzdimension der Grundrechte sowie der Minderheitenschutz offenbaren im Zuge einer Funktionalitätsbetrachtung für die Entscheidung über Hinauskündigungsklauseln nach den §§ 138 und 242 BGB maßgebliche gesetzgeberische Zielvorgaben, die zumindest auch das Effizienzkriterium als Leitlinie des maßgeblichen Regelungssystems vorsehen, ohne dass der Gesetzgeber explizit oder implizit zu der konkreten Rechtsfrage Stellung genommen hat.

Die insoweit legitimierte Effizienzanalyse zur Beurteilung von Hinauskündigungsklauseln lässt sich als Gegenüberstellung der Kosten der Wirksamkeit einer Hinauskündigungsklausel, beziehungsweise deren Ausübung, die insbesondere in der Schwächung des Haftungssystems des Personengesellschaftsrechts sowie der Irrationalität des hinauskündbaren Gesellschafters begründet liegen, und denen der Unwirksamkeit, bedingt durch die Erforderlichkeit, die Trennung – soweit sie überhaupt möglich ist – durch eine Verhandlung im Einzelfall herbeiführen zu müssen, beschreiben. Es lässt sich eine Reihe von Kriterien benennen, die zu einer Reduzierung der Wirksamkeitskosten der Hinauskündigungsklausel führen und somit auf die Effizienz dieser Klauseln hindeuten. So ist die Wirksamkeit von Hinauskündigungsklauseln umso effizienter, je klarer die Umstände für die Hinauskündigung im Gesellschaftsvertrag benannt oder anderweitig vorgesehen werden, je größer die Anzahl der Gesellschafter ist, je geringer die Beteiligung des hinauskündbaren Gesellschafters an der Gesellschaft ist sowie je deutlicher und höher eine Abfindung für den Fall der Hinauskündigung prädeterminiert ist. Des Weiteren lässt sich durch die Kostenabwägung die bisherige Kasuistik der Rechtsprechung weitgehend stützen. So fallen in den Konstellationen zeitlicher Begrenzung der möglichen

Ausübung von Hinauskündigungsklauseln, genauso wie in der einer testamentarisch bedingten Hinauskündigungsklausel, sowie der der Gesellschafterstellung aufgrund anderweitiger Kooperation oder der, in der die Gesel-
schafterkonstellation als treuhänderähnliche Position ausgestaltet ist, nicht
nur die Wirksamkeitskosten der Klauseln vergleichsweise gering aus, sondern auch die Unwirksamkeitskosten tendieren unter diesen Umständen
vergleichsweise hoch zu sein. Die Effizienzanalyse stützt schließlich auch
die vielzähligen Stimmen in der Literatur, die sich für eine Ausübungskontrolle anstelle der von der Rechtsprechung bislang primär vorgenommenen
Inhaltskontrolle aussprechen, da im Rahmen der Inhaltskontrolle eine
wahrscheinlichkeitsgewichtete Betrachtung der Unwirksamkeitskosten *ex
ante* erfolgen muss, die Kontrolle der Klausel tatsächlich regelmäßig jedoch
erst im Streitfall erfolgen wird, weshalb einerseits die Wirksamkeitskosten
ohnehin bereits angefallen sind, anderseits die umstrittene Konstellation
der Hinauskündigung nicht unsicher mit irgendeiner Wahrscheinlichkeit
eintreten wird, sondern bereits sicher eingetreten ist. Nur im Rahmen der
Ausübungskotrolle wird somit eine der Kontrollkonstellation angemessene
Abwägung der sich gegenüberstehenden Positionen vorgenommen. Das
Kontrollregime der Ausübungskontrolle passt somit, wie anhand dieser
rechtsökonomischen Erwägungen deutlich wird, konzeptionell zu den tatsächlichen Umständen der Kontrolle von Hinauskündigungsklauseln.

Literaturverzeichnis

Die Zitierung von Aufsätzen im Haupttext erfolgt ohne Nennung des Vornamens des Autors und des Titels des Aufsatzes in der folgenden Form: *Nachname des Autors*, Kurzschreibweise der Zeitschrift mit Erscheinungsjahr, Anfangsseite, Zitatseite (wenn abweichend von Anfangsseite). Die Zitierung von Festschriftbeiträgen erfolgt ohne Nennung des Vornamens des Autors, des Titels des Beitrags, der Herausgeber und des Erscheinungsdatums der Festschrift in der folgenden Form: *Nachname des Autors*, FS Name des Geehrten, Anfangsseite, Zitatseite. Bei der Zitierung von Zeitschriften und von Festschriftbeiträgen wird auf die Abkürzung S. für Seite vor Nennung der Anfangsseite verzichtet. Im Übrigen wird auf die Kurzzitatdefinition nach Angabe der Quelle im Literaturverzeichnis verwiesen.

Alle Internetquellen wurden am 5.7.2021 zuletzt abgerufen.

Aaken, Anne van: „Rational Choice" in der Rechtswissenschaft. Zum Stellenwert der ökonomischen Theorie im Recht, Nomos, Baden-Baden 2003, zitiert als: *van Aaaken*, Rational Choice in der Rechtswissenschaft.

Adams, Michael: Ökonomische Theorie des Rechts. Konzepte und Anwendung, 2. Auflage, Peter Lang, Frankfurt am Main 2004, zitiert als: *Adams*, Ökonomische Theorie des Rechts.

Agstner, Peter: Shareholder Conflicts in Close Corporations between Theory and Practice: Evidence from Italian Private Limited Liability Companies, EBOR 21 (2020), S. 505–543.

Akerlof, George A.: The Market for 'Lemons': Quality Uncertainty and the Market Mechanism, Q.J. Econ. 84 (1970), S. 488–500.

Alchian, Armen A./Demsetz, Harold: Production, Information Costs and Economic Organization, Am. Econ. Rev. 62 (1972), S. 777–795.

Alchian, Armen A./Woodward, Susan: The Firm Is Dead; Long Live The Firm a Review of Oliver E. Williamson's The Economic Institutions of Capitalism, J. Econ. Lit. 26 (1988), S. 65–79.

Altmann, Steffen/Falk, Armin/Marklein, Felix: Eingeschränkt rationales Verhalten: Evidenz und Implikationen, in: Fleischer, Holger/Zimmer, Daniel (Hrsg.): Beitrag der Verhaltensökonomie (Behavioral Economics) zum Handels- und Wirtschaftsrecht, Verlag Recht und Wirtschaft, Frankfurt am Main 2011, S. 63–82, zitiert als: *Altmann/Falk/Marklein*, in: Fleischer/Zimmer, Verhaltensökonomie.

Altmeppen, Holger: Kernbereichslehre, Bestimmtheitsgrundsatz und Vertragsfreiheit in der Personengesellschaften NJW 2015, S. 2065–2071.

Anderson, Chris/Sally, David: The Numbers Game – Why Everything You Know About Football is Wrong, Penguin Books, New York 2014, zitiert als: *Anderson/Sally*, The Numbers Game.

Andrade, Gregor/Kaplan, Steven N.: How Costly is Financial (Not Economic) Distress? Evidence from Highly Leveraged Transactions that Became Distressed, J. Fin. 53 (1998), S. 1443–1493.

Arenhövel, Wolfgang: Wichtige Urteile sollten in der Öffentlichkeit vorbereitet werden – Die Kommunikation der Justiz mit den Medien ist besser geworden, aber noch nicht gut, ZRP 2005, S. 69–70.

Armbrüster, Christian: Grenzen der Gestaltungsfreiheit im Personengesellschaftsrecht, ZGR 2014, S. 333–363.

Armour, John/Eidenmüller, Horst: Self-Driving Corporations?, Harv. Bus. L. Rev. 10 (2020), S. 87–116.

Armour, John/Parnham, Richard/Sako, Mari: Unlocking the potential of AI for English law, Int'l. J. Leg. Prof. 28 (2020), S. 65–83.

Armour, John/Whincop, Michael J.: An Economic Analysis of Shared Property in Partnership and Close Corporations Law, in: McCahery, Joseph A./Raaijmakers, Theo/Vermeulen, Erik P. M. (Hrsg.): The Governance of Close Corporations and Partnerships, Oxford University Press, Oxford 2004, S. 73–92, zitiert als: *Armour/Whincop*, in: McCahery et al., The Governance of Close Corporations and Partnerships.

Arnauld, Andreas von: Rechtssicherheit – Perspektivische Annäherung an eine *idée directrice* des Rechts, Mohr Siebeck, Tübingen 2006; zitiert als: *von Arnauld*, Rechtssicherheit.

Arnim, Hans Herbert von/Brink, Stefan: Methodik der Rechtsbildung unter dem Grundgesetz – Grundlagen einer verfassungsorientierten Rechtsmethodik, Forschungsinstitut für öffentliche Verwaltung, Speyer 2001, zitiert als: *von Arnim/Brink*, Methodik der Rechtsbildung.

Arrow, Kenneth Joseph: Essays in the Theory of Risk Bearing, North-Holland Publ. Co., Amsterdam u.a. 1971, zitiert als: *Arrow*, Risk Bearing.

Arrow, Kenneth: Collected Papers of Kenneth J. Arrow Band 2 – General Equilibrium, Basil Blackwell Publisher, Oxford 1983, zitiert als: *Arrow*, Collected Papers.

Ascheid, Reiner/Preis, Ulrich/Schmidt, Ingrid (Hrsg.): Kündigungsrecht – Großkommentar zum gesamten Recht der Beendigung von Arbeitsverhältnissen, 5. Auflage, C.H. Beck, München 2017, zitiert als: *Bearbeiter*, in: APS.

Ash, Elliott/Chen, Daniel L./Naidu, Suresh: Ideas Have Consequences: The Impact of Law and Economics on American Justice, vorläufige Version vom 25.7.2020, abrufbar unter:https://www.nber.org/papers/w29788, zitiert als: *Ash/Chen/Naidu*, Ideas Have Consequences.

Auer, Marietta: Materialisierung, Flexibilisierung, Richterfreiheit – Generalklauseln im Spiegel der Antinomien des Privatrechtsdenkens, Mohr Siebeck, Tübingen 2005, zitiert als: *Auer*, Materialisierung, Flexibilisierung, Richterfreiheit.

Auer, Marietta: Methodenkritik und Interessejurisprudenz – Philipp Heck zum 150. Geburtstag, ZEuP 2008, S. 517–533.

Auer, Marietta: Zum Erkenntnisziel der Rechtstheorie – Philosophische Grundlagen multidisziplinärer Rechtswissenschaft, Nomos, Baden-Baden 2018, zitiert als: *Auer*, Zum Erkenntnisziel der Rechtstheorie.

Augsberg, Ino: Multi-, inter-, transdisziplinär? – Zum Erfordernis binnenjuristischer Metaregeln für den Umgang mit extrajuridischem Wissen im Verwaltungsrecht, in: Augsberg, Ino: Extrajuridisches Wissen im Verwaltungsrecht, Mohr Siebeck, Tübingen 2013, S. 3–33, zitiert als: *Augsberg*, in: Augsberg, Extrajuridisches Wissen.

Backhaus, Ludger: Befristete Arbeitsverträge im Profifußball, jM 2018, S. 324–327.

Bader, Peter: Die neuere Rechtsprechung zum Befristungsrecht, NZA-RR 2018, S. 169–175.

Bagusat, Ariane/Hermanns, Arnold: Grundlagen des Sportsponsorings, in: Galli, Albert/Elter, Vera-Carina/Gömmel, Rainer/Holzhäuser, Wolfgang/Straub, Wilfried (Hrsg.), 2. Auflage, Vahlen, München 2012, S. 457–480, zitiert als: *Bagusat/Hermanns*, in: Galli, Sportmanagement.

Bainbridge, Stephen M.: Community and Statism: A Conservative Contractarian Critique of Progressive Corporate Law Scholarship, Cornell L. Rev. 82 (1997), S. 856–904.

Barczak, Tristan: Rechtsbegriffe – Elementarteilchen juristischer Methodik und Dogmatik, JuS 2020, S. 905–910.

Baumann, Florian: Recht und Ökonomie aus Sicht der Wirtschaftswissenschaften, DICE Ordnungspolitische Perspektiven, No. 74, Working Paper 2015, abrufbar unter: http://www.dice.hhu.de/fileadmin/redaktion/Fakultaeten/Wirtschaftswissenschaftliche_Fakultaet/DICE/Ordnungspolitische_Perspektiven/074_OP_Baumann.pdf, zitiert als: Baumann, DICE Ordnungspolitischer Perspektiven No. 74.

Baysinger, Barry D./Butler, Henry N.: The Role of Corporate Law in the Theory of the Firm, J. L. & Econ. 28 (1985), S. 179–191.

Beathalter, André: Das Ende befristeter Trainerverträge?, in: Bepler, Klaus: Sportler, Arbeit und Statuten – Herbert Fenn zum 65. Geburtstag, Duncker & Humblot, Berlin 2000, S. 27–42.

Bechtold, Stefan: Die Grenzen zwingenden Vertragsrechts, Mohr Siebeck, Tübingen 2010, zitiert als: *Bechtold*, Die Grenzen zwingenden Vertragsrechts.

Beck, Hanno: Behavioral Economics – Eine Einführung, Springer Gabler, Wiesbaden 2014, zitiert als: *Beck*, Behavioral Economics.

Beck, Susanne: Die Suggestion einzig richtiger Entscheidungen im Recht – notwendig oder vermeidbar?, in: Schuhr, Jan C.: Rechtssicherheit durch Rechtswissenschaft, Mohr Siebeck, Tübingen 2014, S. 11–32, zitiert als: *Beck*, in: Schuhr, Rechtssicherheit.

Beck'scher Online-Kommentar Arbeitsrecht: Rolfs, Christian/Giesen/Richard/Kreikebohm, Ralf/Udsching, Peter (Hrsg.), 68. Edition, Stand 1.6.2023, C.H. Beck, München 2023, zitiert als: *Bearbeiter*, in: BeckOK ArbR.

Beck'scher Online-Kommentar BGB: Hau, Wolfgang/Poseck, Roman (Hrsg.), 66. Edition, Stand: 1.5.2023, C.H. Beck, München 2023, zitiert als: *Bearbeiter*, in: BeckOK BGB.

Beck'scher Online-Kommentar Grundgesetz: Epping, Volker/Hillgruber, Christian (Hrsg.), 55. Edition, Stand: 15.5.2023, C.H. Beck, München 2023, zitiert als: *Bearbeiter*, in: BeckOK GG.

Becker, Benjamin: Die Zulässigkeit von Hinauskündigungsklauseln nach freiem Ermessen im Gesellschaftsvertrag – Zugleich eine Besprechung von Russian Roulette-, Texan Shoot Out- und Drag-along-Klausen, Peter Lang, Frankfurt am Main 2010, zitiert als: *Becker*, Zulässigkeit von Hinauskündigungsklauseln.

Becker, Gary: Crime and Punishment: An Economic Approach, J. Polit. Econ. 76 (1968), S. 169–217.

Becker, Gary: Der Ökonomische Ansatz zur Erklärung menschlichen Verhaltens, 2. Auflage, Mohr Siebeck, Tübingen 1993, zitiert als: *Becker*, Erklärung menschlichen Verhaltens.

Becker, Gary/Becker, Guity Nashat: The Economics of Life: from baseball to affirmative action to immigration, how real-world issues affect our everyday life, McGraw-Hill, New York 1996, zitiert als: *Becker/Becker*, Economics of Life.

Beckmann, Jan F.: Anmerkung zu LAG Köln, Urt. v. 15.8.2018, Az. 11 Sa 991/17, SpuRt 2019, S. 182.

Beckmann, Jan F./Beck, Alexander: Zur Befristung von Arbeitsverträgen im Profi-Sport – Anmerkung zum Urteil des ArbG Mainz v. 19.3.2015 – 3 Ca 1197/14, SpuRt 2015, S. 160–161.

Beckmann, Jan F./Beck, Alexander: Endspiel in Erfurt? Der „Fall Müller" geht in die nächste Runde – Anmerkung zur Entscheidung des LAG Rheinland-Pfalz vom 17.2.2016, SpuRt 2016, S. 155–156.

Beckmann, Paul-Werner/Beckmann, Jan F.: Die Befristung von Arbeitsverträgen – Bereichsausnahmen für den Profisport?, SpuRt 2011, S. 236–240.

Behr, Volker: Der Ausschluss aus der Personengesellschaft im Spannungsfeld zwischen Vertrag und Status, ZGR 1985, S. 475–505.

Beischer, Benjamin: Der Ausschluss von Personengesellschaftern ohne wichtigen Grund – Plädoyer für eine Rechtsausübungskontrolle, Peter Lang, Frankfurt am Main 2011, zitiert als: *Beischer*, Ausschluss von Personengesellschaftern.

Ben-Shahar, Omri/Strahilevitz, Lior Jacob: Interpreting Contracts via Surveys and Experiments, NYUL Rev. 92 (2017), S. 1753–1827.

Benecke, Martina: Inhaltskontrolle im Gesellschaftsrecht oder: „Hinauskündigung" und das Anstandsgefühl aller billig und gerecht Denkenden, ZIP 2005, S. 1437–1442.

Bennedsen, Morten/Wolfenzon, Daniel: The balance of power in closely held corporations, J. Fin. Econ. 58 (2000), S. 113–139.

Bepler, Klaus: Lizenzfußballer: Arbeitnehmer mit Beschäftigungsanspruch?, in: Bepler, Klaus: Sportler, Arbeit und Statuten – Herbert Fenn zum 65. Geburtstag, Duncker & Humblot, Berlin 2000, S. 43–84.

Bepler, Klaus: Arbeitsrechtliche Sonderwege im bezahlten Fußball? (Teil 1), jM 2016, S. 105–111.

Bepler, Klaus: Arbeitsrechtliche Sonderwege im bezahlten Fußball? (Teil 2), jM 2016, S. 151–154.

Berkemeyer, Michael: Zur Befristung von Spielerverträgen auf Grund abnehmender Leistungsfähigkeit im Alter, SpuRt 2010, S. 8–11.

Beul, Madeleine: Nudging: Das Konzept eines liberal paternalism – Neue Perspektive für das deutsche Gesundheitsrecht?, KritV 2019, S. 39–56.

Biermann, Christoph: Matchplan – Die neue Fußball-Matrix, 3. Auflage, Kiepenheuer & Witsch, Köln 2018, zitiert als: *Biermann*, Matchplan.

Birk, Axel: Der Kritische Rationalismus und die Rechtswissenschaft – Bernd Rüthers und Karl-Heinz Fezer – ein Ausgangspunkt, unterschiedliche Folgerungen, Rechtstheorie 48 (2017), S. 43–75.

Bitsch, Christian/Müller, Felix: Befristung des Arbeitsvertrags eines Berufsfußballspielers – Heinz Müller – Anmerkung, NZA-RR 2015, S. 410–411.

Blair, Margaret M.: Locking in Capital: What Corporate Law Achieved for Business Organizers in the Nineteenth Century, UCLA L. Rev. 51 (2003), S. 387–456.

Blang, Ulrich: Befristung von Arbeitsverträgen mit Lizenzspielern und Trainern, Dr. Kovac, Hamburg 2009, zitiert als: *Blang*, Befristung von Arbeitsverträgen mit Lizenzspielern und Trainern.

Blinder, Alan S.: Hard Heads, Soft Hearts – Tough-Minded Economics for a Just Society, Addison-Wesley, Reading (MA) 1987, zitiert als: *Blinder*, Hard Heads Soft Hearts.

Bodie, Zvi/Kane, Alex/Marcus, Alan J.: Investments – International Edition, 11. Auflage, McGraw-Hill Education, New York 2018, zitiert als: *Bodie/Kane/Marcus*, Investment.

Boecken, Winfried/Düwell, Franz Josef/Diller, Martin/Hanau, Hans (Hrsg.): Gesamtes Arbeitsrecht – Band 3, 1. Auflage, Nomos, Baden-Baden 2016, zitiert als: *Bearbeiter*, in; Boecken/Düwell/Diller/Hanau.

Boecken, Winfried/Joussen, Jacob (Hrsg.): Teilzeit- und Befristungsgesetz – Handkommentar, 6. Auflage, Nomos, Baden-Baden 2019, zitiert als: *Bearbeiter*, in: Boecken/Joussen.

Boehmer-Neßler, Volker: Prekäre Balance: Überlegungen zum heiklen Verhältnis von Richtern und Gutachtern, RW 2014, S. 189–227.

Boemke, Burkhard: Kontenkündigung als Sittenverstoß, JuS 2001, S. 444–448.

Boemke, Burkhard: Arbeitsrecht: Befristete Arbeitsverträge mit Profifußballern – Befristung wegen der Eigenart der Arbeitsleistung im Profifußball zulässig, JuS 2019, S. 73–74.

Boemke, Burkhard/Jäger, Jan-David: Befristung von Arbeitsverträgen im Spitzensport – Anmerkung zu: ArbG Mainz 3. Kammer, Urteil vom 19.03.2015 – 3 Ca 1197/14, jurisPR-ArbR 31/2015 Anm. 4.

Boemke, Burkhard/Jäger, Jan-David: Befristung wegen Eigenart der Arbeitsleistung – unter besonderer Berücksichtigung des Profisports, RdA 2017, S. 20–26.

Boeri, Tito/van Ours, Jan: The Economics of Imperfect Labor Markets, 2. Auflage, Princeton University Press, Princeton/Oxford 2013, zitiert als: *Boeri/van Ours*, Imperfect Labor Markets.

Bogdandy, Armin von: Deutsche Rechtswissenschaft im europäischen Rechtsraum, JZ 2011, S. 1–6.

Bonner Kommentar zum Grundgesetz: Kahl, Wolfgang/Dolzer, Rudolf/Abraham, Hans Jürgen, C.F. Müller, Heidelberg Loseblatt, zitiert als: *Bearbeiter*, in: Bonner Kommentar.

Borjas, George J.: Labor Economics, 7. Auflage, McGraw-Hill, New York 2016, zitiert als: *Borjas*, Labor Economics.

Borland, Jeffery/Macdonald, Robert: Demand for Sport, Oxf. Rev. Econ. Policy 19 (2003), S. 478–503.

Borussia Dortmund GmbH & Co. KGaA: Borussia Dortmund Geschäftsbericht 2018/2019, Dortmund 2019, zitiert als: Borussia Dortmund Geschäftsbericht 2018/2019.

Bostrom, Nick: Superintelligence: Paths, Dangers, Strategies, Oxford University Press, Oxford 2014, zitiert als: *Bostrom*, Superintelligence.

Brandi, Tim Oliver/Wilhelm, Alexander: Gesellschaftsrechtliche Strukturmaßnahmen und Börsenkursrechtsprechung – Aktuelle Tendenzen in der Rechtsprechung, NZG 2009, S. 1408–1412.

Brealey, Richard A./Myers, Stewart C./Allen, Franklin: Principles of Corporate Finance, 12. Auflage, McGraw Hill Education, New York 2017, zitiert als: *Brealey/Myers/Allen*, Corporate Finance.

Brötzmann, Ulrich: BB-Kommentar „Sind Befristungen im Profifußball mit der Eigenart der Arbeitsleistung zu rechtfertigen?", BB 2016, S. 1536.

Bruns, Patrick: Befristung von Arbeitsverträgen mit Sporttrainern, NZA 2008, S. 1269–1274.

Buchwald, Delf: Der Begriff der rationalen juristischen Begründung – Zur Theorie der juristischen Vernunft, Nomos, Baden-Baden 1990, zitiert als: *Buchwald*, Rationale juristische Begründung.

Budzikiewicz, Christine: Die letztwillige Verfügung als Mittel postmortaler Verhaltenssteuerung – Zur Beschränkung der Testierfreiheit durch zwingendes Gesellschaftsrecht, AcP 209 (2009), S. 354–397.

Bühler, Jonas: Abfindungsbeschränkende Klauseln im Gesellschaftsrecht – Ein Plädoyer für die Achtung der Vertragsfreiheit und Rechtssicherheit, DNotZ 2021, S. 725–742.

Büllesbach, Alfred: Ökonomische Analyse des Rechts, in: Hassemer, Winfried/Neumann, Ulfrid/Saliger, Frank (Hrsg.): Einführung in die Rechtsphilosophie und Rechtstheorie der Gegenwart, 9. Auflage, C.F. Müller, Heidelberg 2016, S. 365–372, zitiert als: *Büllesbach*, in: Hassemer/Neumann/Saliger, Rechtsphilosophie.

Bunte, Hermann-Josef: Ausschließung und Abfindung von Gesellschaftern einer Personengesellschaft – Gedanken zum Urteil des BGH vom 13.7.1981 – II ZR 56/80 = ZIP 1981, 978, ZIP 1983, S. 8–17.

Bunte, Hermann-Josef: Wirksamkeitskontrolle gesellschaftsvertraglicher „Hinauskündigungsklauseln" – Anmerkung zum Urteil des BGH vom 25.3.1985 – II ZR 240/84, ZIP 1985, 737, ZIP 1985, S. 915–918.

Buraimo, Babatunde: Attendance and Broadcast for Professional Team Sport – The cas of English league football, in: Robinson, Leigh/Chelladurai, Packianathan/Bodet, Guillaume/Downward, Paul: Routledge Handbook of Sport Management, Florence, Routledge 2012, S. 405–418, zitiert als: *Buraimo*, in: Robinson et al., Sport Management.

Buschmann, Rafael/Wulzinger, Michael: Football Leaks – Die schmutzigen Geschäfte im Profifußball, aktualisierte und erweiterte Auflage, Penguin Verlag, München 2018, zitiert als: *Buschmann/Wulzinger*, Football Leaks.

Buschmann, Rafael/Wulzinger, Michael: Football Leaks 2 – Neue Enthüllungen aus der Welt des Profifußballs, Deutsche Verlags-Anstalt, München 2019, zitiert als: *Buschmann/Wulzinger*, Football Leaks 2.

Busse von Colbe, Walther: Der Vernunft eine Gasse: Abfindung von Minderheitsaktionären nicht unter dem Börsenkurs ihrer Aktien, in: Schneider, Uwe H./Hommelhoff, Peter/Schmidt, Karsten/Timm, Wolfram/Grunewald, Barbara/Drygala, Tim: Festschrift für Marcus Lutter zum 70. Geburtstag, Verlag Dr. Otto Schmidt, Köln 2000, S. 1053–1067.

Butler, Henry N.: The Manne Programs in Economics for Federal Judges, Case W. Res. L. Rev. 50 (1999), S. 351–420.

Butler, Henry N./Ribstein Larry E.: Opting out of Fiduciary Duties: A Response to the Ani-Contractarians, Wash. L. Rev. 65 (1990), S. 1–72.

Bydlinski, Franz/Bydlinski, Peter: Grundzüge der juristischen Methodenlehre, 3. Auflage, facultas, Wien 2018, zitiert als: *Bydlinski/Bydlinski*, Juristische Methodenlehre.

Calabresi, Guido: Some Thoughts on Risk Distributions and the Law of Torts, Yale L. J. 70 (1960/61), S. 499–553.

Calabresi, Guido: The Cost of Accidents, Yale University Press, New Haven 1970, zitiert als: *Calabresi*, Cost of Accidents.

Calabresi, Guido: The Future of Law and Economics, Yale University Press, New Haven 2016, zitiert als: *Calabresi*, The Future of Law and Economics.

Calabresi, Guido/Melamed, Douglas: Property Rules, Liability Rules, and Inalienability: One View of the Cathedral, Harv. L. Rev. 85 (1972), S. 1089–1129.

Canaris, Claus-Wilhelm: Die Feststellung von Lücken im Gesetz – Eine methodologische Studie über Voraussetzungen und Grenzen der richterlichen Rechtsfortbildung, 2. Auflage, Duncker & Humblot, Berlin 1982, zitiert als: *Canaris*, Die Feststellung von Lücken im Gesetz.

Canaris, Claus-Wilhelm: Systemdenken und Systembegriff in der Jurisprudenz, 2. Auflage, Duncker & Humblot, Berlin 1983, zitiert als: *Canaris*, Systemdenken und Systembegriff in der Jurisprudenz.

Canaris, Claus-Wilhelm: Funktion, Struktur und Falsifikation juristischer Theorien, JZ 1993, S. 377–391.

Canaris, Claus-Wilhelm: Das Rangverhältnis der „klassischen" Auslegungskriterien, demonstriert an Standardproblemen aus dem Zivilrecht, in: Beuthien, Volker/Fuchs, Maximilian/Roth, Herbert/Schiemann, Gottfried/Wacke, Andreas (Hrsg.): Festschrift für Dieter Medicus – Zum 70. Geburtstag, Heymann, Köln u.a. 1999, S. 25–61.

Canaris, Claus-Wilhelm: „Falsches Geschichtsbild von der Rechtsperversion im Nationalsozialismus" durch ein Portrait von Karl Larenz?, JZ 2011, S. 879–888.

Caruso, Raul/Addesa, Francesco/Domizio, Marco di: The Determinants of the TV Demand for Soccer: Empirical Evidence on Italian Serie A for the Period 2008–2015 J. Sports Econ. 20 (2019), S. 25–49.

Chatziathanasiou, Konstantin/Leszczyńnska, Monika: Experimentelle Ökonomik im Recht, RW 2017, S. 314–338.

Cecchetti, Stephen G./Schoenholtz, Kermit L.: Money, Banking, and Financial Markets – Global Edition, 4. Auflage, Mc Graw Hill Education, 2015, zitiert als: *Cecchetti/Schoenholtz*: Money, Banking, and Financial Markets.

Cheffins, Brian R.: Company Law – Theory, Structure and Operation, Oxford University Press, Oxford 2008, zitiert als: *Cheffins*, Company Law.

Christensen, Ralph: Was heißt Gesetzesbindung? – Eine rechtslinguistische Untersuchung, Duncker & Humblot, Berlin 1989, zitiert als: *Christensen*, Gesetzesbindung.

Christensen, Ralph: Sprache und Normativität oder wie man eine Fiktion wirklich macht, in: Krüper, Julian/Merten, Heike/Morlok, Martin: An den Grenzen der Rechtsdogmatik, Mohr Siebeck, Tübingen 2010, S. 127–138, zitiert als: *Christensen*, in: Krüper/Merten/Morlok, Grenzen der Rechtsdogmatik.

Christensen, Ralph: Konkretisierung des Gesetzes – linguistisch betrachtet, in: Gabriel, Gottfried/Gröschner, Rolf (Hrsg.): Subsumtion – Schlüsselbegriffe der Juristischen Methodenlehre, Mohr Siebeck, Tübingen 2012, S. 281–310, zitiert als: *Christensen*, in: Gabriel/Gröschner, Subsumtion.

Christensen, Ralph: Textualismus oder Wo bleibt der Wille des Gesetzgebers, in: Vogel, Friedemann: Recht ist kein Text – Studien zur Sprachlosigkeit im verfassten Rechtsstaat, Duncker & Humblot, Berlin 2017, S. 151–173, zitiert als: *Christensen*, in: Vogel, Recht ist kein Text.

Christensen, Ralph/Lerch, Kent D.: Performanz – Die Kunst, Recht geschehen zu lassen, in: Lerch, Kent D.: Die Sprache des Rechts – Band 3 – Recht vermitteln – Strukturen, Formen und Medien der Kommunikation im Recht, De Gruyter, Berlin 2005, S. 55–132, zitiert als: *Christensen/Lerch*, in: Lerch, Sprache des Rechts.

Christensen, Ralph/Sokolowski, Michael: Theorie und Praxis aus der Sicht der strukturierenden Rechtslehre, Rechtstheorie 32 (2001), S. 327–344.

Coase, Ronald H.: The Nature of the Firm, Economica 4 (1937), S. 386–405.

Coase, Ronald H.: The Problem of Social Cost, J. L. & Econ. 1 (1960), S. 1–44.

Coase, Ronald H.: The firm, the market, and the law, University of Chicago Press, Chicago 1990, zitiert als: *Coase*, The Firm, the Market, and the Law.

Conow, Andreas: Vertragsbindung als Freiheitsvoraussetzung, Mohr Siebeck, Tübingen 2015, zitiert als: *Conow*, Vertragsbindung als Freiheitsvoraussetzung.

Cooter, Robert/Gordley, James: Economic Analysis in Civil Law Countries: Past, Present, Future, Int'l Rev. L. & Econ. 11 (1991), S. 261–263.

Cooter, Robert/Ulen, Thomas: Law & Economics, 6. Auflage, Pearson, Boston 2012, zitiert als: *Cooter/Ulen*, Law & Economics.

Cöster, Thilo: Der Ausschluß lästiger Gesellschafter, Diss. Universität Göttingen, Göttingen 1994, zitiert als: *Cöster*, Der Ausschluß lästiger Gesellschafter.

Coupette, Corinna/Fleckner, Andreas M.: Quantitative Rechtswissenschaft – Sammlung, Analyse und Kommunikation juristischer Daten, JZ 2018, S. 379–389.

Croon-Gestefeld, Johanna: Privatrechtstheorie heute, RW 2016, S. 303–310.

Dalinger, Andrej: Der Vertragsbruch des Berufsfußballspielers und die Rechtsfolgen nach Art. 17 FIFA-RSTS, Nomos, Baden-Baden 2017, zitiert als: *Dalinger*, Der Vertragsbruch des Berufsfußballspielers und die Rechtsfolgen nach Art. 17 FIFA-RSTS.

Däubler, Wolfgang/Deinert, Olaf/Zwanziger, Bertram (Hrsg.): KSchR Kündigungsschutzrecht – Kündigungen und andere Formen der Beendigung des Arbeitsverhältnisses, 10. Auflage, Bund Verlag, Frankfurt am Main 2017, zitiert als: *Bearbeiter*, in: Däubler/Deinert/Zwanziger.

Däubler, Wolfgang/Hjort, Jens Peter/Schubert, Michael/Wolmerath, Martin (Hrsg.): Arbeitsrecht – Individualarbeitsrecht mit kollektivrechtlichen Bezügen – Handkommentar, 4. Auflage, Nomos, Baden-Baden 2017, zitiert als: *Bearbeiter*, in: HK-ArbR.

Daumann, Frank: Besonderheiten von Ligen aus ökonomischer Sicht, in: Galli, Albert/Elter, Vera-Carina/Gömmel, Rainer/Holzhäuser, Wolfgang/Straub, Wilfried (Hrsg.), 2. Auflage, Vahlen, München 2012, S. 5–23, zitiert als: *Daumann*, in: Galli, Sportmanagement.

Daumann, Frank: Grundlagen der Sportökonomie, 3. Auflage, UVK Verlag, München 2019, zitiert als: *Daumann*, Grundlagen der Sportökonomie.

Dauner-Lieb, Barbara: Die Rechtsprechung des BGH zu Abfindungsklauseln und Schutzgemeinschaftsverträgen, GmbHR 1994, S. 836–842.

Deckert, Martina Renate: Folgenorientierung in der Rechtsanwendung, C.H. Beck, München 1995, zitiert als: *Deckert*, Folgenorientierung in der Rechtsanwendung.

Dedek, Helge: Recht an der Universität: „Wissenschaftlichkeit" der Juristenausbildung in Nordamerika, JZ 2009, S. 540–550.

Deffenbecher, Kenneth A.: Eyewitness Accuracy and Confidence – Can We Infer Anything about Their Relationship?, Law Hum. Behav. 4 (1980), S. 243–260.

Dehesselles, Thomas/Frodl, Christian: Kapitalgesellschaften im Sport, in: Galli, Albert/Elter, Vera-Carina/Gömmel, Rainer/Holzhäuser, Wolfgang/Straub, Wilfried (Hrsg.), 2. Auflage, Vahlen, München 2012, S. 53–68, zitiert als: *Dehesselles/Frodl*, in: Galli, Sportmanagement.

Dehesselles, Thomas/Hertl, Thomas: Sponsoring – Rechtliche und steuerliche Grundlagen, in: Galli, Albert/Elter, Vera-Carina/Gömmel, Rainer/Holzhäuser, Wolfgang/Straub, Wilfried (Hrsg.), 2. Auflage, Vahlen, München 2012, S. 481–494, zitiert als: *Dehesselles/Hertl*, in: Galli, Sportmanagement.

Deutsche Fußball Liga: Satzung – DFL Deutsche Fußball Liga e.V., Stand 21.8.2019, abrufbar unter: https://media.dfl.de/sites/2/2020/02/Satzung-DFL-e.V.-2019-08-21.pdf, zitiert als: Satzung DFL.

Deutsche Fußball Liga: Wirtschaftsreport 2020, abrufbar unter : https://media.dfl.de/sites/2/2020/02/DE_DFL_Wirtschaftsreport_2020_M.pdf, zitiert als: DFL Wirtschaftsreport 2020.

Deutscher Fußball Bund: 3. Liga – Saisonreport 2018/2019, abrufbar unter: https://asset s.dfb.de/uploads/000/211/988/original_Saisonreport_3Liga_web_10-2019.pdf?15713 9342, zitiert als: DFB Saisonreport 3. Liga 2018/2019.

Deutscher, Christian: The Impact of Leadership Skills, Social Pressure and Sabotage Behavior on Individual Income and the Performance of Teams, Diss. Univ. Paderborn, Paderborn 2010, zitiert als: *Deutscher*, The Impact of Leadership Skills.

Dieckmann, Andreas: „Was juristische und biblische Hermeneutik voneinander lernen können" – Der Entwurf eines gemeinsamen Modells der Schriftauslegung, in: Sliwiok-Born, Daniel/Steinrötter, Björn: Intra- und interdisziplinäre Einflüsse auf die Rechtsanwendung, Mohr Siebeck, Tübingen 2017, S. 21–53, zitiert als: *Dieckmann*, in: Sliwiok-Born/Steinrötter, Intra- und interdisziplinäre Einflüsse.

Dietl, Helmut/Hasan, Tariq: Pay-TV Versus Free-TV: A Model of Sports Broadcasting Rights Sales, East. Econ. J. 33 (2007), S. 405–420.

Dietrich, Thomas: Die Befristung von Trainerverträgen im Spitzensport, NZA 2000, S. 857–863.

Dixit, Avinahs K./Skeath, Susan/Reiley, David H.: Games of Strategy, 4. Auflage, Norton, New York (u.a.) 2015, zitiert als: *Dixit/Skeath/Reiley*, Games of Strategy.

Dolan, Paul: The Measurement of Health-Related Quality of Life for Use in Resource Allocation Decisions in Health Care, in: Culyer, Anthony J./Newhouse, Joseph P.: Handbook of Health Economics, Elsevier, Amsterdam/New York 2000, S. 1723–1760, zitiert als: *Dolan*, in: Culyer/Newhouse, Handbook of Health Economics.

Doyle, John R.: Survey of Time Preference, Delay Discounting Models, Judgm. Decis. Mak. 8 (2013), S. 116–135.

Drechsler, Jannes: Eine etwas andere deutsche Beteiligung am Finale der UEFA Champions League – Warum nicht alles gegen eine *Lex Klopp* im Rundfunkstaatsvertrag spricht, SpuRt 2019, S. 242–246.

Drechsler, Jannes: Verständlichkeit und Neutralität ärztlicher Risikoaufklärung – Plädoyer für eine empiriebasierte ärztliche Aufklärungspflicht nach § 630e BGB, JR 2020, S. 47–51.

Drechsler, Jannes: Rechtspolitische Aspekte der Polizeikostenbeteiligung bei Sportgroßveranstaltungen, NVwZ 2020, S. 433–437.

Drechsler, Jannes: Zum Aufklärungsdilemma der Placebobehandlung – Ein Beitrag zum Risiko unverständlicher Behandlungsaufklärung, MedR 2020, S. 271–275.

Drechsler, Jannes: Financial Fairplay im Arbeitsrecht: Kündigung statt Millionenablöse?, NZA 2020, S. 841–845.

Dreier, Horst (Hrsg.): Grundgesetz – Kommentar, zitiert als: *Bearbeiter*, in: Dreier

-Band I, Präambel, Artikel 1–19, 3. Auflage, Mohr Siebeck, Tübingen 2013.

-Band II, Artikel 20–82, 3. Auflage, Mohr Siebeck, Tübingen 2015.

-Band III, Artikel 83–146, 3. Auflage, Mohr Siebeck, Tübingen 2018.

Dreier, Horst: Rechtswissenschaft als Wissenschaft – Zehn Thesen, in: Dreier, Horst: Rechtswissenschaft als Beruf, Mohr Siebeck, Tübingen 2018, S. 1–65, zitiert als: *Dreier*, in: Dreier, Rechtswissenschaft als Beruf.

Dreier, Ralf: Der Rechtsstaat im Spannungsverhältnis zwischen Gesetz und Recht, JZ 1985, S. 353–359.

Drinkuth, Henrik: Hinauskündigungsregeln unter dem Damoklesschwert der Rechtsprechung, NJW 2006, S. 410–413.

Dütz, Wilhelm/Thüsing, Gregor: Arbeitsrecht, 24. Auflage, C.H. Beck, München 2019, zitiert als: *Dütz/Thüsing,* Arbeitsrecht.

Dworkin, Ronald: Taking Rights Seriously, Harvard University Press, Cambridge (MA) 1977, zitiert als: *Dworkin,* Taking Rights Seriously.

Dworkin, Ronald: Justice in Robes, Harvard University Press, Cambridge (MA) u.a. 2006, zitiert als: *Dworkin,* Justice in Robes.

Easterbrook, Frank H./Fischel, Daniel R.: Close Corporations and Agency Costs, Stan. L. Rev. 38 (1986), S. 271–301.

Easterbrook, Frank H./Fischel, Daniel R.: The Corporate Contract, Colum. L. Rev. 89 (1989), S. 1416–1448.

Easterbrook, Frank H./Fischel, Daniel R.: The Economic Structure of Corporate Law, Harvard University Press, Cambridge (MA) 1991, zitiert als: *Easterbrook/Fischel,* The Economic Structure of Corporate Law.

easyCredit Basketball Bundesliga: Spielordnung, Saison 2019/2020, zitiert als: *easyCredit Basketball Bundesliga,* Spielordnung.

Eckert, Michael: Blick ins Arbeitsrecht, DStR 2018, S. 360–367.

Edelmann, Johann: Die Entwicklung der Interessenjurisprudenz – Eine historisch-kritische Studie über die deutsche Rechtsmethodologie vom 18. Jahrhundert bis zur Gegenwart, Gehlen, Bad Homburg v. d. H. 1967, zitiert als: *Edelmann,* Die Entwicklung der Interessenjurisprudenz.

Ehrenberg, Ronald G./Smith, Robert S.: Modern Labor Economics – Theory and Public Policy, 13. Auflage, Routledge, Taylor & Francis Group, London/New York 2018, zitiert als: *Ehrenberg/Smith,* Modern Labor Economics.

Eidenmüller, Horst: Ökonomische Effizienzkonzepte in der Rechtsanwendung, in: Breidenbach, Stephan/Grundmann, Stefan/Mülbert, Peter O./Singer, Reinhard (Hrsg.): Jahrbuch Junger Zivilrechtswissenschaftler 1992 – Rechtsfortbildung jenseits klassischer Methodik, Privatautonomie zwischen Status und Kontrakt, Privatrecht und Europa 1992 – Münchener Tagung 23.-26. September 1992, Richard Boorberg Verlag, Stuttgart u.a. 1993, S. 11–28, zitiert als: *Eidenmüller,* Jahrbuch Junger Zivilrechtswissenschaftler 1992.

Eidenmüller, Horst: Effizienz als Rechtsprinzip – Möglichkeiten und Grenzen der ökonomischen Analyse des Rechts, 2. Auflage, Mohr Siebeck, Tübingen 1998, zitiert als: *Eidenmüller,* Effizienz als Rechtsprinzip.

Eidenmüller, Horst: Rechtswissenschaft als Realwissenschaft, JZ 1999, S. 53–61.

Eidenmüller, Horst: Kapitalgesellschaftsrecht im Spiegel der ökonomischen Theorie, JZ 2001, S. 1041–1051.

Eidenmüller, Horst: Der homo oeconomicus und das Schuldrecht: Herausforderungen durch Behavioral Law and Economics, JZ 2005, S. 216–224.

Eidenmüller, Horst: Liberaler Paternalismus, JZ 2011, S. 814–821.

Eidenmüller, Horst: Machine Performance and Human Failure: How Shall We Regulate Autonomous Machines?, J. Bus. & Tech. L. 15 (2019), S. 109–133.

Eidenmüller, Horst/Varesis, Faidon: What is an Arbitration? Artificial Intelligence and the Vanishing Human Arbitrator, NYU J. L. Bus. 17 (2020), S. 49–93.

Eisdorfer, Assaf: Empirical Evidence of Risk Shifting in Financially Distressed Firms, J. Fin. 63 (2008), S. 609–637.

Eisenberg, Melvin Aron: The Limits of Cognition and the Limits of Contract, Stan. L. Rev. 47 (1995), S. 211–260.

Emmerich, Volker: Kapitulation vor der Komplexität – Zur Praxis der Unternehmensbewertung in der aktuellen Rechtsprechung, in: Habersack, Mathias/Huber, Karl/Spindler, Gerald: Festschrift für Eberhard Stilz zum 65. Geburtstag, Verlag C.H. Beck, München 2014, S. 135–142.

Emmerich, Volker/Habersack, Mathias: Aktien- und GmbH-Konzernrecht, 10. Auflage, C.H. Beck, München 2022, zitiert als: *Bearbeiter*, in: Emmerich/Habersack, AktG.

Engel, Christoph: Die Bedeutung der Verhaltensökonomie für das Kartellrecht, in: Fleischer, Holger/Zimmer, Daniel (Hrsg.): Beitrag der Verhaltensökonomie (Behavioral Economics) zum Handels- und Wirtschaftsrecht, Verlag Recht und Wirtschaft, Frankfurt am Main 2011, S. 100–121, zitiert als: *Engel*, in: Fleischer/Zimmer, Verhaltensökonomie.

Engel, Christoph: Rechtswissenschaft als Sozialwissenschaft – Spurensuche im Jahrgang 2019 der ZGR, in: Bachmann, Gregor/Grundmann, Stefan/Krolop, Kaspar/Menzel, Anja: Festschrift für Christine Windbichler zum 70. Geburtstag am 8. Dezember 2020, de Gruyter, Berlin/Boston 2020, S. 33–51.

Engel, Martin/Stark, Johanna: Verbraucherrecht ohne Verbraucher?, ZEuP 2015, S. 32–51.

Engisch, Karl: Einführung in das juristische Denken, 12. Auflage, Verlag W. Kohlhammer, Stuttgart 2018, herausgegeben von Würtenberger, Thomas/Otto, Dirk, zitiert als: *Engisch*, Einführung in das juristische Denken.

Erlein, Mathias/Leschke, Martin/Sauerland/Dirk: Institutionenökonomik, 3. Auflage, Schäffer-Poeschel, Stuttgart 2016, zitiert als: *Erlein/Leschke/Sauerland*, Institutionenökonomik.

Erman: BGB, 16. Auflage, Dr. Otto Schmidt, Köln 2020, zitiert als: *Bearbeiter*, in: Erman.

Ernst, Wolfgang: Gelehrtes Recht – Die Jurisprudenz aus der Sicht des Zivilrechtslehrers –, in: Engel, Christoph/Schön, Wolfgang (Hrsg.), Das Proprium der Rechtswissenschaft, Mohr Siebeck, Tübingen 2007, S. 3–49, zitiert als: *Ernst*, in: Engel/Schön, Proprium der Rechtswissenschaft.

Esch, Günter: Gesellschaftsvertragliche Buchwertabfindung im Falle der Ausschließungskündigung, NJW 1979, S. 1390–1395.

Eslami, Nassim: Der Einfluss der Ökonomie auf die juristische Hermeneutik, in: Sliwiok-Born, Daniel/Steinrötter, Björn: Intra- und interdisziplinäre Einflüsse auf die Rechtsanwendung, Mohr Siebeck, Tübingen 2017, S. 77–97, zitiert als: *Eslami*, in: Sliwiok-Born/Steinrötter, Intra- und interdisziplinäre Einflüsse.

Esser, Josef: Vorverständnis und Methodenwahl in der Rechtsfindung, Durchgesehene und ergänzte Ausgabe, Althenäum-Fischer-Verlag, Frankfurt am Main 1972, zitiert als: *Esser*, Vorverständnis und Methodenwahl in der Rechtsfindung.

Fama, Eugene F.: Efficient Capital Market: A Review of Theory and Empirical Work, J. Fin. 25 (1970), S. 383–417.

Fehr, Ernst/Fischbacher, Urs: The Nature of Human Altruism, Nature 425 (2003), S. 785–791.

Fehr, Ernst/Gächter, Simon: Cooperation and Punishment in Public Goods Experiments, Am. Econ Rev. 90 (2000), S. 980–994.

Fehr, Ernst/Gächter, Simon: Altruistic Punishment in Humans, Nature 415 (2002), S. 137–140.

Fehr, Ernst/Schmidt, Klaus M.: A Theory of Fairness, Competition and Cooperation, Q.J. Econ 114 (1999), S. 817–868.

Fehr, Ernst/Schmidt, Klaus M.: Theories of Fairness and Reciprocity: Evidence and Economic Applications, in: Dewatripont, Mathias/Hansen, Lars Peter/Turnovsky, Stephen J.: Advances in Economics and Econometrics: Volume 1, Cambridge University Press, Ann Arbor 2003, S. 208–257, zitiert als: *Fehr/Schmidt*, in: Dewatripont/Hansen/Turnovsky, Advances in Economics and Econometrics.

Fehr, Ernst/Schmidt, Klaus M.: On inequity aversion: A reply to Binmore and Shaked, J. Econ. Behav. & Organ. 73 (2010), S. 101–108.

Fernández, Raquel/Rogerson, Richard: Sorting and Long-Run Inequality, Q.J. Econ. 116 (2001), S. 1305–1341.

Fezer, Karl-Heinz: Homo Constitutionis – Über das Verhältnis von Wirtschaft und Verfassung, JuS 1991, S. 889–896.

Fezer, Karl-Heinz: Nochmals: Kritik an der ökonomischen Analyse des Rechts, JZ 1988, S. 223–228.

Fezer, Karl-Heinz: Aspekte einer Rechtskritik an der economic analysis of law und am property rights approach, JZ 1986, S. 817–824.

Fiedler, Dominik: Sportsponsoring und Arbeitsrecht, Springer Gabler, Wiesbaden 2017, zitiert als: *Fiedler*, Sportsponsoring und Arbeitsrecht.

Fischer, Christian: Topoi verdeckter Rechtsfortbildung im Zivilrecht, Mohr Siebeck, Tübingen 2007, zitiert als: *Fischer*, Verdeckte Rechtsfortbildung.

Fischer-Lescano, Andreas/Christensen, Ralph: AUCTORITATIS INTERPOSITIO – Die Dekonstruktion des Dezisionismus durch die Systemtheorie, Der Staat 2005, S. 213–241.

Fischinger, Philipp: Anmerkung zu BAG, Urteil vom 16.1.2018 – 7 AZR 312/16, NJW 2018, S. 1996–1997.

Fischinger, Philipp: Arbeitsrecht, C.F. Müller, Heidelberg 2018, zitiert als: *Fischinger*, Arbeitsrecht.

Fischinger, Philipp: Befristung der Arbeitsverträge von Sportdirektoren? – Besprechung von ArbG Hannover, Urt. v. 15.1.2020 – 9 Ca 182/19, NZA 2020, 242, NZA 2020, S. 218–222.

Fischinger, Philipp/Reiter, Heiko: K.O. für den Befristungsschutz in der Fußball-Bundesliga?, NZA 2016, S. 661–665.

Flanagan, Francis X.: Race, Gender, and Justice: Evidence from North Carolina, J. L. & Econ. 61 (2018), S. 189–214.

Fleischer, Holger: Informationsasymmetrie im Vertragsrecht, C.H. Beck, München 2001, zitiert als: *Fleischer*, Informationsasymmetrie im Vertragsrecht.

Fleischer, Holger: Grundfragen der ökonomischen Theorie im Gesellschafts- und Kapitalmarktrecht, ZGR 2001, S. 1–32.

Fleischer, Holger: Gesetz und Vertrag als alternative Problemlösungsmodelle im Gesellschaftsrecht – Prolegomena zu einer Theorie gesellschaftsrechtlicher Regelsetzung, ZHR 168 (2004), S. 673–707.

Fleischer, Holger: Zur Zukunft der gesellschafts- und kapitalmarktrechtlichen Forschung, ZGR 2007, S. 500–510.

Fleischer, Holger: Gesetzesmaterialien im Spiegel der Rechtsvergleichung, in: Fleischer, Holger (Hrsg.): Mysterium „Gesetzesmaterialien", Mohr Siebeck, Tübingen 2013, S. 1–44, zitiert als: *Fleischer*, in: Fleischer, Mysterium Gesetzesmaterialien.

Fleischer, Holger: Shareholder Conflicts in Closed Corporations, in: Bachmann, Gregor/Eidenmüller, Horst/Engert, Andreas/Schön, Wolfgang (Hrsg.): Regulating the Closed Corporation, ECFR special volume 4, De Gruyter, Berlin 2014, S. 28–82 zitiert als: *Fleischer*, in: Bachman et al., Regulating the Closed Corporation.

Fleischer, Holger: Perspektiven des Personengesellschaftsrecht, ZGR 2014, S. 104–108.

Fleischer, Holger: Klimaschutz im Gesellschafts-, Bilanz- und Kapitalmarktrecht, DB 2022, S. 37–45.

Fleischer, Holger/Bong, Sebastian: Gradmesser gesellschaftsvertraglicher Gestaltungsfreiheit: Abfindungsklauseln in Personengesellschaft und GmbH, WM 2017, S. 1957–1968.

Fleischer, Holger/Mock, Sebastian: Gesellschaftsverträge und Satzungen im Wandel der Zeiten, NZG 2020, S. 161–169.

Fleischer, Holger/Schmolke, Klaus Ulrich/Zimmer, Daniel: Verhaltensökonomik als Forschungsinstrument für das Wirtschaftsrecht, in: Fleischer, Holger/Zimmer, Daniel (Hrsg.): Beitrag der Verhaltensökonomie (Behavioral Economics) zum Handels- und Wirtschaftsrecht, Verlag Recht und Wirtschaft, Frankfurt am Main 2011, S. 9–62, zitiert als: *Fleischer/Schmolke/Zimmer*, in: Fleischer/Zimmer, Verhaltensökonomie.

Fleischer, Holger/Schneider, Stephan: Zulässigkeit und Grenzen von Shoot-Out-Klauseln im Personengesellschafts- und GmbH-Recht, DB 2010, S. 2713 – 2719.

Fligge, Sascha/Fligge Frank: Echte Liebe – Das spektakuläre Comeback des BVB, Econ, Berlin 2016, zitiert als *Fligge/Fligge*, Echte Liebe.

Flume, Werner: Allgemeiner Teil des Bürgerlichen Rechts Erster Band Erster Teil – Die Personengesellschaft, Springer, Berlin u.a. 1977, zitiert als: *Flume*, Allgemeiner Teil BGB.

Flume, Werner: Die Abfindung nach der Buchwertklausel für den Gesellschafter minderen Rechts einer Personengesellschaft, NJW 1979, S. 902–905.

Flume, Werner: „Hinauskündigung" aus der Personengesellschaft und Abfindung – Zur Rechtsprechung des Zweiten Zivilsenats des BGH, DB 1986, S. 629–636.

Fort, Rodney/Quirk, James: Owner Objectives and Competitive Balance, J. Sports Econ. 5 (2004), S. 20–32.

Frankfurt, Harry G.: Freedom of the Will and the Concept of a Person, J. Phil. 68 (1971), S. 5–20.

Frederick, Shane/Loewenstein, George/O'Donoghue, Ted: Time Discounting and Time Preferences: A Critical Review, J. Econ. Lit. 40 (2002), S. 351–401.

Friedman, David D.: Law's Order – What Economics Has To Do With Law And Why It Matters, Princeton University Press, Princeton and Oxford 2000, zitiert als: *Friedman*, Law's Order.

Friedman, Milton: The Methodology of Positive Economics, in: Friedman, Milton: Essays in Positive Economics, University of Chicago Press, Chicago 1953, S. 3–43, zitiert als: *Friedman*, in: Friedman, Positive Economics.

Friedrich, Alexander: Die novellierte Debt Governance für Banken in der Europäischen Union, Mohr Siebeck, Tübingen 2019, zitiert als: *Friedrich*, Die novellierte Debt Governance.

Frieling, Tino: Gesetzesmaterialien und Wille des Gesetzgebers, Mohr Siebeck, Tübingen 2017, zitiert als: *Frieling*, Gesetzesmaterialien und Wille des Gesetzgebers.

Fritschi, Jürgen: Befristung eines Arbeitsvertrages im Profisport aus Sicht der Verbandsautonomie und des Europarechts, SpuRt 2017, S. 90–94.

Fritz, Wolfgang/von der Oelsnitz, Dietrich/Seegebarth, Barbara: Marketing – Elemente marktorientierter Unternehmensführung, 5. Auflage, W. Kohlhammer, Stuttgart 2019, zitiert als: *Fritz/von der Oelsnitz/Seegebarth*, Marketing.

Froese, Judith: Die Grenze des Rechts als Herausforderung der Auslegung, oder: Interpretation als Flexibilitätsreserve der Rechtsordnung, Rechtstheorie 46 (2015), S. 481–503.

Fröhlich, Martin: Zur Befristung von Arbeitsverträgen im Profifußball – Urteil des Bundesarbeitsgerichts vom 16.1.2018, EuZA 2019, S. 111–118.

Fröhlich, Martin/Fröhlich, Hans-Werner: Sachliche Gründe für befristete Lizenzspielerverträge – Anmerkung zum Urteil des Arbeitsgerichts Mainz (3. Kammer) vom 19. März 2015 3 Ca 1197/14, CaS 2015, S. 145–149.

Fröhlich, Martin/Fröhlich, Hans-Werner: Die Angst des Tormanns vor der Befristung – Anmerkung zum Urteil des Landesarbeitsgerichts Rheinland-Pfalz vom 17. Februar 2016 4 Sa 202/15, CaS 2016, S. 153–156.

Funke, Andreas: Zur Konstellation der Rechtssicherheit – Zwei Thesen des Rechtspositivismus im Lichte pragmatischer Hermeneutik, in: Schuhr, Jan C.: Rechtssicherheit durch Rechtswissenschaft, Mohr Siebeck Tübingen 2014, S. 49–72, zitiert als: *Funke*, in: Schuhr, Rechtssicherheit.

Gadamer, Hans-Georg: Gesammelte Werke Band 1 – Hermeneutik I – Wahrheit und Methode – Grundzüge einer philosophischen Hermeneutik, 6. Auflage, Mohr Siebeck, Tübingen 1990, zitiert als: *Gadamer*, Wahrheit und Methode.

Gaebel, Nils: Das „Grundrecht auf Methodengleichheit", Peter Lang, Frankfurt 2008, zitiert als: *Gaebel*, Grundrecht auf Methodengleichheit.

Gaier, Reinhard: Zivilrechtliche Dogmatik und Verfassungsrecht, in: Lobinger, Thomas/Piekenbrock, Andreas/Stoffels, Markus: Zur Integrationskraft zivilrechtlicher Dogmatik, Mohr Siebeck, Tübingen 2014, S. 85–98, zitiert als: *Gaier*, in: Lobinger/Piekenbrock/Stoffels, Integrationskraft zivilrechtlicher Dogmatik.

Galli, Albert: Profifußball – (K)ein Geschäft wie jedes andere?, SpuRt 2020, S. 19–22.

Gallner, Inken/Mestwerdt, Wilhelm/Nägele, Stefan (Hrsg.): Kündigungsschutzrecht – Handkommentar, 6. Auflage, Nomos, Baden-Baden 2016, zitiert als: *Bearbeiter*, in: Gallner/Mestwerdt/Nägele.

Garcia-del-Barrio, Pedro/Szymanski, Stefan: Goal! Profit Maximization Versus Win Maximization in Soccer, Rev. Ind. Organ. 34 (2009), S. 45–68.

Gärtner, Frederik Cathérine: Der unfreiwillige Verlust der Gesellschafterstellung von ausgeschiedenen Managern und Mitarbeitern – eine Bewährungsprobe für die Hinauskündigungsrechtsprechung, Nomos, Baden-Baden 2014, zitiert als: *Gärtner*, Der unfreiwillige Verlust der Gesellschafterstellung.

Gärtner, Olaf/Handke, Björn: Unternehmenswertermittlung im Spruchverfahren – Schrittweiser Abschied vom Meistbegünstigungsprinzip des BGH (DAT/Altana)?, NZG 2012, S. 247–249.

Gaßner, Maximilian/Strömer, Jens: Das Aufklärungsdilemma bei der Placebobehandlung – Homöopathie als pragmatischer Ausweg?, VersR 2014, S. 299–309.

Gaßner, Maximilian/Strömer, Jens: Verpflichtende Warnhinweise auf homöopathischen Verpackungen – Schikane oder notwendige Erklärung?, PharmR 2017, S. 49–53.

Gavish, Bezalel/Kalay, Avner: On the Asset Substitution Problem, J. Financ. Quart. Anal. 18 (1983), S. 21–30.

Gehrlein, Markus: Neue Tendenzen zum Verbot der freien Hinauskündigung eines Gesellschafters, NJW 2005, S. 1969–1973.

Gehrlein, Markus: Die zeitliche Beschränkung der Beteiligung von Managern und Mitarbeitern an der sie anstellenden GmbH ist zulässig, BB 2005, S. 2433–2434.

Gehrlein Markus: Ausschluss und Abfindung von Gesellschaftern, WM 2019, S. 1–9.

Glöckner, Andreas/Towfigh, Emanuel: Geschicktes Glücksspiel – Die Sportwette als Grenzfall des Glücksspielrechts, JZ 2010, S. 1027–1035.

Goette, Wulf: GmbH: Zwangseinziehung („Hinauskündigung") und Beendigung eines neben der Mitgliedschaft bestehenden Kooperationsvertrages – Anmerkung, DStR 2005, S. 800–801.

Gourevitch, Peter A./Shinn, James: Political Power & Corporate Control – The New Global Politics of Corporate Governance, Princeton University Press, Princeton/Oxford 2005, zitiert als: *Gourevitch/Shinn*, Political Power and Corporate Control.

Grechenig, Kristoffel/Gelter, Martin: Divergente Evolution des Rechtsdenkens – Von amerikanischer Rechtsökonomie und deutscher Dogmatik, RabelsZ 2008, S. 513–561.

Grimm, Dieter: Entscheidungsfolgen als Rechtsgründe: Zur Argumentationspraxis des deutschen Bundesverfassungsgerichts, in: Teubner, Gunther (Hrsg.): Entscheidungsfolgen als Rechtsgründe – Folgenorientiertes Argumentieren in rechtsvergleichender Sicht, Nomos, Baden-Baden 1995, S. 139–159, zitiert als: *Grimm*, in: Teubner, Entscheidungsfolgen als Rechtsgründe.

Grimm, Dieter: Notwendigkeit und Bedingungen interdisziplinärer Forschung in der Rechtswissenschaft, in: Kirste, Stephan: Interdisziplinarität in den Rechtswissenschaften – Ein interdisziplinärer und internationaler Dialog, Duncker & Humblot, Berlin 2016, S. 21–34, zitiert als: *Grimm*, in: Kirste, Interdisziplinarität in den Rechtswissenschaften.

Grundmann, Stefan: Der Treuhandvertrag – insbesondere die werbende Treuhand, C.H. Beck, München 1997, zitiert als: *Grundmann*, Der Treuhandvertrag.

Grundmann, Stefan: Methodenpluralismus als Aufgabe – Zur Legalität von ökonomischen und rechtsethischen Argumenten in Auslegung und Rechtsanwendung, RabelsZ 1997, S. 423–453.

Grundmann, Stefan: Ein doppeltes Plädoyer für internationale Öffnung und stärker vernetzte Interdisziplinarität, JZ 2013, S. 693–697.

Grunewald, Barbara: Der Ausschluss aus Gesellschaft und Verein, Carl Heymanns Verlag, Köln u.a. 1987, zitiert als: *Grunewald*, Der Ausschluss aus Gesellschaft und Verein.

Grunewald, Barbara: Ausschluss aus Freiberuflersozietät und Mitunternehmergesellschaften ohne besonderen Anlass, DStR 2004, S. 1750–1752.

Grunewald, Barbara: Wer kann ohne besonderen Anlass seine Gesellschafterstellung verlieren?, in: Hommelhoff, Peter/Rawert, Peter/Schmidt, Karsten (Hrsg.): Festschrift für Hans-Joachim Priester – Zum 70. Geburtstag, de Gruyter, Berlin 2007.

Guckelberger, Annette: Erschließung extrajuridischen Fachwissens durch die Verwaltungsgerichte und Verbesserung der verwaltungsgerichtlichen Wissenspotenziale, VerwArch 2017, S. 143–174.

Gusy, Christoph: Der Vorrang des Gesetzes, JuS 1983, S. 189–194.

Gutmann, Thomas: Der Holzkopf des Phädrus – Perspektiven der Grundlagenfächer, JZ 2013, S. 697–700.

Gutmann, Thomas: Intra- und Interdisziplinarität: Chance oder Störfaktor, in: Hilgendorf, Eric/Schulze-Fielitz, Helmuth: Selbstreflexion der Rechtswissenschaft, Mohr Siebeck, Tübingen 2015, S. 93–116, zitiert als: *Gutmann*, in: Hilgendorf/Schulze-Fielitz, Selbstreflexion der Rechtswissenschaft.

Habbe, Julia Sophia/Gieseler, Konrad: Freunde kann man sich aussuchen, Familie hat man – Strategien zur Vermeidung und Lösung von Konflikten in Familienunternehmen, NZG 2016, S. 1010–1015.

Habersack, Mathias/Verse, Dirk A.: Rechtsfragen der Mitarbeiterbeteiligung im Spiegel der neueren Rechtsprechung, ZGR 2005, S. 451–479.

Haberstroh, Roland: Hinauskündigungsklauseln in Gesellschaftsverträgen zur Vorwegnahme der Erbfolge, BB 2010, S. 1745–1747.

Hager, Günter: Rechtsmethoden in Europa, Mohr Siebeck, Tübingen 2009, zitiert als: *Hager*, Rechtsmethoden in Europa.

Hall, Stephen/Szymanski, Stefan/Zimbalist, Andrew S.: Testing Causality Between Team Performance and Payroll: The cases of Major League Baseball and English Soccer, J. Sports Econ. 3 (2002), S. 149–168.

Halmer, Daniel Philipp: Gesellschafterdarlehen und Haftungsdurchgriff, Mohr Siebeck, Tübingen 2013, zitiert als: *Halmer*, Gesellschafterdarlehen und Haftungsdurchgriff.

Hamann, Hanjo: Evidenzbasierte Jurisprudenz – Methoden empirischer Forschung und ihr Erkenntniswert für das Recht am Beispiel des Gesellschaftsrechts, Mohr Siebeck, Tübingen 2014, zitiert als: *Hamann*, Evidenzbasierte Jurisprudenz.

Hamann, Hanjo: Der „Sprachgebrauch" im Waffenarsenal der Jurisprudenz – Die Rechtspraxis im Spiegel der quantitativ-empirischen Sprachforschung, in: Vogel, Friedemann (Hrsg.): Zugänge zur Rechtssemantik – Interdisziplinäre Ansätze im Zeitalter der Mediatisierung, De Gruyter, Berlin 2015, S. 184–204, zitiert als: *Hamann*, in: Vogel, Zugänge zur Rechtssemantik.

Hamann, Hanjo: Empirische Erkenntnisse in juristischen Ausbildungsarbeiten – Prüfungsschema, Zitier- und Arbeitshilfen für das Jurastudium und danach, JURA 2017, S. 759–769.

Hamann, Hanjo: Empirische Methoden für die Rechtswissenschaft. 35. Jahrestagung für Institutionenökonomik vom 7. bis 10. Juni in Siracusa (Sizilien), JZ 2018, S. 291–293.

Hamann, Hanjo/Hoeft, Leonard: Die empirische Herangehensweise im Zivilrecht. Lebensnähe und Methodenehrlichkeit für die juristische Analytik?, AcP 217 (2017), S. 311–336.

Hamann, Wolfgang: „Iudex non calculate" – Recht und Statistik, in: Schröder, Hendrik/Clausen, Volker/Behr, Andreas: Essener Beiträge zur empirischen Wirtschaftsforschung – Festschrift für Prof. Dr. Walter Assenmacher, Springer Gabler, Wiesbaden 2012, S. 307–318.

Hansmann, Henry/Kraakman, Reinier: Toward Unlimited Shareholder Liability for Corporate Torts, Yale L. J. 100 (1991), S. 1879–1934.

Hansmann, Henry/Kraakman, Reinier: The Essential Role of Organizational Law, Yale L. J. 110 (2000), S. 387–440.

Hansmann, Henry/Kraakman, Reinier: Property, Contract, and Verification: The Numerus Clausus Problem and the Divisibility of Rights, J. Legal Stud. 373 (2002), S. 373–420.

Hansmann, Henry/Kraakman, Reinier/Squire, Richard: Law and the Rise of the Firm, Harv. L. Rev. 119 (2005), S. 1335–1403.

Harenberg, Paul: Corporations for Future? – Die Zielfunktion der deutschen Aktiengesellschaft im Spiegel unternehmenstheoretischer Überlegungen, KritV 2019, S. 393–446.

Harrison, Jeffrey L.: The Influence of Law and Economics Scholarship on Contract Law: Impressions Twenty-Five Years Later, NYU Ann. Surv. Am. L. 68 (2012), S. 1–46.

Hart, Oliver: An Economist's Perspective on the Theory of the Firm, Colum. L. Rev. 89 (1989), S. 1757–1774.

Hassemer, Winfried: Juristische Methodenlehre und richterliche Pragmatik, in: Müller-Dietz, Heinz/Müller, Egon/Kunz, Karl-Ludwig/Radtke, Henning/Britz, Guido/Momsen, Carsten/Koriath, Heinz (Hrsg.): Festschrift für Heike Jung zum 65. Geburtstag am 23. April 2007, Nomos, Baden-Baden 2007, S. 231–259.

Hassemer, Winfried: Gesetzesbindung und Methodenlehre, ZRP 2007, S. 213–219.

Hassemer, Winfried: Erscheinungsformen des modernen Rechts, Klostermann, Frankfurt 2007, zitiert als: *Hassemer*, Erscheinungsformen des modernen Rechts.

Hassemer, Winfried: Juristische Methodenlehre und richterliche Pragmatik, Rechtstheorie 39 (2008), S. 1–22.

Hassemer, Winfried: Rechtssystem und Kodifikation: Die Bindung des Richters an das Gesetz, in: Hassemer, Winfried/Neumann, Ulfrid/Saliger, Frank (Hrsg.): Einführung in die Rechtsphilosophie und Rechtstheorie der Gegenwart, 9. Auflage, C.F. Müller, Heidelberg 2016, S. 227–242 zitiert als: *Hassemer*, in: Hassemer/Neumann/Saliger, Rechtsphilosophie.

Hatchondo, Juan Carlos/Martinez, Leonardo/Sosa-Padilla: Debt Dilution and Sovereign Default Risk, J. Political Econ. 124 (2016), S. 1383–1422.

Hausch, Tobias: Langfristige Arbeitsverträge bei Lizenzfußballspielern, Hochschulschrift Universität Bonn, Bonn 2002, zitiert als: *Hausch*, Langfristige Arbeitsverträge bei Lizenzfußballspielern.

Hausman, Jerry A.: Individual Discount Rates and the Purchase and Utilization of Energy-Using Durables, Bell J. Econ. 10 (1979), S. 33–54.

Haverkate, Görg: Normtext – Begriff – Telos – Zu den drei Grundtypen des juristischen Argumentierens, C.F. Müller, Heidelberg 1996, zitiert als: *Haverkate*, Normtext Begriff Telos.

Hazlett, Thomas W.: Ronald H. Coase, in: Cohen, Lloyd R./Wright, Joshua D.: Pioneers of Law and Economics, Edward Elgar Publishing, Cheltenham 2009, S. 1–30, zitiert als: *Hazlett*, in: Cohen/Wright, Pioneers of Law and Economics.

Heck, Philipp: Begriffsbildung und Interessenjurisprudenz, Tübingen 1932, zitiert als: *Heck*, Begriffsbildung und Interessenjurisprudenz.

Heermann, Peter W.: Wann verstößt die Verwendung olympischer Bezeichnungen gegen § 3 II OlympSchG?, GRUR 2014, S. 233–240.

Heil, Benedict: IT-Anwendung im Zivilprozess – Untersuchung zur Anwendung künstlicher Intelligenz im Recht und zum strukturierten elektronischen Verfahren, Mohr Siebeck, Tübingen 2020, zitiert als: *Heil*, IT-Anwendung im Zivilprozess.

Heink, Peter/Hemmeter, Teresa: Gesetzliche und tarifvertragliche Spielräume für die Befristung von Sportarbeitsverhältnissen, SpuRt 2015, S. 192–197.

Hellgardt, Alexander: Regulierung und Privatrecht, Mohr Siebeck, Tübingen 2016, zitiert als: *Hellgardt*, Regulierung und Privatrecht.

Hennerkes, Brun-H./Binz, Mark: Zur Ausschließbarkeit von Gesellschaftern einer Personengesellschaft nach freiem Ermessen, NJW 1983, S. 73–80.

Henssler, Martin: Hinauskündigung und Austritt von Gesellschaftern in personalistisch strukturierten Gesellschaften, in: Dauner-Lieb, Barbara/Hommelhoff, Peter/Jacobs, Matthias/Kaiser, Dagmar/Weber, Christoph (Hrsg.): Festschrift für Horst Konzen zum siebzigsten Geburtstag, Mohr Siebeck, Tübingen 2006, S. 267–285.

Henssler, Martin/Strohn, Lutz (Hrsg.): Gesellschaftsrecht, 5. Auflage, Verlag C.H.Beck, München 2021, zitiert als: *Bearbeiter*, in: Henssler/Strohn.

Henssler, Martin/Willemsen, Heinz Josef/Kalb, Heinz-Jürgen (Hrsg.): Arbeitsrecht Kommentar, 8. Auflage, Dr. Otto Schmidt, Köln 2018, zitiert als: *Bearbeiter*, in: Henssler/Willemsen/Kalb.

Herbst, Tobias: Die These der einzig richtigen Entscheidung – Überlegungen zu ihrer Überzeugungskraft insbesondere in den Theorien von Ronald Dworkin und Jürgen Habermas, JZ 2012, S. 891–900.

Hesselink, Martijn: A European Legal Method? On European Private Law and Scientific Method, Eur. Law J. 15 (2009), Vol. 15, No. 1, S. 20–45.

Hetherington, J. A. C./Dooley, Michael P.: Illiquidity and Exploitation: A Proposed Statutory Solution to the Remaining Close Corporation Problem, Va. L. Rev. 63 (1977), S. 1–75.

Heusel, Matthias/Goette, Maximilian: Die Kleinstbeteiligung als sachlicher Grund der Hinauskündigung von Minderheitsgesellschaftern in personalistisch geprägten Gesellschaften, DStR 2015, S. 1315–1321.

Hey, Felix: Freie Gestaltung in Gesellschaftsverträgen und ihre Schranken, C.H. Beck, München 2014, zitiert als: *Hey*, Freie Gestaltung in Gesellschaftsverträgen und ihre Schranken.

Hicks, John R.: The Foundations of Welfare Economics, Econ. J. 49 (1939), S. 696–712.

Hilbert, Patrick: An welche Normen ist der Richter gebunden?, JZ 2013, S. 130–136.

Hilgendorf, Eric: Bedingungen gelingender Interdisziplinarität – am Beispiel der Rechtswissenschaft, JZ 2010, S. 913–922.

Hilgendorf, Eric/Schulze-Fielitz, Helmuth: Rechtswissenschaft im Prozess der Selbstreflexion, in: Hilgendorf, Eric/Schulze-Fielitz, Helmuth: Selbstreflexion der Rechtswissenschaft, Mohr Siebeck, Tübingen 2015, S. 1–12, zitiert als: *Hilgendorf/Schulze-Fielitz*, in: Hilgendorf/Schulze-Fielitz, Selbstreflexion der Rechtswissenschaft.

Hillgruber, Christian: Richterliche Rechtsfortbildung als Verfassungsproblem, JZ 1996, S. 118–125.

Hillgruber, Christian: „Neue Methodik" – Ein Beitrag zur Geschichte der richterlichen Rechtsfortbildung in Deutschland, JZ 2008, S. 745–755.

Hillgruber, Christian: Mehr Rechtswissenschaft wagen!, JZ 2013, S. 700–704.

Hirsch, Günter: Die Bedeutung des Richterrechts hat zugenommen – Der Richter darf das Gesetz weiter-denken, aber nicht umdenken, ZRP 2004, S. 29–30.

Hirsch, Günter: Zwischenruf – Der Richter wird's schon richten, ZRP 2006, S. 161.

Hirsch, Günter: Schlusswort zu Möllers, Christoph: Erwiderung: auf Günter Hirsch JZ 2007, 853, JZ 2008, S. 189.

Hirsch, Günter: „Vom Vorurteil zum Urteil" – Kein Richter geht „jungfräulich" an die Entscheidung eines Falles, ZRP 2009, S. 61–62.

Hirsch, Günter: Weder Diener des Gesetzes noch Komponist – Richter und Gesetzgeber bilden eine Symbiose mit flexibler Arbeitsteilung, ZRP 2009, S. 253–254.

Hirsch, Günter: Im Namen des Volkes: Gesetz – Recht – Gerechtigkeit, ZRP 2012, S. 205–209.

Hirtz, Bernd: Die Abfindung des Gesellschafters einer Personengesellschaft nach der Ausschließung ohne wichtigen Grund, BB 1981, S. 761–765.

Hoffmann, Stefan/Akbar, Payam: Konsumentenverhalten – Konsumenten verstehen – Marketingmaßnahmen gestalten, 2. Auflage, Springer Gabler, Wiesbaden 2019, zitiert als: *Hoffmann/Akbar*, Konsumentenverhalten.

Hofmann, Christian: Der Minderheitsschutz im Gesellschaftsrecht, De Gruyter, Berlin 2011, zitiert als: Hofmann, Minderheitsschutz im Gesellschaftsrecht.

Hofmann, Franz: Disziplinarität, Intradisziplinarität und Interdisziplinarität am Beispiel der Grundsätze „mittelbarer Verantwortlichkeit", JZ 2018, S. 746–754.

Höhne, Michael: Das Widerrufsrecht bei Kaufverträgen im Spannungsverhältnis von Opportunismus und Effektivität – die Rückabwicklung nach Widerruf unter besonderer Berücksichtigung der Verhaltensökonomik, Mohr Siebeck, Tübingen 2016, zitiert als: *Höhne*, Das Widerrufsrecht bei Kaufverträgen im Spannungsverhältnis von Opportunismus und Effektivität.

Homann, Karl/Suchanek, Andreas: Methodologische Überlegungen zum ökonomischen Imperialismus, Analyse & Kritik 11 (1989), S. 70–93.

Homann, Karl/Suchanek, Andreas: Ökonomik – Eine Einführung, 2. Auflage, Mohr Siebeck, Tübingen 2005, zitiert als: *Homann/Suchanek*, Ökonomik.

Hommel, Michael/Dehmel, Inga: Unternehmensbewertung case by case, 7. Auflage, Verlag Recht und Wirtschaft, Frankfurt 2013, zitiert als: *Hommel/Dehmel*, Unternehmensbewertung.

Hondius, Ewoud: Privatrechtsdogmatik im Recht der Niederlande, in: Auer, Marietta/Grigoleit, Hans Christoph/Hager, Johannes/Herresthal, Carsten/Hey, Felix/Koller, Ingo/Langenbucher, Katja/Neuner, Jörg/Petersen, Jens/Riehm, Thomas/Singer, Reinhard: Privatrechtsdogmatik im 21. Jahrhundert – Festschrift für Claus-Wilhelm Canaris zum 80. Geburtstag, De Gruyter, Berlin 2017, S. 1125–1135.

Höpfner, Clemens/Rüthers, Bernd: Grundlagen einer europäischen Methodenlehre, AcP 209 (2009), S. 1–36.

Horn, Norbert: Zur ökonomischen Rationalität des Privatrechts. – Die privatrechtstheoretische Verwertbarkeit der ,Economic Analysis of Law', AcP 176 (1976), S. 307–333.

Hornby, Nick: Fewer Pitch, Penguin, London 2014, zitiert als: *Hornby*, Fewer Pitch.

Horst, Johannes/Persch, Sven: Zur Anwendung des Verschleißtatbestandes im Sport, RdA 2006, S. 166–171.

Hu, Feng: Rechtsökonomik als Rechtsanwendungsmethode, Humboldt-Universität zu Berlin Online-Ressource (Diss.), Berlin 2019, zitiert als: *Hu*, Rechtsökonomik als Rechtsanwendungsmethode.

Huber, Ulrich: Der Ausschluss des Personengesellschafters ohne wichtigen Grund, ZGR 1980, S. 177–213.

Hufen, Friedhelm: Staatsrecht II – Grundrechte, 8. Auflage, C.H. Beck, München 2020, zitiert als: *Hufen*, Grundrechte.

Hull, John C.: Options, Futures, and Other Derivatives, 9. Auflage, Pearson, Boston u.a. 2015, zitiert als: *Hull*, Derivatives.

Hüttemann, Rainer: Die angemessene Barabfindung im Aktienrecht, in: Krieger, Gerd/Lutter, Marcus/Schmidt, Karsten: Festschrift für Michael Hoffmann-Becking zum 70. Geburtstag, Verlag C.H. Beck, München 2013, S. 603–616.

Hylton, Keith N.: Calabresi's influence on law and economics, in: Cohen, Lloyd L./ Wright, Joshua D.: Pioneers of Law and Economics, Edward Elgar Publishing, Cheltenham 2009, S. 224–245, zitiert als: *Hylton*, in: Cohen/Wright, Pioneers of Law and Economics.

Illig, Robert C.: Minority Investor Protection as Default Norms: Using Price to Illuminate the Deal in Close Corporations, Am. U. L. Rev. 56 (2006), S. 275–366.

Ittner, Thomas/Schaich, Marie-Katrin: Abpfiff – Das Ende des Trainerkarussells – Aktuelle Probleme und Lösungsansätze bei Trainerverträgen im Profifußball, NJOZ 2019, S. 497–504.

Jacobi, Jessica: Zulässigkeit von Befristungen im Profifußball, ArbRB 2018, S. 195–196.

Janeček, Václav/Williams, Rebecca/Keep, Ewart: Education for the provision of technologically enhanced legal services, Comput. Law Secur. Rev. 40 (2021), 105519.

Janson, Gunnar: Ökonomische Theorie im Recht – Anwendbarkeit und Erkenntniswert im Allgemeinen und am Beispiel des Arbeitsrechts, Duncker & Humblot, Berlin 2004, zitiert als: *Janson*, Ökonomische Theorie im Recht.

Jarass, Hans D./Pieroth, Bodo: Grundgesetz für die Bundesrepublik Deutschland – Kommentar, 17. Auflage, C.H. Beck, München 2022, zitiert als: *Bearbeiter*, in: Jarass/ Pieroth.

Jensen, Michael C./Meckling, William H.: Theory of the Firm: Managerial Behavior, Agency Costs and Ownership Structure, J. Fin. Econ. 3 (1976), S. 305–360.

Jestaedt, Matthias: Grundrechtsentfaltung im Gesetz – Studien zur Interdependenz von Grundrechtsdogmatik und Rechtsgewinnungstheorie, Mohr Siebeck, Tübingen 1999, zitiert als: *Jestaedt*, Grundrechtsentfaltung im Gesetz.

Jestaedt, Matthias: Das mag in der Theorie richtig sein..., Mohr Siebeck, Tübingen 2006, zitiert als: *Jestaedt*, Das mag in der Theorie richtig sein.

Jestaedt, Matthias: Die deutsche Staatsrechtslehre im europäisierten Rechtswissenschaftsdiskurs – Kennzeichen, Kernkompetenzen und Rezeptionshindernisse, JZ 2012, S. 1–10.

Jestaedt, Matthias: Richterliche Rechtsetzung statt richterliche Rechtsfortbildung – Methodologische Betrachtungen zum sog. Richterrecht, in: Bumke, Christian (Hrsg.): Richterrecht zwischen Gesetzesrecht und Rechtsgestaltung, Mohr Siebeck, Tübingen 2012, S. 49–69, zitiert als: *Jestaedt*, in: Bumke, Richterrecht.

Jestaedt, Matthias: Wissenschaft im Recht – Rechtsdogmatik im Wissenschaftsvergleich, JZ 2014, S. 1–12.

Jolls, Christine/Sunstein, Cass R.: Debiasing Trough Law, J. Legal Stud. 36 (2006), S. 199–241.

Jolls, Christine/Sunstein, Cass R./Thaler, Richard: A Behavioral Approach to Law and Economics, Stan. L. Rev. 50 (1998), S. 1471–1550.

Jones-Lee, Michael W.: The Value of Life – An Economic Analysis, The University of Chicago Press, Chicago 1976, zitiert als: *Jones-Lee*, The Value of Life.

Jungheim, Stephanie: Vertragsbeendigung bei Arbeitsverträgen von Lizenzfußballspielern, RdA 2008, S. 222–232.

Junker, Abbo: Befristung bei Lizenzspielern: Europarechtlich bedenklich?, EuZA 2015, S. 279–280.

Kahan, Marcel/Klausner, Michael: Standardization and Innvoation in Corporate Contracting (or "The Economics of Boilerplate"), Va. L. Rev. 83 (1997), S. 713–770.

Kahn, Lawrence M.: A Level Playing Field? – Sports and Discrimination, in: Kern, William S.: The Economics of Sports, W.E. Upjohn Institute for Employment Research, Kalamazoo 2000, S. 115–128, zitiert als: *Kahn*, in: Kern, Economics of Sports.

Kahneman, Daniel: Thinking, Fast and Slow, Penguin Books, London 2011, zitiert als: *Kahneman*, Thinking Fast and Slow.

Kahneman, Daniel/Knetsch, Jack L./Thaler, Richard H.: Experimental Tests of the Endowment Effect and the Coase Theorem, J. Political Econ. 98 (1990), S. 1325–1348.

Kaiser, Anna-Bettina: Multidisziplinäre Begriffsverwendung – Zum verwaltungsrechtswissenschaftlichen Umgang mit sozialwissenschaftlichen Kompetenzen, in: Augsberg, Ino: Extrajuridisches Wissen im Verwaltungsrecht, Mohr Siebeck, Tübingen 2013, S. 99–117, zitiert als: *Kaiser*, in: Augsberg, Extrajuridisches Wissen.

Kaldor, Nicholas: Welfare Proposition in Economics and Interpersonal Comparisons of Utility, Econ. J. 49 (1939), S. 549–552.

Kaplow, Louis/Shavell, Steven: The Conflict between Notions of Fairness and the Pareto Principle, Am. L. & Econ. Rev. 1 (1999), S. 63–77.

Kaspers, Jens: Philosophie – Hermeneutik – Jurisprudenz – Die Bedeutung der philosophischen Hermeneutik Hans-Georg Gadamers für die Rechtswissenschaften, Duncker & Humblot, Berlin 2014, zitiert als: *Kaspers*, Philosophie – Hermeneutik – Jurisprudenz.

Katzer, Andreas/Frodl, Christian: Wird Müller den Sieg festhalten? Zulässigkeit von Befristung im Profifußball, NZA 2015, S. 657–661.

Kaufmann, Arthur/von der Pfordten, Dietmar: Problemgeschichte der Rechtsphilosophie, in: Hassemer, Winfried/Neumann, Ulfrid/Saliger, Frank (Hrsg.): Einführung in die Rechtsphilosophie und Rechtstheorie der Gegenwart, 9. Auflage, C.F. Müller, Heidelberg 2016, S. 23–142, zitiert als: *Kaufmann/von der Pfordten*, in: Hassemer/Neumann/Saliger, Rechtsphilosophie.

Kaulbach, Ann-Marie: Gestaltungsoptionen für Familienunternehmen: Zur Wirksamkeit von Güterstandsklauseln, NZG 2020, S. 653–659.

Keil, Tilo: Befristung des Arbeitsvertrags von Bundesligaspielern rechtmäßig – TzBfG 14 Abs. 1 Satz 2 Nr. 4, EWiR 2018, S. 539–540.

Kennedy, Duncan: Cost-Benefit Analysis of Entitlement Problems: A Critique, Stan. L. Rev. 333 (1981), S. 387–445.

Kesenne, Stefan: Do Sport Clubs maximize Wins or Profits? – And does it make any difference?, in: Robinson, Leigh/Chelladurai, Packianathan/Bodet, Guillaume/Downward, Paul: Routledge Handbook of Sport Management, Florence, Routledge 2012, S. 373–404, zitiert als: *Kesenne*, in: Robinson et al., Sport Management.

Kesenne, Stefan: Can Advertising Make Free-to-Air Broadcasting More Profitable Than Pay-TV?, Int'l J. Sport Fin. 7 (2012), S. 358–364.

Kesenne, Stefan: The Economic Theory of Proessional Team Sports – An Analytical Treatment, 2. Auflage, Edward Elgar, Cheltenahm 2014, zitiert als: *Kesenne*, Economic Theory of Proessional Team Sports.

Kilian, Matthias: Die Trennung vom „missliebigen" Personengesellschafter – Neue Ansätze in Sachen Ausschluss, Hinauskündigung und Kollektivaustritt -, WM 2006, S. 1567–1576.

Kirchgässner, Gebhard: Homo Oeconomicus – Das ökonomische Modell individuellen Verhaltens und seine Anwendung in den Wirtschafts- und Sozialwissenschaften, 4. Auflage, Mohr Siebeck, Tübingen 2013, zitiert als: *Kirchgässner*, Homo Oeconomicus.

Kirchner, Christian: Regulierung durch öffentliches Recht und/oder Privatrecht aus der Sicht der ökonomischen Theorie des Rechts, in: Hoffmann-Riem, Wolfgang/Schmidt-Aßmann, Eberhard: Öffentliches Recht und Privatrecht als wechselseitige Auffangordnungen, Nomos, Baden-Baden 1996, zitiert als: *Kirchner*, in: Hoffmann-Riem/Schmidt-Aßmann, Wechselseitige Auffangordnungen.

Kirchner, Christian: Ökonomische Theorie des Rechts, de Gruyter, Berlin 1997, zitiert als: *Kirchner*, Ökonomische Theorie des Rechts.

Kirchner, Christian/Koch, Stefan: Norminterpretation und ökonomische Analyse des Rechts, Analyse und Kritik 11 (1989), S. 111–133.

Kirste, Stephan: Harter und weicher Rechtspaternalismus – Unter besonderer Berücksichtigung der Medizinethik, JZ 2011, S. 805–814.

Kirste, Stephan: Voraussetzungen von Interdisziplinarität der Rechtswissenschaft, in: Kirste, Stephan: Interdisziplinarität in den Rechtswissenschaften – Ein interdisziplinärer und internationaler Dialog, Duncker & Humblot, Berlin 2016, S. 35–85, zitiert als: *Kirste*, in: Kirste, Interdisziplinarität in den Rechtswissenschaften.

Klausner, Michael: Corporations, Corporate Law, and Networks of Contracts, Va. L. Rev. 81 (1995), S. 757–852.

Klöhn, Lars: Kapitalmarkt, Spekulation und Behavioral Finance – Eine interdisziplinäre und vergleichende Analyse zum Fluch und Segen der Spekulation und ihrer Regulierung durch Recht und Markt, Duncker & Humblot, Berlin 2006, zitiert als: *Klöhn*, Kapitalmarkt, Spekulation und Behavioral Finance.

Klöhn, Lars: Der Beitrag der Verhaltensökonomik zum Kapitalmarktrecht, in: Fleischer, Holger/Zimmer, Daniel (Hrsg.): Beitrag der Verhaltensökonomie (Behavioral Economics) zum Handels- und Wirtschaftsrecht, Verlag Recht und Wirtschaft, Frankfurt am Main 2011, S. 83–99, zitiert als: *Klöhn*, in: Fleischer/Zimmer, Verhaltensökonomie.

Klöhn, Lars: Minderheitenschutz im Personengesellschaftsrecht – Rechtsökonomische Grundlagen und Perspektiven, AcP 216 (2016), S. 281–319.

Koch, Alexander: Arbeitsvertragsbefristung im Profifußball wirksam – Besprechung des Urteils BAG v. 16.1.2018 – 7AZR 312/16, RdA 2019, S. 54–60.

Koch, Hans-Joachim/Rüßmann, Helmut: Juristische Begründungslehre – Eine Einführung in Grundprobleme der Rechtswissenschaft, Verlag C.H. Beck, München 1982, zitiert als: *Koch/Rüßmann*, Juristische Begründungslehre.

Koller, Ingo: Der Ausschluss ohne wichtigen Grund zum Buchwert bei Familiengesellschaften, DB 1984, S. 545–549.

Korch, Stefan: Haftung und Verhalten, Mohr Siebeck, Tübingen 2015, zitiert als: *Korch*, Haftung und Verhalten.

Korff, Niklas: Sportrechtliche Besonderheiten bei arbeitsrechtlichen Befristungen – Anmerkungen zum Urteil des Bundesarbeitsgerichts vom 16. Januar 2018; 7 AZR 312/16, sowie zum Urteil des Landesarbeitsgerichts Hessen vom 15. März 2018; 9 Sa 1399/16, CaS 2018, S. 263–268.

Kornhauser, Lewis A.: An Economic Analysis of the Choice Between Enterprise and Personal Liability for Accidents, Cal. L. Rev. 70 (1982), S. 1345–1392.

Korobkin, Russell: Libertarian Welfare, Cal. L. Rev. 97 (2009), S. 1651–1685.

Kotler, Philip/Keller, Kevin Lane: Marketing Management, 15. Global Edition, Pearson, Boston u.a. 2016, zitiert als: *Kotler/Keller*, Marketing Management.

Kotler, Philip/Armstrong, Gary/Wong, Veronica/Saunders, John A.: Grundlagen des Marketing, 5. Auflage, Pearson, München 2011, zitiert als: *Kotler/Armstrong/Wong/Saunders*, Marketing.

Kowalski, André/Bormann, Michael: (Manager-)Beteiligung auf Zeit – ein Fall der Sittenwidrigkeit? – Zugleich Besprechung des Urt. des OLG Frankfurt a.M. v. 23.6.2004 – 13 U 89/03 und des OLG Düsseldorf v. 16.1.2004 – I 17 U 50/03, GmbHR 2004, S. 1438–1443.

Koziol, Helmut: Glanz und Elend der deutschen Zivilrechtsdogmatik – Das deutsche Zivilrecht als Vorbild für Europa?, AcP 212 (2012), S. 1–62.

Kraakman, Reinier: Corporate Liability Strategies and the Cost of Conrol, Yale L. J. 93 (1984), S. 857–898.

Kraakman, Reinier/Armour, John/Davies, Paul/Enriques, Luca/Hansmann, Henry/Hertig, Gerard/Hopt, Klaus/Kanda, Hideki/Pargendler, Mariana/Ringe, Wolf-Georg/Rock, Edward: The Anatomy of Corporate Law – A Comparative and Functional Approach, 3. Auflage, Oxford University Press, Oxford 2017, zitiert als: *Armour/Enriques et al.*, Anatomy of Corporate Law.

Krämer, Achim: Die gesellschaftsvertragliche "Ausschließung" aus der Personengesellschaft, NJW 1981, S. 2553–2556.

Kramer, Ernst A.: Juristische Methodenlehre, 5. Auflage, Stämpfli Verlag, Bern 2016, zitiert als: *Kramer*, Juristische Methodenlehre.

Kremer, Michael: The O-Ring Theory of Economic Development, Q.J. Econ. 108 (1993), S. 551–575.

Kriele, Martin: Theorie der Rechtsgewinnung entwickelt am Problem der Verfassungsinterpretation, 2. Auflage, Duncker & Humblot, Berlin 1976, zitiert als: *Kriele*, Theorie der Rechtsgewinnung.

Kriele, Martin: Richterrecht und Rechtspolitik, ZRP 2008, S. 51–53.

Kübler, Friedrich/Assmann, Heinz-Dieter: Gesellschaftsrecht – Die privatrechtlichen Ordnungsstrukturen und Regelungsprobleme von Verbänden und Unternehmen, 6. Auflage, C.F. Müller, Heidelberg 2006, zitiert als: *Kübler/Assmann*, Gesellschaftsrecht.

Kuch, David: „Wohltätiger Zwang", DÖV 2019, S. 723–732.

Kudlich, Hans/Christensen, Ralph: Juristisches Argumentieren – Analyse einer höchstrichterlichen Entscheidungsbegründung, JuS 2002, S. 144–148.

Kühne, Jonas: Bauplanungsrechtliche Einzelhandelssteuerung im Lichte der Rechtsphilosophie Friedrich August von Hayeks, Duncker & Humblot, Berlin 2017, zitiert als: *Kühne*, Bauplanungsrechtliche Einzelhandelssteuerung im Lichte der Rechtsphilosophie Friedrich August von Hayeks.

Kuhner, Christoph/Maltry, Helmut: Unternehmensbewertung, 2. Auflage, Springer Gabler Verlag, Berlin 2017, zitiert als: *Kuhner/Maltry*, Unternehmensbewertung.

Kuntz, Thilo: Die Grenze zwischen Auslegung und Rechtsfortbildung aus sprachphilosophischer Perspektive, AcP 215 (2015), S. 387–449.

Kuntz, Thilo: Recht als Gegenstand der Rechtswissenschaft und performative Rechtserzeugung – Zugleich ein Beitrag zur Möglichkeit von Dogmatik, AcP 216 (2016), S. 866–910.

Kuntz, Thilo: Auf der Suche nach einem Proprium der Rechtswissenschaft – Sinn und Unsinn des Bemühens um disziplinäre Identität, AcP 219 (2019), S. 254–299.

Kunz, Karl-Ludwig/Mona, Martin: Rechtsphilosophie, Rechtstheorie, Rechtssoziologie – Eine Einführung in die theoretischen Grundlagen der Rechtswissenschaft, 2. Auflage, Haupt Verlag, Bern 2015, zitiert als: *Kunz/Mona*, Rechtsphilosophie, Rechtstheorie, Rechtssoziologie.

Kuper, Simon/Szymanski, Stefan: Soccernomics – Why England Loses; Why Germany, Spain, and France Win; and why one Day Japan, Iraq, and the United States Will Become Kings of the World's Most Popular Sport, World Cup Edition, Nation Books, New York 2018, zitiert als: *Kuper/Szymanski*, Soccernomics.

Lalive, Rafael/Zweimüller, Josef: How Does Parental Leave Affect Fertility and Return to Work? – Evidence from Two Natural Experiments, Q.J. Econ. 124 (2009), S. 1363–1402.

Lange, Christian: Treu und Glauben und Effizienz – Das Effizienzprinzip als Mittel zur Konkretisierung zivilrechtlicher Generalklauseln, Duncker & Humblot, Berlin 2003, zitiert als: *Lange*, Treu und Glauben und Effizienz.

Langenbucher, Katja: Die Entwicklung und Auslegung von Richterrecht – Eine methodologische Untersuchung zur richterlichen Rechtsfortbildung im deutschen Zivilrecht, Verlag C.H. Beck, München 1996, zitiert als: *Langenbucher*, Richterrecht.

Langenbucher, Katja: Zentrale Akteure der Corporate Governance: Zusammensetzung des Aufsichtsrats – Zum Vorschlag einer obligatorischen Besetzungserklärung, ZGR 2012, S. 314–342.

Langenbucher, Katja: Dogmatik, Falsifikation und zwei Perspektiven auf die Rechtswissenschaft, in: Auer, Marietta/Grigoleit, Hans Christoph/Hager, Johannes/Herresthal, Carsten/Hey, Felix/Koller, Ingo/Langenbucher, Katja/Neuner, Jörg/Petersen, Jens/Riehm, Thomas/Singer, Reinhard: Privatrechtsdogmatik im 21. Jahrhundert – Festschrift für Claus-Wilhelm Canaris zum 80. Geburtstag, De Gruyter, Berlin 2017, S. 219–240.

Langenbucher, Katja: Economic Transplants – On Lawmaking for Corporations and capital Markets, Cambridge University Press, Cambridge 2017, zitiert als: *Langenbucher*, Economic Transplants.

Larenz, Karl: Methodenlehre der Rechtswissenschaft, 6. Auflage, Springer, Berlin 1991, zitiert als: *Larenz*, Methodenlehre.

Larenz, Karl/Canaris, Claus-Wilhelm: Methodenlehre der Rechtswissenschaft, 3. Auflage, Springer, Heidelberg 1995, zitiert als: *Larenz/Canaris*, Methodenlehre.

Lawrance, Emily C.: Poverty and the Rate of Time Preference: Evidence from Panel Data, J. Polit. Econ. 99 (1991), S. 54–77.

Lazear, Edward: Economic Imperialism, Q.J. Econ. 115 (2000), S. 99–146.

Leistner, Matthias: Der Beitrag der Verhaltensökonomie zum Recht des unlauteren Wettbewerbs, in: Fleischer, Holger/Zimmer, Daniel (Hrsg.): Beitrag der Verhaltensökonomie (Behavioral Economics) zum Handels- und Wirtschaftsrecht, Verlag Recht und Wirtschaft, Frankfurt am Main 2011, S. 122–177, zitiert als: *Leistner*, in: Fleischer/Zimmer, Verhaltensökonomie.

Lemley, Mark A./McGowan, David: Legal Implications of Network Economic Effects, Cal. L. Rev. 86 (1998), S. 479–611.

Lennartz, Jannis: Dogmatik als Methode, Mohr Siebeck, Tübingen 2017, zitiert als: *Lennartz*, Dogmatik als Methode.

Leuz, Christian: Evidence-based policymaking: promise, challenges and opportunities for accounting and financial markets research, Account. & Bus. Res. 48 (2018), S. 582–608.

Lewis, Michael: Moneyball -The Art of Winning an Unfair Game, Norton & Company, New York u.a. 2004, zitiert als: *Lewis*, Moneyball.

Lieder, Jan: Die „Hinauskündigung" von Manager- und Mitarbeitergesellschaftern – Zugleich Besprechung der BGH-Urteile vom 19.9.2005 – ZR 173/04 (Managermodell) und II ZR 342/03 (Mitarbeitermodell), DZWIR 2006, S. 63–67.

Lieder, Jan: Die rechtsgeschäftliche Sukzession – eine methodenpluralistische Grundlagenuntersuchung zum deutschen Zivilrecht und Zivilprozessrecht sowie zum Internationalen und Europäischen Privatrecht, Mohr Siebeck, Tübingen 2015, zitiert als: *Lieder*, Die rechtsgeschäftliche Sukzession.

Lieth, Oliver: Die ökonomische Analyse des Rechts im Spiegelbild klassischer Argumentationsrestriktionen des Rechts und seiner Methodenlehre, Nomos, Baden-Baden 2007, zitiert als: *Lieth*, Ökonomische Analyse.

Lindner, Josef Franz: Rechtswissenschaft als Metaphysik – Das Münchhausenproblem einer Münchhausenwissenschaft, Mohr Siebeck, Tübingen 2017, zitiert als: *Lindner*, Rechtswissenschaft als Metaphysik.

Lobinger, Thomas: Perspektiven der Privatrechtsdogmatik am Beispiel des allgemeinen Gleichbehnadlungsrechts, AcP 216 (2016), S. 28–106.

Lölfing, Nils: Die App-Ökonomie des Schenkens – eine rechtsökonomische Analyse zur Haftung von App-Marktplätzen, LIT Verlag, Berlin 2017, zitiert als: *Lölfing*, Die App-Ökonomie des Schenkens.

Lorenz, Stephan: Forschung, Praxis und Lehre im Bericht des Wissenschaftsrats „Perspektiven der Rechtswissenschaft in Deutschland", JZ 2013, S. 704–708.

Loritz, Karl-Georg: Vertragsfreiheit und Individualschutz im Gesellschaftsrecht – Dargestellt am Beispiel der Gesellschafterausschlußklauseln –, JZ 1986, S. 1073–1082.

Lübbe-Wolff, Gertrud: Rechtsfolgen und Realfolgen – Welche Rolle können Folgenerwägungen in der juristischen Regel- und Begriffsbildung spielen?, Alber, Freiburg 1981, zitiert als: *Lübbe-Wolff*, Rechtsfolgen und Realfolgen.

Lücke, Jörg: Begründungszwang und Verfassung – Zur Begründungspflicht der Gerichte, Behörden und Parlamente, Mohr, Tübingen 1987, zitiert als: *Lücke*, Begründungszwang und Verfassung.

Lüdemann, Jörn: Öffentliches Wirtschaftsrecht und ökonomisches Wissen, in: Augsberg, Ino: Extrajuridisches Wissen im Verwaltungsrecht, Mohr Siebeck, Tübingen 2013, S. 121–149, zitiert als: *Lüdemann*, in: Augsberg, Extrajuridisches Wissen.

Lüdemann, Susanne/Vesting, Thomas: Vom Geheiß der Deutung. Eine Bestandsaufnahme, in: Lüdemann, Susanne/Vesting, Thomas: Was heisst Deutung? – Verhandlungen zwischen Recht, Philologie und Psychoanalyse, Wilhelm Fink (Verlag), Paderborn 2017, S. 9–35, zitiert als: *Lüdemann/Vesting*, in: Lüdemann/Vesting, Deutung.

Ludwigs, Markus: Unternehmensbezogene Effizienzanforderungen im Öffentlichen Recht – Unternehmenseffizienz als neue Rechtskategorie, Duncker & Humblot, Berlin 2013, zitiert als: *Ludwigs*, Unternehmensbezogene Effizienzanforderungen im Öffentlichen Recht.

Luttermann, Claus: Zum Börsenkur als gesellschaftsrechtliche Bewertungsgrundlage – Die Maßgeblichkeit des Marktpreises im Zivil- und Steuerrecht, ZIP 1999, S. 45–52.

Mackaay, Ejan: The Law and Economics of Civil Law Systems, Edward Elgar Publishing, Cheltenham 2013, zitiert als: *Mackaay*, Law and Economics of Civil Law Systems.

Macneil, Ian R.: The Many Futures of Contract, S. Cal. L. Rev. 47 (1974), S. 691–816.

Macneil, Ian R.: Contracts: Adjustment of Long-Term Economic Relations Under Classical, Neoclassical, and Relational Contract Law, Nw. U. L. Rev. 72 (1978), S. 854–905.

Mahoney, Paul G.: Contract or Concession? An Essay on the History of Corporate Law, Ga. L. Rev. 34 (2000), S. 873–893.

Mangold, Katrin/Nufer, Gerd: Ambush Marketing bei den Olympischen Spielen 2012 – eine empirische Untersuchung, Sciamus – Sport und Management 2013, S. 1–12.

Mangoldt, Hermann von/Klein, Friedrich/Starck, Christian (Hrsg.): Grundgesetz Kommentar, zitiert als: *Bearbeiter*, in: v. Mangoldt/Klein/Starck
-Band 2, Art. 20–82, 7. Auflage, C.H. Beck, München 2018.
-Band 3, Art. 83–146, 7. Auflage, C. H. Beck, München 2018.

Mankiw, Nicholas Gregory/Taylor, Mark P.: Grundzüge der Volkswirtschaftslehre, 7. Auflage, Schäffer-Poeschel, Stuttgart 2018, zitiert als: *Mankiw/Taylor*, Volkswirtschaftslehre.

Manssen, Gerrit: Grundrechte, 17. Auflage, C.H. Beck, München 2020, zitiert als: *Manssen*, Grundrechte.

Mas-Colell, Andreu/Whinston, Michael D./Green, Jerry R.: Microeconomic Theory, Oxford University Press, New York/Oxford 1995, zitiert als: *Mas-Colell/Whinston/Green*, Microeconomic Theory.

Mathis, Klaus: Effizienz statt Gerechtigkeit? – Auf der Suche nach den philosophischen Grundlagen der Ökonomischen Analyse des Rechts, 3. Auflage, Duncker & Humblot, Berlin 2009, zitiert als: *Mathis*, Effizienz statt Gerechtigkeit?.

Mathis, Klaus: Folgenorientierung im Recht, in: Kirste, Stephan: Interdisziplinarität in den Rechtswissenschaften – Ein interdisziplinärer und internationaler Dialog, Duncker & Humblot, Berlin 2016, S. 271–298, zitiert als: *Mathis*, in: Kirste, Interdisziplinarität in den Rechtswissenschaften.

Maunz, Theodor/Dürig, Günter (Begr.): Grundgesetz – Kommentar, Werkstand: 90. EL Februar 2020, C.H. Beck, München 2020, zitiert als: *Bearbeiter*, in: Maunz/Dürig.

McClure, Samuel M./Ercison, Keith M./Laibson, David I./Loewenstein, George/Cohen, Jonathan D.: Time Discounting for Primary Rewards, J. Neurosci. 27 (2007), S. 5796–5804.

McKinsey&Company: Wachstumsmotor Bundesliga – Die ökonomische Bedeutung des professionellen Fußballs in Deutschland – Ergebnisse 2015, abrufbar unter: https://media.dfl.de/sites/2/2018/11/McKinsey_2015.pdf, zitiert als: *McKinsey*, Wachstumsmotor Bundesliga.

Means, Benjamin: A Contractual Approach to Shareholder Oppression Law, Fordham L. Rev. 79 (2010), S. 1161–1211.

Meffert, Heribert/Burmann, Christoph/Kirchgeorg, Manfred: Marketing – Grundlagen marktorientierter Unternehmensführung – Konzepte – Instrumente – Praxisbeispiele, 12. Auflage, Springer Fachmedien, Wiesbaden 2015, zitiert als: *Meffert/Burmann/Kirchgeorg*, Marketing.

Meinel, Gernod/Heyn, Judith/Herms, Sascha (Hrsg.): Teilzeit- und Befristungsgesetz – Kommentar, 6. Auflage, C.H Beck, München 2022, zitiert als: *Bearbeiter*, in: Meinel/Heyn/Herms.

Menke-Johan-Michel: Profisportler zwischen Arbeitsrecht und Unternehmertum – Ein Beitrag zum Arbeitnehmerbegriff am Beispiel des Berufsfußballers, Verlag Dr. Kovac, Hamburg 2006, zitiert als: *Menke*, Profisportler zwischen Arbeitsrecht und Unternehmertum.

Menke, Johan-Michel: What to know about international football player transfers to Germany, Int'l Sports Law J. 14 (2014), S. 46–57.

Miceli, Thomas J.: Economic of the Law, Oxford University Press, New York 1997, zitiert als: *Miceli*, Economic of the Law.

Miceli, Thomas J.: The Economic Approach to Law, 3. Auflage, Stanford Economics and Finance (Verlag), Stanford 2017, zitiert als: *Miceli*, The Economic Approach to Law.

Michalski, Lutz/Westerhoff, Ralph: Arbeitsrecht, 8. Auflage, C.F. Müller, Heidelberg 2020, zitiert als: *Michalski/Westerhoff*, Arbeitsrecht.

Michelman, Frank I.: Norms and Normativity in the Economic Theory of Law, Minn. L. Rev. 62 (1978), S. 1015–1048.

Miesen, Sebastian: Gesellschaftsrechtliche Hinauskündigungsklauseln in der Rechtsprechung des Bundesgerichtshofs, RNotZ 2006, S. 522–538.

Miller, Sandra K.: Minority Shareholder Oppression in the Private Company in the European Community: A Comparative Analysis of the German, United Kingdom, and French Close Corporation Problem, Cornell Int'l L. J. 30 (1997), S. 381–428.

Mishan, Ezra J.: Pareto Optimality and the Law, Oxf. Econ. Pap. 19 (1967), S. 255–287.

Mishkin, Frederic S./Eakins, Stanley G.: Financial Markets and Institutions – Global Edition, 9. Auflage, Pearson, Harlow u.a. 2018, zitiert als: *Mishkin/Eakins*, Financial Markets and Institutions.

Mitchell, Lawrence E.: Close Corporations Reconsidered, Tulane L. Rev. 63 (1989), S. 1143–1190.

Moll, Douglas K.: Minority Oppression & The Limited Liability Company: Learning (or not) from Close Corporation History, Wake Forest L. Rev. 40 (2005), S. 883–975.

Mosch, Ulrich: Verträge für Fußballprofis auf dem arbeitsrechtlichen Prüfstand, NJW-Spezial 2015, S. 370–371.

Möllers, Christoph: Erwiderung auf Günther Hirsch JZ 2007, 852, JZ 2008, S. 188–189.

Möllers, Thomas M.J.: Juristische Methodenlehre, C.H. Beck, München 2017, zitiert als: *Möllers*, Methodenlehre.

Montesquieu, Charles-Louis de Secondat Baron de La Brède et de: Vom Geist der Gesetze 1, J.C.B. Mohr (Paul Siebeck), Tübingen 1992, zitiert als: *Montesquieu*, Vom Geist der Gesetze (1748).

Morell, Alexander: Die Rolle von Tatsachen bei der Bestimmung von „Obliegenheiten" im Sinne von § 254 BGB am Beispiel des Fahrradhelms, AcP 214 (2014), S. 387–424

Morell, Alexander: Rechtssicherheit oder Einzelfallgerechtigkeit im neuen Recht des Delistings, AcP 217 (2017), S. 61–106.

Morgenroth, Carsten: Befristung wegen der Eigenart der Arbeitsleitung im Profifußball zulässig – Heinz Müller – BAG, Urteil vom 16.1.2018 – 7 AZR 312/16 – Anmerkung, ZStV 2019, S. 63–64.

Morlok, Martin: Die vier Auslegungsmethoden – was sonst?: in: Gabriel, Gottfried/Gröschner, Rolf (Hrsg.): Subsumtion – Schlüsselbegriffe der Juristischen Methodenlehre, Mohr Siebeck, Tübingen 2012, S. 179–214, zitiert als: *Morlok*, in: Gabriel/Gröschner, Subsumtion.

Müller, Friedrich/Christensen, Ralph: Juristische Methodik – Band I Grundlegung für die Arbeitsmethoden der Rechtspraxis, 11. Auflage, Duncker & Humblot, Berlin 2013, zitiert als: *Müller/Christensen*, Juristische Methodik.

Müller-Glöge, Rudi/Preis, Ulrich/Schmidt, Ingrid (Hrsg.): Erfurter Kommentar zum Arbeitsrecht, 23. Auflage, C.H.Beck, München 2023, zitiert als: *Bearbeiter*, in: ErfK.

Münch, Ingo von/Kunig, Philip (Hrsg.): Grundgesetz – Kommentar, zitiert als: *Bearbeiter*, in: von Münch/Kunig

-Band 1, Präambel bis Art. 69, 6. Auflage, C.H. Beck, München 2012.

Münchener Kommentar zum Aktiengesetz: Goette, Wulf/Habersack, Mathias/Kalss, Susanne (Hrsg.), zitiert als: *Bearbeiter*, in: MüKoAktG

-Band 5, §§ 278–328, 4. Auflage, C.H. Beck/Vahlen, München 2016.

Münchener Kommentar zum Bürgerlichen Gesetzbuch: Säcker, Franz Jürgen/Rixecker, Roland (Hrsg.), zitiert als: *Bearbeiter*, in: MüKoBGB

-Band 1, Allgemeiner Teil – §§ 1–240, AllgPersönlR, ProstG, AGG, 8. Auflage, C.H. Beck, München 2018.

-Band 5, Schuldrecht – Besonderer Teil III, §§ 535–630h BGB, BetrKV, HeizkostenV, WärmeLV, EFZG, TzBfG, KSchG, MiLoG, 9. Auflage, C.H. Beck, München 2023.

-Band 6, Schuldrecht – Besonderer Teil IV, §§ 705–853, PartG, ProdHaftH, 8. Auflage, C.H. Beck, München 2020.

Münchener Kommentar zum Handelsgesetzbuch: Schmidt, Karsten (Hrsg.), zitiert als: *Bearbeiter*, in: MüKoHGB

-Band 2, Zweites Buch – Handelsgesellschaften und stille Gesellschaften, Erster Abschnitt – Offene Handelsgesellschaft, §§ 105–160, 5. Auflage, C.H. Beck/Vahlen, München 2022.

Münchener Kommentar zur Zivilprozessordnung: Rauscher, Thomas/Krüger, Wolfgang, zitiert als: *Bearbeiter*, in: MüKoZPO

-Band 2, §§ 355–945b, 6. Auflage, C.H. Beck, München 2022.

Nassall, Wendt: Fort und Hinaus – Zur Zulässigkeit von Hinauskündigungsklauseln in Gesellschaftsverträgen von Personengesellschaften und Satzungen von GmbH, NZG 2008, S. 851–855.

Nazari-Khanachayi, Arian/Höhne, Michael: Verfassungsrechtliche Vorgaben für die Methodenlehre – Zum „normativen Willen" des Gesetzgebers im Rahmen des Bürgschaftsrechts, Rechtstheorie 45 (2014), S. 79–112.

Neck, Reinhard: Kritischer Rationalismus und die Nationalökonomie, in: Hilgendorf, Eric: Kritischer Rationalismus und Einzelwissenschaften – zum Einfluss des Kritischen Rationalismus auf die Grundlagendebatte, Mohr Siebeck, Tübingen 2017, S. 93–109, zitiert als: *Neck*, in: Hilgendorf, Kritischer Rationalismus und Einzelwissenschaften.

Neumann, Ulfrid: Zum Verhältnis von philosophischer und juristischer Hermeneutik, in: Baratta, Alessandro/Ellscheid, Günter/Haft, Fritjof/Hassemer, Winfried/Müller-Dietz, Heinz/Neumann, Ulfrid/Philipps, Lothar/Schild, Wolfgang/Scholler, Heinrich/Schroth, Ulrich/van der Ven, Joseph J. M./Wittmann, Roland: Dimensionen der Hermeneutik – Arthur Kaufmann zum 60. Geburtstag, Heidelberg 1984, S. 49–56.

Neumann, Ulfrid: Juristische Argumentationslehre, Wissenschaftliche Buchgesellschaft, Darmstadt 1986, zitiert als: *Neumann*, Juristische Argumentationslehre.

Neumann, Ulfrid: Juristische Methodenlehre und Theorie der Juristischen Argumentation, Rechtstheorie 32 (2001), S. 239–255.

Neumann, Ulfrid: Subsumtion als regelorientierte Fallentscheidung, in: Gabriel, Gottfried/Gröschner, Rolf (Hrsg.): Subsumtion – Schlüsselbegriffe der Juristischen Methodenlehre, Mohr Siebeck, Tübingen 2012, S. 311–334, zitiert als: *Neumann*, in: Gabriel/Gröschner, Subsumtion.

Neuner, Jörg: Die Rechtsfindung contra legem, C.H. Beck, München 1992, zitiert als: *Neuner*, Rechtsfindung contra legem.

Nitschke, Manfred: Die Anwendbarkeit des im § 31 BGB enthaltenen Rechtgedankens auf alle Unternehmensträger – Zugleich ein Beitrag zur Reform des § 831 BGB, NJW 1969, S. 1737–1742.

O'Kelley, Charles R.: Filling Gaps in the Close Corporation Contract: A Transaction Cost Analysis, Nw. U. L. Rev. 87 (1992), S. 216–253.

O'Neal, F. Hodge: Oppression of Minority Shareholders: Protecting Minority Rights, Clev. St. L. Rev. 35 (1987), S. 121–146.

Ott, Claus: Allokationseffizienz, Rechtsdogmatik und Rechtsprechung – die immanente ökonomische Rationalität des Zivilrechts, in: Ott, Claus/Schäfer, Hans-Bernd (Hrsg.), Allokationseffizienz in der Rechtsordnung. Beiträge zum Travemünder Symposium zur ökonomischen Analyse des Zivilrechts 23.-26. März 1988, Berlin 1989, S. 25–44, zitiert als: *Ott*, in: Schäfer/Ott, Allokationseffizienz in der Rechtsordnung

Ott, Claus/Schäfer, Hans-Bernd: Die ökonomische Analyse des Rechts – Irrweg oder Chance wissenschaftlicher Rechtserkenntnis, JZ 1988, S. 213–264.

Pagano, Marco/Röell, Alisa: The Choice of Stock Structure: Agency Costs, Monitoring, and the Decision to Go Public, Q.J. Econ. 113 (1998), S. 187–225.

Pajunk, Lukas: Die Einbindung von Folgenberücksichtigung in den deutschen Auslegungskanon – Die teleologische Interpretation nach *Looschelders/Roth* als Anknüpfungspunkt für die Berücksichtigung empirischer Folgen, in: Sliwiok-Born, Daniel/Steinrötter, Björn: Intra- und interdisziplinäre Einflüsse auf die Rechtsanwendung, Mohr Siebeck, Tübingen 2017, S. 156–172, zitiert als: *Pajunk*, in: Sliwiok-Born/Steinrötter, Intra- und interdisziplinäre Einflüsse.

Palandt, Otto (Begr.): Bürgerliches Gesetzbuch mit Nebengesetzen, 77. Auflage, C.H. Beck, München 2018, zitiert als Palandt/*Bearbeiter*, BGB, 77. Aufl. 2018.

Palandt, Otto (Begr.): Bürgerliches Gesetzbuch mit Nebengesetzen, 79. Auflage, C.H. Beck, München 2020, zitiert als Palandt/*Bearbeiter*, BGB, 82. Aufl. 2023.

Papier, Hans-Jürgen/Möller, Johannes: Das Bestimmtheitsgebot und seine Durchsetzung, AöR 122 (1997), S. 177–211.

Parensen, Andreas: Spielervermittlung im Profifußball: Ökonomischer und rechtlicher Kontext, in: Galli, Albert/Elter, Vera-Carina/Gömmel, Rainer/Holzhäuser, Wolfgang/Straub, Wilfried (Hrsg.), 2. Auflage, Vahlen, München 2012, S. 653–674, zitiert als: *Parensen*, in: Galli, Sportmanagement.

Pareto, Vilfredo: Manuel d'économie politique, Paris 1909, zitiert als: *Pareto*, Manuel d'économie politique.

Pawlowski, Hans-Martin: Einführung in die Juristische Methodenlehre – Ein Studienbuch zu den Grundlagenfächern der Rechtsphilosophie und Rechtstheorie, C.F. Müller, Heidelberg 1986, zitiert als: *Pawlowski*, Einführung Methodenlehre.

Pawlowski, Hans-Martin: Methodenlehre für Juristen – Theorie der Norm und des Gesetzes – Ein Lehrbuch, 2. Auflage, C.F. Müller, Heidelberg 1991, zitiert als: *Pawlowski*, Methodenlehre.

Payandeh, Mehrad: Judikative Rechtserzeugung – Theorie, Dogmatik und Methodik der Wirkungen von Präjudizien, Mohr Siebeck, Tübingen 2017, zitiert als: *Payandeh*, Judikative Rechtserzeugung.

Peltzer, Martin: „Hinauskündigungsklauseln", Privatautonomie, Sittenwidrigkeit und Folgerungen für die Praxis – Zugleich eine Besprechung der Entscheidungen BGH NJW 2005, 3641 und NJW 2005, 3644, ZGR 2006, S. 702–721.

Pesendorfer, Wolfgang: Behavioral Economics Comes of Age: A Review Essay on Advances in Behavioral Economics, J. Econ. Lit. 44 (2006), S. 712–721.

Petersen, Niels: Braucht die Rechtswissenschaft eine empirische Wende?, Der Staat 49 (2010), S. 435–455.

Pfaffenberger, Benjamin: Zur Befristung von Arbeitsverträgen im Profifußball, npoR 2018, S. 250–253.

Pfaffinger, Lisa: Unbeschränkte Gesellschafterhaftung und Gläubigerschutz – eine ökonomische Betrachtung des Haftungssystems der Personengesellschaften, PL Academic Research, Frankfurt 2016, zitiert als: *Pfaffinger*, Gesellschafterhaftung.

Pieroth, Bodo: Was bedeutet Gesetz in der »Verfassung« in der Verfassung?, JURA 2013, S. 248–254.

Pierson, Thomas: Methode und Zivilrecht bei Bernd Rüthers (geb. 1930), in: Rückert, Joachim/Seinecke, Ralf (Hrsg.): Methodik des Zivilrechts – von Savigny bis Teubner, 3. Auflage, Nomos, Baden-Baden 2017, Rn. 922–990, zitiert als: *Pierson*, in: Rückert/Seinecke, Methodik des Zivilrechts.

Pindyck, Robert S./Rubinfeld, Daniel L.: Microeconomics – Global Edition, 9. Auflage, Pearson, London u.a. 2018, zitiert als: *Pindyck/Rubinfeld*, Microeconomics.

Pitt, Leyland/Parent,Michael/Berthon, Pierre/Steyn, Peter: Event sponsorship and ambush marketing: Lessons from the Beijing Olympics, Bus. Horiz. 53 (2010), S. 281–290.

Pöcker, Markus: Stasis und Wandel der Rechtsdogmatik, Mohr Siebeck, Tübingen 2007, zitiert als: *Pöcker*, Rechtsdogmatik.

Polinsky, Alan Mitchell: An Introduction to Law and Economics, 5. Auflage, Wolters Kluwer, New York 2019, zitiert als: *Polinsky*, Introduction to Law and Economics.

Portlock, Adam/Rose, Susan P.: Effects of ambush marketing: UK consumer brand recall and attitudes to official sponsors and non-sponsors associated with the FIFA World Cup 2006, Int'l J. Sports Mark. Spons. 10 (2009), S. 271–286.

Posner, Richard: Utilitarianism, Economics, and Legal Theory, J. Legal Stud. 8 (1979), S. 103–140.

Posner, Richard: The Ethical and Political Basis of the Efficiency Norm in Common Law Adjudication, Hofstra L. Rev. 8 (1979/80), S. 487–507.

Posner, Richard: A Reply to Some Recent Criticisms of the Efficiency Theory of the Common Law, Hofstra L. Rev. 9 (1981), S. 775–794.

Posner, Richard: Economic Analysis of Law, 9. Auflage, Wolters Kluwer Law & Business, New York 2014, zitiert als: *Posner*, Economic Analysis of Law.

Pratt, John W.: Risk Aversion in the Small and in the Large, Econometrica 32 (1964), S. 122–136.

Psotta, Kai: Die Paten der Liga – Spielerberater und ihre Geschäfte, 2. Auflage, Piper, München 2019, zitiert als: *Psotta*, Die Paten der Liga.

Puppe, Ingeborg: Kleine Schule des juristischen Denkens, 4. Auflage, Vandenhoeck & Ruprecht, Göttingen 2019, zitiert als: *Puppe*, Kleine Schule des juristischen Denkens.

Purnhagen, Kai/Reisch, Lucia: "Nudging Germany"? Herausforderungen für eine verhaltensbasierte Regulierung in Deutschland, ZEuP 2016, S. 629–655.

Quester, Pascale/Bal, Charles: Sport Sponsorship – Definitions and objectives, in: Robinson, Leigh/Chelladurai, Packianathan/Bodet, Guillaume/Downward, Paul: Routledge Handbook of Sport Management, Florence, Routledge 2012, S. 296–310, zitiert als: *Quester/Bal*, in: Robinson et al., Sport Management.

Radbruch, Gustav: Einführung in die Rechtswissenschaft, 12. Auflage, K.F. Koehler Verlag, Stuttgart 1969, zitiert als: *Radbruch*, Einführung in die Rechtswissenschaft.

Rafi, Anusheh: Kriterien für ein gutes Urteil, Duncker & Humblot, Berlin 2004, zitiert als: *Rafi*, Gutes Urteil.

Read, Daniel/van Leeuwen, Barabara: Predicting Hunger: The Effects of Appetite and Delay on Choice, Organ. Behav. Hum. Decis. Process. 76 (1998), S. 189–205.

Read, Daniel/Loewenstein, George/Kalyanaraman, Shobane: Mixing Virtue and Vice: Combining the Immediacy Effect and the Diversification Heuristic, J. Behav. Dec. Making 12 (1999), S. 257–273.

Reh, Nicole: Soziologische Erkenntnisse und Methoden in der Rechtsanwendung, in: Sliwiok-Born, Daniel/Steinrötter, Björn: Intra- und interdisziplinäre Einflüsse auf die Rechtsanwendung, Mohr Siebeck, Tübingen 2017, S. 98–117, zitiert als: *Reh*, in: Sliwiok-Born/Steinrötter, Intra- und interdisziplinäre Einflüsse.

Rehberg, Markus: Das Rechtfertigungsprinzip – Eine Vertragstheorie, Mohr Siebeck, Tübingen 2014, zitiert als: *Rehberg*, Das Rechtfertigungsprinzip.

Rehberg, Markus: Vertragstheorie und Verbraucherschutz, VuR 2020, S. 448–454.

Rehbinder, Manfred: Abhandlungen zur Rechtssoziologie, Duncker & Humblot, Berlin 1995, zitiert als: *Rehbinder*, Abhandlungen zur Rechtssoziologie.

Rehbinder, Manfred: Rechtssoziologie – Ein Studienbuch, 8. Auflage, C. H. Beck, München 2014, zitiert als: *Rehbinder*, Rechtssoziologie.

Reimer, Franz: Juristische Methodenlehre, 2. Auflage, Nomos, Baden-Baden 2020, zitiert als: *Reimer*, Juristische Methodenlehre.

Rennert, Klaus: Die Verfassungswidrigkeit „falscher" Gerichtsentscheidungen, NJW 1991, S. 12–19.

Reul, Adolf: Grundrechte und Vertragsfreiheit im Gesellschaftsrecht, DNotZ 2007, S. 184–210.

Reymann, Christoph: Risikominimierung bei der Gestaltung von GmbH-„Hinauskündigungklauseln", DNotZ 2006, S. 106–121.

Rhinow, René A.: Rechtsetzung und Methodik – Rechtstheoretische Untersuchungen zum gegenseitigen Verhältnis von Rechtsetzung und Rechtsanwendung, Helbing & Lichtenhahn, Basel und Stuttgart 1979, zitiert als: *Rhinow*, Rechtsetzung und Methodik.

Riehm, Thomas: Der Grundsatz der Naturalerfüllung, Mohr Siebeck, Tübingen 2015, zitiert als: *Riehm*, Der Grundsatz der Naturalerfüllung.

Risse, Jörg: Mathematik, Statistik und die Juristerei, NJW 2020, S. 2383–2387.

Rixen, Stephan: Juristische Bildung, nicht leicht gemacht: Die „Perspektiven der Rechtswissenschaft" des Wissenschaftsrats, JZ 2013, S. 708–712.

Rizzo, Mario J.: The Mirage of Efficiency, Hofstra L. Rev. 8 (1980), S. 641–658.

Robbins, Lionel: An Essay on the Nature and Significance of Economic Science, London 1932, zitiert als: *Robbins*, Nature and Significance of Economic Science.

Robinson, Joshua/Clegg, Jonathan: The Club – How the Premier League Became the Richest, Most Disruptive Business in Sport, John Murray, London 2018, zitiert als: *Robinson/Clegg*, The Club.

Rock, Edward B./Wachter, Michael L.: Waiting for the Omelet to Set: Match-Specific Assets and Minority Oppression in the Close Corporation, J. Corp. Law 24 (1999), S. 913–948.

Roe, Mark J.: Political Determinants of Corporate Governance – Political Context, Corporate Impact, Oxford University Press, Oxford/New York 2003, zitiert als: *Roe*, Political Determinants of Corporate Governance.

Roesener, Astrid: Alles beim Alten? Aktualisierung und Konsolidierung von Gesellschaftsverträgen, NJW 2016, S. 2214–2218.

Röhl, Christoph: Werbung mit olympischen Bezeichnungen – Eine Darstellung und Analyse der aktuellen Rechtsprechung, SpuRt 2013, S. 134–139.

Röhl, Klaus F./Röhl, Hans Christian: Allgemeine Rechtslehre – Ein Lehrbuch, 3. Auflage, Carl Heymann, München 2008, zitiert als: *Röhl/Röhl*, Allgemeine Rechtslehre.

Roth, Günther H./Altmeppen, Holger: Gesetz betreffend die Gesellschaften mit beschränkter Haftung – Kommentar, 9. Auflage, C.H. Beck, München 2019, zitiert als: *Bearbeiter*, in: Roth/Altmeppen.

Röthel, Anne: Normkonkretisierung im Privatrecht, Mohr Siebeck, Tübingen 2004, zitiert als: *Röthel*, Normkonkretisierung im Privatrecht.

Rott, Peter: Der „Durchschnittsverbraucher" – ein Auslaufmodell angesichts personalisierten Marketings?, VuR 2015, S. 163–167.

Rückert, Joachim: Interessenjurisprudenz, Verfassungswandel, Methodenwahl, Juristenjurisprudenz?, JZ 2017, S. 965–974.

Rückert, Joachim/Seinecke, Ralf: Zwölf Methodenregeln für den Ernstfall, in: Rückert, Joachim/Seinecke, Ralf (Hrsg.): Methodik des Zivilrechts – von Savigny bis Teubner, 3. Auflage, Nomos, Baden-Baden 2017, S. 447–470, zitiert als: *Rückert/Seinecke*, in: Rückert/Seinecke, Methodik des Zivilrechts.

Runkel, Sander: Die „Eigenart" des Profifußballs – eine kritische Auseinandersetzung mit der Rechtsprechung und der Literaturmeinung, BB 2017, S. 1209–1212.

Runia, Peter M./Wahl, Frank/Geyer, Olaf/Thewißen, Christian: Marketing – Prozess- und praxisorientierte Grundlagen, 5. Auflage, De Gruyter, Berlin/Boston 2019, zitiert als: *Runia/Wahl/Geyer/Thewißen*, Marketing.

Rüthers, Bernd: Wir denken die Rechtsbegriffe um... – Weltanschauung als Auslegungsprinzip, Interfrom, Osnabrück 1987, zitiert als: *Rüthers*, Wir denken die Rechtsbegriffe um.

Rüthers, Bernd: Entartetes Recht – Rechtslehren und Kronjuristen im Dritten Reich, 2. Auflage, C.H. Beck, München 1989, zitiert als: *Rüthers*, Entartetes Recht.

Rüthers, Bernd: Demokratischer Rechtsstaat oder oligarchischer Richterstaat?, JZ 2002, S. 365–371.

Rüthers, Bernd: Wer schafft Recht? – Methodenfragen als Macht- und Verfassungsfragen, JZ 2003, S. 995–997.

Rüthers, Bernd: Geleugneter Richterstaat und vernebelte Richtermacht, NJW 2005, S. 2759–2761.

Rüthers, Bernd: Methodenrealismus in Jurisprudenz und Justiz, JZ 2006, S. 53–60.

Rüthers, Bernd: Hatte die Rechtsperversion in den deutschen Diktaturen ein Gesicht?, JZ 2007, S. 556–564.

Rüthers, Bernd: Gesetzesbindung oder freie Methodenwahl? – Hypothesen zu einer Diskussion, ZRP 2008, S. 48–51.

Rüthers, Bernd: Fortgesetzter Blindflug oder Methodendämmerung der Justiz? Zur Auslegungspraxis der obersten Gerichte, JZ 2008, S. 446–451.

Rüthers, Bernd: Trendwende im BVerfG? – Über die Grenzen des „Richterstaates", NJW 2009, S. 1461–1462.

Rüthers, Bernd: Methodenfragen als Verfassungsfragen?, Rechtstheorie 40 (2009), S. 253–283.

Rüthers, Bernd: Das Ungerechte an der Gerechtigkeit, JZ 2009, S. 969–975.

Rüthers, Bernd: Das Ungerechte an der Gerechtigkeit, 3. Auflage, Mohr Siebeck, Tübingen 2009, zitiert als: *Rüthers*, Das Ungerechte an der Gerechtigkeit.

Rüthers, Bernd: Wozu auch noch Methodenlehre? – Die Grundlagenlücke im Jurastudium, JuS 2011, S. 865–870.

Rüthers, Bernd: Personenbilder und Geschichtsbilder – Wege zur Umdeutung der Geschichte, JZ 2011, S. 593–601.

Rüthers, Bernd: Rechtswissenschaft ohne Recht?, NJW 2011, S. 434–436.

Rüthers, Bernd: Klartext zu den Grenzen des Richterrechts, NJW 2011, S. 1856–1858.

Rüthers, Bernd: Recht oder Gesetz? – Gründe und Hintergründe der „Naturrechtsrenaissance" – zugleich eine Besprechung zu Lena Foljanty: Recht oder Gesetz, Mohr Siebeck, Tübingen 2013, JZ 2013, S. 822–829.

Rüthers, Bernd: Die heimliche Revolution vom Rechtsstaat zum Richterstaat – Verfassung und Methoden – Ein Essay, Mohr Siebeck, Tübingen 2014, zitiert als: *Rüthers*, Heimliche Revolution.

Rüthers, Bernd: Die unbegrenzte Auslegung – Zum Wandel der Privatrechtsordnung im Nationalsozialismus, 8. Auflage, Mohr Siebeck, Tübingen 2017, zitiert als: *Rüthers*, Unbegrenzte Auslegung.

Rüthers, Bernd: „Rechtsphilosophie in den Trümmern der Nachkriegszeit" – Ergänzung zu Monika Frommel JZ 2016, 913–920, JZ 2017, S. 457–460.

Rüthers, Bernd: Die Entwicklung der juristischen Methodenlehre nach dem Zweiten Weltkrieg -Anmerkungen und Hypothesen-, Ad Legendum 2020, S. 217–223.

Rüthers, Bernd/Fischer, Christian/Birk, Axel: Rechtstheorie – mit juristischer Methodenlehre, 9. Auflage, C.H. Beck, München 2016, zitiert als: *Rüthers/Fischer/Birk*, Rechtstheorie.

Rüthers, Bernd/Höpfner, Clemens: Analogieverbot und subjektive Auslegungsmethode, JZ 2005, S. 21–25.

Sachs, Michael (Hrsg.): Grundgesetz, 8. Auflage, C.H. Beck, München 2018, zitiert als: *Bearbeiter*, in: Sachs.

Säcker, Franz Jürgen: Richterliche Unabhängigkeit – Der Kern der Gewaltenteilung, NJW 2018, S. 2375–2380.

Saliger, Frank: Intra- und Interdisziplinarität: Wie kommt das Neue in die Rechtswissenschaft?, in: Hilgendorf, Eric/Schulze-Fielitz, Helmuth: Selbstreflexion der Rechtswissenschaft, Mohr Siebeck, Tübingen 2015, S. 117–131, zitiert als: *Saliger*, in: Hilgendorf/Schulze-Fielitz, Selbstreflexion der Rechtswissenschaft.

Sanders, Anne/Berisha, Shkelqim/Klasfauseweh, Mario: Die persönliche Haftung im Personengesellschaftsrecht, JURA 2020, S. 542–548.

Sasse, Stefan: Befristung des Arbeitsvertrags mit einem Profifußballer, ArbRB 2015, S. 266.

Schäfer, Carsten: Empfiehlt sich eine grundlegende Reform des Personengesellschaftsrechts?, NJW-Beil. 2016, S. 45–49.

Schäfer, Hans-Bernd: Allokationseffizienz als Grundprinzip des Zivilrechts, in: Ott, Claus/Schäfer, Hans-Bernd (Hrsg.), Allokationseffizienz in der Rechtsordnung. Beiträge zum Travemünder Symposium zur ökonomischen Analyse des Zivilrechts 23.-26. März 1988, Springer, Berlin 1989, S. 1–24, zitiert als: *Schäfer*, in: Schäfer/Ott, Allokationseffizienz in der Rechtsordnung.

Schäfer, Hans-Bernd/Ott, Claus: Lehrbuch der ökonomischen Analyse des Zivilrechts, 5. Auflage, Springer, Berlin 2012, zitiert als: *Schäfer/Ott*, Lehrbuch ökonomische Analyse Zivilrecht.

Scheibenpflug, Philipp: Verhaltensrisiken und aktienrechtliche Vermögensbindung – Vornahme einer Wirkungsanalyse als Beitrag zur Lösung des Theorienstreits über die Funktion des § 57 AktG, Mohr Siebeck, Tübingen 2016, zitiert als: *Scheibenpflug*, Verhaltensrisiken und aktienrechtliche Vermögensbindung.

Schenke, Ralf: Methodenlehre und Grundgesetz, in: Dreier, Horst (Hrsg.): Macht und Ohnmacht des Grundgesetzes – Sechs Würzburger Vorträge zu 60 Jahren Verfassung, Duncker & Humblot, Berlin 2009, S. 51–74, zitiert als: *Schenke*, in: Dreier, Macht und Ohnmacht des Grundgesetzes.

Scheuerle, Wilhelm A.: Rechtsanwendung, Fachverlag D. N. Stoytscheff, Nürnberg 1952, zitiert als: *Scheuerle*, Rechtsanwendung.

Schewiola, Sascha: Der befristete Arbeitsvertrag mit einem Profi-Fußballer – Elfmeterschießen beim BAG, ArbRB 2016, S. 279–281.

Schickhardt, Christoph: Vertragliche Aspekte bei Spielertransfers, in: Galli, Albert/Elter, Vera-Carina/Gömmel, Rainer/Holzhäuser, Wolfgang/Straub, Wilfried (Hrsg.), 2. Auflage, Vahlen, München 2012, S. 641–651, zitiert als: *Schickhardt*, in: Galli, Sportmanagement.

Schimke, Martin/Menke, Johan-Michel: Vertragstypen-Freiheit im Profi-Mannschaftssport, SpuRt 2007, S. 182–184.

Schirmer, Jan-Erik: Diskussionsbericht zum Referat von *Lars Klöhn* (AcP 216 (2016), S. 281–319), AcP 216 (2016), S. 320–324.

Schmidt, Karsten: Gesellschaftsrecht, 4. Auflage, Carl Heymanns, Köln u.a. 2002, zitiert als: *K. Schmidt*, Gesellschaftsrecht.

Schmidt-Bleibtreu, Bruno/Klein, Franz/Hofmann, Hans/Henneke, Hans-Günter (Hrsg.): GG – Kommentar zum Grundgesetz, 14. Auflage, Carl Heymanns, Köln 2017, zitiert als: *Bearbeiter*, in: Schmidt-Bleibtreu/Hofmann/Henneke.

Schmolke, Klaus Ulrich: Expulsion and Valuation Clauses – Freedom of Contract vs. Legal Paternalism in German Partnership and Close Corporation Law, ECFR 2012, S. 380–419.

Schmolke, Klaus Ulrich: Grenzen der Selbstbindung im Privatrecht – Rechtspaternalismus und Verhaltensökonomik im Familien-, Gesellschafts- und Verbraucherrecht, Mohr Siebeck, Tübingen 2014, zitiert als: *Schmolke*, Grenzen der Selbstbindung.

Schmolke, Klaus Ulrich: Vertragstheorie und ökonomische Analyse des Vertragsrechts, in: Towfigh, Emanuel/Petersen, Niels: Ökonomische Methoden im Recht, 2. Auflage, Mohr Siebeck, Tübingen 2017, S. 131–162, zitiert als: *Schmolke*, in: Towfigh/Petersen, Ökonomische Methoden im Recht.

Schockenhoff, Martin: Die befristete Unternehmensbeteiligung des GmbH-Geschäftsführers – Zugleich Besprechung OLG Frankfurt/M., Urt. v. 23.6.2004, ZIP 2004, 1801, ZIP 2005, S. 1009–1017.

Schockenhoff, Martin: Managerbeteiligung und das Verbot der Hinauskündigung, NZG 2018, S. 201–208.

Schöfer, Florian: Ausschluss- und Abfindungsregelungen gegenüber Gesellschaftern minderen Rechts am Beispiel des Managermodells, Peter Lang, Frankfurt am Main 2010, zitiert als: *Schöfer*, Ausschluss- und Abfindungsregelungen.

Schomaker, Jason: Arbeitsrecht im Profifußball, AiB 2018 Nr. 9, S. 20–22.

Schöne, Torsten: Gesellschafterausschluß bei Personengesellschaften, Otto Schmidt Verlag, Köln 1993, zitiert als: *Schöne*, Gesellschafterausschluß bei Personengesellschaften.

Schröder, Jan: Recht als Wissenschaft – Geschichte der juristischen Methodenlehre in der Neuzeit (1500–1933), 2. Auflage, C.H. Beck München 2012, zitiert als: *Schröder*, Rechts als Wissenschaft.

Schuhr, Jan C.: Projektskizze: Rechtssicherheit durch Rechtswissenschaft, in: Schuhr, Jan C.: Rechtssicherheit durch Rechtswissenschaft, Mohr Siebeck, Tübingen 2014, S. 1–7, zitiert als: *Schuhr*, in: Schuhr, Rechtssicherheit (1).

Schuhr, Jan C.: Rechtswissenschaft und axiomatische Methode – Logik und Theoriebildung als Beitrag zu mehr Rechtssicherheit, in: Schuhr, Jan C.: Rechtssicherheit durch Rechtswissenschaft, Mohr Siebeck, Tübingen 2014, S. 123–168, zitiert als: *Schuhr*, in: Schuhr, Rechtssicherheit (2).

Schulz, Björn: Vertragliche Weiterveräußerungsbeschränkung von Fußball-Bundesligatickets – Eine Analyse der Rechtswirksamkeit aus AGB-rechtlicher Perspektive, Nomos, Baden-Baden 2018, zitiert als: *Schulz*, Vertragliche Weiterveräußerungsbeschränkung von Fußball-Bundesligatickets.

Schulz, Georg R.: Eigenart der Arbeitsleistung und Befristung im Profifußball, NZA-RR 2016, S. 460–461.

Schweizer, Urs: Spieltheorie und Schuldrecht, Mohr Siebeck, Tübingen 2015, zitiert als: *Schweizer*, Spieltheorie und Schuldrecht.

Schwintowski, Hans-Peter: Ökonomische Theorie des Rechts, JZ 1998, S. 581–588.

Scitovsky, Tibor: A Note on Welfare Propositions in Economics, Rev. Econ. Stud. 9 (1941), S. 77–88.

Scogin, Hugh T.: Withdrawal and Expulsion in Germany: A Comparative Perspective on the "Close Corporation Problem", Mich. J. Int'l L. 15 (1993), S. 127–188.

Séguin, Benoi/Lyberger, Mark/O'Reilly, Norm/McCarthy, Larry: Internationalising ambush marketing: a comparative study, Int'l J. Sports Mark. Spons. 6 (2005), S. 216–230.

Seeler, Uwe/Köster, Roman: Danke Fußball! – Mein Leben, Rowohlt Taschenbuch, Hamburg 2004, zitiert als: *Seeler/Köster*, Danke Fußball.

Seibert, Ulrich: „Gesetzesmaterialien" in der Gesetzgebungspraxis, in: Fleischer, Holger (Hrsg.): Mysterium „Gesetzesmaterialien", Mohr Siebeck, Tübingen 2013, S. 111–126, zitiert als: *Seibert*, in: Fleischer, Mysterium Gesetzesmaterialien.

Seiler, Hansjörg: Praktische Rechtsanwendung – Was leistet die juristische Methodenlehre?, Stämpfli, Bern 2009, zitiert als: *Seiler*, Praktische Rechtsanwendung.

Seiler, Wolfgang: Höchstrichterliche Entscheidungsbegründungen und Methode im Zivilrecht, Nomos, Baden-Baden 1992, zitiert als: *Seiler*, Entscheidungsbegründungen und Methode.

Seip, Markus: Vertragsrechtliche und ökonomische Analyse des Spielertransfervertrages im Profifußball, Nomos, Baden-Baden 2017, zitiert als: *Seip*, Vertragsrechtliche und ökonomische Analyse des Spielertransfervertrages im Profifußball.

Seitz, Walter: Hexenjagd auf Dopingsünder? – Ein bundeseinheitliches Schiedsgericht für Sportdopingsachen muss her!, NJW 2002, S. 2838–2840.

Serna Rodriguez, Maribel/Ramirez Hassan, Andrés/Coad, Alexander: Uncovering Value Drivers of High Performance Soccer Players, J. Sports Econ. 20 (2019), S. 819–849.

Shapira, Roy/Zingales, Luigi: Is Pollution Value-Maximizing? The Dupont Case, NBER Working Paper No 23866, abrufbar unter: https://papers.ssrn.com/sol3/papers.cfm?abstract_id=3046380.

Shavell, Steven: Foundations of Economic Analysis of Law, The Belknap Press, Cambridge 2004, zitiert als: *Shavell*, Foundations of Economic Analysis of Law.

Siems, Mathias: Effektivität und Legitimität einer Richtlinienumsetzung durch Generalklauseln, EuZW 2002, S. 747–753.

Sievers, Jochen: Teilzeit- und Befristungsgesetz, 6. Auflage, Luchterhand Verlag, München 2018, zitiert als: *Sievers*, TzBfG.

Sigmund, Henriette: Bindung durch Versprechen und Vertrag – Untersuchung der Behandlung öffentlicher Belohnungsaussetzung im deutschen und englischen Recht aus dogmengeschichtlicher und rechtsökonomischer Perspektive, Duncker & Humblot, Berlin 2018, zitiert als: *Sigmund*, Bindung durch Versprechen und Vertrag.

Simon, Eric: Gesetzesauslegung im Strafrecht – Eine Analyse der höchstrichterlichen Rechtsprechung, Duncker & Humblot, Berlin 2005, zitiert als: *Simon*, Gesetzesauslegung im Strafrecht.

Simon, Herbert A.: Models of Man, London 1957, zitiert als: *Simon*, Models of Man.

Simon, Herbert A.: Homo Rationalis, Frankfurt 1993, zitiert als: *Simon*, Homo Rationalis.

Sliwiok-Born, Daniel/Steinrötter, Björn: Was den Rechtsanwendungsprozess nähren darf – und auf welche Weise – Einführende Gedanken, in: Sliwiok-Born, Daniel/Steinrötter, Björn: Intra- und interdisziplinäre Einflüsse auf die Rechtsanwendung, Mohr Siebeck, Tübingen 2017, S. 1–20, zitiert als: *Sliwiok-Born/Steinrötter*, in: Sliwiok-Born/Steinrötter, Intra- und interdisziplinäre Einflüsse.

Sloane, Peter James: The Economics of Professional Football – The Football Club as a Utility Maximiser, Scott. J. Polit. Econ. 18 (1971), S. 121–146.

Smith, Adam: An Inquiry into the Nature and Causes of the Wealth of Nations, ursprünglich 1776 erschienen, Electric Book Co, London 2001, zitiert als: *Smith*, The Wealth of Nations.

Smith, Clifford W./Warner, Jerold B.: On Financial Contracting – An Analysis of Bond Covenants, J. Fin. Econ. 7 (1979), S. 117–161.

Somek, Alexander: Zwei Welten der Rechtslehre und die Philosophie des Rechts, ZfPR 2016, S. 481–486.

Sommer, Daniel: Befristung von Arbeitsverträgen im Lizenzspielerbereich, ZJS 2015, S. 523–527.

Sosnitza, Olaf: Rückerwerb der Geschäftsanteile von Gesellschafter-Geschäftsführern, DStR 2005, S. 72–75.

Sosnitza, Olaf: Manager- und Mitarbeitermodelle im Recht der GmbH – Zur aktuellen Rechtsprechung im Zusammenhang mit Hinauskündigungsklauseln, DStR 2006, S. 99–103.

Spamann, Holger: Extension: Lawyers' Role-Induced Bias Arises Fast and Persists despite Intervention, J. Legal Stud. 49 (2020), S. 467–485.

Spamann, Holger/Klöhn, Lars/Jamin, Christophe/Khanna, Vikramaditya/Liu, Joan Zhuang/Mamidi, Pavan/Morell, Alexander/Reidel, Ivan: Judges in the Lab: No Precedent Effects, No Common/Civil Law Differences, J. Leg. Anal. 13 (2021), S. 110–126.

Spindler, Gerald/Stilz, Eberhard: Kommentar zum Aktiengesetz – beck-online Grosskommentar, Stand: 01.01.2023, C.H. Beck, München 2023, zitiert als: *Bearbeiter*, in: Spindler/Stilz.

Spliedt, Jürgen D.: Die Kündigungs- und Abfindungsrechte des Personengesellschafters und die Zulässigkeit ihrer Beschränkungen durch gesellschaftsvertragliche Vereinbarungen – zugleich ein Beitrag zum Minderheitenschutz, Peter Lang, Frankfurt/Main 1990, zitiert als: *Spliedt*, Kündigungs- und Abfindungsrechte des Personengesellschafters.

Stark, Florian: Zulässige Befristung des Arbeitsvertrags eines Lizenzspielers der Fußball-Bundesliga, ArbR 2018, S. 44.

Staudinger, Björn: Minderheitsschutz im Personengesellschaftsrecht: Kernbereichslehre und Bestimmtheitsgrundsatz – überflüssige Minderheitsschutzinstrumente oder notwendige Korrektive der Privatautonomie?, Nomos, Baden-Baden 2020, zitiert als: *Staudinger*, Minderheitsschutz im Personengesellschaftsrecht.

Staudinger, Julius von (Begr.): Kommentar zum Bürgerlichen Gesetzbuch mit Einführungsgesetz und Nebengesetzen, zitiert als: *Bearbeiter*, in: Staudinger, BGB

-§§ 134–138; ProstG (Gesetzliches Verbot, Verfügungsverbot, Sittenwidrigkeit), Neubearbeitung 2021, Berlin 2021.

-§§ 620–630 (Beendigung von Dienst- und Arbeitsverhältnissen), Neubearbeitung 2022, Berlin 2022.

-§§ 705–740 (Gesellschaftsrecht), Neubearbeitung 2003, Berlin 2003.

Stein, Dieter: Vom Bedeuten in der Sprach- und Rechtswissenschaft – Kurzintervention, in: Krüper, Julian/Merten, Heike/Morlok, Martin: An den Grenzen der Rechtsdogmatik, Mohr Siebeck, Tübingen 2010, S. 139–145, zitiert als: *Stein*, in: Krüper/Merten/Morlok, Grenzen der Rechtsdogmatik.

Steiner, Udo: Autonomieprobleme des Sports – Versuch einer Bilanz, SpuRt 2018, S. 186–189.

Steininger, Andreas: Die Jurisprudenz auf Erkenntnissuche? – Ein Plädoyer für eine Neuorientierung der Rechtswissenschaft, NJW 2015, S. 1072–1077.

Stern, Klaus: Interpretation – eine existentielle Aufgabe der Jurisprudenz, NJW 1958, S. 695–698.

Steuer, Sebastian/Tröger, Tobias: The Role of Disclosure in Green Finance, Law Working Paper N° 604/2021, December 2021, zitiert als: *Steuer/Tröger*, Law Working Paper N° 604/2021.

Stigler, Georg: Economics – The Imperial Science?, Scand. J. Econ. 86 (1984), S. 301–313.

Stoffels, Markus: Zivilrechtliche Dogmatik und Individualarbeitsrecht, in: Lobinger, Thomas/Piekenbrock, Andreas/Stoffels, Markus: Zur Integrationskraft zivilrechtlicher Dogmatik, Mohr Siebeck, Tübingen 2014, S. 1–15, zitiert als: *Stoffels*, in: Lobinger/Piekenbrock/Stoffels, Integrationskraft zivilrechtlicher Dogmatik.

Stöhr, Alexander: Die Bestimmung der Transparenz im Sinne von § 307 Abs. 1 S. 2 BGB – Ein Plädoyer für eine empirische Herangehensweise, AcP 216 (2016), S. 558–583.

Stöhr, Alexander: Rezension zu Hanjo Hamann: Evidenzbasierte Jurisprudenz, AcP 217 (2017), S. 144–149.

Stolleis, Michael: Stärkung der Grundlagenfächer, JZ 2013, S. 712–714.

Stopper, Martin: Die 50+1-Regel im deutschen Profi-Fußball, WRP 2009, S. 413–421.

Stopper, Martin/Dressel, Caroline: Arbeitsrecht und Transfersystem im Fußball nach dem „Heinz Müller"-Urteil des BAG, NZA 2018, S. 1046–1049.

Strake, Martin: Befristete Verträge im Profifußball und Verlängerungsoption, RdA 2018, S. 46–49.

Strauch, Hans-Joachim: Theorie-Praxis-Bruch – Aber wo liegt das Problem, Rechtstheorie 32 (2001), S. 197–209.

Strauch, Hans-Joachim: Mustererkennung und Subsumtion im Erkenntnisverfahren, in: Gabriel, Gottfried/Gröschner, Rolf (Hrsg.): Subsumtion – Schlüsselbegriffe der Juristischen Methodenlehre, Mohr Siebeck, Tübingen 2012, S. 335–377, zitiert als: *Strauch*, in: Gabriel/Gröschner, Subsumtion.

Stürner, Rolf: Das Zivilrecht der Moderne und die Bedeutung der Rechtsdogmatik, JZ 2012, S. 10–24.

Stürner, Rolf: Die Zivilrechtswissenschaft und ihre Methodik – zu rechtsanwendungsbezogen und zu wenig grundlagenorientiert?, AcP 214 (2014), S. 7–54.

Sumpter, David: Soccermatics – Mathematical Adventures in the Beautiful Game, Bloomsbury, London 2016, zitiert als: *Sumpter*, Soccermatics.

Sunstein, Cass R.: Behavioral Analysis of Law, U. Chi. L. Rev. 64 (1997), S. 1175–1195.

Sunstein, Cass R.: Behavioral Law and Economics: A Progress Report, Am. L. Econ. Rev. 1 (1999), S. 115–157.

Sunstein, Cass R.: Nudging: A Very Short Guide, J. Consum. Policy 37 (2014), S. 583–588.

Sunstein, Cass R.: The Ethics of Nudging, Yale J. on Reg. 32 (2015), S. 413–450.

Sunstein, Cass R./Thaler, Richard H.: Libertarian Paternalism is not an Oxymoron, U. Chi. L. Rev. 70 (2003), S. 1159–1202.

Sykes, Alan O.: An Efficiency Analysis of Vicarious Liability Under the Law of Agency, Yale L. J. 91 (1984), S. 168–206.

Sykes, Alan O.: The Economics of Vicarious Liability, Yale L. J. 93 (1984), S. 1231–1280.

Szymanski, Stefan: A Market Test for Discrimination in the English Professional Soccer League, J. Polit. Econ. 108 (2000), S. 590–603.

Szymanski, Stefan: Money and Football – A Soccernomics Guide, Bold Type Books, New York 2015, zitiert als: *Szymanski*, Money and Football.

Talley, Eric: Discharging the Discharge for Value Defense, NYU J. L. Bus. 18 (2022), S. 147–220.

Tassi, Smaro: Die Verbindlichkeit des Rechts – Ein Fremdwort für den Rechtspositivismus?, Dr. Kovac, Hamburg 2010, zitiert als: *Tassi*, Verbindlichkeit des Rechts.

Taupitz, Jochen: Ökonomische Analyse und Haftungsrecht – Eine Zwischenbilanz, AcP 196 (1996), S. 114–167.

Taylor, Matthew: Global Players? Football, Migration and Globalization, c. 1930–2000, Hist. Soc. Res. 31 (2006), S. 7–30.

Teichmann, Christoph: Reform des Gläubigerschutzes im Kapitalgesellschaftsrecht, NJW 2006, S. 2444-2451.

Teubner, Gunther: Folgenorientierung, in: Teubner, Gunther (Hrsg.): Entscheidungsfolgen als Rechtsgründe – Folgenorientiertes Argumentieren in rechtsvergleichender Sicht, Nomos, Baden-Baden 1995, S. 9–16, zitiert als: *Teubner*, in: Teubner, Entscheidungsfolgen als Rechtsgründe.

Teubner, Gunther: Ökonomie der Gabe – Positivität der Gerechtigkeit: Gegenseitige Heimsuchung von System und *différance*, in: Koschorke, Albrecht/Vismann, Cornelia: Widerstände der Systemtheorie – Kulturtheoretische Analyse zum Werk von Niklas Luhmann, Akademischer Verlag, Berlin 1999, S. 199–214, zitiert als: *Teubner*, in: Koschorke/Vismann, Widerstände der Systemtheorie.

Thaler, Richard H.: Toward a Positive Theory of Consumer Choice, J. Econ. Behav. & Org. 1 (1980), S. 39–60.

Thaler, Richard H.: Some empirical evidence on dynamic inconsistency, Econ. Lett. 8 (1981), S. 201–207.

Thaler, Richard H.: Misbehaving. The Making of Behavioral Economics, W. W. Norton & Company, New York 2015, zitiert als: *Thaler*, Misbehaving.

Thaler Richard H./Sunstein, Cass R.: Libertarian Paternalism, Am. Econ. Rev. 93 (2003), S. 175–179.

Thaler Richard H./Sunstein, Cass R.: Nudge – Improving Decisions About Health, Wealth and Happiness, Penguin Books, London 2009, zitiert als: *Thaler/Sunstein*, Nudge.

Thiessen, Jan: Die Wertlosigkeit der Gesetzesmaterialien für die Rechtsfindung – ein methodengeschichtlicher Streifzug, in: Fleischer, Holger (Hrsg.): Mysterium „Gesetzesmaterialien", Mohr Siebeck, Tübingen 2013, S. 45–74, zitiert als: *Thiessen*, in: Fleischer, Mysterium Gesetzesmaterialien.

Thüsing, Gregor: Wertende Schadensberechnung, C.H. Beck, München 2001, zitiert als: *Thüsing*, Wertende Schadensberechnung.

Tönningsen, Gerrit: Grenzüberschreitende Bankenaufsicht in der Europäischen Union, Mohr Siebeck, Tübingen 2018, zitiert als: *Tönningsen*, Grenzüberschreitende Bankenaufsicht.

Towfigh, Emanuel: Empirical arguments in public law doctrine: Should empirical legal studies make a "doctrinal turn", Int'l J. Const. L. 12 (2014), S. 670–691.

Towfigh, Emanuel: Das ökonomische Paradigma, in: Towfigh, Emanuel/Petersen, Niels: Ökonomische Methoden im Recht, 2. Auflage, Mohr Siebeck, Tübingen 2017, S. 25–43, zitiert als: *Towfigh*, in: Towfigh/Petersen, Ökonomische Methoden im Recht.

Towfigh, Emanuel/Petersen, Niels: Ökonomik in der Rechtswissenschaft, in: Towfigh, Emanuel/Petersen, Niels: Ökonomische Methoden im Recht, 2. Auflage, Mohr Siebeck, Tübingen 2017, S. 1–24, zitiert als: *Towfigh/Petersen*, in: Towfigh/Petersen, Ökonomische Methoden im Recht.

Tribe, Laurence H.: Policy Science: Analysis or Ideology, Phil. & Pub. Aff. 2 (1972), S. 66–110.

Tröger, Tobias: Asset Partitioning, Debt-Equity Agency Conflicts, and Choice of Organizational Form, Stand: 8.12.2007, abrufbar unter: http://ssrn.com/abstract=1068 063, zitiert als: *Tröger*, Asset Partitioning.

Tröger, Tobias: Kollektive Einheit, Haftungsverfassung und ökonomische Theorie des Unternehmens, in: Aderhold, Lutz/Grunewald, Barbara/Klingberg, Diegard/Paefgen, Walter G. (Hrsg.): Festschrift für Harm Peter Westermann zum 70. Geburtstag, Verlag Dr. Otto Schmidt, Köln 2008, S. 1533–1566.

Tröger, Tobias: Arbeitsteilung und Vertrag, Mohr Siebeck, Tübingen 2012, zitiert als: *Tröger*, Arbeitsteilung und Vertrag.

Tröger, Tobias: Anteileinziehung und Abfindungszahlung – Teleologie und Dogmatik der Folgen sofort wirksamer Einziehungsbeschlüsse, in: Bergmann, Alfred/Peltzer, Martin/Rieckers, Oliver/Tröger, Tobias/Freiherr von Falkenhausen, Joachim: Gesellschaftsrecht in der Diskussion 2013 – Jahrestagung der Gesellschaftsrechtlichen Vereinigung (VGR), Verlag Dr. Otto Schmidt, Köln 2014, S. 23–77, zitiert als: *Tröger*, in: VGR 2013.

Tröger, Tobias: Regulierung durch Privatrecht, in: Hopt, Klaus J./Tzouganatos, Dimitris: Das Europäische Wirtschaftsrecht vor neuen Herausforderungen, Mohr Siebeck, Tübingen 2014, S. 297–318, zitiert als: *Tröger*, in: Hopt/Tzouganatos, Europäisches Wirtschaftsrecht.

Tröger, Tobias: Kapitalschutz fünf Jahre nach „Telekom III", in: Helmut Siekmann (Hrsg.) in Gemeinschaft mit Andreas Cahn/Tim Florstedt/Katja Langenbucher/Julia Redenius-Hövermann/Tobias Tröger/Ulrich Segna, Festschrift für Theodor Baums zum siebzigsten Geburtstag, Mohr Siebeck, Tübingen 2017, S. 1249–1266.

Tröger, Tobias/Scheibenpflug, Philipp: Zum Nutzen der Rechtsökonomik für die Rechtswissenschaft, Ad Legendum 2017, S. 273–280.

Tröger, Tobias/Walz, Uwe: Does Say on Pay Matter? – Evidence from Germany, ECFR 16 (2019) S. 381–414.

Tversky, Amos/Kahneman, Daniel: Availability: A heuristic for judging frequency and probability, Cogn. Sci. 7 (1973), S. 207–232.

Tversky, Amos/Kahneman, Daniel: Judgement under Uncertainty: Heuristics and Biases, Science 185 (1974), S. 1124–1131.

Ulen, Thomas S.: Pioneers of law and economics: William M. Landes and Richard A. Posner, in: Cohen, Lloyd R./Wright, Joshua D. (Hrsg.): Pioneers of Law and Economics, Edward Elgar Publishing, Cheltenham 2009, S. 175–202, zitiert als: *Ulen*, in: Cohen/Wright, Pioneers of Law and Economics.

Unberath, Hannes: Die Vertragsverletzung, Mohr Siebeck, Tübingen 2007, zitiert als: *Unberath*, Die Vertragsverletzung.

Unberath, Hannes/Cziupka, Johannes: Dispositives Recht welchen Inhalts? – Antworten der ökonomischen Analyse des Rechts, AcP 209 (2009), S. 37–83.

Unger, Stefan: Arbeitnehmereigenschaft von Trainern im Amateurfußball, SpuRt 2020, S. 299–301.

Union of European Football Associations: UEFA Reglement zur Klublizenzierung und zum finanziellen Fairplay, Ausgabe 2018, abrufbar unter: https://de.uefa.com/Multi mediaFiles/Download/Tech/uefaorg/General/02/56/20/17/2562017_DOWNLOAD. pdf, zitiert als: UEFA Reglement zur Klublizenzierung und zum finanziellen Fairplay.

Urban-Crell, Sandra: Dem Profifußball wird der Prozess gemacht, DB 2015, S. 1413–1415.

Verse, Dirk A.: Inhaltskontrolle von „Hinauskündigungsklauseln" – eine korrekturbedürftige Rechtsprechung – Zugleich Besprechung von BGH v. 19. 3. 2007, II ZR 300/05, DStR 2007, 914 und v. 7. 5. 2007, II ZR 281/05, DStR 2007, 1216, DStR 2007, S. 1822–1829.

Vesting, Thomas: Rechtstheorie – Ein Studienbuch, 2. Auflage, C.H. Beck, München 2015, zitiert als: *Vesting*, Rechtstheorie.

Vogel, Jörg: Fussball: Delikate Rechtsfragen zu Vertragsbefristung und Einsatzprämien – Anmerkungen zum „Fall Heinz Müller" – Urteil des Landesarbeitsgerichts Rheinland-Pfalz vom 17. Februar 2016; 4 Sa 202/15, CaS 2016, S. 321–329.

Vogt, Aegidius: Befristungs- und Optionsvereinbarungen im professionellen Mannschaftssport – Unter besonderer Berücksichtigung des Berufsfußballs, PL Academic Research, Frankfurt 2013, zitiert als: *Vogt*, Befristungs- und Optionsvereinbarungen im professionellen Mannschaftssport.

Vöpel, Henning: A Zidane Clustering Theorem – Why top players tend to play in one team and how the competitive balance can be restored, HWWI Research Paper 141, Hamburg 2013, zitiert als: *Vöpel*, A Zidane Clustering Theorem.

Voßkuhle, Andreas: Der Wandel der Verfassung und seine Grenzen, JuS 2019, S. 417–423.

Wagner, Gerhard: Prävention und Verhaltenssteuerung durch Privatrecht – Anmaßung oder legitime Aufgabe?, AcP 206 (2006), S. 352–476.

Wagner, Gerhard: Privatrechtsdogmatik und ökonomische Analyse, in: Auer, Marietta/Grigoleit, Hans Christoph/Hager, Johannes/Herresthal, Carsten/Hey, Felix/Koller, Ingo/Langenbucher, Katja/Neuner, Jörg/Petersen, Jens/Riehm, Thomas/Singer, Reinhard: Privatrechtsdogmatik im 21. Jahrhundert – Festschrift für Claus-Wilhelm Canaris zum 80. Geburtstag, De Gruyter, Berlin 2017, S. 281–318.

Wagner, Gerhard: Zivilrechtswissenschaft heute – Zwischen Orakeldeutung und Maschinenraum, in: Dreier, Horst: Rechtswissenschaft als Beruf, Mohr Siebeck, Tübingen 2018, S. 67–182, zitiert als: *Wagner*, in: Dreier, Rechtswissenschaft als Beruf.

Wälde, Thomas W.: Juristische Folgenorientierung – „Policy Analysis" und Sozialkybernetik: Methodische und organisatorische Überlegungen zur Bewältigung der Folgenorientierung im Rechtssystem, Athenäum, Königstein/Taunus 1979, zitiert als: *Wälde*, Juristische Folgenorientierung.

Waldhoff, Christian: Gesetzesmaterialien aus verfassungsrechtlicher Perspektive, in: Fleischer, Holger (Hrsg.): Mysterium „Gesetzesmaterialien", Mohr Siebeck, Tübingen 2013, S. 75–93, zitiert als: *Waldhoff*, in: Fleischer, Mysterium Gesetzesmaterialien.

Walker, Wolf-Dietrich: Zur Zulässigkeit der Befristung von Arbeitsverträgen mit Berufsfußballspielern, NZA 2016, S. 657–661.

Walker, Wolf-Dietrich: Braucht der Sport ein eigenes Arbeitsrecht?, ZfA 2016, S. 567–604.

Walker, Wolf-Dietrich: Anmerkung zu BAG 7 AZR 312/16 vom 16.01.2018, SpuRt 2018, S. 172–173.

Wank, Rolf: Grenzen richterlicher Rechtsfortbildung, Duncker & Humblot, Berlin 1978, zitiert als: *Wank*, Grenzen richterlicher Rechtsfortbildung.

Wank, Rolf: Die Auslegung von Gesetzen, 6. Auflage, Vahlen, München 2015, zitiert als: *Wank*, Die Auslegung von Gesetzen.

Warmuth, Cara: Psychologische Aspekte der Rechtsanwendung im Zivilprozess, in: Sliwiok-Born, Daniel/Steinrötter, Björn: Intra- und interdisziplinäre Einflüsse auf die Rechtsanwendung, Mohr Siebeck, Tübingen 2017, S. 54–76, zitiert als: *Warmuth*, in: Sliwiok-Born/Steinrötter, Intra- und interdisziplinäre Einflüsse.

Warner, John T./Pleeter, Saul: The Personal Discount Rate: Evidence from Military Downsizing Programs, Am. Econ. Rev. 91 (2001), S. 33–53.

Weber, Dolf/Hikel, Dieter: Die Wirksamkeit von "Hinauskündigungsklauseln" im Recht der Personenhandelsgesellschaften, NJW 1986, S. 2752–2754.

Weber, Franziska: Das Verbraucherleitbild des Verbrauchervertragsrechts – im Wandel?, VuR 2020, S. 9–15.

Wedemann, Frauke: Die Gestaltung der Gesetzesbegründung – Ein Wunschzettel an den Gesetzgeber, in: Fleischer, Holger (Hrsg.): Mysterium „Gesetzesmaterialien", Mohr Siebeck, Tübingen 2013, S. 127–135, zitiert als: *Wedemann*, in: Fleischer, Mysterium Gesetzesmaterialien.

Weigel, Wolfgang: Prospects for Law and Economics in Civil Law Countries: Austria, Int'l Rev. L. & Econ. 11 (1991), S. 325–329.

Weigel, Wolfgang: Rechtsökonomik. Eine methodologische Einführung für Einsteiger und Neugierige, Vahlen, München 2003, zitiert als: *Weigel*, Rechtsökonomik.

Weinstein, Neil D.: Unrealistic Optimism about Future Life Events, J. Pers. Soc. Psychol. 39 (1980), S. 806–820.

Weitzel, Jürgen: Werte und Selbstwertung juristisch-forensischen Begründens heute, in: Cordes, Albrecht (Hrsg.): Juristische Argumentation – Argumente der Juristen, Böhlau Verlag, Köln 2006, S. 11–28, zitiert als: *Weitzel*, in: Cordes, Juristische Argumentation.

Wenzel, Joachim: Die Bindung des Richters an Gesetz und Recht, NJW 2008, S. 345–349.

Werner, Rüdiger: Zur Hinauskündigung von Gesellschaftergeschäftsführern – Anmerkungen zu den Urteilen des BGH v. 19.9.2005 – WM 2005, 2043 – „Managermodell" – und WM 2005, 2046 – „Mitarbeitermodell" –, WM 2006, S. 213–217.

Westermann, Harm Peter: Die Gestaltungsfreiheit im Personengesellschaftsrecht in den Händen des Bundesgerichtshofs, in: Canaris, Claus-Wilhelm/Heldrich, Andreas/Hopt, Klaus J./Roxin, Claus/Schmidt, Karsten/Widmaier, Gunther (Hrsg.): 50 Jahres Bundesgerichtshof – Festgabe aus der Wissenschaft, Band II: Handels- und Wirtschaftsrecht, Europäisches und Internationales Recht, C.H. Beck, München 2000, S. 245–272.

Westermann, Harm Peter: Mögliche Funktionen „rechtsethischer" Maßstäbe im Gesellschafts- und Unternehmensrecht, in: Habersack, Mathias/Huber, Karl/Spindler, Gerald (Hrsg.), Festschrift für Erberhard Stilz zum 65. Geburtstag, C.H. Beck, München 2014, S. 689–706.

Westermann, Harm Peter: Patchwork-Familien im Gesellschaftsrecht, NZG 2015, S. 649–657.

Westermann, Harm Peter/Wertenbruch, Johannes (Hrsg.): Handbuch Personengesellschaften – Gesellschaftsrecht Steuerrecht Sozialversicherungsrecht Verträge und Formulare, Otto Schmidt, Köln Loseblattsammlung, Stand: November 2019, zitiert als: *Bearbeiter*, in: Westermann/Wertenbruch (Hrsg.), Handbuch Personengesellschaften.

Wicke, Hartmut: Reform des Personengesellschaftsrechts aus Sicht der Gestaltungspraxis, DNotZ 2017, S. 261–276.

Wiedemann, Herbert: Rechtsethische Maßstäbe im Unternehmens- und Gesellschaftsrecht, ZGR 1980, S. 147–176.

Wilkinson, Nick/Klaes, Matthias: An Introduction to Behavioral Economics, 2. Auflage, Palgrave Macmillan, New York 2012, zitiert als: *Wilkinson/Klaes*, Behavioral Economics.

Williamson, Oliver E.: Transaction-Cost Economics: The Governance of Contractual Relations, J. L. & Econ 22 (1979), S. 233–261.

Williamson, Oliver E.: The Economic Institutions of Capitalism: Firms, Markets, Relational Contracting, Free Press, New York 1985, zitiert als: *Williamson*, The Economic Institutions of Capitalism.

Windisch, Florian: Jurisprudenz und Ethik – Eine interdisziplinäre Studie zur Legitimation demokratischen Rechts, Duncker & Humblot, Berlin 2010, zitiert als: *Windisch*, Jurisprudenz und Ethik.

Wissenschaftsrat: Perspektiven der Rechtswissenschaft in Deutschland. Situation, Analysen, Empfehlungen, Drs. 2558-12, Hamburg 2012, abrufbar unter: https://www.wissenschaftsrat.de/download/archiv/2558-12.pdf, zitiert als: *Wissenschaftsrat*, Perspektiven der Rechtswissenschaft in Deutschland.

Wittersheim, Franziska: Der mögliche Weg zur Ausgliederung der Lizenzspielerabteilung bei Fußball-Bundesligisten, SpuRt 2020, S. 221–226.

Wittman, Donald: Economic Foundations of Law and Organization, Cambridge University Press, New York 2006, zitiert als: *Wittman*, Economic Foundations of Law and Organization.

Wolf, Josef: Die Hinauskündigung eines Gesellschafters aus einer handelsrechtlichen Personenengesellschaft und der GmbH, Diss. Universität Mainz, Mainz 1994, zitiert als: *Wolf*, Die Hinauskündigung eines Gesellschafters.

Wolf, Nina: Ausgliederung von Fußballlizenzspielerabteilungen in der Regionalliga, SpuRt 2020, S. 226–230.

Wolff, Johanna: Eine Annäherung and das Nudge-Konzept nach Richard H. Thale und Cass R. Sunstein aus rechtswissenschaftlicher Sicht, RW 2015, S. 194–222.

Wolfsteiner, Elisabeth/Grohs, Reinhard/Wagner, Udo: What Drives Ambush Marketer Misidentification?, J. Sport Manage. 29 (2015), S. 137–154.

Wulf, Alexander J.: The Contribution of Empirical Research to Law, J. Juris. 29 (2016), S. 29–49.

Würdinger, Markus: Das Ziel der Gesetzesauslegung – ein juristischer Klassiker und Kernstreit der Methodenlehre, JuS 2016, S. 1–6.

Zamir, Eyal: The Efficiency of Paternalism, Va. L. Rev. 84 (1998), S. 229–286.

Ziegler, Hans-Berndt/Ziegler, Anne: Risiken und Nebenwirkungen in Aufklärungsbögen, NJW 2019, S. 398–402.

Zwirner, Christian/Zimny, Gregor: Unternehmensbewertung unter Rückgriff auf Börsenkurse – geeignete Methode für den Mittelstand?, BB 2018, S. 1387–1391.